红寺堡年鉴（2021）

吴忠市红寺堡区地方志编纂委员会　编

方志出版社
Publishing House of Local Records

图书在版编目（CIP）数据

红寺堡年鉴 . 2021 / 吴忠市红寺堡区地方志编纂委员会编 .—北京 : 方志出版社，2021.12

ISBN 978-7-5144-5011-8

Ⅰ . ①红… Ⅱ . ①吴… Ⅲ . ①区 (城市)—吴忠 —2021— 年鉴 Ⅳ . ① Z524.34

中国版本图书馆 CIP 数据核字 (2021) 第 276332 号

责任编辑：程倩

责任校对：刘玉霞

责任印制：赵楚

出 版 者：方志出版社

地　　址 : 北京市朝阳区潘家园东里 9 号（国家方志馆 4 层）

邮　　编 : 100021

网　　址 : http://www.zgfzcb.cn

发　　行：方志出版社图书营销中心（010-67110500）

印　　刷：宁夏凤鸣彩印广告有限公司

开　　本：889 毫米 ×1194 毫米 1/16

印　　张：22.25

字　　数：561 千字

版　　次：2021 年 12 月第 1 版

印　　次：2021 年 12 月第 1 次印刷

定　　价：328.00 元

吴忠市红寺堡区地方志编纂委员会

顾　　问　王忠强　苏达志　张致强

主　　任　杨文福

副 主 任　马玉磊　段立栓　杨金花

委　　员　李军保　任成忠　杨飞鹏　魏世雄
王成虎　李海福　蔡金玉　王　毅
曹　鹏　马秀荣　哈小军　海正祥
周治强　柯　强

《红寺堡年鉴（2021）》编辑部

主　　编　陈永康

执行主编　柯　强

副 主 编　王小玲　邵金梅

编　　辑　邵金梅　李晓娟　张淑娴　陈腾腾
刘　慧　魏旭平

审　　读　吴晓红

封面题字　陈永康

《红寺堡年鉴(2021)》撰稿人员

丁小龙	丁　华	丁梅花	马小芹	马小娟	马月梅	马玉贵
马　宁	马　军	马克龙	马丽薇	马秀荣	马　炜	马荣茂
马　莉	马晓花	马晓梅	马银霞	马渊博	马琪琪	马　琰
马辉宏	马　斌	马　婷	马登基	马鹏瑞	马慧霞	王天德
王东君	王考强	王华俊	王青山	王　怡	王彦斌	王　硕
王彩玲	王尊乐	牛瑞晗	田　颖	付方玉	冯启新	朱冠儒
乔　萍	华　婧	刘　刚	刘佳丽	刘采燕	刘思尧	刘展旭
闫　圆	汤涛涛	安玉书	安靖国	买丰林	苏佩瑜	李小如
李　杰	李玲玉	李晓军	李　磊	杨元沛	杨文波	杨占荣
杨　成	杨　芳	杨　坚	杨恒生	杨晓燕	杨治东	杨慧诚
吴彦静	吴海洋	宋小玉	张本健	张亚丽	张会娟	张芸芸
张　财	张　环	张忠福	张金虎	张金柱	张金海	张　玲
张桓志	张晓春	张晓静	张晓蕊	张娟丽	张　瑛	张　惠
张慧琼	陈　乾	陈腾腾	茄金红	罗　亮	罗峰虎	周　英
周海霞	赵博格	赵锦鹏	柳成良	姚一凡	贺自高	顾莉盼
郭晓燕	郭　霞	海金昌	海春涛	海　强	黄　兴	董　芝
蒋令萍	谢瑞峰	靳银银	雷　瑞	赫小娅	蔺书娟	裴永军
魏留红	魏耀礼					

编辑说明

一、《红寺堡年鉴》以马克思列宁主义、毛泽东思想、邓小平理论、“三个代表”重要思想、科学发展观、习近平新时代中国特色社会主义思想为指导，坚持辩证唯物主义和历史唯物主义的立场、观点和方法，坚持党的基本路线、方针、政策，遵循《地方志工作条例》、《地方综合年鉴编纂出版规定》和《关于地方综合年鉴编纂出版若干问题的补充规定》，以红寺堡区委、区政府工作重点和工作目标为中心，坚持为红寺堡区社会经济发展服务。

二、《红寺堡年鉴（2021）》是红寺堡区地方志编纂委员会编纂的资料性工具书，系统记述2020年度红寺堡区在政治、经济、文化、社会、生态文明建设中取得的成绩，旨在为社会各界了解区情、宣传红寺堡、服务社会经济发展提供全面系统的参考资料。

三、《红寺堡年鉴（2021）》采用分类编辑法，分为类目、分目、条目3个层次。全书设特载、专记、大事记、红寺堡区概览、中国共产党红寺堡区委员会、红寺堡区人民代表大会、红寺堡区人民政府、政协红寺堡区委员会、中共红寺堡区纪律检查委员会 监察委员会、群众团体、军事、法治、经济管理、社会管理、财税、金融 保险、农业、工业、脱贫攻坚、交通 邮政 通信、商贸流通、城乡建设与环境保护、教育 体育、文化 科技、医疗 卫生、乡镇概览、街道 社区、荣誉、附录等 29 个类目。

四、《红寺堡年鉴（2021）》所收录的《红寺堡区第七次全国人口普查公报》《红寺堡区 2020 年国民经济和社会发展统计公报》由红寺堡区统计局提供，正文数据由各乡镇、各部门、各单位提供。个别数据与统计资料中的数据不尽一致，引用时请以《红寺堡区 2020 年国民经济和社会发展统计公报》为准。

五、《红寺堡年鉴（2021）》收录的文字资料时限为 2020 年 1 月 1 日至 12 月 31 日，所列机关和部门按类目、分目编排，不分先后。收录的先进集体和先进个人以各供稿单位提供的资料为依据，获奖名录等排序不涉及职务。

六、《红寺堡年鉴（2021）》中的特载主要收录 2020 年度红寺堡区的大事、要事；专记主要收录红寺堡区各方面工作综述；荣誉主要收录获得红寺堡区级以上奖励的个人和集体；附录主要收录红寺堡区委、区政府工作报告，以及各项政策、法规、条例、统计公报；其他类目主要收录各单位、各部门、各乡镇的业务工作。

红寺堡名片

中国葡萄酒第一镇

中国富硒黄花菜明星产区

全国“四好农村公路”示范县

全国民族团结创建示范县

首批全国乡村治理典型案例

全国“七五”普法中期先进集体

全国义务教育发展基本均衡县（市、区）

第三次全国国土调查先行县

宁夏回族自治区园林城区

宁夏回族自治区转移就业示范县

信访工作“三无”县（市、区）

全国模范职工之家

宁夏回族自治区卫生县城（区）

宁夏扶贫扬黄灌溉工程主战场

全国最大的单体易地移民集中安置区

全国易地搬迁致富成功示范区

中国社会治理百佳示范县

绿色循环优质高效特色农业促进项目实施县

优质、有机、荒漠产区（葡萄酒）

数字红寺堡

总面积：2767 平方千米

耕地面积：4.07 万公顷

平均海拔：1240 米 ~1450 米

常住人口：19.7604 万人

累计固定资产投资：400 亿元

籽粒玉米种植面积：7.7 万亩

葡萄种植面积：10.8 万亩

枸杞种植面积：5.6 万亩

牧草种植面积：7.2 万亩

黄花菜种植面积：8.02 万亩

肉牛饲养量：12.5 万头

滩羊饲养量：96 万只

引进重点工业项目：9 个

新增规上工业企业：7 家

培育“专精特新”企业：6 家

盘活“僵尸”项目：7 个

清欠民营和中小企业账款：1.39 亿元

减免税费：3361.2 万元

协调贷款 1.4 亿元

全年接待游客：15.6 万人次

旅游收入：1454.6 万元

城乡居民电子健康档案建档率：99.6%

大病、重病患者救治率：100%

贫困发生率：0

小学：77 所 23268 人

初中：4 所 11926 人

民办校外机构：26 家

民办幼儿园：22 所

公办幼儿园：36 所

图书馆报刊总藏量：21.3 万余册

区域自动气象站：20 个

农业小气候站：5 个

税收收入：11402 万元

争取上级转移支付资金：262486 万元

争取政府新增债券资金：30100 万元

争取各类社会帮扶资金：13043 万元

宁夏回族自治区吴忠市红寺堡区地图

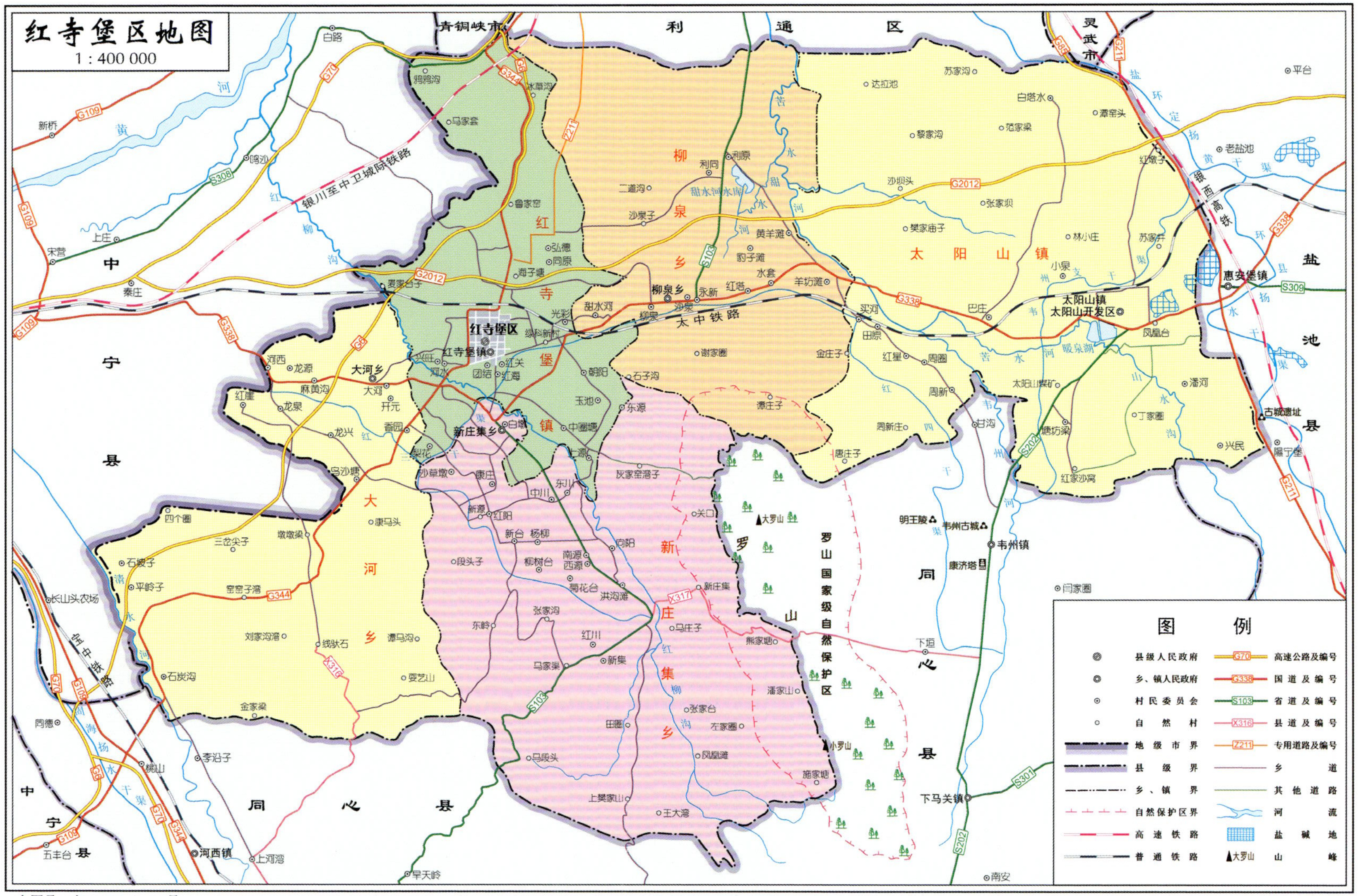

审图号：宁S（2020）019号

宁夏回族自治区测绘地理信息院 编制

红寺堡城区航拍 （魏旭平 摄）

罗山脚下新家园　（魏旭平 摄）

2021 年 1 月 19 日，吴忠市红寺堡区第三届人民代表大会第七次会议第一次全体会议　（区人大办提供）

2021 年 1 月 18 日，中国人民政治协商会议吴忠市红寺堡区第三届委员会第五次会议　（区政协办提供）

2020 年 7 月 8 日，吴忠市 2020 年习近平新时代中国特色社会主义思想宣讲活动走进太阳山镇　（太阳山镇提供）

2020 年 1 月 15 日，红寺堡区委组织部在政府第一会议室举办红寺堡区直属机关、非公企业和社会组织党务工作者培训班　（区委组织部提供）

2020年8月6日，习近平总书记视察宁夏重要讲话精神宣讲活动走进红寺堡区公安分局　（区公安分局提供）

2020年5月8日，红寺堡区东方社区召开推动习近平新时代中国特色社会主义思想进社区会议　（新民街道办提供）

2020 年 3 月 30 日，红寺堡区开展新庄集乡党员干部廉政警示教育周活动·参观警示教育基地 （新庄集乡提供）

2020 年 4 月 15 日，红寺堡区政府办党支部开展"植树造林滋沃土 防风固沙护家园"主题党日活动（区政府办提供）

太阳山法庭审务工作站 （法院提供）

2020 年 6 月 14 日，红寺堡区法院人员在博大购物广场开展“6·14”信用记录关爱日普法宣传活动 （法院提供）

2020 年 11 月 9 日，红寺堡消防大队开展 119 宣传月活动　（消防大队提供）

新时代文明实践——志愿者向群众宣传政策法规（区委宣传部提供）

2020 年 12 月 4 日，司法局开展“宪法宣传日”活动　（司法局提供）

红寺堡区 2020 年“盛夏八月”大型专场招聘会　（人社局提供）

2020 年 7 月 23 日，红寺堡区妇女联合会开展“兰花芬芳巾帼红”志愿服务活动　（妇联提供）

2020 年 5 月 17 日，红寺堡区举行第三十次“全国助残日”志愿服务活动启动仪式　（残联提供）

2020年1月7日，红寺堡区在青云湖公园举办2020年宁夏·奔跑红寺堡区全民健身跑活动　（团委提供）

2020年4月15日，红寺堡区开展“全民国家安全教育日”专题讲座　（政法委提供）

2020年9月20日，红寺堡区举行中国统计开放日暨第七次全国人口普查宣传月活动（统计局提供）

宁夏水投红寺堡水务有限公司举行安全生产月活动启动仪式　（水务有限公司提供）

特色产业黄花菜种植　（农业农村局提供）

滩羊规模化养殖　（农业农村局提供）

壹加壹肉牛养殖　（农业农村局提供）

特色肉驴养殖　（农业农村局提供）

葡萄酒窖藏　（农业农村局提供）

2020 年 1 月 10 日，红寺堡区 2020 年迎新春年货节暨电商集市　（工业信息化和商务局提供）

特色产业葡萄种植　（农业农村局提供）

特色产业西瓜种植　（农业农村局提供）

特色产业枸杞种植　（农业农村局提供）

枸杞晾晒　（农业农村局提供）

大棚甜瓜种植　（农业农村局提供）

2020 年 7 月 7 日，红寺堡区第一届农民工枸杞采摘技能竞赛启动仪式　（农业农村局提供）

2020 年 9 月 21 日，红寺堡区第三届运动会开幕　（文化旅游体育广电局提供）

2020 年 12 月 23 日，移风易俗先进典型表彰暨移风易俗宣传月启动仪式　（区委宣传部提供）

2020 年 1 月 13 日，红寺堡区 2020 年文化科技卫生“三下乡”“我们的中国梦”——文化进万家暨新庄集乡“振兴乡村·建成小康”双节活动在新庄集乡西川村启动　（新庄集乡提供）

“2020 年红寺堡区文化遗产宣传月暨国际博物馆日”系列活动启动仪式　（文化旅游体育广电局提供）

2020 年 7 月 25 日，红寺堡区篮球锦标赛选拔赛暨第二届青少年篮球技能挑战赛活动现场　（文化旅游体育广电局提供）

2020 年 5 月 27 日，红寺堡区文学艺术界联合会第一次代表大会召开 （区委宣传部提供）

2020 年红寺堡区第二届自行车公开赛举行 （文化旅游体育广电局提供）

2020 年 12 月 11 日，红寺堡区文化馆“三区”人才支持计划秦腔培训班汇报演出 （文化旅游体育广电局提供）

2020年2月2日，红寺堡区委书记丁建成（左一）检查红寺堡镇弘德村疫情防控工作落实情况　（红寺堡镇提供）

2020年2月7日，祥和佳苑小区进行消毒　（新民街道办提供）

2020年2月，高速路口防疫站点执勤　（公安分局提供）

2020年2月7日，红寺堡区法院党支部在抗疫执勤点开展主题党日活动　（法院提供）

2020 年 2 月 13 日，红寺堡区青年宣传突击队做疫情防控集中宣传　（区委宣传部提供）

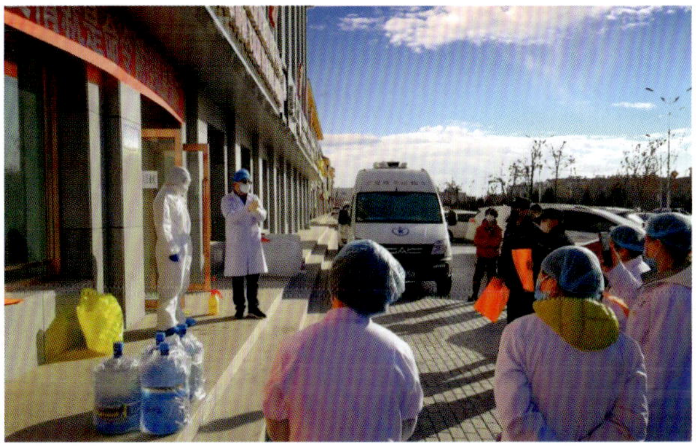

2020 年 2 月 13 日，红寺堡区疾控中心在青龙湖宾馆开展小范围疫情防控培训　（卫生健康局提供）

2020 年 2 月 12 日，社区工作人员到高速路口接返红寺堡区人员　（综合执法局提供）

2020 年 2 月 17 日，大学生志愿者录入“智慧疫控”数据库　（团委提供）

2020 年 2 月 3 日，红寺堡区居民为疫情防控志愿者送生活物资致谢　（新民街道办提供）

种植文冠果，修复生态环境　（自然资源局提供）

红寺堡区林业站组织护林员对林带开展修枝抚育　（自然资源局提供）

乡村道路两边的绿植　（自然资源局提供）

2020 年 4 月 14 日，党员干部开展义务植树活动　（自然资源局提供）

军民共建义务植树现场　（人武部提供）

青云湖公园

建设美丽乡村——环村林建设

罗山自然保护区　（代永江 摄）

白墩桥　（魏旭平 摄）

目录

中国共产党红寺堡区委员会

红寺堡区人民代表大会

红寺堡区人民政府

政协红寺堡区委员会

中共红寺堡区纪律检查委员会 监察委员会

群众团体

军 事

法 治

经济管理

社会管理

财 税

金融 保险

农业

工 业

脱贫攻坚

交通 邮政 通信

商贸流通

城乡建设与环境保护

教育 体育

文化 科技

医疗 卫生

乡镇概览

街道 社区

荣 誉

附 录

特 载

TEZAI

在红寺堡区委三届十五次全体会议上的报告

红寺堡区委书记 丁建成

（2020 年 12 月 25 日）

即将过去的2020年，对于红寺堡区是极为关键、极不平凡的一年。新冠肺炎应对、贫困县摘帽、决胜全面小康社会、创建全国文明城市，特别令人振奋的是，时隔4年后，习近平总书记再次亲临宁夏视察指导工作，首站就到弘德村，寄予党员干部深情嘱托和殷切期望，声声问候滋润心田、句句嘱托暖人心房，是对红寺堡21年开发建设成就的历史性肯定，是对红寺堡23万移民群众摆脱贫困历程的历史性肯定，在红寺堡的改革发展进程中具有重大的现实意义、鲜明的里程碑意义和深远的历史意义，必将载入红寺堡发展史册。3月，红寺堡区实现高质量脱贫摘帽；10月，全国易地扶贫搬迁后续扶持工作现场会与会人员到红寺堡区观摩；11月，中央政法委书记郭声琨同志到红寺堡区调研并充分肯定基层治理工作；12月，自治区党委将支持红寺堡区创建全国易地搬迁移民脱贫致富示范区列入“十四五”期间重点工作。

一年来，区委常委会坚持以习近平新时代中国特色社会主义思想为指导，深入贯彻习近平总书记视察宁夏重要讲话精神，坚决执行党中央和区市党委决策部署，坚持以脱贫攻坚为统揽，团结带领全区广大干部群众迎难而上、继续奋斗，统筹推进疫情防控和经济社会发展，扎实做好“六稳”工作、全面落实“六保”任务，举全区之力打赢疫情防控阻击战、脱贫攻坚决胜战、全面小康收官战，坚决守好“三条生命线”，如期高质量实现脱贫摘帽，基本实现全面建成小康社会目标，顺利完成“十三五”规划各项目标任务，为建设全国易地搬迁移民脱贫致富示范区打下坚实基础。

一、坚决扛起政治责任，持续深入学习贯彻习近平总书记视察宁夏重要讲话精神

区委常委会坚持把学习宣传贯彻习近平总

书记视察宁夏重要讲话精神作为首要政治任务和重大政治责任，深入开展“学讲话、抓落实、促发展”大学习、大宣传、大调研活动，迅速掀起学习、宣传热潮，持续推动习近平总书记重要讲话精神在红寺堡落地生根、开花结果。

用心学习领会。区委常委会坚持以上率下，先学一步、学深一层，第一时间回访视察过程，原汁原味整理总书记视察期间作出的重要指示，殷殷的亲切关怀，深深的美好祝愿。召开区委常委会（扩大）会议，专题传达学习总书记重要讲话、重要指示精神和自治区党委常委会会议精神；举办专题学习研讨班、中心组理论学习会，组织四套班子处级领导和乡镇部门负责人原汁原味学、交流研讨学、反复跟进学，深刻领会精神实质，精准把握内涵要义，切实增强贯彻落实的政治自觉、思想自觉和行动自觉。全区各级党组织通过举办主题演讲、撰写微心得、发表微感言等方式，用心用情领悟总书记的关怀厚爱和深情嘱托。分专题、分阶段、分领域组织专题培训，对全区 320 名科级干部进行封闭式集中轮训，推动学习持续升温、持续深入。

深入宣传宣讲。始终保持热度、注重拓展深度、持续加大力度，真正把总书记重要讲话精神刻进骨子里、融入血液中、记在心坎上，全方位、多形式、广角度进行宣传解读和主题宣讲，通过开设“走向我们的小康生活”电视专栏、精心制作微党课、专题片、短视频，推动总书记重要讲话精神进机关、进企业、进社区、进乡村、进网络、进校园，推动总书记重要讲话精神“飞入寻常百姓家”。处级干部、各级党组织书记讲授专题党课 181 场次。成立弘德宣讲团，区市县乡村五级联动，深入乡镇部门、村组社区、企业社团、田间地头，开展主题宣讲 111 场次，把总书记的深情厚爱和亲切关怀送进千家万户。积极对接中央和区、市媒体，跟进采访刊发“总书记到过的扶贫车间”“23 万人的命运转折——我国最大易地生态移民安置区的脱贫密码”等一批有深度、有影响的宣传报道。打造弘德村党员教育基地，开展“走习语大道守初心、观教育基地聚合力、看扶贫车间话脱贫”党性教育，激发党员干部奋斗精神，“共产党好、黄河水甜”的移民心声更加响亮。

全面贯彻落实。坚持把贯彻落实习近平总书记视察宁夏重要讲话精神作为全部工作的主题主线、引领发展的方向指引、统揽事业的根本遵循，切实担负起政治责任、领导责任、工作责任，狠抓贯彻落实。召开区委三届十四次全会，全面研究学习贯彻落实工作，确保总书记提出的总体要求、赋予的时代重任、部署的重点任务成为全区上下的共同意志、共同行动。认真落实自治区党委书记陈润儿同志两次专题调研座谈会精神，对标黄河流域生态保护和高质量发展先行区定位，勇担建设全国易地搬迁移民脱贫致富示范区历史重任，谋划筹备了一批打基础、利长远的项目。时刻铭记习近平总书记教导，重点解决产业、就业、社会融入三件事情，确保移民群众稳得住、能致富，全力推进全面脱贫与乡村振兴有效衔接。紧盯五个重点、抓住一个关键，由处级领导牵头深入开展调研，初步提出了示范区创建的目标思路、政策支撑、任务举措。抢抓机遇、积极对接，稳步推进制约红寺堡长远发展的体制机制瓶颈、人员编制短缺、社会管理障碍、产业效益偏低等问题的解决。成立专班，高起点编制弘德村发展十年规划，实施污水管网、养殖园区扩建等项目 17 个，奋力打造全面脱贫与乡村振兴有效衔接的示范村。

二、众志成城，全力抗击新冠肺炎疫情

新冠肺炎疫情突发以来，按照习近平总书记提出的“坚定信心、同舟共济、科学防治、精准施策”总要求，迅速进入“战时状态”，主动出击，全员参与，全面打响疫情防控的人民战争、

总体战、阻击战，取得了重大成果。

构建高效有力的防控体系。区委常委会坚决贯彻落实中央和区市党委部署要求，第一时间成立区委应对疫情工作领导小组和区应对疫情工作指挥部，组建处级领导、部门、乡镇、行政村“四级包抓”的责任体系，及时启动一级应急响应，分级分类全面部署，聚焦“三个绝不”战略目标，按照“防控治保”的总体思路和“外防输入、内防扩散”的总体要求，迅速形成统一指挥、周密部署、立体防控的工作布局。组织动员2313名党员在应急值守、宣传教育、筛查排查、动态监控、检测检疫、后勤保障等工作中用实际行动践行初心使命，用一个多月时间基本阻断疫情传播势头，实现确诊新增病例零报告。

筑牢群防群治的严密防线。按照“五个凡是”要求，抓好控制传染源头、切断传播途径、提高救治能力三个环节，确保疫情得到有效控制。以社区、厂区、校区、园区“四区”和农贸市场、大型商场、文化广场、宗教活动场所“四场”为重点，设置9个疫情检查站和153个农村（小区）检测点，成立79个党员先锋队和临时党支部，3600多名志愿者和退役军人主动请缨投身战“疫”，社会各界累计捐助物资470万余元，构筑起了联防联控、群防群控的防控体系。针对红寺堡区发现的4例输入性确诊病例，第一时间开展流行病学调查，落实“四包一”工作机制和“九个一”防护措施，提供免费治疗。对重点人员落实居家隔离、集中隔离措施，有效阻断传播途径。

建立与疫情防控相适应的经济社会运行秩序。坚持两手抓、两不误、两促进，在毫不放松加强疫情防控的同时，稳妥有序复工复产复学，努力将疫情的冲击和影响降到最低。建立处级领导包抓服务企业制度，运用无还本续贷、应急转贷等措施，帮助企业解决金融信贷难题。对中小微企业、个体工商户建立审批“绿色通道”，缩短审批时限，提高审批效率。餐饮住宿、商贸零售等行业全面复市。严厉打击哄抬物价、囤积居奇、制假售假等涉疫违法犯罪行为，确保疫情防控期间经济平稳运行和社会和谐稳定。健全完善常态化疫情防控机制，扎实落实各项防控措施，严防秋冬季疫情反弹。大力选树和宣传“战‘疫’模范”，红寺堡区1个党组织和12名党员被自治区、吴忠市表彰为先进基层党组织和优秀共产党员，3个集体和9名个人被自治区表彰为抗疫先进，7个集体和15名个人被吴忠市通报表扬。

三、坚决打好“三大攻坚战”，决胜全面建成小康社会

对标全面建成小康社会目标任务，突出抓重点、补短板、强弱项，全力以赴打好防范化解重大风险、精准脱贫、污染防治攻坚战，确保全面建成小康社会得到人民认可、经得起历史检验。

全面实现脱贫攻坚目标。坚持精准扶贫、精准脱贫基本方略，紧扣“两不愁、三保障”标准，全面落实“六个精准”“五个一批”措施，构建“横向到边、纵向到底”的脱贫攻坚责任体系，全力推进脱贫攻坚责任落实、政策落实和工作落实。全面开展“四查四补”，推行脱贫攻坚“556”模式，对7个挂牌督战村，明确要求包乡包村领导必须走遍未脱贫户、边缘易致贫户、脱贫不稳定户家庭，有针对性地制定帮扶措施，通过产业扶持、就业创业、小额贷款、政策引导、兜底保障等多种方式精准施策，攻克最后堡垒，全力打好脱贫攻坚战。坚决落实“四个不摘”要求，持续巩固提升脱贫攻坚成果，统筹推进脱贫攻坚与乡村振兴战略有效衔接。高质量完成40个贫困村脱贫出列，13965户55650人的脱贫减贫任务，贫困人口全部脱贫，历史性地解决绝对贫困问题。自治区党委书记陈润儿同志两次到红寺堡区专题调研，指出红寺堡区脱

贫攻坚的动力足、路子对、人心齐，成绩值得肯定，经验值得总结，赋予红寺堡区建设全国易地搬迁移民脱贫致富示范区的历史使命。6月，自治区脱贫攻坚重点工作推进会在红寺堡区召开。

持续改善生态环境质量。牢固树立绿水青山就是金山银山的理念，驰而不息打好蓝天、碧水、净土三大保卫战，扎实推进河长制工作，完成中央环保督察“回头看”和自治区环保督察转办案件整改，全年优良天数指标达到86.7%，清水河、苦水河、红柳沟等辖区内3条黄河二级支流过境断面稳定保持在地表水Ⅳ类水质以上，土壤环境质量总体稳定，红寺堡的蓝天白云、绿水青山、良田沃土得到全面守护。围绕“一山两化三河”生态坐标，发展山水林田湖草沙生命共同体，严格执行“四禁”规定，落实“四减”措施，努力实现“四保”目标，持续开展非法压砂地专项整治和禁牧封育百日攻坚行动，完成绿化任务10.73万亩，森林覆盖率达到14.12%，生态安全屏障进一步筑牢。注重节约能源资源，积极开展节约型公共机构示范单位创建工作，职业技术学校被评为全国节约型公共机构示范单位，资源节约型、环境友好型社会持续巩固。

牢牢守住不发生系统性风险底线。统筹发展和安全两件大事，及早研判、及时处置各领域各环节可能引发的各类矛盾问题，切实把风险化解在源头、消灭于萌芽，坚决有力防范化解各类风险挑战。加大对重点领域风险研判、监测、预警、处置力度，完善“12+X”重点领域工作协调机制，坚决消除一切重大风险隐患，维护社会和谐稳定，保障人民安居乐业。严格落实“八个一批”要求，化解政府债务1.25亿元，确保政府性债务风险在可控范围之内。持续开展非法集资防范处置和“套路贷”整治等行动，不良贷款率低于全区平均水平。

四、坚持高质量发展，推动经济发展实现量的合理增长和质的稳步提升

坚定不移贯彻新发展理念，以供给侧结构性改革为主线，以满足人民日益增长的美好生活需要为根本目的，推动高质量发展迈出新步伐。预计全年地区生产总值增长9%。

经济发展基本盘持续稳固。坚持稳中求进工作总基调，扎实做好“六稳”工作，全面落实“六保”任务，以保促稳、以稳求进，主要经济指标好于预期。严格落实自治区“六保36条”“工业稳增长24条”等政策，新增减税降费3361.21万元，协调贷款1.4亿元，有效激发市场主体活力。坚持把项目建设作为经济发展的总抓手和着力点，认真贯彻落实自治区重大项目建设工作会议精神，抢抓黄河流域生态保护和高质量发展先行区战略机遇，精心谋划了一批重大项目，全年实施项目97个，总投资105.3亿元。围绕产业发展、脱贫攻坚、乡村振兴、生态环保、民生保障等领域，谋划入库“十四五”项目391个，总投资1081亿元，为经济高质量发展夯实了基础、蓄积了后劲。充分发挥消费拉动经济增长的作用，制定消费扶贫行动方案和实施细则，对在省外建店、销售、物流、宣传推介等企业发放补贴资金352万元；通过设立直销店、发展“夜间经济”、举办营销推介会、论坛、网络直播带货等促销活动，积极培育消费新热点，开拓线上消费新模式，全区消费市场回暖向好。

经济结构持续调优。坚持把产业结构调整作为推动经济持续健康发展的主攻方向，加快三次产业高质量融合发展。积极谋划储备新能源制造、印刷包装、葡萄酒全产业链、现代纺织上下游等产业项目22个，黄花菜购加销一体化、兴民纺织二期、大唐风电二期等工业项目进展顺利。预计规上工业增加值增长17%。持续推进农业提质增效。围绕自治区9大特色产业，立足红寺堡区实际，成立8个特色产业专班，完善产业政策、破解发展难题，推动特色产业向更高层次发展。成立红丰国资公司，打造公用商标，葡萄酒、黄花菜等产业品牌效益逐步显现，2020年销售农特产品1.2亿元。借助“傲娇牛”网红效应，探索推广肉牛肉羊“50、300”养殖模式，全区牛、羊饲养量分别达12.5万头、96万只。预计全年农业增加值增长4.5%。以创建全域旅游示范区为契机，举办“5·19”旅游日、西川文化旅游节等活动，完成宁夏移民博物馆提升改造，建成红寺堡葡萄小镇（紫光湖）游客服务中心，全年接待游客14.8万人次，实现旅游收入1260万元。鹏胜时代广场、团结商业广场、燕然银都等大型商贸综合体相继投用，服务业对经济增长的贡献逐步增大。预计三产增加值同比增长3%。

经济发展动能持续强劲。坚持把改革创新作为加快转变经济发展方式的强大动力，推动9大领域80项改革任务全面落实。深化农村集体产权制度改革，挂牌成立吴忠市农村产权交易中心红寺堡分中心及5个乡镇服务站，探索“飞地集中养殖”“支部+联合社+合作社”等五大村集体经济模式，所有行政村集体经济收益均超过5万元，稳步推进农业综合水价改革，实现水权交易额257万元，农业农村发展活力进一步释放。持续深化“一窗受理、集成服务”“证照分离”“全程电子化”等行政审批制度改革，80%的事项实现“不见面”办理，行政审批更加便捷高效，营商环境进一步优化。综合执法改革高质量通过区、市评估验收。加大创新投入力度，全区科技研发（R&D）经费投入强度达到1.49%，申报国家、自治区高新技术企业各1家。积极搭建对外开放平台，探索委托第三方专业机构招商模式，实施招商引资项目18个，到位资金36.8亿元。成功举办第三届中国（吴忠）富硒黄花菜产业科技高峰论坛。

城乡协调发展持续增强。坚持一体化推进城乡发展，促进城乡优势互补、协同发展、共同繁荣。强化城市基础设施建设，实施城区污水管网工程、综合客运站、G344线红寺堡过境段公路等项目，全面完成棚户区改造任务，城市功能日趋完善，城市品位日益提升。推动乡村全面振兴，扎实推进农村人居环境整治行动，加强农业面源污染治理，推进畜禽粪污资源化利用、秸秆综合利用和农残膜回收利用，改造卫生厕所6500座、建设美丽乡村6个，农村生活垃圾无害化处理率达86%，杨柳村、永新村、香园村被评为全国森林乡村。巩固“四好农村路”全国示范县成果，推行“路长制”管理，进一步落实区、乡、村三级管养责任。实施文化惠民工程，健全区、乡、村、户四级公共文化服务设施网络，农村公共文化服务基础设施持续改善。农业强、农村美、农民富的愿景逐步变为现实。

五、着力保障民生福祉，人民群众生活品质不断提升

始终把增进人民福祉作为民生保障的出发点和落脚点，完善统筹城乡的民生保障制度，积极办好民生实事，人民群众获得感、幸福感、安全感不断增强。

就业形势持续向稳。坚持把就业作为民生工作的重中之重，完善就业创业体系、拓宽就业创业渠道，全力保障居民收入。严格落实自治区、吴忠市稳就业保就业政策，瞄准高校毕业生、退役军人和农民工等重点就业群体，发挥企业减负、稳岗增岗、创业就业和技能培训等政策作用，全力做好稳就业保就业工作，全年发放援企稳岗补贴46.56万元。实施职业技能提升行动，增加公益岗位1212个，搭建线上公共招聘平台，组织点对点劳务输出，全区城镇新增就业675人，农村劳动力转移就业3.9万人，城镇登记失业率3.75%。着力构建和谐劳动关系，全力保障劳动者合法权益，农民工工资支付工

作走在全区前列。

教育教学质量全面提高。坚持以“办人民满意的教育”为出发点，落实立德树人根本任务，推动教育均衡协调发展。规范民办教育，完善特殊教育，推进幼儿教育普惠发展、义务教育均衡发展、高中教育普及发展、职业教育融合创新发展。统筹财政配套资金实施第五幼儿园、第五小学、第五中学等项目，招录教师 285 名，推进“互联网 + 教育”建设，教育设施标准、教师教学水平、教育信息化程度、教育教学质量显著提升，中考成绩继续稳居吴忠市前列，本科录取率位居宁南 9 县区第二。校园治理经验做法在全市基层党建引领基层治理现场观摩推进会上进行交流发言，普及高中阶段教育顺利通过自治区验收。

医疗服务水平稳步提升。深入推进医药卫生体制改革，全面推行“先住院、后付费”和省内“一站式”结算，分级诊疗制度基本建立。搭建医共体信息化平台，促进医疗资源下沉，逐步实现区、乡、村医疗健康数据互联共享，基层医疗机构内生动力不断激发。深入推进“互联网 + 医疗健康”，全面开展远程会诊、影像诊断、心电诊断等医疗服务。实施人民医院传染病房建设、疾控中心核酸实验室及生化、病理实验室改造项目，基本医疗服务水平显著提升，顺利通过自治区卫生县区验收。深化与上海六院、德化县医院、宁医大总院等帮扶关系，落实家庭医生签约服务，持续做好健康扶贫动态信息数据管理，确保建档立卡户家庭医生应签尽签，巩固提升健康扶贫成效。持续推进参保扩面，医保征缴目标超额完成。

社会保障体系不断完善。以“服务民生”为根本，织密网、兜底线、解难题。深化社会保障体制改革，健全基本养老保险制度，完善企业职工基本养老保险统收统支制度，不断扩大城乡居民养老保险覆盖面，城镇职工养老、失业、工伤保险参保人数持续增加，城乡居民养老保险参保率巩固在 90% 以上。实施老年养护院、鹏胜社区照料中心等项目，养老服务能力不断提升。残疾人托养（自强）中心建成投用，残疾人康复中心医康结合模式得到自治区残联肯定。全面落实低保、特困、临时救助等保障政策，对符合条件的城乡困难群众、失业群体落实“应保尽保”。扎实做好退役军人服务工作，自治区创建全国示范型退役军人服务中心现场会在红寺堡区召开。严格落实物价联动机制，加大价格临时补贴救助力度，确保疫情防控期间困难群众基本生活不受影响。

文化事业繁荣发展。持续改善公共文化服务基础设施，建成 64 个村综合文化服务中心、29 个文化大院，公共文化服务供给能力不断增强。扶持培养公共文化服务人才 2000 余人，开展文化科技卫生“三下乡”等品牌性群众文化活动，让农民群众享受到更优质的文化发展成果。编纂完成宁夏首部移民史并召开发布会，《红寺堡年鉴》连续两年被评为全国精品年鉴，“拇指作家”马慧娟的作品《溪风絮语》入围第十二届全国少数民族文学创作骏马奖初选名单。深入推进全国文明城市创建，广泛开展群众性精神文明创建活动，常态化开展志愿服务活动，社会文明新风逐步形成。深化公民思想道德建设，大力弘扬社会主义核心价值观，持续开展移风易俗活动，全民道德素质和社会文明程度不断提升。

六、创新基层治理，推进县域治理体系和治理能力现代化

坚持把抓基层打基础作为长远之计、固本之策，加快完善基层治理体系，不断提高基层治理能力，建设更高水平的平安红寺堡，确保人民安居乐业、社会安定有序。

民主法治建设扎实推进。充分发挥人大法律监督和政协民主监督作用，推进人大代表、

政协委员常态化列席区委常委会。支持人大加强和改进依法履职实效，支持政协创新构建“有事好商量”“界别活动室”等协商平台，人大、政协履职能力和水平不断提升。巩固和发展爱国统一战线，邀请民主党派人士围绕区委“十四五”规划议政建言，参政议政水平不断提升。坚持党管武装根本原则，深化“双拥”共建，国防动员和后备力量建设不断加强。加强党的群团工作，持续发挥群团桥梁纽带作用，不断增强群团组织政治性、先进性、群众性，妇联被评为自治区“三八”红旗集体。

依法治区进程不断加快。深入学习贯彻习近平法治思想和中央全面依法治国会议精神，运用法治思维和法治方式推动改革、促进发展、维护稳定、完善治理。持续推进法治政府建设，落实党政部门主要负责人年终述法制度，政府部门法律顾问聘用实现全覆盖。全面开展“七五”普法，深入学习宣传宪法、民法典，扎实推进法律“八进”活动，全民法治意识不断增强。深化司法体制综合配套改革，着力加强政法队伍纪律作风整顿，法院、公安分局分别获评全国法院“基本解决执行难”工作先进集体、全国公安机关执法示范单位，检察院未成年人检察工作入选央视《守护明天》栏目。扎实开展坚持发展“枫桥经验”努力实现矛盾不上交三年行动，突出人民调解预防矛盾纠纷能力建设，红寺堡区被评为全国信访工作“三无”县区，公众安全感不断提升。

县域社会治理推进有力。召开区委三届十四次全委会，专题研究部署基层治理工作，分解目标任务，构建措施框架，制定配套措施及任务清单，全力推进乡村、社区、宗教、校园、企业、社团6大领域治理。探索推行“135”县域社会治理模式，被第八届中国民生发展论坛评选为“2020民生示范工程”，“55124”模式被写入自治区党委基层治理“1+6”实施意见，区级综合治理中心和弘德、玉池等村级综合治理中心建成投用，城乡网格化服务管理水平显著提升，基层社会治理基础进一步夯实。常态化开展治安清查整治，着力加强安全生产监管，扎实做好食品药品安全工作，持续推进“食品药品安全区”创建活动。深入开展扫黑除恶“六清”行动，全面实施社区警务改革，积极推行平安顾问、“红袖标”、乡村地网工程等经验做法，着力推动警力下沉，红寺堡区命案实现连续5年“零发生”，被评为自治区扫黑除恶专项斗争先进集体，连续三年被评为自治区“平安县区”。

宗教领域和顺稳定。全面贯彻党的宗教工作基本方针，认真落实《宗教事务条例》和“四个全面”工作要求，对中央反馈问题开展大摸排大起底大筛查，做到无死角、不遗漏、全覆盖。旗帜鲜明整治宗教领域“三化”突出问题，不断深化“1123”模式，规范宗教财务监管，依法管理宗教场所和宗教活动。持续推进“五进”宗教场所，开展马克思主义民族观宗教观大宣讲活动，扎实推进民族团结进步示范创建活动，成功创建国家级示范点1个，自治区级示范点3个。持续开展非法宗教活动专项治理。

七、坚持党的全面领导，推动全面从严治党纵深发展

全面贯彻新时代党的建设总要求和新时代党的组织路线，坚持和加强党的全面领导，坚定不移推动全面从严治党向纵深发展、向基层延伸。

加强党的政治建设。坚持旗帜鲜明讲政治，明确要求全区各级党组织、全体党员牢固树立“四个意识”，坚定“四个自信”，做到“两个维护”。制定巩固深化“不忘初心、牢记使命”主题教育成果具体措施，引导广大党员干部自觉做到“三个不动摇”。全面落实区委领导重大工作体制机制，严格执行请示报告制度，

及时向区市党委报告重大事项和重点工作进展，专题听取人大、政府、政协、法院、检察院党组汇报。持续抓好各类巡视、巡察反馈问题整改，切实做好环保、宗教、扫黑除恶、扶贫等方面反馈问题整改落实，推动中央和区市党委决策部署有效落实。

加强意识形态工作。强化党对意识形态工作的绝对领导，牢牢掌握意识形态工作的领导权、话语权、主动权。建立完善意识形态工作责任制考核办法，压紧压实党委（党组）主体责任，不断加强意识形态领域风险监测预警审核工作，切实维护意识形态安全。开展网络治理行动，完善新闻发布机制，规范政务类信息采编、审核、发布工作流程，夯实审核监管责任，对15名内容低俗、恶意炒作的“网红”进行约谈，确保网络空间更加清朗有序。持续加强宣传思想文化阵地建设，发挥融媒体中心作用，启动新时代文明实践中心，管好用好“学习强国”平台，搭建“红寺堡视线”新媒体矩阵，形成全方位、多层次、立体式的宣传格局，确保意识形态领域安全。

加强干部队伍建设。坚持党管干部原则，全面落实好干部标准。完善领导班子和领导干部考核体系，大胆选用在疫情防控、脱贫攻坚一线表现优秀、工作实绩突出和群众满意的干部，研究任免干部5批141人次，干部队伍结构不断优化。加强干部监督管理，落实公务员平时考核，规范开展职级晋升工作，落实好职级工资、住房、医疗等生活待遇，让干部立足本职、安心工作，不断激发干事活力。全面完成乡镇、机关综合管理类非领导职务职级套转，落实乡镇工作补贴，基层干部担当作为、干事创业的精气神得到进一步提升。

加强基层组织建设。以提升组织力和政治功能为重点，切实发挥基层党组织的战斗堡垒作用。大力开展“抓乡促村、整乡推进、整县提升”示范县乡创建行动，有序推进村（社区）“两委”换届工作，集中整顿软弱涣散党组织30个，制定公开选任村党组织书记管理办法，17个行政村党支部书记完成“一肩三挑”，农村党支部组织力不断提升。深入落实城市党建“五联五化”机制，分设新民街道办事处，公开招聘社区工作者42名，充分发挥街道“大工委”、社区“联合党委”作用，社区治理活力进一步增强；巩固提升机关党建“三强九严”工程成果，积极创建“让党中央放心、让人民群众满意”模范机关，全区社会和非公企业党组织覆盖率分别达到77%、68%，两新组织党建实现全领域覆盖。

加强党风廉政建设。坚持把落实管党治党责任作为最根本的政治担当，严格落实全面从严治党“三个清单”，着力解决主体责任不清、责任履行不力、责任追究不严的问题，推动管党治党走向“严紧硬”。坚持重遏制、强高压、长震慑，大力支持纪检监察工作，狠刹政治生态“污染源”，编印《警示录》，开展全区领导干部廉政警示教育周活动，全区党员干部接受廉政警示教育实现全覆盖。全年受理各类信访举报88件次，处置问题线索96件，立案44件，处分47人，成为自治区首个信访、线索、立案、处分“四下降”县区，反腐败斗争压倒性胜利局面得到有效巩固。扎实开展中央八项规定精神执行情况监督检查，持续整治形式主义、官僚主义，切实为基层减负，推动形成求真务实、真抓实干的浓厚氛围。充分发挥巡察利剑作用，开展三轮巡察，覆盖15个部门（单位）32个村（社区），对5个乡镇开展脱贫攻坚专项巡察“回头看”。

一年来，区委常委会始终高度重视自身建设，坚持把学习贯彻习近平新时代中国特色社会主义思想、习近平总书记视察宁夏重要讲话精神作为头等大事、首要任务和政治责任，坚决维护党中央权威和集中统一领导，认真贯彻民主集中制，坚定理想信念、践行对党忠诚、勇于担当作为、扎实为民服务、永葆清廉本色，不断提高科学决策、民主决策、依法决策水平，政治能力和领导水平不断提高。

这些成绩的取得，根本在于习近平新时代中国特色社会主义思想和习近平总书记视察宁夏重要讲话精神的正确指引，根本在于中央和区市党委的坚强领导，得益于国家烟草专卖局、德化县的鼎力相助、倾情帮扶，也是全区各级党组织和广大党员干部群众勠力同心、奋勇拼搏、接续奋斗的结果。各位委员、候补委员履职尽责、真抓实干，区人大、政府、政协班子和各级各部门密切协作、攻坚克难，对常委会的工作给予了大力支持。

在总结成绩的同时，区委常委会也清醒地认识到工作中还存在一些差距和不足：一是经济总量小、发展底子薄，城乡居民人均可支配收入低于区市平均水平，发展不足依然是红寺堡区最大的区情；二是产业结构层次低、链条短，融合发展深度不够、品牌不亮，产品附加值不高，带动群众增收还不够有力；三是基础设施短板明显，城乡环境整治和生态建设任务艰巨，公共服务水平有待进一步提高；四是营商环境有待进一步优化，亲商重商护商的氛围还不浓厚，主动服务企业的意识还不够；五是党员干部及人才队伍建设还需加强，专业技术人才短缺，部分党员干部思想不够解放，干事创业的魄力不足，推动改革发展的能力和水平还需进一步提升加强。

在红寺堡区第三届人民代表大会第七次会议上的政府工作报告

红寺堡区人民政府常务副区长　王忠强

（2021 年 1 月 19 日）

一、2020 年和“十三五”工作回顾

2020 年是具有里程碑意义的一年，也是极不平凡、极富挑战的一年，注定被铭记、被感怀。这一年，我们一起见证了习近平总书记亲临红寺堡视察工作，进企业、走农户、察民生，声声问候滋润心田，句句叮嘱暖人心房；一起经历了最严峻的新冠肺炎疫情考验，以人民至上、生命至上诠释了人间大爱，用众志成城、坚忍不拔书写了抗疫史诗；一起参与了脱贫攻坚收官之战，咬定青山不放松，脚踏实地加油干，向深度贫困堡垒发起总攻，啃下了最难啃的“硬骨头”。

一年来，我们坚持以习近平新时代中国特色社会主义思想为指导，深入贯彻党的十九大和十九届二中、三中、四中、五中全会精神，全面落实习近平总书记视察宁夏重要讲话精神，在自治区、吴忠市和区委的坚强领导下，在区人大、区政协的监督支持下，战疫情、保民生、促发展，扎实做好“六稳”工作，全面落实“六保”任务，持续做好调、转、增、融“四篇文章”，只争朝夕，不负韶华，团结带领广大干部群众

答好了“加试题”，取得了“好成绩”。

一年来，我们众志成城，坚持人民至上，疫情防控有力有效。

科学应变打好“阻击战”。全面贯彻“坚定信心、同舟共济、科学防治、精准施策”16字方针，及时成立区应对新冠肺炎疫情工作指挥部，着力抓实“防、控、治、保”关键环节。设置疫情检查点162个，开辟集中隔离点8个，守好每一处关口，筑牢每一道防线。成立“四包一”“三返”等工作专班102个，细化城乡防控网格888个，追踪密接者169人，4例确诊病例全部治愈出院，取得了不发生死亡病例、不发生医护人员感染、不发生社区传染“三个不发生”的重大战略成果。

守望相助织密“防控网”。疫情发生以来，我区各行各业扛起责任、勇挑重担，医务人员、公安民警、新闻工作者等舍小家、顾大家，生动诠释了齐心抗疫的正能量。成立79个党员先锋队和临时党支部，3500多名村组（社区）干部日夜值守，2313名党员“疫”情一线践行初心使命，3700多名退役军人和志愿者逆行出征。动员112对新人婚宴缓办、65家群众丧事简办。收到社会各界捐资470余万元，储备价值713万元的疫情防控物资，全力守护和保障了人民群众生命安全。

复工复产按下“快进键”。深入落实分区分级精准防控策略，全面落实自治区、吴忠市应对疫情影响促进中小微企业发展措施，出台我区促进中小微企业发展20条等系列纾困惠企政策，帮助企业提振信心、稳定运行。加快建立与疫情防控相适应的经济社会运行秩序，统筹安排资金1611万元，持续推进工业、农业、学校和餐饮等行业复工复产。“点对点”输送外出务工人员2181人，购储投放化肥等各类农资5500吨，减免租金和发放退餐补贴20余万元，经济恢复取得了明显成效。

一年来，我们尽锐出战，突出精准施策，脱贫目标如期实现。

高标准提升脱贫成色。全面开展“四查四补”、挂牌督战等重点工作，推行脱贫攻坚“556”工作模式，建立完善防止返贫致贫监测预警和动态帮扶机制，界定边缘易致贫户387户1655人、脱贫不稳定户181户790人，消除风险点562户2405人。整改完成各级各类反馈问题92条，全面完成脱贫攻坚普查、数据质量第三方评估等各项任务，顺利退出贫困县序列，369户1233人贫困人口全部脱贫，“两不愁三保障”突出问题全面清零，历史性地解决了绝对贫困问题。

高质量夯实脱贫基础。统筹整合资金4.8亿元，实施基础设施、产业发展等项目188个，兑付产业到户补助、务工补贴等资金7242万元。新建扶贫车间3家，农村劳动力转移就业3.9万人，开发公益性岗位1815个。新增扶贫小额信贷4.3亿元，认定消费扶贫企业26家。严格落实健康扶贫政策，建档立卡贫困人口住院费用报销4293万元。新增危房全部动态清零，水量、水质、用水方便程度和供水保证率4项指标全部达标，以攻城拔寨的决心打通了脱贫攻坚“最后一千米”。

高效率凝聚脱贫合力。争取资金6350万元，实施产业、劳务等闽宁协作项目27个。争取资金3171万元，实施“飞地”二期、饲草料补贴等中烟定点帮扶项目。自治区9家国有和民营企业“一对一”帮扶9个深度贫困村，广泛开展助困、助学等公益活动。我区被确定为全国易地扶贫搬迁后续扶持和产业扶贫现场会观摩点，特别是陈润儿书记、咸辉主席多次到我区调研，指出我区脱贫攻坚动力足、路子对、人心齐，成绩值得肯定，经验值得总结，进一步提振了贫困群众脱贫致富的精气神。

一年来，我们逆势而上，保持发展定力，三产融合步伐加快。

农业效益稳步提升。全年调减籽粒玉米7.7万亩，葡萄、枸杞、牧草、黄花菜种植面积分别达10.8万亩、5.6万亩、7.2万亩和8.02万亩，肉牛、滩羊饲养量分别达12.5万头和96万只。组建成立红丰公司，注册“红漠”等公用品牌。成功举办第三届富硒黄花菜产业科技高峰论坛暨中国西部研究与发展促进会食品安全万里行活动。认定自治区、吴忠市级农业产业化重点龙头企业16家，认证绿色农产品4个，52款农特产品列入全国扶贫产品目录。预计农业增加值增长4.2%。

工业经济加快发展。全面落实自治区“六保36条”“工业稳增长24条”等政策，继续深化“一企一策”服务机制，切实解决制约企业发展的现实问题。引进重点工业项目9个，新增规上工业企业7家，培育“专精特新”企业6家，盘活“僵尸”项目7个。清欠民营和中小企业账款1.39亿元，完成任务的100%。积极落实增值税率下调、小微企业所得税优惠等政策，减免税费3361.2万元，协调贷款1.4亿元，争取各类企业补助资金2547万元。预计规上工业增加值增长17%。

消费业态活力增强。新增村级电商服务站点9家，电商物流分拣中心建成投运，线上线下销售农特产品1.8亿元。举办“5·19”旅游日等活动，完成宁夏移民博物馆改造提升，建成葡萄小镇（紫光湖）游客服务中心，完善永新、西川等乡村旅游基础设施，全年接待游客15.6万人次，实现旅游收入1454.6万元。鹏胜时代广场、团结商业广场等商贸综合体相继投运。各银行存贷款余额分别为60亿元、37.3亿元，存贷比62%。新增限上企业2家，预计第三产业增加值增长3%。

一年来，我们聚焦创新，深化改革开放，发展动能持续增强。

项目投资平稳有序。坚持把项目建设作为扩大有效投资、推动经济发展的总抓手，围绕特色产业、乡村振兴、民生保障、生态环保等领域，争取实施项目97个，总投资105.3亿元，完成投资44.5亿元。水发浩海黄花菜产业园、G344线红寺堡过境段改扩建、大唐风电二期等项目进展顺利。谋划储备“十四五”项目391个，计划总投资1081.8亿元。创新开展网上招商、展会招商和委托招商，实施招商项目15个，实际到位资金36.8亿元，完成了自治区下达的招商任务。

创新驱动成效明显。在经济发展不稳定性、不确定性明显增多的情况下，坚持以创新破解难题、推进发展。支持天源牧业等企业与区内外科研院所、职业院校达成合作协议，建成滩羊基因编辑技术、清洁油气工程等实验室和技术开发中心。成功申报黄花菜高效栽培技术研究与示范推广等各类科技、科普项目31个，获批国家高新技术企业1家、自治区农业高新技术企业1家，成功备案国家科技型中小企业4家、自治区科技型中小企业9家，全社会R&D经费投入强度达1.49%。

重点改革深入推进。深化“放管服”改革，推行“掌上政务”服务模式，网上可办率达80%。推进证照分离、商事制度等改革，新登记各类市场主体2872户，增长17%。抓好“一村一年一事”行动，巩固农村集体产权制度改革成效，成立农村产权交易中心，完成64个行政村组织成员身份确认、股权量化、赋码登记等任务。推进农业综合水价改革，实现水权交易额257万元。推行“先住院、后付费”和省内“一站式”结算，分级诊疗制度基本建立，促进了医疗、医保、医药“三医联动”。

一年来，我们统筹推进，注重生态文明，城乡面貌焕发新颜。

城市品质不断提升。强化规划管控，完成国土空间总体规划双评价、双评估和基期数据转换、城镇开发边界划定等工作。提升基础设施，新建梧桐苑等小区5个，实施综合客运站等项目14个，改造提升罗山路、文化街等街头游园12处。深入开展全国文明城市创建，突出抓好市容市貌、交通秩序、市场管理、文化环境、垃圾分类等专项整治，硬碰硬治顽疾，点对点强弱项，老旧小区、背街小巷、农贸市场等“难点”“乱点”“盲点”的颜值实现“升级蝶变”，文明成为城市亮丽的风景线。

美丽乡村宜业宜居。加强农村人居环境整治，改造卫生户厕6500座，农村生活垃圾无害化处理率达86%。推行“路长制”管理，修建农村公路21千米。实施饮水巩固提升等项目11个，更换输水管道6.65千米。完成营造林39.3万亩，实施国土整治9.6万亩，落实耕地保有量62.3万亩，划定永久基本农田46.6万亩。实施高标准农田项目7个、高效节水项目3个，开展巴庄村1.8万亩旱改水耕地二次分配。启动弘德村规划建设，新建康庄等美丽宜居村庄6个，农村生活环境更加安逸、更加清新。

生态治理得到加强。驰而不息打好蓝天、碧水、净土三大保卫战，全面完成环保督察“回头看”和转办件整改。严格落实“河长制”，排查整治“四乱”问题26个，恢复水域岸线51.5亩。实施红柳沟流域水环境污染综合整治、弘德村污水管网等工程。持续保持禁牧封育高压态势，加大推广肉牛养殖“出村入园”模式，拆除野外羊圈466处，赶羊下山入圈7万余只。土壤环境质量总体稳定，化肥、残膜回收、农作物秸秆综合利用率分别达40%、90%和100%，全年空气质量优良天数比例达87%。

一年来，我们改善民生，强化社会治理，人民群众安居乐业。

社会事业全面进步。稳步推进“互联网+教育”达标县（区）建设，建成“在线互动课堂”113套。设立红寺堡高级中学，五小开门办学，新建五中、六小等4所学校。持续优化医疗服务，妇幼保健院、核酸检测实验室建成投运，传染病楼开工建设。全面推进家庭医生签约服务，城乡居民电子健康档案建档率达99.6%，大病、重病患者救治率达100%。深入推进文体惠民，开展“文化下乡”等活动121场次，建成太阳山全民健身活动中心等项目8个，成功举办红寺堡区第三届运动会等体育赛事。

民生福祉均衡普惠。城镇新增就业675人，城镇登记失业率3.72%，培育创业实体156个，我区被评为自治区转移就业示范县。加大社保兜底和救助帮扶，城乡居民医疗、养老参保率分别达102%（含自发移民）和93%，发放低保、特困、受灾、临时救助等补贴资金1.1亿元，追偿农民工工资569万元。建成残疾人托养自强中心，托养训练残疾人33名，康复治疗各类残疾人350人次。接续退役士兵社会保险137万元，发放补助慰问金111万元，自治区创建全国示范型退役军人服务中心现场会在我区召开。

社会大局安定和谐。高质量完成“七五”普法，全面深化法律“八进”活动。扎实推进实现矛盾不上交三年行动，信访工作成效突出。深入开展扫黑除恶“六清”行动，严厉打击各类违法犯罪，公众安全感明显提高。强化食品药品监管，开展安全生产专项整治三年行动，安全生产形势稳定向好。深化民族团结进步创建，坚决整治宗教领域突出问题，民族团结、宗教和顺、社会稳定大好局面不断巩固。深化社会主义核心价值观“六进”活动，培育形成了“忠孝仁爱、礼让和善”的淳朴民风。

一年来，我们优化服务，注重自身建设，政府效能全面提升。依法行政规范高效。自觉把党的领导贯彻政府工作全过程各方面，全面加强政府系统党组建设，巩固深化“不忘初心、牢记使命”主题教育成果。严格执行重大事项向区委请示、重大决策向区人大常委会报告、重点工作向区政协通报制度，全年提请区委研究重要事项42件，办理人大代表议案建议31件、政协委员提案37件。扎实推进法治政府建设，设置政府信息查阅室8处，公开政府信息2万余条，清理规范性政策性文件215份。

政府效能持续优化。深入推进“数字政府”建设，规范梳理“互联网+监管”事项2100余项。提升“12345”便民服务热线及区长信箱办理水平，承接咨询、诉求等912件，按期办结率达92%，群众满意率达97%。牢牢守住不发生系统性风险底线，化解政府债务1.25亿元。加大重点领域和重点资产监管，办理各类不动产登记5422件，颁发不动产权证书4149本。全面开展第七次全国人口普查和第三次全国国土调查工作。

作风建设更加扎实。严格落实中央八项规定及其实施细则精神，认真履行党建、党风廉政建设、意识形态“一岗双责”，注重发挥审计监督、财政监督作用，营造了为民、务实、清廉的政务环境。紧盯重点工程、民生领域和关键岗位，重拳整治形式主义、官僚主义等“四风”问题，解决了一批老百姓的急难事、烦心事。认真落实过“紧日子”要求，一般性支出和“三公”经费分别压减11.6%和33.2%。积极开展调查研究，全面强化督查问效，政府公信力、执行力和落实力明显提升。

与此同时，国防动员、国家安全、外事侨务、机关事务、广播电视、网络安全、电力通信、罗山保护、工商联、公积金、供水、供气、供热、税务、金融、保密、人防、工会、妇女、儿童、青年、老龄、档案、气象、邮政等方面工作都取得了新成绩，为全区经济社会发展做出了积极贡献。特别是在抗疫期间，全区上下众志成城、守望相助，书写了全民抗疫、共克时艰的壮丽篇章，在大战中践行了初心使命，在大考中交出了合格答卷！在此，我谨代表区人民政府，向大家表示最崇高的敬意！

总结2020年，我们在极不寻常的年份交出了一份春华秋实、厚重提气的“成绩单”，为“十三五”发展画上了圆满句号。回顾过去五年，我们始终牢记习近平总书记的殷切嘱托，“撸起袖子加油干”，不惧前进路上的磕磕绊绊，也不畏发展中的艰辛艰难；始终感恩习近平总书记的亲切关怀，坚信“好日子还在后头”，用汗水浇灌收获，以实干笃定前行。当前，全面建成小康社会胜利在望，全区上下正以无比感恩、无比振奋、无比自信的姿态迈向更加美好的明天。

五年的坚毅前行，推动了发展的高质量。综合实力显著增强，地区生产总值年均增长9%，城乡居民人均可支配收入较“十二五”末分别增长42.5%和70.5%。累计完成固定资产投资400亿元，实现了翻番目标。“3+X”特色产业效益提升，农业增加值年均增长4%；现代工业体系加快构建，规上工业企业增至56家，规上工业增加值年均增长15 %；电商、住宿、餐饮等服务业发展态势良好，第三产业增加值年均增长7%。

五年的惠民共襄，收获了满满的幸福感。历经五年，现行标准下5.6万名农村贫困人口全部脱贫，40个贫困村全部摘帽，贫困发生率从“十二五”末的25.29%下降为零。义务教育均衡发展和“普高”顺利通过验收，职业教育实现零的突破，中考、高考成绩逐年攀升。三级公共卫生服务体系基本完善，社会保障体系覆盖城乡。村级综合文化服务中心实现全覆盖，航空运动、民宿旅游、采摘体验等文化产品丰富多彩，浸润百姓生活。

五年的矢志不渝，绘就了秀美的好家园。全面守护蓝天白云、绿水青山、良田沃土，打造山水林田湖草沙生命共同体。累计治理沙化土地92.7万亩、水土流失17.6万亩，生态造林124万亩，人均公园绿地达12.75平方米，森林覆盖率由“十二五”末的 8.1% 提高到 14.1%，草原植被综合覆盖度达 56.7%。农村人居环境整治三年行动成效明显，美丽村庄建设扎实推进，安全住房、安全饮水、电视宽带实现全覆盖。

五年的精心励志，构建了治理的新模式。率先开展城乡一体化综合执法改革，整合跨领域跨部门执法事项 1035 项，打造了县级综合执法样本。县域社会治理现代化试点启动，扫黑除恶专项斗争成效显著，安全生产形势持续稳定，我区连续三年被评为自治区平安县（区）、连续五年实现现行命案零发生、连续四年未发生较大以上道路交通事故。民族团结、宗教和顺，各族群众相互交往交流交融，像石榴籽一样紧紧抱在一起。

艰难方显勇毅，磨砺始得玉成。五年来，我区先后荣获全国食品安全示范基地、中国富硒黄花菜明星产区、全国公共文化服务体系示范区、“四好农村路”全国示范县、全国“七五”普法中期先进县、全国信访工作“三无”县等荣誉称号，罗山航模基地被命名为“中国航空运动协会罗山飞行营地”“全国科技体育（航空模型）训练活动基地”，永新村、香园村荣获第二批国家森林乡村，“135”县域社会治理模式荣获全国“2020 民生示范工程”，“55124”村级事务治理模式被写入自治区党委基层治理“1+6”实施意见。一项项殊荣花落红寺堡，一顶顶桂冠扮靓红寺堡，进一步彰显了红寺堡的新风采、传播了红寺堡的好声音、坚定了红寺堡“走好新时代长征路”的自信心。

成就抒写历史，经验启迪未来。五年的奋斗步履铿锵、历历在目，五年的变化真真切切、有目共睹，五年的成绩振奋人心、令人鼓舞。这是习近平新时代中国特色社会主义思想科学指导的结果，是自治区、吴忠市和区委坚强领导的结果，是区人大、区政协监督支持的结果，是全区广大干部群众扎实苦干、奋力拼搏的结果。在此，我谨代表区人民政府，向广大干部群众，向人大代表、政协委员、各民主党派、工商联和各界人士，向驻红单位和武警官兵、公安民警、消防救援指战员致以崇高敬意！向关心支持红寺堡改革发展的自治区、吴忠市各厅（局）和兄弟县（市、区）表示衷心感谢！

在肯定成绩的同时，我们也清醒地认识到，我区仍然处于爬坡过坎、负重前行的关键时期，经济社会发展还存在不少困难和问题：一是产业发展层次较低，经济总量不大、质量不高，常态化疫情防控任务仍然繁重艰巨。二是财政收支矛盾突出，社会民生短板亟待补齐，发展后劲不足。三是招商引资困难多、办法少，项目投资拉动作用不强，短时间内难以支撑和推动高质量发展。四是社会事业发展不全面、不均衡，特别是公共卫生服务体系不健全。五是营商环境有待进一步改善，政府自身建设仍需加强。对于这些问题，我们必须高度重视、全力解决，决不负人民期待、决不负使命重托。

二、谋篇布局“十四五”，砥砺奋进新征程

展望“十四五”，国内外发展环境都将发生深刻的变化，红寺堡也将迎来大有作为的机遇期。特别是习近平总书记亲临红寺堡视察，充分体现了党中央对移民地区、贫困地区人民的牵挂和厚爱。党中央、国务院支持宁夏建设黄河流域生态保护和高质量发展先行区，自治区支持红寺堡创建全国易地搬迁移民脱贫致富示范区，吴忠市全力推进盐同红集中连片区区域协调发展，为我区培育壮大发展新动能、加快基础设施建设、统筹城乡协调发展、补齐公共服务短板带来了千载难逢的重大机遇。

按照区委《关于制定国民经济和社会发展第十四个五年规划和二〇三五年远景目标的建议》，今后五年政府工作总体要求是：高举中国特色社会主义伟大旗帜，坚持以习近平新时

代中国特色社会主义思想为指导，深入贯彻党的十九大和十九届二中、三中、四中、五中全会精神和习近平总书记视察宁夏重要讲话精神，全面落实自治区、吴忠市和区委的部署要求，统筹推进“五位一体”总体布局，协调推进“四个全面”战略布局，坚定不移贯彻新发展理念，坚持稳中求进工作总基调，以推动高质量发展为主题，以深化供给侧结构性改革为主线，以改革创新为根本动力，以满足人民日益增长的美好生活需要为根本目的，以“富民强区、建成示范、走在前列”为目标，主动融入新发展格局，重点抓好产业、就业和社会融入“三件事”，坚决守好促进民族团结、维护政治安全、改善生态环境“三条生命线”，做好调、转、增、融“四篇文章”，走出一条高质量发展的新路子，努力打造贫困地区产业融合发展示范、易地搬迁就业创业致富高地、移民地区基层社会治理典范、生态移民人居环境改善样板，基本建成全国易地搬迁移民脱贫致富示范区，为建设现代化美丽红寺堡奠定坚实基础，为继续建设经济繁荣民族团结环境优美人民富裕的美丽新宁夏作出积极贡献。

“十四五”时期，我区经济社会发展的主要目标是：经济发展更加强劲。地区生产总值年均增速高于自治区平均水平 1 个百分点，超过 100 亿元。全社会 R&D 经费投入强度增幅高于全市平均水平。产业结构持续优化，城乡区域协调发展取得明显成效。改革开放更加深入。生态建设、县域社会治理等领域改革取得明显成效，农村改革、“放管服”改革和营商环境持续深化。开放合作领域不断拓展，全方位多层次开放格局基本形成。社会文明更加彰显。科学文化素质、身心健康素质明显提升，公共文化服务体系、文化产业体系基本形成，移民文化品牌标识度愈加彰显，努力创建全国文明城市。生态环境更加宜居。大气、水、土壤、绿化等生态环境质量稳定向好，荒漠化、盐碱化治理成效明显，国土空间开发保护格局基本形成，生态文明体制机制更加健全，森林覆盖率达到 15.3%。人民生活更加幸福。居民人均可支配收入增速高于经济增速，全民受教育程度明显提升，基础教育实现优质均衡发展，多层次社会保障体系更加健全，脱贫攻坚成果不断巩固，乡村振兴战略全面推进。社会治理更加高效。法治红寺堡、法治政府、法治社会建设迈上新台阶，六大领域治理协调推进，各民族交往交流交融深度推进。

“十四五”时期，我区经济社会发展的战略任务是：牢记习近平总书记嘱托，积极融入“先行区”战略定位，把建设全国易地搬迁移民脱贫致富示范区作为政治任务、时代使命，坚持以“示范区”建设统领红寺堡发展、引领现代化建设。

——打造贫困地区产业融合发展示范。加快推进一产接二连三、深度融合，增强特色农业竞争力，到 2025 年黄花菜、优质牧草种植面积均稳定在 10 万亩以上，葡萄种植面积达到 18.8 万亩，肉牛、滩羊饲养量分别达到 20 万头和 120 万只。增强新型工业支撑力，着力壮大农副产品加工、印刷包装、新能源装备制造等产业，到 2025 年培育新增规上工业企业 42 家。增强现代服务业辐射力，以创建全域旅游示范县、打造城北陆港物流产业园、培育壮大农村电商产业园“三大工程”为抓手，促进产业和消费“双升级”，到 2025 年服务业增加值达到 47 亿元。探索园区共建、“飞地”经济等合作模式，争取引进一批发展前景好、科技含量高、带动能力强、质量效益好的产业项目，为加快补齐产业发展短板、助推产业提质增效打好基础。

——打造易地搬迁就业创业致富高地。健全完善防止返贫致贫监测预警和动态帮扶机制，重点解决产业、就业和社会融入“三件事”，实现巩固提升脱贫成果与乡村振兴有效衔接。健全多层次社会保障体系，健全特困人员、残疾人等特殊群体兜底保障机制。深化闽宁协作、定点帮扶，挖掘就业潜力，拓宽就业渠道，加强技能培训，通过产业发展吸附一批、企业稳定吸收一批、自主创业带动一批，让群众有持续稳定的就业门路、创业技能和致富项目，迈上生活富裕、共同富裕的康庄大道。到 2025 年累计实现城镇新增就业 3000 人，农村劳动力转移就业 15.6 万人，城镇调查失业率控制在 5.5% 以内。持续深化“放管服”改革，统筹做好政府职能转变、科技创新等领域改革，提高涉企服务质量和效率，打造法治化、市场化、制度化的就业创业环境。

——打造移民地区基层社会治理典范。加强和创新社会治理，提升教育、卫生等公共服务水平。加强诚信社会建设，探索开展村和、邻和、民和凝心聚力工程，增进后移民时代社会认同，促进群众思想融入、情感融入、生活融入，逐步实现乡风文明、治理有效，构建和谐有序、创新包容、共建共享的幸福家园。推进“平安红寺堡”建设，加强网格化联防联控，巩固扫黑除恶专项斗争成果，维护社会大局和谐稳定。深化“55124”村级事务治理和“135”县域社会治理模式，将我区建设成为县域社会治理现代化示范县（区）。推动中小学校与自治区优质教育集团建立教育共同体，建设特殊教育学校，改善办学条件。引导优质医疗资源下沉基层，提升公共医疗服务能力。推进基层公共文化服务体系建设，丰富群众文体活动。

——打造生态移民人居环境改善样板。坚持宜林则林、宜草则草，科学推进以“一山三河”为重点的生态保护修复治理和城乡环境整治等工程，构筑宁夏中部生态安全屏障，建设生态宜居美丽乡村，打造全景展示生态移民和易地搬迁生态建设成果的开放式示范“窗口”。深度融入黄河流域生态保护和高质量发展先行区建设，严守生态保护红线、永久基本农田、城镇开发边界“三条控制线”，实行水资源消耗总量和强度双控，加快推进节水型社会建设，持续抓好生态环境保护工作，确保空气质量持续提升。到 2025 年城区污水处理率达到现有规模的 100%，饮用水水质达标率 100%。坚持以城带乡、以乡带村，加快完善道路交通网、构建现代供水网、互联信息通信网，把红寺堡建成宁夏中部宜居宜业宜游的美丽新区。

三、聚集效能提升再发力，展现自身建设新作为

厚积以成势，登高更望远。发展的征途和人民的期盼，对政府工作提出了更高要求。我们将坚持永葆初心、牢记使命，持续推进政府职能转变和工作效能提升，全力打造对人民负责、让人民满意的有为政府。

面对新形势，我们要提升政治能力。旗帜鲜明讲政治，坚持以习近平新时代中国特色社会主义思想为指导，树牢“四个意识”，坚定“四个自信”，做到“两个维护”，坚决贯彻中央、自治区、吴忠市和区委的决策部署，不折不扣做讲党性、讲政治、讲忠诚的“明白人”。坚持全面从严治党，认真落实意识形态工作责任制，巩固提升“不忘初心、牢记使命”主题教育成果。全面推进法治政府建设，严格执行重大事项请示报告制度，自觉接受人大法律监督、政协民主监督、社会舆论监督，高质高效办理人大代表议案建议、政协委员提案。

面对新征程，我们要主动担当作为。坚持干字当先、实干为要，推行重点工作项目化、项目清单化、清单责任化管理，说一项办一项、项项落实，做一件成一件、件件兑现，一心一意把红寺堡的事情办好，用工作实效接受历史和人民的检验。坚持高质量发展导向，对确定的具体事项，以目标倒逼进度、以时间倒逼程序、以督查倒逼落实，坚决杜绝“讲得到做不到、说得好干不好”，确保工作在一线推动、问题在一线解决。加大政务公开，改进调查研究，切实精文减会，腾出更多精力抓发展、促改革、保稳定，奋力推动各项工作出成绩、进位次、争荣誉。

面对新期待，我们要永葆清正廉洁。始终把纪律和规矩挺在前面，严格落实中央八项规定及其实施细则精神，持之以恒纠治“四风”问题。纵深推进政府系统党风廉政建设，锲而不舍营造风清气正的政治生态。树牢过“紧日子”思想，强化预算刚性约束，严控“三公”经费，坚守“三保”底线，把有限财力用在推动发展和改善民生上。强化重点领域和关键岗位监督，坚决遏制债务增量，积极化解债务存量。有效防范金融风险，全力维护网络安全。自觉接受纪律监督、监察监督，加强审计监督、司法监督，严防权力腐败，做到干部清正、政府清廉、政治清明。

起航新时代，奋斗新征程。我们要更加紧密地团结在以习近平同志为核心的党中央周围，高举习近平新时代中国特色社会主义思想伟大旗帜，在自治区、吴忠市和区委的坚强领导下，提振精气神、锤炼硬作风、干出加速度，为加快建设全国易地搬迁移民脱贫致富示范区，继续建设经济繁荣民族团结环境优美人民富裕的美丽新宁夏，贡献新的更大力量，以优异成绩迎接建党100周年！

名词解释

1. **四包一：**对每名重点人员安排一名包抓领导、一名包抓党员、一名医护人员和一名社区干部组成专班负责管理。

2. **三返：**返岗、返工、返校。

3. **四查四补：**查损补失、查漏补缺、查短补齐、查弱补强。

4. **“556”工作模式：**建立一张作战图、一套工作台账、一个工作专班、一项监测预警动态帮扶机制、一项督导作战机制等“五个一”工作机制；建立“三类人群”帮扶、“四查四补”和挂牌作战、脱贫攻坚“回头看”、各级各类反馈问题整改、监测预警和动态帮扶“五套工作台账”；实施产业扶持、稳岗就业、教育扶贫、分散集中供养、签订赡养（抚养）协议、综合社会保障兜底等“六项帮扶措施”。

5. **六保36条：**自治区党委、政府印发《全面落实“六保”任务实施方案》，出台36条政策措施，统筹推进疫情防控和经济社会发展，最大限度降低新冠肺炎疫情对宁夏经济社会发展的影响，维护经济发展和社会稳定大局，决战决胜脱贫攻坚，全面建成小康社会。

6. **工业稳增长24条：**《自治区人民政府办公厅关于印发自治区工业经济稳增长二十四条意见的通知》（宁政办规发〔2020〕1号），简称自治区“工业稳增长24条”。

7. **“五个一”工作机制：**厘清执法边界，推行一张清单管权责；整合执法力量，推行一支队伍管执法；共享执法资源，推行一个平台管协同；提升执法效能，推行一张网格管治理；规范执法行为，推行一套机制管运行，从而推动跨部门、跨行业和区域性综合行政执法改革。

8. **一村一年一事：**以每年为每个行政村办一件实事的方式，解决农村产业发展、基础设施、公共服务、乡村治理等方面的困难和问题。

9. **四乱**：乱占、乱采、乱堆、乱建。

10. **扫黑除恶“六清”行动**：线索清仓、逃犯清零、案件清结、黑财清底、伞网清除、行业清源等扫黑除恶专项斗争行动。

11. **基层治理“1+6”实施意见**：把基层治理细化为乡村治理、社区治理、宗教治理、校园治理、企业治理、社团治理六个重点领域，对基层治理进行全面部署，形成一体谋划、全面覆盖、政策打包、统筹推进的基层治理政策体系。

12. **“135”县域社会治理模式**：构建城乡社会治理“一张网”，狠抓区、乡、村三级综合治理中心建设，推进政治引领、法治保障、自治强基、德治教化、智治支撑的“五治”融合发展。

13. **一山三河**：罗山、清水河、苦水河、红柳沟。

14. **肉牛、滩羊家庭经营“50”“300”模式**：肉牛养殖50头以上，滩羊养殖300只以上的养殖户，统称“50”“300”模式。

15. **三线一单**：生态保护红线、环境质量底线、资源利用上线和生态环境准入清单。

16. **三保**：保基本民生、保工资、保运转。

陈润儿在红寺堡区调研督导脱贫攻坚工作并召开座谈会强调坚持易地搬迁扶贫与实施乡村振兴统筹衔接 把红寺堡建成全国易地搬迁脱贫致富示范区

2020年10月19日，自治区党委书记、人大常委会主任陈润儿在吴忠市红寺堡区调研督导脱贫攻坚工作，并主持召开座谈会现场办公，研究解决红寺堡区发展中存在的突出问题，强调要深入学习贯彻习近平总书记视察宁夏重要讲话精神，把总书记的深情嘱托和殷切期望转化为加快脱贫攻坚、推动更快发展的强大动力，坚持易地搬迁扶贫与实施乡村振兴统筹衔接，力争把红寺堡区建设成全国易地搬迁移民脱贫致富示范区。

草畜产业是红寺堡区脱贫攻坚的支柱产业，也是移民群众增收致富的希望产业。陈润儿来到中烟“飞地”肉牛养殖园区，与当地干部群众交流，询问肉牛生长、饲草来源、销售渠道，了解肉牛规模养殖、带动群众脱贫致富情况，“群众种紫花苜蓿一亩地收入多少？”“肉牛品种改良后的稳定性如何？”“牛粪是怎么处理的？”他说，现在肉牛养殖不能走传统粗放的路子，要改变生产方式，加强技术培训，实现标准化养殖、集约化经营、精细化加工，延长产业链、提高附加值，让产业发展更好、农民收入更高。陈润儿还叮嘱当地干部要学技术、懂市场，做给群众看、带领群众干，真正把产业做大做强。

在红寺堡镇团结村，陈润儿走进坤和服装科技有限公司设在村里的扶贫车间，沿着生产线了解服装加工、销售及员工收入情况。该扶贫车间为周边群众提供岗位140个，人均月工资2000元左右，使农村妇女顾家就业两不误。陈润儿鼓励企业要实现更大发展，创造更多岗位，让更多群众稳定就业。来到村民马成龙家，陈润儿看到院里堆放的玉米棒子，随手拿起一根掰开看籽粒、看水分，询问收成。陈润儿与马成龙老两口及村干部围坐在一起亲切交流，问生计、话家常，得知老马家养了 30 只羊，年收入 3 万元左右，小儿子已经参加工作，陈润儿问："小儿子的工资给你们吗？"马成龙回答："我们养老不靠儿子，党的政策又好又多，吃穿用度啥都够。"陈润儿鼓励马成龙："你现在住得好，收入也不错，要继续用好党的政策，把养殖搞好，把日子过得更红火。"

座谈会上，红寺堡区委主要负责同志汇报了有关工作，与会同志就解决红寺堡区发展中的问题提出了意见建议。陈润儿指出，习近平总书记对宁夏脱贫攻坚非常牵挂、对移民搬迁工作非常重视，2020 年 6 月视察宁夏重要讲话，为我们打好打赢脱贫攻坚战指明了方向、也为我们做好移民搬迁工作指明了路径。要用心感悟总书记的关怀，用心领会总书记的要求，以更坚决的态度、更有力的措施、更主动的工作，把总书记的深情嘱托和殷切期望转化为加快脱贫攻坚、推动更快发展的强大动力。

陈润儿指出，要克服"三种倾向"，保持一鼓作气的精神状态。坚决贯彻习近平总书记"四个不摘"要求，扎实开展"四查四补"，坚决克服盲目乐观、一摘了之、责任递减倾向，持续发力防松劲、严把标准防闯关、巩固成果防返贫，坚决打赢脱贫攻坚战。要抓住"五个重点"，推动易地搬迁扶贫与实施乡村振兴统筹衔接。按照总书记提出的重点解决产业、就业、社会融入三件事情的要求，真正做到搬得出、稳得住、能致富，走出一条从"移民"到"富民"的康庄大道。要把加快产业发展作为根本来抓，更加注重资源禀赋、市场导向、产业培育，增强产业的竞争力；要把改善基础设施作为重点来抓，切实解决好水利、电力、道路和通信问题；要把优化公共服务作为基础来抓，着力提升教育、医疗、环保、体育、社会保障等公共服务水平；要把促进社会融入作为关键来抓，推进移民群众的思想融入、情感融入、生活融入；要把整治城乡环境作为大事来抓，做好规划、突出重点，下功夫抓好整治、改善、提升工作，真正成为宜居的地方。

陈润儿强调，要扭住"一个关键"，夯实移民地区的发展基础。按照自治区党委十二届十次全会部署要求，认真落实"1+6"政策文件，强班子、强队伍、强机制，做好"建""带""治"的文章，重视基层干部、用好基层干部、关心基层干部，认真落实"三优"政策，健全解决问题机制，让干部队伍强起来、优起来、干起来。

自治区领导张超超、赵永清参加调研或座谈。

（来源：宁夏宣讲网 2020 年 10 月 20 日，记者马晓芳 姜璐）

咸辉赴红寺堡区督导调研脱贫攻坚工作
牢记总书记殷殷重托 努力创造美好新生活

2020 年 10 月 12 日，自治区党委副书记、自治区主席咸辉到红寺堡区督导调研脱贫攻坚工作，强调要深入学习贯彻习近平总书记视察宁夏重要讲话重要指示精神，多措并举巩固脱贫成果，因地制宜发展特色产业，扎实推进脱贫攻坚与乡村振兴有效衔接，努力创造更加美好的新生活，用实际成效回报总书记的亲切关怀和殷殷重托。

红寺堡区红寺堡镇弘德村扶贫车间里机器轰鸣，咸辉现场了解生产经营情况，与职工亲切交谈，重温习近平总书记视察时的重要讲话、重要指示精神，强调要坚持扶贫性质，加强规范化管理、高效化利用、常态化运行，把扶贫车间打造成“致富车间”。听到负责人介绍一台近 200 万元的新设备刚刚安装完毕，正式投产后产能将会翻三倍，咸辉鼓励企业，不仅产能要翻番，效益也要翻番，还要努力让员工收入翻番。在村史馆，咸辉深入了解弘德村学习贯彻习近平总书记视察时的重要讲话重要指示精神有关情况，强调要始终牢记总书记的殷殷重托，用勤劳双手创造更加美好的新生活，让更多的村像弘德村一样越来越好。随后，咸辉来到苹果、苜蓿种植基地，查看特色产业发展情况，强调要科学规划布局，认真比选产业效益，选准做强特色产业，让群众增收致富的路子越走越宽。

已经实现脱贫的红寺堡区柳泉乡永新村，依托周围丰富的旅游资源，发展起来的乡村民宿已初具规模。咸辉走进村民李文彬家小院，看客房设置、问收入增幅，叮嘱搞好环境卫生，保证食品安全，让游客住得舒心开心、吃得放心安心；要顺应旅游发展趋势，创新营销方式、服务手段、业态模式，让乡村旅游、特色民宿成为群众增收的新亮点。

调研中咸辉强调，党的十八大以来，习近平总书记两次视察宁夏，第一站都是调研脱贫攻坚，充分体现了总书记对贫困群众的关心关怀和深情厚爱。脱贫摘帽不是终点，而是新生活新奋斗的起点。在脱贫攻坚收官之年、全面小康决胜之年的关键之时，我们要切实增强政治自觉、思想自觉、行动自觉，努力推动习近平总书记视察宁夏重要讲话重要指示精神的学习贯彻走深、走实。要强化移民后续扶持，重点解决好产业、就业、社会融入 3 件事情，完善扶持政策，增补帮扶措施，办好民生实事，真正让移民群众过上好日子。要在巩固脱贫成果上抓细抓长，严格落实“四个不摘”要求，着力深化“四查四补”，确保实现精准稳定可持续脱贫。要在发展特色产业上做优做强，聚焦自治区重点产业，立足当地实际，抓好精深加工，畅通产销衔接，打造区域品牌，让更多群众稳定增收。要在衔接乡村振兴上用心用力，抓好统筹接续，优化人居环境，提升治理能力，推动农业全面升级、农村全面进步、农民全面发展。

自治区副主席王和山参加调研。

（来源：《宁夏日报》2020 年 10 月 13 日，记者 周一青）

红寺堡区网格化管理战疫情

新冠肺炎疫情突袭而至以后，红寺堡区充分发挥城乡网格化服务管理基础作用，集中优势资源和力量下沉到基层一线，推动疫情防控关口前移，形成“干部带头、村居动员、联防联控、群防群控”工作格局，实现疫情网格化服务管控全覆盖、全天候、无盲区。

健全完善制度。红寺堡区委将基层网格作为疫情防控的“第一防线”“第一战场”，结合疫情防控实际，制定网格化服务管理分工方案、网格长管理考核办法、网格长操作指引等文件，探索从村集体经济收入中解决网格长补贴机制，从制度上稳定网格队伍。推动完善区、乡（街道）、村（社区）、组（小区）、小组（楼栋）五级888个网格，覆盖全区65个行政村和25个居民小区、沿街商铺，各行政村、居民小区以房定人，绘制网格化管理平面示意图，公示网格长责任体系、工作人员职责和联系方式，标明网格内重点人群情况和管控动态，做到疫情防控信息的公开透明。

领导干部包抓。注重发挥党员领导干部先锋模范作用，各级领导干部全部下沉一线包抓网格。区四套班子主要领导和区委副书记包抓5个乡镇和1个街道，32名处级干部包抓65个行政村和7个社区，37个部门单位主要负责人化作“片区长”进驻25个小区和10个片区沿街商铺，341名乡镇干部分别到65个行政村一线“参战”，2313名党员进网格、戴党徽、亮身份、做先锋，79个党员先锋队和临时党支部“火线”上岗上阵，带领群众参与群防群控，使党的旗帜高高飘扬在疫情防控一线。

压实各方责任。注重将专业力量充实到基层网格，形成严防严控合力。在各行政村和小区至少配备1名医生、2名民警，包抓责任单位“一把手”担任网格长管总，分管领导担任副网格长管片。发动乡镇、部门和村居干部以及物业人员、志愿者担任网格长、楼栋长或单元长，承担昼夜值守、出入管控、底数摸排、政策宣传、居家隔离、物资代购、生活保障、数据统计、信息上报、应急处置等各项工作，细化城乡网格的疫情防控职责。着力解决“如何管”的问题，推动排查管控精细化。紧盯防控工作总体目标，借助网格实现全面管控无死角、无遗漏、无盲点。**一是全面精准摸排。**充分发挥网格动员能力强、组织效能高的优势，在短时间内组织动员1362人、成立102个专班，按照“不漏一户、不漏一人”的要求，逐户逐人走访，全面开展大起底大排查，5天之内摸排20.99万人，排查人口数占户籍人口数的115%。加大外部管控力度，在城外设置9个卡点、各村设置146个检测点，公安、交通等部门干部及村组干部入格值守，累计检查车辆3万多辆、人员6万多人，从严从实落实“外防输入、内防扩散”要求。**二是严格隔离管控。**各乡镇街道以网格为基础，严格落实出入登记、测量体温、询问轨迹、限制出入次数、通行卡、分类分色管理等管控措施。对湖北等、10 个重点省到红寺堡人员标注红色，按程序报指挥部实行集中隔离；对其他省到红寺堡人员标注黄色，落实“十个一”措施（1 块隔离提示牌、1 名责任领导、1 名党员干部、1 名民警、1 名医护人员、1 间单独食宿房间、1 份 14 天前的行动轨迹、1 份承诺书、1 份体温检测表、1 个微信群），实行居家隔离；对空户标注蓝色，贴上封条，入住时由网格员登记核实信息后启封入住；正常居住人员标注白色，发放通行卡，每户 3 天出入一次。对基本生活物资供应、春耕备耕和复产复工人员结合实际发放健康证明，联合复工复产企业共同落实管控措施。三是强化科技支撑。以网格为单位建立辖区实有人员和重点人员电子台账，所有人员信息全部录入智慧疫控 App，出入时扫二维码即时登记，实现线上线下实时监测和动态管理。依托网格层层建立疫情防控微信群，网格长或楼栋长担任群主，网格内每户至少 1 人入群，每天 2 次上报家中所有人员体温及健康状况。网格长、楼栋长实时将指挥部最新政策、公告通告、宣传资料以及重点人群管控情况等信息在群内公布，让群众在第一时间掌握权威信息，消除恐慌心理。着力解决“如何服务”的问题，做到贴心便民见实效。

守护群众生命健康。红寺堡区用好用足网格管理机制，既管控到位也服务到位。一是做好“三返”人员服务。以网格为单位，对所有到红寺堡、离开红寺堡流动人员提前报备、跟踪服务。“三返”（返程返工返校）人员通过微信、电话等方式提前与行政村、社区对接沟通、咨询政策，区分高危人群、次高危人群、重点人群，落实分类接回、隔离、管控措施。对国外高风险地区返程人员提前告知暂缓返程；对中低风险地区返程人员及时告知政策、个人防护注意事项，建立返程人员台账，掌握基本信息、行动轨迹，做好应对预案。对外出务工人员及时体检，指导办理健康证明和相关手续，

红寺堡区人民医院疫情防控检测　（魏旭平　摄）

掌握基本信息、健康状况和去向，服务企业复工复产。二是强化隔离人员服务。以网格为单位落实居家隔离人员的各项服务措施。居家隔离户由责任领导负总责，责任医生每日监测体温及健康状况，责任民警负责居家隔离监管，党员干部每天通过微信、电话随时掌握隔离人员各种需求，按照需求代购药品、蔬菜、米面油等生活用品，送货上门，做好隔离人员物质及生活保障。三是强化一般人员服务。依托网格微信群，实时推动大喇叭语音广播、接地气的抖音短视频等，加大疫情防控宣传力度，引导群众自觉服从管控、减少聚集出行，提高个人防护意识。及时提供心理疏导、免费理发、线上矛盾纠纷调处等个性化服务，密切党群干群关系。小区住户们争着为值守在帐篷中的工作人员送去口罩、一次性手套等防护物资和牛奶、饮料、饭菜等，很多群众不留名不留姓悄悄将慰问品放在帐篷旁边，很多群众自觉站出来成为疫情防控的志愿者，形成群防群治、联防联控的生动局面。

（来源：红寺堡区应对新型冠状病毒感染肺炎疫情工作指挥部）

对居家隔离人员进行“四包一”管理 （魏旭平 摄）

红寺堡区40个贫困村全部脱贫出列

2019年5月21日，经第三方评估，红寺堡区大河乡乌沙塘村、石坡子村，柳泉乡羊坊滩村，太阳山镇田原村、周圈村等5个村贫困发生率均下降至3%以内，基础设施、产业培育及公共服务均达到脱贫退出标准，经吴忠市扶贫开发领导小组第一次会议研究审定，在吴忠市人民政府网站公告无异议，批准退出贫困村序列。

2019年10月23日，根据自治区党委办公厅、人民政府办公厅《印发〈关于进一步规范贫困退出工作的实施意见〉的通知》（宁党办〔2018〕100号）精神，吴忠市扶贫开发领导小组组织对红寺堡区申请拟脱贫退出的35个贫困村进行复查复审，经市扶贫开发领导小组2019年第3次会议审议通过，2019年10月23日向社会发出公告。

红寺堡区（35个）

红寺堡镇：

红关村、红海村、中圈塘村、朝阳村、玉池村、团结村、同原村、弘德村

新庄集乡：

柳树台村、东川村、康庄村、红阳村、白墩村、杨柳村、新台村、中川村、新集村、红川村

太阳山镇：

兴民村、周新村、巴庄子村、红星村、买河村

柳泉乡：

柳泉村、永新村、沙泉村、甜水河村、豹子滩村

大河乡：

石炭沟村、龙泉村、香园村、麻黄沟村、龙源村、河西村、红崖村

2020年3月4日，自治区政府第58次常务会议研究决定，批准同心县、原州区、海原县3个国家贫困县和红寺堡区1个自治区贫困县退出贫困县序列。

至此，红寺堡区自2014年以来识别的40个贫困村全部脱贫出列。综合贫困发生率低于3%，脱贫人口错退率、贫困人口漏评率均明显低于2%，群众认可度在90%以上；农村基础设施明显改善，基本公共服务领域主要指标接近或达到全国平均水平，脱贫攻坚总体部署符合国家和自治区要求，重大政策措施落实到位，后续帮扶计划及巩固提升工作安排有序、措施有力，符合贫困县退出标准。

摘帽不摘责任、摘帽不摘政策、摘帽不摘帮扶、摘帽不摘监管，巩固拓展脱贫攻坚成果，加大对剩余贫困人口的帮扶力度，努力实现精准稳定可持续脱贫，为确保与全国同步全面建成小康社会打下坚实基础。

（来源：年鉴编辑部整理）

红寺堡区脱贫攻坚 2016—2020 年工作总结

（2020 年 10 月 30 日）

五年来，在中央、自治区党委的坚强领导下，在自治区吴忠市两级扶贫部门的正确指导下，红寺堡区认真贯彻落实习近平新时代中国特色社会主义思想，贯彻党的十九大及十九届二中、三中、四中全会和自治区第十二次党代会、吴忠市第五次党代会精神，始终把抓好脱贫攻坚工作作为重大政治任务、底线任务和全区中心工作，列为各级党政一把手工程，坚持以习近平总书记关于扶贫工作重要论述、系列重要讲话和指示批示精神为指导，坚持精准扶贫、精准脱贫基本方略，以“脱贫攻坚、增收富民”为统揽，紧扣“两不愁三保障”标准，落实“六个精准”“五个一批”措施，强产业稳增收，夯基础补短板，建机制兜底线，形成全民参与扶贫、决胜脱贫的浓厚氛围，脱贫攻坚各项工作取得决定性成效。

一、任务完成情况

（一）“三率一度”达标情况。2014 年以来，共识别贫困村 40 个（其中深度贫困村 9 个），建档立卡贫困人口 12812 户 50464 人。截至 2020 年 10 月，实现 40 个贫困村全部脱贫出列，现行标准下贫困人口全部脱贫，综合贫困发生率从 2014 年的 33.46% 下降到 0，群众认可度达到 95% 以上。农村居民人均可支配收入由搬迁之初不足 500 元增长近 20 倍，2020 年农村居民人均可支配收入预计达到 10710 元。2020 年 3 月，自治区党委、政府宣布红寺堡区退出贫困县序列。

（二）“两不愁三保障”达标情况。通过产业扶持、就业创业、小额贷款、政策引导、兜底保障等多种方式精准施策，贫困户家庭人均纯收入稳定超过国家扶贫标准，实现不愁吃不愁穿，义务教育、基本医疗、安全住房有保障。义务教育方面，顺利通过国家义务教育均衡发展验收，全面落实教育扶贫政策，创建教育扶贫专项基金，实施乡镇、学校、家庭三位一体“控辍保学”责任制，所有义务教育阶段适龄儿童有学上、上得起学，实现义务教育阶段无失学、辍学学生。基本医疗方面，建档立卡户和边缘户基本医疗参保率达到 100%，贫困人口年度住院医疗合规费用报销比例不低于 90%，或当年住院自付医疗费用累计不超过5000元，建档立卡家庭医生签约服务应签尽签，防止因病致贫、因病返贫。住房安全方面，委托第三方公司对所有农户住房进行了安全鉴定，综合采取危房改造、维修加固、周转房安置等措施，农户住房安全得到全面保障。

（三）基础设施和公共服务情况。全区所有行政村通公路、村组道路硬化，生活用电和动力电、宽带网络均实现全覆盖。各行政村基层组织健全且均有稳定增收的支柱产业和村集体经济收入。文化活动场所、综合服务网点、标准化卫生室、学校等均实现全覆盖。农村饮水安全水质、水量、用水方便程度和供水保证率四项指标全部达标，贫困村基本公共服务领域主要指标接近全国平均水平。

二、主要做法

（一）机制健全，责任明确，保障脱贫攻坚任务落实。深入学习贯彻习近平总书记关于扶贫工作重要论述，特别是习近平总书记在中央决战决胜脱贫攻坚座谈会上的重要讲话精神和习近平总书记视察宁夏重要讲话精神，认真贯彻落实自治区吴忠市党委、政府的部署，坚决执行“四个不摘”要求，强化打赢脱贫攻坚战的政治意识。一是完善工作机制。先后制定印发《红寺堡区打赢脱贫攻坚战三年行动实施方案》《红寺堡区推进脱贫富民战略工作方案》《红寺堡区脱贫摘帽工作方案》等指导性文件，紧扣实现高质量脱贫这个核心，科学谋划，全面部署。强化顶层设计，逐年制定脱贫攻坚实施方案，每年年初召开动员部署会，明确年度工作思路、目标和路径，形成年初建账、年中查账、年底交账、一年一结账的工作机制。制定出台脱贫不稳定人口和边缘易致贫人口防止返贫致贫监测预警和动态帮扶方案，以网格化管理为载体，建立村组日常监测、乡镇研判预警、区级调度协调长效机制，及时化解返贫致贫风险，巩固脱贫攻坚成果。二是健全责任体系。按照“中央统筹、省负总责、市县抓落实”的要求，成立以区委书记、政府区长任组长，四套班子其他领导任副组长的扶贫开发领导小组，实行“双组长”负责制。建立脱贫攻坚调度例会制度，区委常委会、政府常务会、扶贫开发领导小组会议每月至少2次研究脱贫攻坚工作。严格落实“三级书记”抓扶贫责任制，印发《关于开展“三级书记”带头遍访贫困村贫困户活动助推打赢脱贫攻坚战三年行动的工作方案》，切实做到区委书记、区长遍访贫困村、乡镇党委书记、村党支部书记遍访贫困户。建立完善四套班子主要领导包抓乡镇、其他处级领导包抓行政村的工作机制，制定《进一步压实处级领导脱贫攻坚责任办法》《处级领导包抓乡（镇）、村脱贫攻坚工作重点任务清单》，坚持每周到包抓村推动工作，确保脱贫攻坚各项政策落地落实。三是压实攻坚任务。紧盯“十二五”生态移民安置区，成立3个扶贫工作组，聚焦5个“十二五”生态移民深度贫困村，常年驻村合力攻坚。区、乡、村层层签订脱贫攻坚责任书，制定《脱贫攻坚任务清单》，将目标任务细化到项、量化到人。印发年度脱贫攻坚实施方案、《红寺堡区精准脱贫工作职责》《红寺堡区脱贫攻坚“14项清零行动”实施方案》等文件，制定产业、就业等脱贫攻坚专项行动计划。推行脱贫攻坚网格化管理模式，划片包干、网格到户、责任到人，形成“横向到边、纵向到底”的脱贫攻坚网格化责任体系。

（二）精准识别，精准退出，夯实脱贫攻坚工作基础。红寺堡移民群众主要来自宁南山区八县156个乡镇412个村，人口组成十分复杂，只有充分发挥群众的主体作用，让群众充分参与进来，建档立卡才能识得清、识得精、识得准，脱贫退出才能让群众退得心甘情愿、退得理所当然。红寺堡区始终把建档立卡作为精准扶贫、精准脱贫的基础工作，做到准严清细实。一是创新方法，精准识别退出。充分发挥驻村工作队、村两委班子、帮扶责任人的力量，广泛发动群众参与，严格按照“两评议两公示一比对一公告”精准识别程序，把好“五关”、实行“六联签”（群众申请关、入户调查关、民主评议关、公示监督关、审核确认关；建档立卡户的认定分别由本人、村组负责人、驻村第一书记、包村干部、帮扶干部、乡镇负责人签字），全面落实“谁认定、谁负责、谁签字、谁负责”的责任倒查机制，切实做到“应纳尽纳、应退尽退”。通过发挥群众的积极作用精准建档，为精准脱贫奠定了坚实基础，探索形成了规范村民代表会议制度“55124”模式，入选首批全国20个乡村治理典型案例，自治区以制度的形式予以确立。二是动态调整，精准排查补录。严格落实退出标准和程序，每年结合扶贫对象动态管理和信息采集，对全区的自发移民和所有行政村常住农业人口进行多轮拉网式、地毯式的摸底排查和“回头看”，及时查漏补缺、复查复核，切实提高群众知晓率、识别精准率和数据信息录入准确率。开展户籍中的重户、空挂户、黑户等重点户专项治理，累计清理双重、虚假、空挂户籍4150人。将迁出和死亡的5377人从扶贫开发信息系统中进行清理，对迁入和新生的5602人进行数据补录。三是聚焦难点，精准识别纳入。出台综合解决自发移民问题工作方案，在试点完成7个村的基础上，在全区所有行政村全面推开，为547户自发移民办理户籍迁转、土地和宅基地确权登记手续。分类建立自主迁徙农户信息台账，累计排查出自主迁徙农户10324户41336人，严格落实网格化管理责任，网格员一月一走访，随时关注家庭情况，对有致贫风险的农户，在现有政策范围内给予及时帮扶。及时甄别将符合条件的335户1454人自发移民纳入建档立卡。确保脱贫路上“不落一户、不落一人”。四是全面建立防贫返贫预警监测体系。紧紧围绕“两不愁三保障”，制定出台防止返贫致贫监测预警和动态帮扶方案，累计界定边缘易致贫户389户1671人、脱贫不稳定户183户787人，以网格化管理为载体，建立村组日常监测、乡镇研判预警、区级调度协调机制，因户施策、一户一策，综合采取产业、就业、医疗等精准帮扶，边缘易致贫户和脱贫不稳定户致贫返贫风险点已全部消除，切实做到未贫即防、返贫即扶。

（三）狠抓产业，提质增效，确保贫困户稳定增收。始终把发展产业作为精准扶贫精准脱贫的根本之策，拓展移民增收门路，提高贫困户自我发展能力，提升贫困户“造血”功能，为贫困群众脱贫致富提供稳定长远的收入来源。一是大力发展特色产业。坚持“扶持关键环节、补齐发展短板、产业提档升级”的产业发展思路，紧扣产业发展短板，制定《红寺堡区农业特色优势产业扶持政策措施》等产业扶持政策，累计实施各类涉农项目资金8.9亿元，引导调整产业结构，扶持发展富民产业。对农户新增葡萄、枸杞、草畜等“3+X”特色种植业和全区建档立卡户发展产业给予扶持；投入中烟帮扶资金1463.9万元对5个“十二五”生态移民村农户发展基础母牛、基础母羊给予补助，助推生态移民村草畜产业发展。建立扶贫贷款风险补偿金7300万元，2016年至2020年共计对53437人次发放扶贫小额贷款21.12亿元，兑付贴息资金8120.2万元，鼓励群众发展特色产业。全区葡萄、枸杞、黄花菜种植面积分别达到10.8万亩、5.6万亩、8.02万亩，肉牛饲养量11.2万头、肉羊饲养量90.5万只，实现了村有支柱产业、户有增收项目。二是创新产业扶贫机制。强化扶贫产业技术服务，加大农村实用技术指导和新型职业农民培训，累计组织开展各类实用技术培训175班次，培训种植养殖实用技术12790人次，推广草畜产业节本增效、绿色增产攻关等实用新技术29项，推广作物新品种9个，发展肉牛改良员14个，培育认定乡村兽医54人，良种覆盖率和主推技术到位率均达到90%

以上。扶持发展特色产业示范村5个、龙头企业27个、合作社161个、致富带头人430人，带动5300余户建档立卡户增收。三是促进产业融合发展。实施农产品品牌提升行动，补齐产业融合发展短板，促进产业融合发展，实现精准扶贫、精准脱贫目标。累计认证无公害农产品15个、绿色产品4个、有机农产品11个，建成富硒农产品基地12个。注册“千红裕”“戈蕊红”“滩羊坊”“伊加益”“喜洋洋”等商标56个。组织多家酒庄参加国际葡萄酒大赛，获得各类奖项201个，黄花菜一、二、三产业融合项目获2018年度乡村产业振兴十佳项目。2020年中国葡萄酒第一镇公用品牌“红漠”注册投用，“红寺堡黄花菜”地理标志公用品牌完成注册，举办“发展富硒黄花产业助力乡村经济振兴”为主题的中国·宁夏吴忠第三届富硒黄花菜产业科技高峰论坛暨中国西部发展研究与促进会食品安全万里行活动。引进富阳、天得等龙头企业，规模流转土地7万多亩，打造新集、西川、弘德等8个全产业链示范村，每年为1.2万农户提供土地流转费2610万元、务工收入1.6亿多元，有效推动“三产”融合发展，促进贫困户创利增收。

（四）促进就业，扶持创业，拓宽贫困户致富渠道。一是多措并举扶持就业。出台就业创业扶持政策，积极促进农村劳动力转移就业19.97万人次，累计实现劳务收入19.54亿元，2019年成功创建自治区级农村劳动力转移就业示范县，劳务产业成为群众脱贫致富的“铁杆庄稼”。深化闽宁劳务协作联系，形成“政府+劳务公司+劳务服务站”的工作模式，筹资35万元在福建、青海建立劳务服务站，组织开展闽宁劳务协作专场招聘会8次，提供招聘岗位近3000个，组织输送赴闽务工人员502人，建档立卡贫困劳动力256人。针对建档立卡户开发多批乡村公益性岗位从事乡村保洁员、护林员、学校后勤人员、乡村人力资源和社会保障协理员共计6457人，累计发放岗位补贴9432.7万元。二是开展培训提升致富技能。统筹各类资金6466.9万元，实施赴闽转移就业补助、就地就近转移就业、精准脱贫技能培训、驾驶员培训、公益性岗位、建档立卡户务工奖励等20个就业扶贫项目，项目成果惠及红寺堡区近8000户建档立卡户。通过“企业订单、培训机构列单、培训对象选单、政府买单”的机制，累计开展城乡劳动力职业技能培训2415人，完成精准脱贫技能培训5399人，开展驾驶员培训2206人，完成两后生（是扶贫政策中的农村贫困户，指初、高中毕业生未能继续升入大学或中专院校就读的未婚青年）培训23人，完成创业培训48个班1440人，培训后创业758人，培育创业实体594个，全民创业带动就业11484人。三是落实政策鼓励创业。坚持把创业培训作为扶持创业的关键环节，结合不同需求开设了GYB、SYB、IYB、网络创业培训等多种培训种类，涵盖建档立卡户、高校毕业生、社区监督康复人员等群体，最大限度地满足群众的培训需求。积极探索“政府主导、部门帮扶、金融扶持、农户参与”的特色发展模式，支持柳泉乡永新村民宿旅游，永新村民宿旅游示范户由2017年的2家发展为20家，其中建档立卡户6家。强化创业担保贷款促进创业的功能，规范办理程序，加大创业担保贷款发放力度，发放创业小额担保贷款3256笔，发放贷款2.4亿元。四是多点开花助农增收。实施国家电子商务进农村综合示范县项目，建成44个村级电商发展基地，采取“头部引流+全民造势+培训固基”的模式，努力营造全民直播助销农产品的氛围，累计举办电商培训122期，8211人次（建档立卡贫困户2993人次），带动红寺堡区网络创业就业人员3799人，提高农民收入年约1000元，“全民电商”生态格局基本形成。建立扶贫产品认定、统计监测和严格监管机制，动员全社会扩大贫困村产品和服务消费，采取承销、带销、推销、助销、营销、促销共6种消费扶贫模式，多措并举解决好扶贫产业产品“卖难”问题，累计认定备案消费扶贫企业26家、扶贫产品34个，线上线下销售1.2亿元。实施光伏扶贫行动，建成39个村级光伏扶贫电站，总装机规模19.8兆瓦，年发电量2300万千瓦时，可使每个贫困村集体每年增收约39.5万元，开发光伏公益性岗位540多个，人均年增收1万元左右。抢抓创建自治区全域旅游示范县（区）机遇，推进全域旅游各项工作，探索乡村旅游扶贫模式，连续7年举办全国青少年航空航天模型锦标赛，打造西川特色产业示范村、永新民宿、中圈塘等多个旅游驿站、农家乐，累计接待游客25.11万人次，带动群众创收1933.4万元，户均增收2万元，成为助力脱贫攻坚、推进乡村振兴的有力抓手。

（五）改善环境，服务民生，贫困户幸福指数不断提高。坚持把基础设施和公共服务建设作为脱贫攻坚的重中之重，2014年以来，紧盯“两不愁三保障”，每年将90%以上的地方财政用于改善民生，切实解决群众出行难、上学难、就医难、环境差、公共服务滞后等突出问题。一是人居环境显著改善。严格程序，规范管理，实施危房改造清零行动，委托第三方公司对所有农户住房进行安全鉴定，实现C、D级危房、D级“空心房”动态清零，累计完成农村危房改造12432户，发放改造补助资金1.4亿元。制定《红寺堡区“十三五”农村公路发展规划》，2014年以来，共投入资金5.49亿元用于农村公路建设，建设农村公路815千米，实现65个行政村全部通硬化路，通畅率达100%。高标准规划建设红寺堡综合客运站，新建改建集客运、邮政快递、农资配送、养护为一体的乡镇综合服务站4个。实施马渠移民区“坐公交·享补助”工程，采用“互联网+金融+扶贫”模式，通过银联金融平台和车载终端，让马渠移民和建档立卡户精准享受交通补助，方便移民群众，也杜绝大水漫灌式资金补助，保障资金安全精准，被多家媒体报道。探索“路长制”管理，中航路被评为2019年度宁夏“最美农村路”，红寺堡被评为全国“四好农村路”示范县。累计投资4.45亿元，实施水利扶贫项目101个，累计铺设、更换各级管道243千米、沿线配套各类建筑物和制作入户保温井（软管），实现“一户一宅一水”全覆盖，让农村人口全部用上放心水，自来水入村、入户均达到100%。以创建全国文明城市为契机，持续开展绿化、亮化、美化、净化行动，推行城乡一体综合执法、乡村垃圾收集一体化环卫外包服务模式，积极开展“厕所革命”、农村污水处理、农村环境综合整治，累计完成人工造林43.73万亩，森林覆盖率从2016年的9.81%提高到12.76%，乡村面貌的变化是红寺堡日新月异发展最有力的见证。二是教育质量稳步提升。围绕消除大班额、实施控辍保学、缩小校际差异、提升教育教学质量四项重点任务，五年来共争取资金3.67亿元，推进薄弱学校改造和学校扩容提质，累计新建改扩建农村学校62所、幼儿园42所、职业技术学校1所、高中1所，新增校舍面积38.7万平方米，全区各级各类学校达到134所、幼儿园达到51所。争取资金1450万元，为52所中小学配备智慧教室和在线互动课堂76间，配备触摸一体机349套；为83所义务教育阶段学校更新补充计算机7889台、图书50万册。在宁夏全区率先成立教育扶贫基金，每年筹措资金不少于1000万元，对红寺堡籍建档立卡家庭经济困难学生实现全覆盖资助，累计资助困难学生2.5万余人次3532.11万元。实施“双线管控”工作机制和“三包三保”责任制，严格落实控辍保学“1237”报告制度，建立“防、帮、带、激、转”为一体综合预防体系，开展“千名教师进万家”大走访活动，实现所有义务教育阶段学生有学上、上得起学、不辍学。2018年红寺堡区高质量通过国家义务教育基本均衡评估验收；成功创建教育部教育信息化试点学校1所、自治区级信息化标杆校2所、示范校3所。三是医疗保障水平全面提高。不断完善城乡医疗健康服务体系，深入推进全区健康扶贫工作，解决贫困人口基本医疗有保障突出问题。建成乡镇卫生院 5 所、标准化村（组）卫生室 98 所，乡村两级卫生院（室）实现全覆盖。落实行动、互联网 + 医疗健康、“先诊疗、后付费”、上门跟踪体检、“一站式”结算等服务措施，累计救治贫困群众 8100 多人次，建档立卡户和边缘户基本医疗参保率达到 100%。通过基本医疗保险、大病保险、大病保险财政补助、医疗救助、扶贫保险、财政兜底六道保障线，保障建档立卡贫困户“看得起病”，确保贫困人口年度住院医疗合规费用报销比例不低于 90%，或当年住院自付医疗费用累计不超过 5000 元。建立家庭医生签约服务绩效评价机制，组建家庭医生签约团队 39 个，实现建档立卡贫困病患应签尽签，有效防止因病致贫、因病返贫。四是综合兜底保障网织密织牢。坚持保基本、兜底线、织密网、建机制，筑牢困难群众基本生活保障底线，为贫困群众撑起民生“保护伞”。建立以民政低保、临时救助、特殊津贴制度为主体，以社会帮扶为辅助的综合保障体系，及时掌握无劳动能力家庭的保障兜底需求，将符合条件的贫困家庭全部纳入农村低保范畴。截至 2020 年，农村低保中建档立卡户 8068 户 13246 人，建档立卡户与低保企联席工作制度，累计投入资金 4000 多万元，为建档立卡户购买“扶贫保”，理赔 1759 件 1977.9 万元，有效提高建档立卡贫困户抵御风险能力，防止因病、因灾、因重大事故返贫，为持续脱贫上“安全阀”。

（六）智志双扶，综合治理，激发贫困户内生动力。深入开展扶贫扶志扶智行动，制定《关于开展扶贫领域“智志双扶”的实施意见》，补齐贫困群众“精神短板”，克服“等、靠、要”思想，提振群众勤劳致富的精气神，汇聚脱贫攻坚的强大精神力量。一是深入开展精神文明创建活动。以扶贫、扶志、扶智为重点，依托地方特色和文化资源禀赋，持续开展“我们的节日”主题系列活动，充分发挥传统节日的思想熏陶和文化教育功能，着力丰富群众精神文化生活。充分利用新闻媒体和各类主题宣传活动，深入挖掘、广泛筛选具有精神内涵和时代意义的先进典型人物进行宣传；依托综合文化服务中心、道德讲堂等基层活动阵地，持续开展“感党恩 说脱贫 话发展”基层宣讲活动，丰富干部群众的节日文化生活，营造节日文化氛围，提振贫困群众脱贫致富的精神气，教育引导贫困群众用自己的劳动实现物质和精神“双脱贫”。二是不断提升公共文化服务水平。不断健全完善公共文化服务体系，相继建成宁夏移民博物馆、图书馆、健身馆、罗山飞行营地、体育公园、体育场、体育馆、文化馆，整合资金 2740 万元建设乡镇文化站 5 个、村级综合文化服务中心 64 个、农家书屋 64 个、文化艺术团队 32 个，扶持示范农民文化大院 29 家，累计建设完成室外文体广场 81 个、健身路径 112 套（1272 件），实现体育健身设施全覆盖。扶持培养公共文化服务人才、群众文化领军人才、非物质文化传承人才和文化产业带动人才 1500 余人，培育首批移民文化领军人物 30 名，文化教育事业蓬勃发展，有效阻断了贫困代际相传，使文化自信成为群众脱贫致富的“催化剂”。2017 年，宁夏文化扶贫工程总结表彰大会在红寺堡区召开，红寺堡经验在全区推广。2018 年，文化扶贫工程成为“宁夏样本”在全国文化馆年会作经验交流。三是加强农村综合治理。健全完善村规民约，实现行政村“一约四会”全覆盖，遏制农村高价彩礼、大操大办等陈规陋习。加强和创新基层社会治理，深化规范村民代表会议制度“55124”村级治理模式，构建以网格化管理、组团式服务、信息化支撑为方向，区、乡、村、组、网格五级服务管理体系，通过“红袖标”义务巡防、“邻里守望”志愿服务、“美丽家园、同心共建”积分超市等方式，调动群众参与文明创建、基层治理的积极性、主动性。开办“我的脱贫故事”电视栏目，开展

“三先开路话脱贫”百姓宣讲和文明村居、乡贤孝星推选等活动，移风易俗带头人李俊义家庭获得全国“最美家庭”荣誉称号，龙源村“攒劲妈妈”李耀梅用3年时间扎制2.5万把扫帚供女儿上大学并还清30万元“情义债”，入选“中国好人榜”、获2019年全国脱贫攻坚奋进奖。采用生产奖补、劳务补助、以工代赈等措施，对申请主动脱贫的建档立卡户按照5:4:3的比例分3年奖补1.2万元，评选“百名脱贫示范户”并予以表彰，涌现出李顺玉家庭等273户主动脱贫的先进典型，激励带动一大批贫困群众自力更生、主动脱贫，典型带动促进文明乡风、良好家风、淳朴民风。

（七）凝聚力量，整合资源，深化大扶贫工作格局。坚持政府主导、农民主体、部门联动、社会参与，广泛凝聚社会力量，构建专项、行业、社会“三位一体”大扶贫格局，形成人人参与、形式多样、全社会齐心协力脱贫攻坚的生动局面。一是深化闽宁扶贫协作。全方位、多角度、深层次开展项目、人才、产业、民生、劳务协作，先后与晋江市、德化县互访交流80次，5个乡镇14个行政村结对帮扶，累计落实资金1.37亿元。组织两地医院、学校、企业、社会组织等开展各类结对帮扶33对，组织党政干部培训8期254人次，互派专业技术人才75人开展互学互助活动，组织开展致富带头人、专业技术人才培训2694人次。加强劳务协作，累计补助赴闽就业、就地就近就业用工6895人。二是深化企业和社会帮扶。争取国家烟草专卖局帮扶资金9500万元，建成“飞地”肉牛养殖园区，实施中烟精准到户扶贫项目，对“十二五”生态移民村发展养殖业农户进行饲草料补贴，累计补贴资金806.2万元，受益农户690余户。自治区9家国有企业和民营企业“一对一”帮扶9个深度贫困村，落实帮扶资金178万余元。动员社会爱心人士广泛开展助困、助学、助孤、助残、助老等公益活动，营造全社会志愿服务、助力脱贫的浓厚氛围。三是深化驻村帮扶。区、市、县三级精准选派第一书记和驻村工作队120人，安排帮扶责任人3702名，实现40个贫困村驻村工作队和贫困户帮扶责任人全覆盖。出台《红寺堡区扶贫帮扶责任追究办法（试行）》，全面落实四级扶贫干部例会、帮扶责任人“三必须”、帮扶工作“月通报”等制度，对38名工作优秀的扶贫干部提拔使用，对不合格的8名第一书记实施召回调整，帮扶工作成效和群众满意度明显提升。

（八）建强组织，壮大队伍，筑牢脱贫攻坚战斗堡垒。紧盯农村党组织工作上的短板和难题，在选人、育人、留人方面精准施策、精准发力。一是狠抓村级组织建设。推行党组织规范化建设，建立党建工作、脱贫攻坚、文明单位等示范点20个，建成党群服务中心68个。对2018年以来确定的44个软弱涣散基层党组织进行整顿提升。从全区科级后备干部中选派21名干部到3个扶贫重点村蹲点帮扶、34名干部到第一书记和驻村工作队员岗位上、12名选调生到贫困村工作。在宁夏范围内公开选任10名村党支部书记，调整不称职、不胜任村干部47人，选优配强贫困村“两委”班子。在宁夏率先开发“村级事务管理”公益性岗位，面向红寺堡区公开招聘高中以上学历青年106名，建立乡镇党委书记、副书记、班子成员、村党支部书记联系培养机制，培育村级后备人才284名，致富带头人1368名，支持学费、交通费鼓励199名村干部参加学历提升行动，全面提升村干部能力素质。投资220万元，对全区65个村部进行维修，投资546万元对全区村级阵地供暖设施卫生厕所进行改造。探索采取“企业 + 合作社 + 农户”“党支部 + 合作社 + 农户”“党支部 + 合作社 + 基地 + 农户”等有市场竞争力和地方特色的方式发展壮大村集体经济，累计投入壮大村集体项目资金7380万元，实现所有行政村集体经济收入5万元以上，收入10万元以上的村35个，5~10万元的村29个，其中40个贫困村村集体经济收入10万元以上的28个，5万~10万元的村12个。全部行政村资产总额40433.66万元，经营性资产15234.23万元，村集体资金1105.65万元，无钱办事的问题得到缓解。二是强化扶贫干部配备。采取培养、引进、选配、管理、保障等措施，培育“产业型、市场型、创业型”村党组织书记18名、党员致富带头人95名，公开选拔106名大中专毕业生和退役军人进入村“两委”班子后备力量，调整不称职、不胜任现职村干部43名，常态化推进村干部教育培训，从根本上解决村级管理力量薄弱问题。研究出台村干部管理办法，建立村干部收入与村集体经济和农村居民收入增长“双挂钩”机制，提升村干部工作积极性。三是加大廉政约束。严格落实党风廉政建设，深入推进巡察工作向脱贫攻坚各个环节延伸，巡察覆盖5个乡镇和10余个涉农部门。按照“多个渠道进水、一个池子蓄水、一个出口放水”的原则，制定《红寺堡区统筹整合涉农资金管理办法》，推行政府抓统筹、财政抓分配、纪委监委等部门抓监督机制，落实财政专项扶贫资金支付月通报、季调度和扶贫信息“三级公开”制度，坚决防止挤占、挪用等违纪违法问题发生。开展扶贫领域腐败和作风问题专项治理，出台《红寺堡区脱贫攻坚督查检查及屡查屡犯问题责任追究办法》，向全区建档立卡贫困户及群众发放便民监督卡2万余张，2018年以来受理扶贫领域腐败和作风问题线索74件，立案29件48人，给予党纪政务处分36人，了结38件，组织处理38人，对扶贫领域中腐败和作风问题点名道姓通报曝光11期23起41人，选取区内外26起典型案例编制印发《警示录》500余册，用身边事警示教育身边人，震慑警示导向有效凸显，侵害群众利益的问题得到有效压减。

（九）瞄准问题，狠抓整改，全面提升脱贫攻坚质量。贯彻落实习近平总书记视察宁夏重要讲话精神，坚持问题导向，瞄准制约脱贫攻坚的薄弱环节，在不断的整改和完善中保障脱贫攻坚成效和质量。一是深入开展“四查四补”。成立以包乡（镇）处级领导为组长的乡镇领导小组和以包村处级领导为组长的排查工作组，以人大、政协主要领导任组长的作战督导组，建立了周汇报、月调度机制，推行脱贫攻坚“556”工作模式（“五个一”工作机制、五套工作台账、六项帮扶措施），坚持认真细致“查”，及时精准“补”，结合脱贫攻坚普查，边查边改，即查即补，截至2020年10月底，累计排查问题16类2869条，全部完成整改。二是强力推进挂牌作战。区、乡、村三级逐级制定挂牌作战方案，建立处级领导包抓机制，区四套班子领导多次到村调研作战，制定作战图，对重点人群分类分色管理，逐户逐人制定帮扶计划。乡村两级常态化入户排查，累计查找问题104条。安排扶贫资金4086万元，实施基础设施、基本公共服务项目9个、渠系维修等水利项目7个、产业提质增效项目11个，排查问题全部解决。三是多措并举提升扶贫数据质量。按照“谁采集、谁负责，谁录入、谁负责”的原则，压实区、乡、村三级信息员责任，通过比对贫困户贫困村（自然村）基础信息表、建立建档立卡APP、进村入户核实等措施，对脱贫攻坚普查、自治区数据质量第三方评估、国家反馈的数据问题逐条核对、逐项修改，确保账实相符、账账相符、账册相符。四是扎实整改各级各类反馈问题。对标对表各级各类巡视、考核、督查检查、审计等反馈问题，坚决扛起整改主体责任，坚持举一反三、全面查摆，开展问题整改。累计整改国务院、自治区党委和纪委、国家烟草专卖局等各级各类督查反馈问题114条，各年度成效考核反馈问题223条，各类巡视巡察反馈问题90条，扶贫专项审计反馈问题73条。

（来源：红寺堡区扶贫开发办公室）

柳泉乡永新村智慧民宿提升村民收入

红寺堡区柳泉乡永新村下辖永泉、新泉两个村民小组。2020年底，有常住人口988户3868人，建档立卡户290户1230人，其中已脱贫287户1212人，拟脱贫3户9人,2020年贫困发生率为0.23%，属2016年脱贫销号村。实现义务教育阶段入学率达100%，合作医疗、大病补充保险、家庭意外保险实现全覆盖。2017年，柳泉乡党委、政府为解决该村产业发展薄弱、增收渠道单一的问题，全力打造民宿旅游产业，发展民宿旅游60家，带动特色产业共同发展取得好的效果。

一、帮扶成效

全村加入民宿旅游产业中的农户有60家，其中建档立卡贫困户有17家，2018年全国航空旅游节决赛期间接待参赛队员126人，6天时间14户民宿收入达67200元，2019年全年接待游客3300人次，收入40余万元，户均收入2万元，2020年共接待游客7500多人次，民宿收入达60万元左右,增加了农民收入,激发了群众内生动力。

同时，永新村民宿旅游产业的发展，也极大促进了本地区农特产品销售并助推民宿品牌建设。柳泉乡黄花菜、枸杞、中药材等特色农产品也得到旅游者的喜爱，2018年借助民宿销售枸杞、黄花菜、蜂蜜等4万余元，2019年销售枸杞、黄花菜、蜂蜜等11万余元；2020年带动农产品玫瑰花、玫瑰酱、枸杞等销售11万元，提高了本地土特产附加值，增加了农户的销售渠道。

二、主要做法和经验

2017年，为解决柳泉乡永新村产业单一、农户增收难的问题，柳泉乡党委、政府和帮扶单位在调查中发现永新村村容村貌优美、村风淳朴、房屋漂亮，但是子女们常年在外务工导致房屋空置，又观察到永新村区位优势，交通便利，国道338线东西贯彻，罗山大道南北贯彻，北靠定武高速出口，柳泉乡抢抓乡村振兴和全域旅游发展机遇，探索“政府主导、部门帮扶、金融扶持、农户参与”的模式，依托全国青少年航空航天模型锦标赛、户外房车巡游展、周末节假日等，对农户庭院进行改造提升，着力发展民宿旅游，村党支部书记通过反复调研、咨询、观摩、算账，动员1户打造民宿旅游，在全村带头搞起乡村民宿旅游；就这样通过两年多的不断尝试、体验，终于走出一条永新村脱贫致富的新路子。

坚持生态优先，绿色发展的理念，实施道路硬化、人饮工程、厕所革命等项目，改造卫生厕所513户，积极争取资金铺设人行道4000米，安装路灯200盏，种植景观树5500棵，砌筑花园墙3400米。成立吴忠市红寺堡区智慧民宿专业合作社，为前往住宿、游玩人员提供方便。同时驻村工作队借助移动公司云服务“互联网＋民宿”大力推广宣传，给每户都免费安装宽带，增加智慧民宿的影响力。

永新村民宿旅游，为村民的脱贫致富开辟一条新的思路，而“互联网＋民宿”发展新模式，将加快民宿服务线上体验。以“云服务”打通民宿旅游最后一千米，建立“智慧民宿”网站平台，吸引更多游客入住民宿。争取闽宁项目、中烟项目资金支持力度，加大对永新村基础设施的完善，建设1000平方米的游客集散中心，打造闽宁帮扶示范村和中烟帮扶示范村，为永新村的民宿旅游发展增添羽翼。

三、启示

一是弘扬“农耕文化”，提升民宿的体验休闲特色。以田园采摘、特色养殖、农耕活动体验、农耕用具展览和休闲观光等内容为重点，让游客体验绿色、无公害瓜果蔬菜采摘、土特产品烹饪等农家生活风情；二是弘扬“移民文化”，提升民宿的文化传承特色。通过“话变迁、感党恩”“兴文化展形象”等各种形式，讲好移民故事，促进民族团结、宗教和顺，形成万众一心共谋发展的强大精神动力；三是弘扬“民俗文化”，提升民宿的饮食文化特色。以回族传统饮食文化为载体，制作油香、馓子、盖碗茶等独具特色的回族饮食，着力打造“八县菜一村品”的美食金字招牌，探索“共享菜谱”，让游客从“农家味”“乡土味”中感受特色浓郁的民族风情和民俗文化；四是弘扬“旅游文化”，提升民宿的地域文化特色。依托罗山国家级自然保护区人文历史、当地民俗节日、民间故事、红粉佳荣酒庄等自然人文景观，将民宿旅游打造成为红寺堡一日游精品旅游线路的重要节点。

（来源：年鉴编辑部整理）

永新村民宿　（魏旭平　摄）

住房城乡建设和交通局获 2020 年全国脱贫攻坚先进集体称号

住房城乡建设和交通局 2014、2016、2017 年被宁夏回族自治区交通运输厅评为全区农村公路建设先进集体；2015 年被自治区推进新型城镇化领导小组评为全区美丽乡村建设工作先进集体；2016 年被宁夏回族自治区农民工工作领导小组评为全区农民工工作先进集体；2017 年被宁夏回族自治区交通运输厅评为农村公路养护管理先进集体；2017 年被国家民族事务委员会评为全国民族团结进步创建示范单位；2019 年被吴忠市精神文明建设指导委员会评为文明单位。红寺堡区 2019 年被交通运输部、农业农村部、国务院扶贫办评为“四好农村路”全国示范县；2019 年红寺堡区中航公路被宁夏回族自治区文明办、交通运输厅评为“最美农村路”。

自脱贫攻坚战打响以来，吴忠市红寺堡区住房城乡建设和交通局紧紧围绕打赢脱贫攻坚战和乡村振兴战略，严格按照“两不愁三保障”要求，充分发挥行业内优势，多措并举，精准发力，保障农村群众住房安全，狠抓基础设施建设，使农村贫困群众住上新房子，走上水泥路，鼓起钱袋子，为群众脱贫致富提供有力支撑。

强化政治担当，确保移民群众住上安全住房。 2015 年以来，投资 1.72 亿元，改造危房 11857 户，如期完成危房“清零”。采取逐村逐户过筛的方式，对全区住房安全保障问题进行全面排查，做到排查无死角、无盲区，全覆盖，严格按照程序确定改造对象并进行部门联审，做到“符合对象一户不漏、不符合对象一户不留”，确保改造资金精准用于解决困难群体的住房安全问题上。举办农村建筑工匠培训班，提升钢筋工、泥工、木工等建筑工匠技术水平，确保改造工程质量。创新采用高延性混凝土新型材料对 C 级危房进行加固，解决红寺堡区危房“清零”过程中群众无能力无意愿建房问题，得到群众好评，并被行业主管部门推广。出台《红寺堡区危房“清零”方案》及补充政策，全面消除农村危房问题。投资 3.65 亿元，统筹推进 37 个美丽村庄建设，农村基础设施全面提升，通过农村垃圾处理社会化运作模式，无害化处理农村生活垃圾 6.9 万吨，农村人居环境得到明显改善。

创新工作思路，不断提升交通扶贫实效。 实施交通扶贫工程，修建农村公路 1028 千米，更替新能源公交 14 辆，村村通硬化路及通客车率达 100%，推行“农村公路 +”理念，按照“修一条路、添一道景、美一个村、富一方百姓”的目标，建设资源产业路 360 千米，促进葡萄、黄花菜、枸杞等产业持续发展，带动 20 余个贫困村脱贫摘帽。推进“路长制”，夯实公路管理责任，优先选用建档立卡户 3000 余人参与公路养护，提高群众收入。开展农村路域环境整治，大力美化靓化路侧环境，中航路创建为自治区级“最美农村路”。实施“乘公交享补贴”工程，使建档立卡户、退役军人等群体精准享受乘车补贴。实施安全生命防护工程 215 千米，推进城乡交通运输一体化建设，投资 6200 万元构建区乡村三级交通运输体系，促进邮政快递、客运、物流融合发展，物资下乡、农产品进城更加便利，红寺堡区跻身“四好农村路”全国示范县行列。

压实脱贫责任，全面落实驻村帮扶任务。选派能力强、素质高的驻村书记及工作队员 4 名、精选优秀干部职工 48 名，深入脱贫攻坚一线担当重任，磨砺意志，开展结对帮扶工作，改变贫困村的面貌。依托行业优势，筹措资金维修帮扶村村部、学校、文化大舞台等基础设施，硬化村庄道路 21 千米，积极协调贷款推进种植、养殖等致富产业全面发展，确保新庄集乡新集村、白墩村 225 户建档立卡户顺利脱贫出列。

（来源：红寺堡区住房城乡建设和交通局）

红寺堡区综合行政执法体制改革提升基层社会治理水平

近年来，红寺堡区针对基层人员少、执法管理不规范、土地、矿产等资源领域乱象突出问题，以整合力量、明晰权责、城乡一体、规范执法为重点，以提升基层治理能力和水平为目标，推动跨部门、跨行业和区域性综合行政执法改革，加快标准化、法治化、智慧化、规范化建设，取得明显成效。

红寺堡区坚持试点先行，推进跨行业、跨领域综合执法改革，梳理建设、农业农村、国土等 10 多个部门行政处罚权改革，既避免权责交叉、多头执法、重复执法，又杜绝对违法现象“看得见管不着”“管得着看不见”的问题。

同时，红寺堡区按照减少层次、整合队伍、提升效率的原则，成立综合执法局。坚持重心下移、力量下沉、城乡联动，向 6 个乡镇（街道）派驻副科级执法队，并对建设、国土等职能相关联、执法内容相近、执法方式相同的执法事项进行整合，实现“一个区域一支队伍管执法”，提升依法行政能力和行政执法水平。

在综合行政执法改革中，信息化、标准化、智慧化也是非常重要的一环。红寺堡区推行“数字化 + 综合执法 + 司法衔接 + 部门衔接”工作模式，整合公安、综合治理、城管、铁塔公司等资源，投入资金 1500 余万元，建成综合执法平台。在重点沟河道、矿区配建红外热成像预警监测系统，对乱采乱挖等行为早发现、早处置；为执法人员统一配备 4G 执法记录仪、对讲机、反光背心等执法装备，通过“人防 + 技防”“前台 + 后台”的深度融合，实现信息共享、执法协同、精准高效。截至 2020 年底，红寺堡区通过综合执法调度平台处置各类乱象 2500 余起，远程处置突发事件 70 余起。

此外，红寺堡区在城乡全面推行网格化执法管理。按照乡镇、村组、巷道划分网格，建立以乡镇（街道）为核、71 个村（社区）为纬、900 多个单元网格为经的管理体系，初步形成“人在格中走、事在网上办、服务零距离”的基层治理网络模式。并建立综合执法与刑事司法衔接、综合执法局与行政执法权力移交部门衔接协作机制，推行综合执法 + 检察院、法院、司法局、职能部门“1+X”联席会议、案件移送、集中会商等制度。

通过三年探索实践，红寺堡区综合执法改革实现由多头执法到一头执法、粗放执法到精细执法、单兵为战到协同会战、传统执法到智慧执法的“四个转变”，有力提升基层依法治理能力和治理水平，促进法治政府建设，保障经济社会持续健康发展。

（来源：年鉴编辑部整理）

红寺堡区“135”基层社会治理入选“2020年民生示范工程”

12月22日，以“决胜全面建成小康社会”为主题的第八届中国民生发展论坛在人民日报社举行，论坛现场发布“2020年民生示范工程”和《2020中国民生发展报告》，红寺堡区“135”基层社会治理获评“2020民生示范工程”。

红寺堡区“135”基层社会治理模式是在充分结合党中央对基层社会治理要求和移民地区社会治理实践的基础上提出来的，主要是发挥网格化服务管理精准化、精细化、全覆盖优势，让网格员当好政策法规宣传员、社情民意收集员、社会治安联防员、矛盾纠纷调解员、惠民便民服务员，及时及早发现问题，发挥区乡村三级综合治理中心这个社会治理大脑作用，实现快速响应、分层过滤、分流交办和问题联治，由下而上妥善化解矛盾纠纷、协调解决各类难题。同时，以基层组织建设为引领、以现代科技手段为支撑，推进自治法治德治相融合，对社会问题和社会环境进行深层次、系统性、根本性的治理和改善。

为解决移民群众的社会融入问题，红寺堡区在构建基层社会治理新格局上下功夫，推进城乡社会治理一体化，抓区、乡、村三级综合治理中心建设，推进政治引领、法治保障、自治强基、德治教化、智治支撑的“五治”融合发展的“135”基层社会治理项目，基层社会治理取得一定成效。红寺堡区连续3年被自治区命名为平安县（区）。2019年，获得全国信访“三无”县区。

（来源：年鉴编辑部整理）

美丽乡村——新庄集乡西川村　（魏旭平 摄）

大事记

DA SHI JI

1月

1日　红寺堡区举办公共机构节能培训会，提高工作人员节能意识，迎接国管局抽查公共机构节能数据质量和自治区对红寺堡区公共机构节能考核。

是日　红寺堡区在政府广场举行新年首次升国旗仪式。红寺堡区委书记丁建成、区人大常委会主任和永奎、区长谭兴玲、政协主席蔺保飞、区委副书记宋喜及四套班子其他领导，各乡镇、各部门干部职工参加升旗仪式。

1—5日　红寺堡区市场监督管理部门首次在餐饮保障中启用食品安全快速检测车，对两会供餐的亚银通宾馆所用食材现场进行食品安全快速检验。

2日　红寺堡区召开区委巡察工作领导小组2020年第一次会议暨书记专题会议，区委书记丁建成主持，会议传达学习中央和自治区、吴忠市党委巡视巡察相关会议精神，研究部署红寺堡区巡察工作。

2—4日　中国人民政治协商会议吴忠市红寺堡区第三届委员会第四次全体会议在晋江报告厅召开。会议举行选举大会，补选政协吴忠市红寺堡区第三届委员会副主席、常务委员。

3日　红寺堡区政协、团区委联合宁夏昊澎广告文化传媒有限公司借助政协会议平台共同在晋江报告厅举办政协委员暖冬助学·昊澎画刊义卖捐款——“希望工程·壹圆基金”募捐活动。

3—5日　红寺堡区第三届人民代表大会第五次会议召开，人大常委会主任和永奎主持。会议听取区人大常委会工作报告、区人民法院工作报告和区人民检察院工作报告；分组审议和讨论区人大常委会和“一府两院”工作报告；人大代表、政协委员展开讨论红寺堡区区长谭兴玲所作的《政府工作报告》。区委书记丁建成，区长谭兴玲，政协主席蔺保飞，区委副书记周永根、宋喜及主席团全体成员参加会议。

6日　红寺堡区全民健身季暨新庄集乡杨柳村第十一届“小康杯”象棋比赛在西川村旅游服务区举行，来自区内外的106名象棋爱好者参加为期3天的比赛。红寺堡区委常委、宣传部部长杨志东出席活动。

7日　自治区人大常委会副主任、总工会主席左军到红寺堡区开展“新春送温暖”活动，走访慰问红寺堡区部分企业和困难职工，为他们送上慰问金和工会组织的关怀与温暖。区领导周永根、王忠强、买廷东陪同。

是日　红寺堡区举办2020年宁夏·奔跑暨红寺堡区全民健身跑活动和“迎新春·庆两节”职工趣味运动会。

8日　红寺堡区区长谭兴玲、政协主席蔺保飞等区领导走访慰问武警吴忠支队、吴忠消防支队、吴忠军分区官兵。

是日　红寺堡区2019年农村党员冬季轮训示范班在中圈塘党校开班，邀请吴忠市委党校教师为红寺堡区各乡镇组织委员、党员干部、村党支部书记、全区农村、非公和社会组织党员代表进行为期3天的集中培训。

10日　吴忠市总工会人员到红寺堡区残疾人综合服务中心开展节前慰问活动。

是日　红寺堡区召开维护自治区两会、春节期间政治安全和社会稳定工作会议，贯彻落实自治区和吴忠市相关会议精神，通报红寺堡区社会稳定情况，部署自治区两会和春节期间红寺堡区政治安全和社会稳定工作。

10—23日　红寺堡区举办首届年货大集暨电商扶贫产品展销活动。

13日　红寺堡区在南原汽车站举行2020年春运工作启动仪式，此次春运为期40天。

是日　红寺堡区分别在红寺堡镇朝阳村、大河乡龙泉村、新庄集乡杨柳村西川组、柳泉乡综合文化站、太阳山镇兴民村同步启动红寺堡区2020年文化科技卫生“三下乡”“我们的中国梦”——文化进万家活动在新庄集乡西川村。

14日　自治区、吴忠市、红寺堡区三级党委宣传部组织走访慰问红寺堡区部分道德模范。

是日　红寺堡区在政府会议中心召开2019年度区直机关党组织书记抓党建述职评议会。

是日　红寺堡区副区长尚自刚带队检查各养老机构安全生产工作。

是日　红寺堡区罗山社区与清华大学深圳国际研究生院红寺堡实践支队举办“迎新春 促和谐”拔河比赛。

15日　红寺堡区在政府会议中心召开2019年非公企业和社会组织党组织书记抓党建述职评议会。

是日　由中国美术家协会、宁夏书法家协会、红寺堡区文联共同举办的“我们的中国梦”——文化进万家送春联活动在红寺堡区集贸市场展开。

是日　红寺堡区开展第二代残疾人证核查清理和第三代残疾人证发放工作。太阳山镇作为试点，首次将第二代残疾人证核查清理工作部分核查项目下放至乡镇卫生院，方便残疾群众的核查清理和换证工作。

是日　红寺堡区举办2020年就业援助月大型专场招聘会暨春风行动启动仪式。

16日　红寺堡区组织收看自治区“不忘初心、牢记使命”主题教育总结大会实况，自治区党委书记陈润儿出席会议并讲话，中央第五巡回督导组副组长符太增出席会议并讲话，自治区党委副书记、自治区主席咸辉主持会议。

是日　红寺堡区振兴社区联合党委各成员单位开展春节慰问暖冬行活动，集中慰问辖区的退伍军人、军烈属等优抚对象，困难老党员、空巢老人、残疾人，特困户、社区困难网格员以及创城优秀志愿者等138户。

是日　红寺堡区召开2019年全区基层党（工）委（党组）抓基层党建、党风廉政建设暨意识形态工作述职汇报会，区委书记丁建成主持。红寺堡区人大常委会主任和永奎，区长谭兴玲，区委副书记周永根、宋喜及四套班子其他领导参加会议。吴忠市委组织部相关负责人到会指导。

17日　红寺堡区举办的“中国体育彩票杯”第三届农民篮球争霸赛在体育馆开赛，来自各乡镇的5支代表队参加比赛。

是日　红寺堡区开展2020年“爱国卫生日”宣传活动。

是日　红寺堡区召开2019年度驻村第一书记座谈会，总结工作、交流探讨、部署驻村扶贫工作。

19日　红寺堡区安委会召开2020年第一次全体扩大会暨消防工作会议，传达自治区会议精神，分析全区安全生产形势，部署春节期间安全生产各项工作及2020年重点工作，督促各乡镇、各部门、各企业从严从实从细抓好安全生产和消防工作，确保2020年安全形势持续稳定向好。区长、安委会主任谭兴玲出席会议并讲话。

是日　大河乡红崖村举办第二届农民文化艺术节，民革宁夏区委会副主委李良、红寺堡区政协副主席买廷东出席仪式。

是日　红寺堡区区长谭兴玲走访慰问人武部和驻地部队官兵。

是日　宁夏回族自治区团委书记王伟看望红寺堡区西部计划志愿者。

20日　红寺堡区召开互联网风险应对工作会议，部署第一季度互联网风险应对工作。区委常委、宣传部部长杨志东参加会议并就全面做好互联网风险防范、应对、化解工作作出明确要求。

是日　自治区党委召开农村工作暨脱贫攻坚电视电话会议，总结全区2019年农业农村工作和脱贫攻坚工作，分析面临的形势和挑战，研究部署2020年工作。红寺堡区区长谭兴玲及各相关部门负责人在红寺堡分会场收看会议实况。

是日　红寺堡区举行2020年迎新春文艺晚会，区委书记丁建成、区长谭兴玲及四套班子其他领导与全区广大干部群众观看文艺节目。

是日　红寺堡区召开“不忘初心、牢记使命”主题教育总结大会，红寺堡区委书记丁建成、区人大常委会主任和永奎、政协主席蔺保飞及四套班子其他领导出席会议，吴忠市委第二指导组组长王旭东到会指导。

21—22 日 红寺堡区委书记丁建成、区长谭兴玲分别带队赴基层一线开展节前安全生产检查。

22 日 红寺堡区委副书记周永根、副区长尚自刚慰问在部队荣立三等功、获评优秀士官等现役军人及其家属。

是日 红寺堡区委副书记、政法委书记宋喜看望慰问红寺堡区 7 名见义勇为人员及遗属。

23 日 吴忠市纪委以电视电话会议的形式召开五届五次全会，吴忠市委书记沈左权出席会议并讲话。红寺堡区委书记丁建成，区长谭兴玲，政协主席蔺保飞，区委副书记周永根、宋喜等四套班子其他领导，各乡镇、各部门负责人在红寺堡分会场收看会议实况。

是日 红寺堡区委副书记、区长谭兴玲检查新型冠状病毒感染的肺炎疫情防控工作。

24 日 红寺堡区召开新型冠状病毒感染的肺炎疫情防控工作调度会，对疫情防控工作进行再部署。区委书记丁建成出席会议并讲话。

是日 自治区党委书记、人大常委会主任陈润儿主持召开新型冠状病毒感染的肺炎疫情防控工作视频调度会。自治区领导赵永清、杨培君、马秀珍和有关部门负责人在主会场参加会议，红寺堡区主要负责人及相关部门负责人在分会场参加会议。

25 日 自治区主席咸辉主持召开自治区政府第 52 次常务会议，传达学习全国疫情防控会议、防控调度工作视频会议和自治区党委防控视频调度会议精神，专题研究部署新型冠状病毒感染的肺炎疫情防控工作，明确疫情防控“十条措施”。红寺堡区提出贯彻落实“十条措施”的办法。

是日 吴忠市市长喜清江在红寺堡区委书记丁建成的陪同下深入红寺堡区检查指导新型冠状病毒感染的肺炎疫情防控工作。

是日 红寺堡区组织收看收听吴忠市新型冠状病毒感染的肺炎疫情防控工作电视电话会议。

26 日 红寺堡区区长谭兴玲到刑警队、大河高速路口看望慰问春节期间坚守在基层一线的工作人员；询问了解疫情防控监测情况；并强调各部门要切实提高政治站位，以对人民群众健康高度负责的态度，坚决采取严格、果断、有效的措施，全力以赴做好疫情防控工作。

27 日 红寺堡区委书记丁建成暗访督查新型冠状病毒感染的肺炎疫情防控检查点。

2月

1 日 吴忠市召开疫情防控工作督导推进视频会，通报自治区第三督导组督导吴忠市新型冠状病毒感染的肺炎疫情防控工作情况。自治区党委常委、纪委书记艾俊涛主持会议并讲话。吴忠市委书记沈左权做表态发言。自治区纪委副书记张自军，红寺堡区领导丁建成、谭兴玲等在红寺堡分会场收看会议实况。

是日 红寺堡区区长、区应对新型冠状病毒感染的肺炎疫情工作指挥部指挥长谭兴玲深入高铁红寺堡北站、火车站督查疫情防控措施落实情况，区委常委、政府常务副区长马学峰陪同。

是日　红寺堡区委书记丁建成主持召开区委应对新型冠状病毒感染的肺炎疫情工作领导小组视频会，区领导谭兴玲、蔺保飞、周永根、宋喜等四套班子领导及相关部门负责人参加会议。各乡镇人员分别在分会场参加会议。

2 日　吴忠市委副书记、政法委书记朱云到红寺堡区检查指导新型冠状病毒感染的肺炎疫情防控工作，红寺堡区委副书记宋喜陪同。

是日　红寺堡区委书记丁建成督查新庄集乡疫情防控措施落实情况。

是日　红寺堡区区长、区应对新型冠状病毒感染肺炎疫情工作指挥部指挥长谭兴玲深入部分住宅小区、行政村疫情防控检测点、莲花山公墓，督查疫情防控措施落实情况，看望奋战在疫情防控一线的广大党员干部群众。

是日　红寺堡区区长谭兴玲主持召开区应对新型冠状病毒感染的肺炎疫情工作指挥部第五次会议。

3 日　自治区应对新型冠状病毒感染肺炎疫情工作指挥部学校工作组召开视频会议。通报全区学校疫情防控工作督导检查情况，部署下一步疫情防控工作。自治区副主席、自治区应对新型冠状病毒感染肺炎疫情工作指挥部学校工作组组长杨培君出席会议。红寺堡区领导杨金花及各部门负责人在红寺堡分会场收看会议实况。

4 日　红寺堡区领导丁建成、谭兴玲、蔺保飞、周永根、宋喜及四套班子其他领导，相关部门负责人在红寺堡分会场收看吴忠市应对新型冠状病毒感染肺炎疫情工作领导小组第三次会议。吴忠市委书记沈左权出席会议并讲话。

6 日　自治区召开疫情防控视频会议，深入贯彻习近平总书记关于疫情防控的一系列重要指示批示精神和党中央、国务院决策部署，对疫情防控工作进行再研究、再部署、再抓实。自治区党委书记陈润儿出席会议并讲话，自治区主席咸辉主持会议。红寺堡区领导丁建成、谭兴玲、蔺保飞、周永根、宋喜及其他区领导、相关部门负责人在红寺堡分会场收看会议实况。

是日　新庄集乡中川村成立以包村领导为支部书记的临时党支部，并在疫情检查点开展主题党日活动。

8 日　红寺堡区 2 名新冠肺炎患者治愈出院。

10 日　红寺堡区收到内蒙古正维精细化工有限公司捐赠的 31 吨 84 消毒液原液。

12 日　吴忠市市长、市应对新冠肺炎疫情工作指挥部指挥长喜清江，红寺堡区区长谭兴玲到红寺堡区部分居民小区、乡村、集中隔离观察点、道路检查站督导新冠肺炎疫情防控工作。

13 日　红寺堡区领导丁建成、谭兴玲、蔺保飞、周永根、宋喜等在红寺堡分会场收看自治区召开的新冠肺炎疫情防控工作视频会，学习贯彻习近平总书记在中央政治局常委会会议上的重要讲话精神，通报当前全区疫情形势，部署下一步疫情防控工作。

1—14 日 红寺堡区委书记丁建成带队到各乡镇、各疫情防控点督查疫情防控工作。

1—14 日 红寺堡区区长谭兴玲带队到各乡镇、各疫情防控点督查疫情防控工作。

15 日 红寺堡区委书记丁建成、区人大常委会主任和永奎、区长谭兴玲、区政协主席蔺保飞分别带队，走访慰问疫情防控一线的工作人员。

是日 红寺堡区人大常委会主任和永奎、区人大常委会副主任关保智督导检查太阳山镇、建兴小区疫情防控工作。

16 日 红寺堡区区长、区应对新冠肺炎疫情工作指挥部指挥长谭兴玲主持召开区应对新冠肺炎疫情工作指挥部第七次会议，传达学习自治区、吴忠市有关会议等精神；通报新冠肺炎疫情医学隔离观察及救治、物资保障及储备、重点人群排查工作等有关情况；研究应对新冠肺炎疫情防控工作有关事宜。

19 日 红寺堡区委书记、区委应对新冠肺炎疫情工作领导小组组长丁建成检查“三返”人员摸排和学校疫情防控工作。

是日 红寺堡区公安分局破获编造出售口罩虚假信息跨省系列诈骗案 20 余起，涉案金额 100 万余元。

23 日 红寺堡区百瑞源枸杞产业发展有限公司贯彻落实各级疫情防控总体部署要求，组织复工复产。

是日 红寺堡区向湖北省武汉市新洲区捐赠黄花菜、朝天椒、花椒等物资。

24 日 红寺堡区委书记、区委应对新冠肺炎疫情工作领导小组组长丁建成检查指导红寺堡区敬老院疫情防控措施落实，五保老人健康检测、用餐方式、防疫物资储备、健康医疗方案落实，应急预案制定和防疫领导责任落实情况。

25 日 红寺堡区最后 1 名新冠肺炎确诊患者治愈出院。

26 日 红寺堡区实施“点对点”“一站式”送达服务，组织首批 25 名外出务工人员赴闽务工。

3月

1 日 红寺堡区领导丁建成、谭兴玲、周永根及四套班子其他领导，各乡镇、相关部门负责人在红寺堡分会场收看宁夏回族自治区扶贫开发领导小组 2020 年第一次会议暨全区脱贫攻坚“四查四补”工作会议实况。

2 日 红寺堡区召开区应对新冠肺炎疫情工作指挥部第十次会议，区长、区应对新冠肺炎疫情工作指挥部指挥长谭兴玲主持。

3 日 红寺堡区委政法委员会 2020 年第一次会议召开，传达学习中央有关会议精神，部署 2020 年重点工作。区委副书记、政法委书记宋喜，副区长、公安分局局长谢彦林参加会议。

3—4 日　红寺堡区一批务工人员安全到达江苏、浙江务工。

4 日　红寺堡区委书记丁建成带领相关部门负责人，调研各乡镇综合治理中心建设和网格化管理工作。

是日　吴忠市委副书记朱云到红寺堡区检查疫情防控、脱贫攻坚、春耕生产等工作。红寺堡区区长谭兴玲、区委副书记周永根陪同。

5 日　红寺堡区新冠肺炎康复者蔡某在疾控中心工作人员的陪同下，到宁夏医科大学总医院恢复期血浆采集点捐献 400 毫升 A 型血浆。

7 日　红寺堡区教育系统在红寺堡区第三中学举办2020 年中小学、幼儿园新冠肺炎防控培训暨现场演练活动。

是日　新庄集乡中川村举办“庆三八 送岗位 固成果 促提升”专场招聘会，表彰奖励获得“最美孝亲家庭”“环境示范家庭”“抗击疫情奉献家庭”的妇女代表。各招工企业向中川村群众介绍用工需求，并进行现场登记报名。

9 日　红寺堡区纪委召开三届五次全体（扩大）会议暨全区党风廉政建设和反腐败工作会议。会议全面总结红寺堡区 2019 年纪律检查、党风廉政建设和反腐败工作，部署 2020 年全面从严治党工作。红寺堡区委书记丁建成出席会议并讲话。区人大常委会主任和永奎，区长谭兴玲，政协主席蔺保飞，区委副书记周永根、宋喜及四套班子其他领导，人武部政委，法院、检察院两长，各乡镇党委书记、纪委书记，各部门（单位）主要负责人，区纪委监委全体干部参加会议。

是日　红寺堡区获得 2019 年宁夏回族自治区“转移就业示范县”称号。

是日　吴忠市委召开农村工作暨脱贫攻坚工作电视电话会议，分析研判形势，部署 2020 年全市“三农”工作和脱贫攻坚工作。吴忠市委副书记、市长喜清江参加会议并讲话。红寺堡区区长谭兴玲、区委副书记周永根、区委常委王忠强及各相关部门负责人在红寺堡分会场收看会议实况。

10 日　红寺堡区 24 家规上工业企业全部复工，辖区内餐饮、食品、药品等商户复工开业 1609 家。

11 日　自治区扶贫办副主任米超一行到红寺堡区走访调研脱贫攻坚工作情况，红寺堡区委书记丁建成等陪同。

13 日　红寺堡区人民政府召开三届九次全体扩大会议和廉政工作会议暨疫情工作指挥部第十二次会议，号召全区干部职工收心提神、鼓劲加压，全身心投入各项工作中，力促全年各项目标任务见底清零，落地见效。

是日　红寺堡区委书记、区扶贫开发领导小组组长丁建成主持召开区扶贫开发领导小组 2020 年第二次会议。区人大常委会主任和永奎，区长谭兴玲，政协主席蔺保飞，区委副书记周永根、宋喜等参加会议。

是日　红寺堡区市场监督管理局红寺堡分局结合疫情防控实际，开展“3·15”国际消费者权益日活动。

是日　吴忠市举行网络招商推介会暨视频签约仪式，吴忠市政府设主会场、各县（市、区）设分会场。红寺堡区委书记丁建成、人大常委会主任和永奎、区长谭兴玲、政协主席蔺保飞等区领导在红寺堡分会场参加会议。

16 日　红寺堡区委书记、区扫黑除恶专项斗争领导小组组长丁建成主持召开区委政法工作会议暨扫黑除恶专项斗争领导小组 2020 年第一次会议，深入学习贯彻习近平总书记对政法工作的重要指示精神，全面贯彻落实中央和区、市有关会议精神，总结工作、分析形势，部署 2020 年各项工作。

17 日　自治区召开信访工作联席会议 2020 年第一次全体电视电话会议。会议总结 2019 年全区信访工作情况，分析当前形势，部署下一阶段信访工作。红寺堡区领导宋喜、谢彦林及相关部门负责人在红寺堡分会场收看会议实况。

是日　中国建设银行吴忠市分行与红寺堡区各企业在红寺堡产业园召开座谈会，调查摸底各企业复工复产、融资需求情况，支持和推动企业复工复产。

是日　自治区妇联主席马文娟一行到红寺堡区看望、慰问全国脱贫攻坚奖“奋进奖”获得者李耀梅和全国人大代表马慧娟。

18 日　红寺堡区职业技术学校开展新冠肺炎疫情防控应急演练。

20 日　红寺堡区区长、区应对新冠肺炎疫情工作指挥部指挥长谭兴玲到回民中学、第一中学青云湖校区、红寺堡镇朝阳小学调研春季开学前疫情防控工作。

21 日　红寺堡区委书记、区委应对新冠肺炎疫情工作领导小组组长丁建成到城区部分学校，调研初三、高三学生开学前防疫工作。

23 日　自治区召开领导干部廉政警示教育视频会议，启动全区廉政警示教育周活动。自治区党委书记陈润儿出席会议并讲话，自治区党委副书记、自治区主席咸辉主持会议，红寺堡区领导丁建成、和永奎、谭兴玲、蔺保飞、周永根、宋喜等在红寺堡分会场收看会议实况。

是日　红寺堡区委宣传部党支部联合罗山社区党支部开展“党员义务植树 共建绿色家园”主题活动。

24 日　自治区政府召开全区安全生产和森林草原防火工作电视电话会议，自治区主席、安委会主任咸辉出席会议并讲话。红寺堡区领导谭兴玲、马学峰、赖有为、尚自刚及各乡镇、相关部门负责人在红寺堡分会场收看会议实况。

是日　红寺堡区召开 2020 年第二次安委会（扩大）会议暨草原防火和消防工作联席会议，部署红寺堡区安全生产、森林草原防火及消防工作，动员政府各部门及各级干部切实提高思想认识，强化工作措施，改进工作作风，抓好安全生产、森林草原防灭火和消防安全各项工作任务的落实。

25 日　红寺堡区在罗山飞行营地举行森林草原火灾扑救联合演练，旨在提高应对森林草原火灾的处置能力，减少森林草原火灾发生和灾害损失。

是日　红寺堡区召开 2020 年灌溉工作会议，通报 2019 年灌溉工作完成情况及农业水价改革进展情况，部署全年灌溉工作任务。

是日　红寺堡区委书记丁建成主持召开党的建设领导小组 2020 年第一次会议，传达学习相关会议精神，研究部署各项工作任务。

26 日　红寺堡区委书记丁建成、区人大常委会主任和永奎、区长谭兴玲、政协主席蔺保飞等四套班子领导及各乡镇、各部门负责人集体到吴忠市党风廉政教育基地接受廉政警示教育。

27 日　红寺堡区与江苏浩凯丰水力发电科技股份有限公司举行 200 万千瓦水聚能循环水力发电项目框架协议签约仪式。

是日　红寺堡区委宣传部联合民政、团委等部门到各乡镇、新民街道开展“移风易俗・感恩有你”走访活动，向抗疫期间丧事简办的 65 户居民每户送上价值 300 元的慰问品。

29 日　红寺堡区红源人力资源服务有限公司组织临聘教师和校医公开考试，1682 人参加集中统一笔试。

31 日　自治区召开市场监督管理暨药品监督管理工作电视电话会议，总结 2019 年工作，部署加强疫情防控期间市场监管工作和 2020 年药品监督管理重点任务。红寺堡区副区长尚自刚及各相关部门负责人在红寺堡分会场收看会议实况。

4月

1 日　红寺堡区扬黄管理处红一泵站拉闸放水，正式拉开扬黄灌区春灌序幕。

2 日　水发（宁夏）农业开发有限公司董事长王文涛一行到红寺堡区考察黄花菜深加工等项目。

7 日　红寺堡区召开2020 年服务业暨一季度经济形势分析调度会，正确估计一季度全区经济运行情况，部署 2020 年服务业工作任务。

是日　红寺堡区爱卫办组织爱卫会各成员单位在博大购物广场开展以“支持护士和助产士”“防疫有我，爱卫同行”为主题的健康公益宣传活动。

是日　红寺堡区委组织部党支部联合振兴社区党支部在御泉明珠小区开展“党员干部绿化小区”主题党日活动。

是日　红寺堡区召开电力及油气管道企业安全生产会议，区各相关部门、各电力油气管道企业负责人参加会议。

8 日　红寺堡区人力资源和社会保障部门开展为期 1 天的劳务经纪人培训班，各乡镇劳务专干及 60 余名群众参加培训。

9 日　福建省政府副省长郑建闽带领考察团到红寺堡区考察闽宁扶贫工作，吴忠市委副书记朱云、红寺堡区区长谭兴玲等陪同。

13 日　红寺堡区首家残疾人创业孵化园正式揭牌成立。

14日　红寺堡区委书记、区级总河长丁建成到清水河红寺堡段开展巡河活动，强调要做好沿河绿化工作，加强河道管理和治理，切实保护好水生态环境。

15—16日　红寺堡区四套班子领导丁建成、和永奎、谭兴玲、蔺保飞等及各单位干部职工分组到慈善大道东侧植树点参加义务植树造林活动。

18日　红寺堡区在住房城乡建设和交通局举行2020年第一批公租房分配活动，经过现场公开抽签，40户符合条件的无住房干部职工及青年医生、青年教师等分配到公共租赁住房。

19日　红寺堡区在第二小学举行社区工作者招聘考试，671人参加考试。

20日　福建省德化县中医院与红寺堡区残疾综合服务中心举行“扶残助残、促企发展、共抗疫情”的消费扶贫仪式，共签订11万余元的消费订单。

23日　红寺堡区在大河乡香园村举行读书日活动启动仪式，拉开“4・23”读书日系列活动的序幕。

是日　红寺堡区委书记丁建成、红寺堡区副区长张致强到红寺堡镇中圈塘村和肖家窑葡萄种植基地进行调研。

是日　自治区发改委副主任王君兰到红寺堡区督查重点项目建设情况。

26日　红寺堡区人民法院党支部组织开展以“阅读与分享”为主题的读书月党日活动。

28日　吴忠市政协副主席李焕民带领调研组到红寺堡区调研电子商务产业发展情况。

5月

3日　红寺堡区集中整治飞线充电问题，消除安全隐患。

8日　宁夏善易购农业科技发展有限公司到红寺堡区进行招商培训，为红寺堡区农特产品销售提供免费服务，搭建网络交易平台，拓宽线上线下销售渠道，帮助扶贫产品融入全国市场，解决农产品销售难题，助力红寺堡区脱贫攻坚工作。

9日　自治区抓党建促脱贫富民大宣讲活动在红寺堡区新庄集乡东川村举行。活动安排宁夏农林科学院农业专家为广大农民群众现场教学，手把手教导农村实用技术。

是日　红寺堡区检察院举行“阅读经典 书香检察”读书演讲比赛。

11日　受新冠肺炎疫情影响，红寺堡区推迟返校的5924名初二、高二年级学生重返校园。

12日　红寺堡区应急管理局联合宁夏水投红寺堡水务有限公司开展地震应急演练活动。

是日　红寺堡区绿苑社区表彰疫情防控期间的优秀志愿者。

12—13日　红寺堡区委书记丁建成、区长谭兴玲分别带队到各学校调研初二、高二学生开学复课、学校疫情防控措施落实及校园安全等工作。

13日　吴忠市政协副主席买晓燕带领调研组到红寺堡区调研民族团结进步创建工作。

15日　红寺堡区新民街道“大工委”召开2020年第一次会议，部署各项工作任务。

16日　红寺堡区融媒体中心公开招聘14名专业技术人员，78人报名参加考试。

18 日　红寺堡区初一年级、高一年级、职业技术学校学生返校复学。

是日　红寺堡区在宁夏移民博物馆启动以“致力于平等的博物馆：多元和包容”为主题的“2020 年红寺堡区文化遗产宣传月暨国际博物馆日”系列活动。

19 日　红寺堡区安委会召开 2020 年第三次全体（扩大）会暨信访工作推进会，部署校园安全、全国两会期间安全工作及下一阶段信访、安全生产等工作。

是日　红寺堡区妇联在大河乡龙泉村举行“双创”工作启动仪式暨红寺堡区 2019 年“最美家庭”“最美庭院”考核评比表彰会，对 2019 年度“最美家庭”“最美庭院”代表和大河乡“最美厨房”“好婆婆”“好儿媳”进行表彰奖励。

是日　宁夏农林科学院副院长田建文带领部分科技人员到红寺堡区调研院地合作基地工作。

20 日　福建省泉州市委组织部常务副部长张翼翔一行到红寺堡区看望慰问支援宁夏干部，调研对口扶贫协作工作。

21 日　自治区残联副理事长王宇峰到红寺堡区督导残疾人脱贫攻坚“四查四补”工作落实情况，并看望慰问部分残疾群众。

27 日　红寺堡区委书记丁建成到乌沙塘现代农业示范园区调研。

是日　红寺堡区文学艺术界联合会在晋江报告厅召开第一次代表大会，大会选举产生红寺堡区文联第一届委员会领导班子。自治区文联党组书记、副主席崔晓华，吴忠市领导高建博，红寺堡区领导丁建成、谭兴玲、蔺保飞等出席会议。红寺堡区委常委、宣传部部长杨志东主持会议。

28 日　自治区人社厅调研督导组调研督导红寺堡区就业领域重点工作和突出问题整改落实情况。

29 日　红寺堡区召开劳动模范和先进工作者表彰会，授予徐志成等 28 人“劳动模范”称号，授予赵宁等 22 人“先进工作者”称号。

是日　红寺堡区开展以“保护青少年远离传统烟草产品和电子烟”为主题的世界无烟日控烟知识宣传咨询活动。

31 日　自治区召开传达贯彻全国两会精神电视电话会议，自治区党委书记、人大常委会主任陈润儿主持会议并讲话。红寺堡区领导丁建成、和永奎、谭兴玲、蔺保飞、宋喜等在红寺堡分会场收看会议实况。

是日　红寺堡区在晋江报告厅举办十三届全国人大三次会议精神宣讲会，特邀第十三届全国人大代表、红寺堡镇文化站站长马慧娟为全体干部做专题辅导。

6 月

1 日　宁夏红飞智控科技服务有限公司无人机驾驶技能培训班正式开班。

2 日　中国农业发展银行宁夏回族自治区分行党委书记、行长蒋群星一行到红寺堡区调研扶贫产业发展情况。

是日　自治区司法厅调研组到红寺堡区调研“七五”普法暨法治乡村建设情况。

是日　红寺堡区召开稳就业和社会保障工作会议，通报就业形势，部署促进就业工作。

是日　中国建设银行宁夏分行行长张庚带领考察团到红寺堡区考察。

是日　红寺堡区委副书记宋喜走访慰问基层一线科技工作者代表。

6日　红寺堡区残联委托自治区宁安医院相关评定专家深入各乡镇，为出行不便的精神、智力障碍患者开展上门评残办证服务。

6—7日　红寺堡区845名考生参加2020年全国普通高考英语口语测试。

8日　中共中央总书记、国家主席习近平视察宁夏，走进红寺堡镇弘德村刘克瑞家了解村民收入情况，走进扶贫车间了解脱贫攻坚工作。

8—12日　吴忠市委组织部安排参加市委党校2020年中青年干部培训班的48名学员到红寺堡区柳泉乡永新村与当地群众同吃、同住、同劳动，集中开展“三同”实践锻炼活动。

9日　红寺堡区禁毒办联合禁毒各成员单位在金水广场开展“禁毒宣传月暨禁毒反诈骗文艺演出”活动。

是日　吴忠市委常委、组织部部长解峰带队调研红寺堡区综合执法改革试点工作。

是日　在第13个国际档案日和《中华人民共和国保守国家秘密法》修订版颁布十周年之际，红寺堡区档案史志馆围绕“档案见证小康路、聚焦扶贫决胜期”的主题，结合疫情防控实际，采取线上与线下相结合的方式，开展宣传活动。

是日　红寺堡区开展财政财务人员业务专题培训班，全区各预算单位财务分管领导、财务工作人员以及财政局干部职工100余人参加培训。

10日　红寺堡区领导丁建成、和永奎、谭兴玲、蔺保飞、宋喜等同广大干部职工一起收看《新闻联播》关于习近平总书记到宁夏视察的报道。

是日　红寺堡区在中圈塘党校举办驻村第一书记、软弱涣散村党组织书记和新调整村干部培训班。

11日　红寺堡区区长谭兴玲督导检查红寺堡镇、柳泉乡脱贫攻坚工作，强调要抓实抓细“四查四补”工作，把发展扶贫产业作为实现稳定脱贫的根本之策，因地制宜、因人制宜，带动贫困群众稳定就业、增收致富，确保全面小康路上不漏一户、不落一人。

是日　吴忠市依法治市办督查红寺堡区营造法治化营商环境保护民营企业和法治政府建设工作开展情况。

12日　红寺堡区在博大广场举办2020年“职等你来 就业同行”夏季人才招聘会。

13日　红寺堡区组织开展燃气泄漏事故应急演练，锻炼应急救援队作战技能，提高政企预防和处置突发公共事件的能力。

15日　中宣部组织开展的“走向我们的小康生活”大型主题采访报道活动走进红寺堡区。

15—16日　福建省德化县县长黄文捷带领考察团到红寺堡区考察闽宁协作工作开展情

况，红寺堡区区长谭兴玲、区委副书记宋喜等陪同。考察期间，德化县恒峰陶瓷有限公司、福建省泉州得盛集团有限公司分别与同原村、弘德村签订结对帮扶协议，并分别向同原村、弘德村捐赠扶贫资金 10 万元。

16 日　红寺堡区应急管理局联合安委会各成员单位在博大购物广场开展以“消除事故隐患，筑牢安全防线”为主题的宣传活动。

是日　自治区脱贫攻坚重点工作推进会在红寺堡区召开，自治区政府副主席王和山、吴忠市副市长王天军及全区各市县、区政府分管领导参加会议。

是日　红寺堡区委书记丁建成携“红漠三号助农葡萄酒”“兴茗萱黄花菜”等助农特产做客中通云仓直播间，在线销售红寺堡区特色产品。

18 日　由宁夏公安厅交通管理局主办，宁夏交通广播、吴忠市公安局交通管理局、红寺堡区公安分局承办的宁夏交警“一盔一带”安全守护行动红寺堡示范佩戴活动在博大购物广场启动。

19 日　红寺堡区人大常委会对拟任命人员进行任前法律知识考试。

22 日　红寺堡区高危行业领域安全技能提升培训班开班。

23 日　红寺堡区应急管理局联合扬水管理处红寺堡中心管理所在红三干渠举行防汛抢险应急演练。

是日　红寺堡区组织收看全国禁毒工作先进集体和先进个人表彰会。

是日　红寺堡区举办“创业就业促发展 清廉家风度佳节”暨第二届妇女创业大赛。

是日　红寺堡区以视频形式举办2020年高考前考生心理状态调整及考试策略讲座。

30 日　红寺堡区召开庆祝建党 99 周年大会，回顾中国共产党走过的 99 年光辉历程，缅怀党的丰功伟绩，表彰在疫情防控、复工复产、脱贫攻坚领域做出突出贡献的先进基层党组织、优秀共产党员和优秀党务工作者。

是日　自治区人大常委会副主任董玲一行到红寺堡区调研脱贫攻坚与乡村振兴有效衔接工作。

是日　红寺堡区政协调研组调研全区打造区、乡、村法律服务平台建设情况。

7 月

1 日　红寺堡区召开第七次全国人口普查工作会议，贯彻落实自治区和吴忠市第七次全国人口普查工作会议精神，部署人口普查工作。

是日　红寺堡区区长谭兴玲调研乡镇重点河道、村庄防汛救灾工作。

是日　柳泉乡开展“互观互学互检互促”观摩活动暨 7 月支部联合主题党日活动。

2 日　红寺堡区召开 2020 年普通高等学校招生全国统一考试工作协调会。

是日　自治区副主席刘可为调研红寺堡区关于中央环保督察“回头看”反馈问题整改落实情况。

2—3 日　红寺堡区举办学习宣传贯彻习近平总书记视察宁夏重要讲话精神专题学习研讨班。

6 日　红寺堡区召开 2020 年高考考务培训会，表彰 2019 年优秀考务工作者，并对高考考务和疫情防控工作进行培训。

是日　红寺堡区委书记丁建成调研黄花菜产业发展情况。

是日　红寺堡区团区委、公安分局交警大队、运管所联合举办 2020 年爱心送考公益活动，32 名驾驶员参与爱心送考活动。

7 日　2020 年全国普通高等学校招生考试开考，红寺堡区 1831 名考生参加高考。

是日　红寺堡区大河乡龙源村枸杞种植基地举办“服务产业促发展、助力脱贫添光彩”首届农民工枸杞采摘技能竞赛，来自各乡镇的 18 支代表队 144 名采摘能手参加比赛。

7—8 日　自治区教育工委、吴忠市及红寺堡区领导巡视各考点，确保红寺堡区高考各项工作安全有序进行。

9 日　银川市金凤区总工会工作人员到红寺堡区考察学习。

11 日　红寺堡区第三届农民工黄花菜采摘技能竞赛在柳泉乡柳泉村黄花菜种植基地开幕。

11—12 日　第三届中国（吴忠）富硒黄花菜产业科技高峰论坛暨中国西部研究与发展促进会食品安全万里行活动在红寺堡区举办。

13 日　红寺堡区委书记丁建成到大河乡、新庄集乡调研黄花菜、枸杞的采摘和销售情况。

14 日　红寺堡区召开定点医疗机构规范使用医保基金行为专项治理部署会，对定点医疗机构规范使用医保基金行为专项治理工作进行部署，并签订 2020 年度医保服务协议。

是日　红寺堡区文化旅游体育广电局邀请宁夏演艺集团秦腔剧院到光彩村为村民表演。

16 日　红寺堡区举行 2020 年人口老龄化国情区情教育项目启动仪式暨孝德文化大讲堂活动。

17 日　红寺堡区召开脱贫攻坚普查推进会。

18 日　自治区中考统一笔试开考，红寺堡区 8000 余名考生参加考试。

19 日　按照自治区统一安排，盐池县负责对红寺堡区 12813 户建档立卡户开展普查登记工作。盐池县派驻组组长尹益龙，红寺堡区人大常委会主任和永奎、区长谭兴玲、政协主席蔺保飞等出席见面会。

是日　吴忠赛马产业扶贫产能置换日产 5000 吨新型二代干法水泥熟料生产线点火成功。

21 日　红寺堡区人大常委会举办《中华人民共和国土地管理法》专题培训会。

是日　弘德村规划建设领导小组召开规划设计论证会。

22 日　红寺堡区教育局组织召开普通高中学业水平文化课考试考务会。

是日　宁夏文化馆在红寺堡镇弘德村启动“文艺轻骑兵”基层巡演活动。

25 日　2020 年红寺堡区锦标赛暨第二届青少年技能挑战赛开幕。

26 日　红寺堡区召开脱贫攻坚普查调度会。

26—27 日　吉林省长春市企业代表团到红寺堡区考察城市建设、乡村振兴等情况。

27 日　红寺堡区召开扶贫领域专项治理推进会暨脱贫攻坚专项巡察“回头看”反馈会，书面传达学习习近平总书记视察宁夏重要讲话精神及相关会议精神，研究部署各项工作任务。

是日　红寺堡区第四中学和青少年活动中心联合开展“青少年践行社会主义核心价值观”暑期社会实践活动。

是日　红寺堡区委书记丁建成到各乡镇调研脱贫攻坚普查工作。

28 日　自治区政协主席崔波一行到红寺堡区调研政协工作开展情况。

是日　红寺堡区召开社区、小区创城工作推进会。

31 日　红寺堡区监察委员会举办第一届特约监察员聘请会，为 12 名特约监察员颁发聘书。

8月

3 日　红寺堡区委书记、区委教育工作领导小组组长丁建成主持召开区委教育工作领导小组 2020 年第一次会议。

4 日　红寺堡区召开机关党的组织建设暨创建“让党中央放心、让人民群众满意”模范机关工作会议。

是日　自治区政协调研组调研红寺堡区疾控体系改革工作开展情况。

6—11 日　红寺堡区科级干部培训班正式开班，来自各乡镇、各部门（单位）的 349 名科级干部参加培训。

7 日　红寺堡区电商公共服务中心开展“直播电商师资培训班成果交流沙龙”活动。

10 日　中国残联党组成员、副主席、副理事长程凯率队到红寺堡区调研残疾人就业创业工作。

是日　红寺堡区召开创城实地测评工作培训会。

13 日　红寺堡区在鹏胜·时代广场举行 2020 年“盛夏八月”大型专场招聘会。

14 日　山东水发浩海集团与红寺堡区签订战略合作框架协议。水发集团有限公司党委书记、董事长王振钦，红寺堡区委书记丁建成、区长谭兴玲等出席签约仪式。

17 日　吴忠市普法检查验收组验收红寺堡区“七五”法治宣传教育工作。

19 日　吴忠市人大常委会副主任郝明带领立法起草小组到红寺堡区开展《吴忠市村庄规划条例（草案）》立法调研工作。

20 日　中共十九届中央委员、全国人大常委会委员、西藏自治区党委副书记洛桑江村一行到红寺堡区调研。

23 日　红寺堡区“读写经典”毛笔书法高级培训班开班。
是日　红寺堡区 2020 年“送戏下乡”惠民文化活动走进西川村。
27 日　宁夏烟草专卖局局长宋俊一行到红寺堡区调研。
是日　红寺堡区政法系统举办第二期专题轮训班暨教育整顿工作总结会。
是日　红寺堡区团区委在新庄集乡红川村举办闽宁协作助学金发放仪式暨红川村金秋助学活动。
28 日　“援建之光·闽宁 24 年”采访团到红寺堡区调研采访。
31 日　自治区文明办验收组到红寺堡区验收全国文明村镇、文明单位创建情况。
是日　吴忠市人大常委会副主任郭祥到红寺堡区调研扫黑除恶专项斗争工作。

9月

1 日　宁夏话剧艺术发展有限公司的“文化大篷车”到新庄集乡南源村，为村民表演话剧《小康，你好！》。
是日　红寺堡区团区委联合鹏胜·时代广场京东家电为 2020 届文理科高考前三名及优秀体育特长生共 8 名学生举行“真情系学子，温暖送人心”主题爱心奖励活动。
是日　红寺堡区在新庄集乡西川村举办新时代文明实践——推进移风易俗·倡导文明新风主题宣讲活动。
2 日　自治区政协调研组到红寺堡区调研脱贫群众后续产业发展与就业脱贫工作开展情况。
是日　红寺堡区委书记丁建成调研第五小学建设情况。
8 日　自治区党委常委、组织部部长石岱到红寺堡区调研，强调要认真学习贯彻习近平总书记视察宁夏重要讲话精神，坚持党建引领，大力发展民宿和葡萄产业，全面推进乡村振兴。
是日　红寺堡区召开迎接自治区生态环境保护督察工作推进会。
9 日　红寺堡区太阳山司法所联合宁夏兴业律师事务所走进宁夏庆华煤化集团有限公司、宁夏太阳镁业有限公司，开展《中华人民共和国民法典》宣讲活动。
是日　红寺堡区召开 2020 年消费扶贫工作推进会。
是日　红寺堡区 2020 年“三区”科技人才培训班在宁夏扶贫开发职业技能培训学校开班。
10 日　吴忠市政协主席孙瑛一行到红寺堡区看望慰问部分优秀教师和困难教师代表。
是日　红寺堡区召开 2020 年定兵会议。
是日　红寺堡区委书记丁建成调研红寺堡镇弘德村基层党建引领基层治理示范点和脱贫攻坚挂牌督战整顿提升工作开展情况。

11 日　红寺堡区委统战部联合统计、教育、疾控中心等部门开展 2020 年民族团结进步成果集中宣传活动。

14 日　自治区农业农村厅副厅长王生林带领观摩团到红寺堡区观摩指导农业农村重点工作。

是日　红寺堡区人民法院举办《中华人民共和国民法典》专题讲座，邀请吴忠市中级人民法院审委会专职委员项成文进行授课。区委政法委、法院及检察院 120 余人听取讲座。

15 日　红寺堡区文明办联合各相关部门举办新时代文明实践——“移风易俗·杜绝舌尖上的浪费”主题活动。

16 日　红寺堡区卫生健康局联合市场监管分局、区人民医院等开展 2020 年“健康中国行”——科学健身主题集中宣传活动。

17 日　自治区政协视察组调研罗山国家级自然保护区野生动物生存保护现状。

是日　吴忠市科学技术协会在大河乡中心小学开展流动科技馆巡展活动。

是日　河南省卢氏县委书记王清华一行到红寺堡区考察学习易地搬迁扶贫工作中的成效和经验。

18 日　红寺堡区召开创建节约型机关暨公共机构生活垃圾分类工作推进会。

是日　红寺堡区召开 2020 年政府与工会联席会议。

19 日　“魅力红寺堡 乐骑葡萄园”中国葡萄酒第一镇 2020 年红寺堡区第二届自行车公开赛在肖家窑葡萄基地开赛。

是日　国家烟草专卖局发展计划司副司长袁超一行到红寺堡区督促检查脱贫攻坚主体责任落实情况。

是日　红寺堡区委书记丁建成调研卫生厕所改造工作进展情况。

19—20 日　中国好声音导演组一行到红寺堡区采风，体验红寺堡红酒风情，用镜头推介红寺堡葡萄酒。

21—25 日　红寺堡区第三届运动会举办。

22 日　国家发改委社会发展司副司长郝福庆一行到红寺堡区，专题调研“十四五”公共服务规划。自治区发改委副主任单旭峰、红寺堡区委书记丁建成等陪同。

是日　红寺堡区区长谭兴玲到苦水河开展巡河活动。

23 日　红寺堡区召开国家卫生城市复审工作推进会，传达学习全市国家卫生城市复审工作推进会议精神，部署红寺堡区创建国家卫生城市工作。

是日　红寺堡区委书记、区创建县域社会治理现代化试点工作领导小组组长丁建成主持召开创建县域社会治理现代化试点工作领导小组第一次会议暨“135”工作任务落实推进会。

是日　红寺堡区区长谭兴玲主持召开殡葬改革工作动员会。

是日　吴忠市政协主席孙瑛、市人大常委会副主任马银静一行到红寺堡区调研枸杞产业发展情况。

是日　红寺堡区召开2020年秋冬季农田水利基本建设动员会暨农村人居环境整治工作推进会。

是日　红寺堡区区长谭兴玲主持召开深化“放管服”改革、优化营商环境工作会议，研究部署红寺堡区深化“放管服”改革、优化营商环境工作。

24日　安徽省马鞍山市政协考察组到红寺堡区考察学习水环境综合治理方面的经验和做法。

是日　由自治区党委组织部会同宣传部、讲师团、扶贫办等部门单位组织开展的“两个带头人”先进事迹巡讲活动走进红寺堡区。

是日　红寺堡区在晋江报告厅举行《红寺堡移民史》发布会暨《红寺堡口述移民史》《弘德村志》编纂启动仪式。宁夏地方志办公室主任負有强及红寺堡区领导丁建成、和永奎、谭兴玲、蔺保飞等出席启动仪式。

25日　自治区“两个带头人”巡讲汇报会走进新庄集乡。

是日　红寺堡区人大常委会、区政协联合开展《中华人民共和国民法典》宣讲活动。

是日　自治区退役军人事务管理厅厅长娄晓萍一行到红寺堡区调研退役军人服务工作。

是日　红寺堡区召开2021年度城乡居民基本医疗保险参保缴费工作动员会。

27日　全国政协常委、民盟中央副主席王光谦率调研组到红寺堡区开展“南水北调西线工程与黄河水资源开发利用”专题调研，自治区、吴忠市及红寺堡区相关领导陪同。

是日　红寺堡区召开妇女儿童发展规划十年终期评估验收工作协调会。

28日　红寺堡区召开禁牧封育工作会议。

是日　红寺堡区第一中学举行以“抗击疫情、拥抱健康”为主题的第十届田径运动会。

是日　红寺堡区第二敬老院组织开展欢度中秋、国庆双节暨首届敬老节。

是日　红寺堡镇在中圈塘村党校举办“月满中秋，举国同庆”基层党建暨民族团结活动。

29日　红寺堡区多部门联合对红寺堡镇禁牧封育工作进行督查。

是日　红寺堡区举办以“塞上儿女一家亲、同心共筑中国梦”为主题的诗歌朗诵比赛。

是日　红寺堡区副区长张致强带领相关部门负责人到部分企业、建筑工地、人员密集场所检查节前安全生产工作。

30日　红寺堡区举行“迎中秋、庆国庆、学讲话、促发展”暨“民族团结月”文艺汇报演出。

是日　红寺堡区召开平安红寺堡建设协调小组第一次会议，研究部署有关工作事宜。

10月

1日　红寺堡区科学技术局组织科技扶贫指导员团队到大河乡龙源村开展种植养殖技术指导。

5 日　红寺堡区委书记、区级总河长丁建成带领相关部门负责人巡查清水河红寺堡段河道治理、防汛工作和河长制落实情况。

是日　红寺堡葡萄酒亮相银川国际会展中心。

10 日　红寺堡区组织收看自治区枸杞产业高质量发展推进视频会。

是日　红寺堡区举办以“网络安全为人民 网络安全靠人民”为主题的网络安全演讲比赛。

是日　北京理工大学材料学院研究生团支部与红寺堡区第一中学团支部通过网络连线的方式开展以“延安精神·薪火相传”为主题的团日活动暨“理展红图”实践团图书角捐赠仪式。

是日　中国工程院院士苏义脑一行到红寺堡区开展建设黄河流域生态保护和高质量发展先行区院士专家战略咨询会前期调研。

12—13 日　红寺堡区委书记丁建成、区人大常委会主任和永奎带领考察团赴福建省德化县考察调研。

13 日　红寺堡区召开第七次全国人口普查办公室主任会议暨清查摸底动员会。

13—14 日　自治区创建全国示范型退役军人服务中心（站）吴忠现场观摩推进会在红寺堡区召开。自治区退役军人事务厅、红寺堡区相关领导参加活动。

13—15 日　红寺堡区考察团赴固原市彭阳县考察学习。

15 日　红寺堡区应急管理局举办“百千万”工程安全培训班，全区 58 家企业 120 名安全生产管理人员和从业人员参加培训。

16 日　自治区政协副主席李彦凯、洪洋、马力带领考察团到红寺堡区参观考察生态移民情况。

19 日　自治区 2020 年全国脱贫攻坚先进事迹巡回报告会在银川召开，红寺堡区副区长尚自刚及各乡镇、各部门负责人在红寺堡分会场收看会议实况。

20 日　吴忠市“牢记嘱托、践行四力——市域沿黄行全媒体集中采风”活动走进红寺堡区。

21 日　红寺堡区农业农村局举办兽医饲料经营使用者、执业兽医、乡村兽医规范管理和相关技术培训会。

是日　红寺堡区人民法院邀请部分人大代表、政协委员开展“大联络大走访”暨“法院观摩日”活动。

是日　自治区统计局副局长崔祝平带领自治区第七次全国人口普查领导小组成员调研红寺堡区第七次全国人口普查摸底清查工作进展情况。

22 日　吴忠市政协副主席何本源一行到红寺堡区调研 “三站三员”建设管理情况。

是日　由农业农村部、自治区人民政府主办的第九届宁夏贺兰山东麓国际葡萄酒博览会在银川市举办，红寺堡区红寺堡、鹏胜 2 家葡萄酒企业生产的 21 款葡萄酒参展。

24—25 日　红寺堡区教育工委举办学习宣传贯彻习近平新时代中国特色社会主义思想专题培训班。

25 日　红寺堡区召开2020 年扶贫数据质量第三方评估工作座谈会，国家建档立卡数据质量评估核查组、自治区扶贫办及红寺堡区相关领导出席会议。

26 日　红寺堡区区长、区安委会主任谭兴玲主持召开安委会 2020 年第五次全体（扩大）会议暨秋冬季森林草原防灭火、第三季度消防和信访工作会议。

是日　“直通产地 2020 公益助农行动”直播活动走进红寺堡区。

27 日　红寺堡区政协主席、区枸杞产业包抓责任领导蔺保飞带领考察组赴同心、中宁两县考察枸杞产业发展情况。

28 日　红寺堡区召开禁牧封育工作专项整治扩大会议。

是日　吴忠市在红寺堡区召开习近平新时代中国特色社会主义思想“七进”现场推进会。吴忠市委常委、宣传部部长高建博，红寺堡区委常委、宣传部部长苏达志及各县（市、区）宣传部负责人、宣讲员代表参加活动。

28—29 日　福建省德化县委副书记林祖传带领考察团到红寺堡区开展对口帮扶交流互访活动。

29 日　中国石化宁夏石油分公司党委书记周炎带队到红寺堡区调研产业发展助力脱贫攻坚工作。

是日　“平安红寺堡 · 政法大集市”系列宣传活动在红寺堡镇弘德村开幕。

30 日　红寺堡区委书记丁建成主持召开《关于支持红寺堡区建设全国易地搬迁移民脱贫致富示范区实施意见》专题讨论会。

11 月

3 日　国务院召开全国疫情防控工作电视电话会议，深入贯彻党的十九届五中全会精神，落实党中央、国务院决策部署，动员各地、各部门毫不松懈地抓好常态化疫情防控工作，巩固疫情防控成果，严防疫情反弹。红寺堡区领导谭兴玲、宋喜等在红寺堡分会场收看会议实况。

是日　红寺堡区应对新冠肺炎疫情工作指挥部召开第二十九次会议，分析研判疫情发展形势，部署红寺堡区秋冬季新冠肺炎疫情防控工作。

是日　红寺堡区罗兰马歌酒庄的“罗兰马歌橡木桶 2017”获得 2020 比利时布鲁塞尔国际葡萄酒大奖赛大金奖，这是红寺堡区连续四年获得布鲁塞尔国际葡萄酒大奖赛金奖。

是日　红寺堡区召开选调生座谈会。

4 日　红寺堡区委书记丁建成主持召开党的建设领导小组 2020 年第三次（扩大）会议。

是日　红寺堡区在鹏胜 · 时代广场启动“消费促进月”优品集市暨“赏三色风光 鉴漠上优品”电商达人选拔赛活动。

是日　红寺堡区工业信息化和商务局开展“助农兴商 惠及城乡”政府开放日活动。

是日　红寺堡区组织收看自治区推进社区矫正工作电视电话会议。

5日　红寺堡区召开文化旅游产业高质量发展工作座谈会。

6日　红寺堡区启动2020年度“119”消防安全宣传月活动。

9日　广西壮族自治区南宁市人大常委会考察组到红寺堡区考察调研脱贫攻坚成果巩固拓展情况。

10日　红寺堡区新时代文明实践——党的十九届五中全会精神宣讲活动走进红寺堡镇弘德村。

是日　自治区发改委副主任王凌带领调研组到红寺堡区调研产业发展、基础设施、创业就业、社会融入等工作。

是日　泉州市德化县委常委、县总工会主席刘惠煌、县委常委马金鑫带领考察团到红寺堡区开展对口帮扶交流互访活动。

11日　自治区党委宣传部副部长于小晗带领调研组到红寺堡区调研精神文明建设工作。

是日　吴忠市委常委、统战部部长兰德明带领参加全市统战工作暨“双创”互观互检活动的观摩组成员到红寺堡区观摩相关工作情况。

12日　红寺堡区委书记丁建成调研县域社会治理工作，强调要进一步提升乡镇、村（社区）治理能力，及时发现、受理并解决基层群众反映最集中最强烈的问题，提升群众的满意度。

是日　国务院召开全国冬春农田水利暨高标准农田建设电视电话会议，红寺堡区副区长王亮及各乡镇、相关部门负责人在红寺堡分会场收看会议实况。

是日　浙江卫视栏目组到红寺堡区采访易地搬迁扶贫工作，并召开座谈会。

16—17日　红寺堡区第四中学组织开展体教融合成果展演系列活动。

17日　红寺堡区区长谭兴玲调研大河乡秋冬季农田水利基本建设暨2021年重点产业谋划工作。

是日　红寺堡区2020年中小学校球类联赛开赛。

是日　水发浩海（吴忠）肉类加工有限公司开业庆典仪式在红寺堡区万亩林场壹加壹屠宰场举行。

是日　红寺堡区举办第七次全国人口普查长表登记业务培训班，各乡镇（街道）、村（居）200余名普查指导员和普查员参加培训。

是日　红寺堡区消防救援大队组织开展泡沫彩钢板房火灾警示教育现场会，各乡镇（街道）及社会重点单位参加。

是日　红寺堡区总工会联合海信集团宁夏办事处开展工会会员“普惠”活动公益捐赠启动仪式。

18日　国家督学、福建省教育厅原厅长黄红武一行到红寺堡区督导检查区人民政府履行教育职责工作。

19日　自治区召开村（社区）两委换届培训工作电视电话会议，红寺堡区设立分会场组织收看。

是日　红寺堡区举办 2020 年森林草原防灭火应急演练。

20 日　吴忠市对红寺堡区农村人居环境整治三年行动暨秋冬季农田水利基本建设工作进行考核验收。

22 日　由中央网信办组织开展的“决胜 2020”网络主题采风活动团走进红寺堡区，采访调研红寺堡区脱贫攻坚工作。

24 日　自治区党委全面依法治区委员会办公室与委托的第三方机构北京市泽元（银川）律师事务所对红寺堡区法治政府示范创建项目和法治政府建设工作进行现场评估。

是日　2020 年全国劳动模范和先进工作者表彰大会在北京人民大会堂举行，红寺堡区大正畜禽生产技术服务专业合作社理事长、助理畜牧师寇启芳被授予“全国劳动模范”称号。

25 日　红寺堡区召开党的十九届五中全会精神备课会，部署红寺堡区党的十九届五中全会精神宣讲工作。

是日　国家烟草专卖局党组书记、局长，中国烟草总公司总经理张建民到红寺堡区调研定点帮扶工作，自治区、吴忠市、红寺堡区相关领导陪同。

是日　红寺堡区召开健康红寺堡建设考核工作部署会，解读《“健康红寺堡 2030”发展规划》，部署各项迎考工作。

26 日　红寺堡区委书记丁建成主持召开全区村（社区）两委换届工作会议，贯彻落实中央和自治区村（社区）两委换届工作会议精神，部署红寺堡区村（社区）两委换届各项工作。自治区联系指导组、吴忠市工作指导组到会指导。

是日　自治区考核组到红寺堡区考核农村人居环境整治三年行动情况。

28 日　红寺堡区面向社会公开招聘 139 名中小学事业编教师笔试开考，3975 名考生参加考试。

30 日　红寺堡区召开 2020 年“12・4”国家宪法日暨“宪法宣传周”活动部署会，部署各项工作事宜。

12 月

1 日　红寺堡区卫生健康局在博大购物广场开展以“携手防疫抗艾 共担健康责任”为主题的第 33 个世界艾滋病日宣传活动。

是日　红寺堡区委书记丁建成主持召开 2021 年工作思路汇报会，听取全区工作思路谋划情况汇报，部署推进当前和 2021 年重点工作。

是日　自治区党委宣传部、自治区文明办主办的以“推动移风易俗、助力脱贫攻坚”为主题的眉户剧《花好月圆》，在红寺堡镇弘德村、新庄集乡红川村上演。

是日　水利部水土保持司副司长张文聪率调研组到红寺堡区调研清水河水利工作，自治区水利厅、红寺堡区相关领导陪同。

是日　吴忠市政府评估验收红寺堡区普及高中阶段教育工作。

2 日　红寺堡区委召开全面依法治区委员会执法协调小组第一次会议。

是日　红寺堡区召开全域创建“食品药品安全区”动员会，传达学习自治区、吴忠市有关批示精神和会议精神，部署红寺堡区全域创建“食品药品安全区”工作。

是日　红寺堡区在博大购物广场开展以“知危险会避险、安全文明出行”为主题的第九个全国交通安全日宣传活动。

3 日　红寺堡区残疾人联合会组织开展国际残疾人日主题宣传活动。

是日　红寺堡区召开脱贫攻坚成效省际交叉考核暨东西部扶贫协作考核工作协调会，部署各项工作任务，明确责任分工。

4 日　红寺堡区各普法成员单位联合在博大购物广场开展“12・4”国家宪法日宪法宣传周暨“12・5”国际志愿人员日活动。

5 日　人民日报社新闻协调部主任温红彦一行到红寺堡区调研采访脱贫攻坚工作。

7 日　红寺堡区委宣传部联合科学技术局在东方社区开展新时代文明实践基层宣讲活动。

8 日　红寺堡区委常委、常务副区长王忠强带领相关部门负责人到湾岔沟煤矿等单位和企业检查安全生产工作。

是日　红寺堡区委书记丁建成调研村（社区）两委换届选举情况。

9 日　红寺堡区委书记、区委全面深化改革委员会主任丁建成主持召开区委全面深化改革委员会第八次会议。

10 日　红寺堡区举办低保审批权限下放乡镇（街道）业务培训会，邀请自治区民政厅社会救助处副处长郭朝东授课，各乡镇（街道）及各村（居）相关人员参加培训。

是日　红寺堡区召开安全生产专项整治三年行动专班第三次全体（扩大）会议，传达全国安全生产工作视频会议精神，通报红寺堡区安全生产专项整治三年行动工作进展及迎接考核工作，部署安全生产重点工作。

是日　自治区人大常委会副主任、枸杞产业发展领导小组副组长董玲调研红寺堡区枸杞产业高质量发展推进情况。

是日　红寺堡区委书记、区委应对新冠肺炎疫情工作领导小组组长丁建成调研疫情防控工作。

11 日　国家督学、自治区教育厅一级巡视员李龙锦带领评估验收组评估验收红寺堡区普及高中阶段教育工作。

是日　宁夏高效智能绿色家电惠民行动红寺堡区行动启动仪式在鹏胜时代广场举行。

是日　红寺堡区召开全面集中清理行政规范性文件工作部署暨培训会。

14 日　自治区商务厅副厅长孔国华带领考核组考核红寺堡区 2020 年招商引资和重大

招商项目落地情况。

15 日　红寺堡区举行城市道路交通秩序“百日”攻坚整治行动。

是日　红寺堡区应急管理指挥部联合宁夏交通投资集团有限公司开展交通事故应急救援演练活动。

17 日　红寺堡区召开红寺堡区委书记工作务虚会，区委书记丁建成主持。会议研究讨论《中共红寺堡区委关于制定国民经济和社会发展第十四个五年规划和二〇三五年远景目标的建议（征求意见稿）》，区人大常委会主任和永奎、政协主席蔺保飞，区委副书记周永根、宋喜等参加会议。

是日　自治区宣讲团分别走进红寺堡区大河乡、新庄集乡，宣讲党的十九届五中全会精神。

是日　自治区党校讲师团走进红寺堡区机关单位，在红寺堡区政府会议中心第一会议室开展党的十九届五中全会精神宣讲活动，特邀自治区委党校经济学副教授姜绍静作专题辅导。

18 日　红寺堡区召开重点人群免费接种流感疫苗项目工作会议。

19 日　红寺堡区委书记丁建成主持召开区委“十四五”规划建议征求意见座谈会。

21 日　红寺堡区领导王忠强、尚自刚带队督查指导重点人群流感疫苗免费接种工作。

22 日　第八届中国民生发展论坛在北京举行，红寺堡区“135”基层社会治理项目获评全国 2020 民生示范工程。红寺堡区委书记丁建成代表红寺堡区领奖，并作经验交流发言。红寺堡区连续三年被宁夏命名为平安县（区），创建全国信访工作（三无）县区。

23 日　红寺堡区在红寺堡镇弘德村举行新时代文明实践移风易俗先进典型表彰暨移风易俗宣传月启动仪式。

25 日　红寺堡区举办中小学生“重温红色经典”情景剧（课本剧）展演活动，全区 13 所中小学校、幼儿园学生参演。

25—26 日　红寺堡区举行中国共产党吴忠市红寺堡区第三届委员会第十五次全体会议，出席全会的区委委员有 26 人，候补委员 1 人。区纪委常委、有关方面负责人和基层党代表列席会议。

31 日　“宁夏·奔跑”暨红寺堡区新年健身跑活动在青云湖广场开跑。

是日　红寺堡区红寺堡镇河水村马文平家庭获得 2020 年全国“最美家庭”称号。

（陈腾腾）

红寺堡区概览

HONGSIBUQU GAILAN

地理人文

【地形地貌】

红寺堡区西有烟筒山，东南有大罗山，北有牛首山，红寺堡位于三山之间，沿大罗山分布，在山间盆地区域。地势南高北低，平均海拔 1240 米～1450 米，南北海拔相差 70 米～140 米，是山区与川区的过渡带。苦水河和红柳沟（洪沟）过境。地下水储水构造属新生界储水盆地，埋藏深。土壤由灰钙土、新积土、风沙土和盐土 4 种类型组成，以灰钙土为主，其次是风沙土，新积土、盐土面积较小，仅占 0.5%。

【气候特点】

红寺堡区属中温带干旱气候区，大陆性气候明显。年平均气温为 10.7℃，平均无霜期为 155 天，年日照时数达 3036.4 小时，日照时间长，光热资源丰富。昼夜温差大，平均相差 14℃。境内降水量少而集中，年降水量为 248 立方米，多集中于 7—9 月，平均年蒸发量 2050 立方米，为年平均降水量的 8.3 倍，干燥度在 3.5 左右。风向主要为西北风，年均大风天数 55 天，其中春季风速最大。湿度及日照条件可以满足各种农作物生长发育的需要。

【自然资源】

红寺堡区自然资源丰富,农业资源得天独厚,矿藏资源品种多，储量丰富。植物资源有 65 科 170 属 275 种。动物有 22 目 44 科 114 种 82 个亚种。罗山为国家级自然保护区，蕴藏着丰富的生物物种。境内太阳山、土坡、罗山一带有丰富的煤炭、白云岩、石灰石、石膏、石英砂、石油、煤层气、铜矿、陶土等矿产资源。

【历史沿革】

红寺堡区历史悠久，在 4000 多年前就有人类从事农牧业生产活动。“红寺堡”一名始于明朝，为屯军牧马之地，时属三边总制宁夏镇灵州千户所管辖。后经历代多次变迁，分属不同（州）县。新中国成立后，东南大部分地区属同心县，西北分属中宁、利通县（区），东北分属灵武、盐池等县（市）。1998 年 9 月 5 日，宁夏回族自治区党委决定成立红寺堡开发区。2009年9月30日，国务院批准设立红寺堡区，成为全国最大的单体易地生态扶贫移民集中安置区。

【政区位置】

红寺堡区地处宁夏回族自治区中部，地跨北纬37°28'08"～37°37'23"，东经105°43'45"～106°42'50"。区域北临吴忠市利通区和青铜峡市、灵武市，南至同心县，东至盐池县，西北与中宁县接壤。北距首府银川市127千米，南距固原市220千米，西距甘肃省兰州市360千米。区政府驻地红寺堡镇，是红寺堡区政治、经济、文化中心。

【行政区划】

红寺堡区总面积2767平方千米，耕地面积4.07万公顷，辖红寺堡镇、太阳山镇、大河乡、柳泉乡、新庄集乡2个镇3个乡，以及新民街道办事处1个，行政村65个，城镇社区8个。

【人口结构】

2020年，红寺堡区常住人口197604人。其中，男性100959人，占51.09%；女性96645人，占48.91%。城镇人口79198人，占40.08%；乡村人口118406人，占59.92%。

（陈腾腾）

经济建设

【经济指标】

2020年，红寺堡区地区生产总值年均增长9%，城乡居民人均可支配收入较“十二五”末分别增长42.5%和70.5%。全年累计完成固定资产投资400亿元，实现翻番目标。“3+X”特色产业效益提升，农业增加值年均增长4%；现代工业体系加快构建，规上工业企业增至56家，规上工业增加值年均增长15%；电商、住宿、餐饮等服务业发展态势良好，第三产业增加值年均增长7%。

【产业发展】

2020年，红寺堡区调减籽粒玉米7.7万亩，葡萄、枸杞、牧草、黄花菜种植面积分别达10.8万亩、5.6万亩、7.2万亩和8.02万亩；肉牛、

红寺堡城区航拍　（魏旭平 摄）

滩羊饲养量分别达12.5万头和96万只。红丰公司成立，注册“红漠”等公用品牌。第三届富硒黄花菜产业科技高峰论坛暨中国西部研究与发展促进会食品安全万里行活动举办。认定自治区、吴忠市级农业产业化重点龙头企业16家，认证绿色农产品4个，52款农特产品被列入全国扶贫产品目录。2020年，全区农业增加值增长4.2%。

【新型工业】

2020年，红寺堡区引进重点工业项目9个，新增规上工业企业7家，培育“专精特新”企业6家，盘活“僵尸”项目7个。清欠民营和中小企业账款1.39亿元，完成任务的100%。落实增值税率下调、小微企业所得税优惠等政策，减免税费3361.2万元，协调贷款1.4亿元，争取各类企业补助资金2547万元。2020年，全区规模以上工业增加值增长17%。

【第三产业】

2020年，红寺堡区新增村级电商服务站点9家，电商物流分拣中心建成投运，线上线下农特产品销售额1.8亿元。红寺堡区举办“5·19”旅游日等活动，完成宁夏移民博物馆改造提升，建成葡萄小镇（紫光湖）游客服务中心，完善永新、西川等乡村旅游基础设施，全年接待游客15.6万人次，实现旅游收入1454.6万元。鹏胜时代广场、团结商业广场等商贸综合体相继投运。各银行存贷款余额分别为60亿元、37.3亿元，存贷比62%。新增限上企业2家，2020年第三产业增加值增长3%。

【项目投资】

2020年，红寺堡区坚持把项目建设作为扩大有效投资、推动经济发展的总抓手，围绕特色产业、乡村振兴、民生保障、生态环保等领域，争取实施项目97个，总投资105.3亿元，完成投资44.5亿元。水发浩海黄花菜产业园、G344线红寺堡过境段改扩建、大唐风电二期等项目进展顺利。红寺堡区谋划储备“十四五”项目391个，计划总投资1081.8亿元。创新开展网上招商、展会招商和委托招商，实施招商项目15个，实际到位资金36.8亿元，完成自治区下达的招商任务。

【创新驱动】

2020年，红寺堡区支持天源牧业等企业与区内外科研院所、职业院校达成合作协议，建成滩羊基因编辑技术、清洁油气工程等实验室和技术开发中心。全区申报黄花菜高效栽培技术研究与示范推广等各类科技、科普项目31个，获批国家高新技术企业1家、自治区农业高新技术企业1家，备案国家科技型中小企业4家、自治区科技型中小企业9家，全区科级研发经费投入强度达1.49%。

【复工复产】

2020年，红寺堡区落实分区分级精准防控策略，落实自治区、吴忠市应对疫情影响促进中小微企业发展措施，出台红寺堡区促进中小微企业发展20条等系列纾困惠企政策，帮助企业提振信心、稳定运行。建立与疫情防控相适应的经济社会运行秩序，统筹安排资金1611万元，推进工业、农业、学校和餐饮等行业复工复产。输送外出务工人员2181人，购储投放化肥等各类农资5500吨，减免租金和发放退餐补贴20余万元，经济恢复取得明显成效。

（马军）

社会建设

【民生福祉】

2020年，红寺堡区城镇新增就业675人，城镇登记失业率3.72%，培育创业实体156个，红寺堡区被评为自治区转移就业示范县。城乡居民医疗、养老参保率分别达 102%（含自发移民）和 93%，发放低保、特困、受灾、临时救助等补贴资金 1.1 亿元，追偿农民工工资 569 万元。残疾人托养自强中心建成，托养训练残疾人 33 名，康复治疗各类残疾人 350 人次。接续退役士兵社会保险、发放补助慰问金工作完成，自治区创建全国示范型退役军人服务中心现场会在红寺堡区召开。

【深化改革】

2020 年，红寺堡区推进证照分离、商事制度等改革，新登记各类市场主体 2872 户，增长 17%。红寺堡区抓好“一村一年一事”行动，巩固农村集体产权制度改革成效，成立农村产权交易中心，完成 65 个行政村组织成员身份确认、股权量化、赋码登记等任务。推进农业综合水价改革，实现水权交易额 257 万元。推行“先住院、后付费”和省内“一站式”结算，分级诊疗制度基本建立，促进医疗、医保、医药“三医联动”。

【脱贫攻坚】

2020 年，红寺堡区建立完善防止返贫致贫监测预警和动态帮扶机制，界定边缘易致贫户 387 户 1655 人、脱贫不稳定户 181 户 790 人，消除风险点 562 户 2405 人。红寺堡区整改完成各级各类反馈问题 92 条，全面完成脱贫攻坚普查、数据质量第三方评估等各项任务，退出贫困县序列，369 户 1233 人贫困人口全部脱贫，“两不愁三保障”突出问题全面清零，解决绝对贫困问题。统筹整合资金 4.8 亿元，实施基础设施、产业发展等项目 188 个，兑付产业到户补助、务工补贴等资金 7242 万元。新建扶贫车间 3 家，农村劳动力转移就业 3.9 万人，开发公益性岗位 1815 个。新增扶贫小额信贷 4.3 亿元，认定消费扶贫企业 26 家。严格落实健康扶贫政策，建档立卡贫困人口住院费用报销 4293 万元。新增危房全部动态清零，水量、水质、用水方便程度和供水保证率 4 项指标全部达标，争取资金 6350 万元，实施产业、劳务等闽宁协作项目 27 个。争取资金 3171 万元，实施“飞地”二期、饲草料补贴等中烟定点帮扶项目。自治区 9 家国有和民营企业一对一帮扶 9 个深度贫困村，开展助困、助学等公益活动。红寺堡区被确定为全国易地扶贫搬迁后续扶持和产业扶贫现场会观摩点。

【社会事业】

2020 年，红寺堡区稳步推进“互联网＋教育”达标县（区）建设，建成“在线互动课堂”113 套。设立红寺堡高级中学，红寺堡区第五小学开门办学，新建红寺堡区第五中学、红寺堡区第六小学等 4 所学校。妇幼保健院、核酸检测实验室建成投运，传染病楼开工建设。推进家庭医生签约服务，城乡居民电子健康档案建档率达 99.6%，大病、重病患者救治率达 100%。开展文化下乡等活动 121 场次，建成太阳山全民健身活动中心等项目 8 个，举办红寺堡区第三届运动会等体育赛事。

【社会大局】

2020 年，红寺堡区高质量完成“七五”普法，推进实现矛盾不上交三年行动，信访工作成效突出。打击各类违法犯罪，公众安全感明显提高。强化食品药品监管，开展安全生产专项整治三年行动，安全生产形势稳定向好。深化民族团结进步创建，坚决整治宗教领域突出问题，民族团结、社会稳定局面不断巩固。

【惠民活动】

2020 年，红寺堡区现行标准下 5.6 万名农村贫困人口全部脱贫，40 个贫困村全部摘帽，贫困发生率从“十二五”末的 25.29% 降为 0。义务教育均衡发展和“普高”通过验收，职业教育实现零的突破，中考、高考成绩逐年提高。三级公共卫生服务体系基本完善，社会保障体系覆盖城乡。村级综合文化服务中心实现全覆盖，航空运动、民宿旅游、采摘体验等文化产品丰富多彩。

【治理新模式】

2020 年，红寺堡区率先开展城乡一体化综合执法改革，整合跨领域跨部门执法事项 1035 项，打造县级综合执法样本。县域社会治理现代化试点启动，扫黑除恶专项斗争成效显著，安全生产形势持续稳定，红寺堡区连续三年被评为自治区平安县（区）、连续五年实现现行命案零发生、连续四年未发生较大以上道路交通事故。

【疫情防控】

2020 年，红寺堡区全面贯彻“坚定信心、同舟共济、科学防治、精准施策”16 字方针，成立红寺堡区应对新冠肺炎疫情工作指挥部，抓实“防、控、治、保”关键环节。全区设置疫情检查点 162 个，开辟集中隔离点 8 个，守好每一处关口，筑牢每一道防线。至 2020 年 12 月，成立工作专班 102 个，细化城乡防控网格 888 个，追踪密接者 169 人，4 例确诊病例全部治愈出院。成立 79 个党员先锋队和临时党支部，3500 多名村组（社区）干部日夜值守，2313 名党员“疫”情一线践行初心使命，多名退役军人和志愿者投入疫情防控工作中。动员 112 对新人婚宴缓办、65 家群众丧事简办。收到社会各界捐资 470 万余元，储备价值 713 万元的疫情防控物资，全力守护和保障人民群众生命安全。

【城乡建设】

2020 年，红寺堡区强化规划管控，完成国土空间总体规划双评价、双评估和基期数据转换、城镇开发边界划定等工作。提升基础设施，新建梧桐苑等小区 5 个，实施综合客运站等项目 14 个，改造提升罗山路、文化街等街头游园 12 处。开展全国文明城市创建，抓好市容市貌、交通秩序、市场管理、文化环境、垃圾分类等专项整治工作，老旧小区、背街小巷、农贸市场等脏、乱、差之地环境得到治理，文明成为城市风景线。

（马军）

政治建设

【政治引领】

2020 年，红寺堡区落实中央八项规定及其实施细则精神，认真履行党建、党风廉政建设、意识形态“一岗双责”，注重发挥审计监督、财政监督作用，营造为民、务实、清廉的政务环境。紧盯重点工程、民生领域和关键岗位，整治形式主义、官僚主义等“四风”问题，解决一批老百姓的急难事、烦心事。认真落实过“紧日子”要求，一般性支出和“三公”经费分别压减 11.6% 和 33.2%。

【政府功能】

2020 年，红寺堡区推进数字政府建设，规范梳理“互联网 + 监管”事项 2100 余项。提升“12345”便民服务热线及区长信箱办理水平，承接咨询、诉求等 912 件，按期办结率 92%，群众满意率 97%。化解政府债务 1.25 亿元。加大重点领域和重点资产监管，办理各类不动产登记 5422 件，颁发不动产权证书 4149 本。开展第七次全国人口普查和第三次全国国土调查工作。

【依法行政】

2020 年，红寺堡区自觉把党的领导贯彻政府工作全过程各方面，加强政府系统党组建设，巩固深化“不忘初心、牢记使命”主题教育成果。严格执行重大事项向红寺堡区委请示、重大决策向区人大常委会报告、重点工作向区政协通报制度，全年提请区委研究重要事项 42 件，办理人大代表议案建议 31 件、政协委员提案 37 件。推进法治政府建设，设置政府信息查阅室 8 处，公开政府信息 2 万余条，清理规范性政策性文件 215 份。

（马军）

文化建设

【文化惠民】

2020 年，红寺堡区开展文旅活动 121 场次，各类培训 36 场次。举办“5·19”旅游日等活动，联合新庄集乡政府举办西川文化旅游节系列活动。举办 2020 年迎新春文艺晚会、年俗展览活动、写春联送福字活动。举办“戏曲进乡村”40 场次，“送戏下乡”30 场次，“文化惠民”秦腔交流演出 18 场次，举办刺绣培训班、秦腔培训班、快乐暑期培训班。

【艺术创作交流】

2020 年，红寺堡区开展颂“战‘疫’情”作品征集活动、线上古今诗词鉴赏知识竞赛活动、线上视听服务、送书进校园、少儿绘画和手工制作评选活动、毛笔书法培训班、摄影大赛等。马慧娟、张治乾、马生智、王学军等成为区内外有一定影响力的作家，被誉为“拇指作家”的马慧娟继出版发行散文集《溪风絮语》《希望长在泥土里》《农闲笔记》后，2020 年出版发行 17 万字的报告文学《走出黑眼湾》，其中散文集《溪风絮语》入围第十二届少数民族骏马奖；张治乾年内公开发表小说、散文、电影剧本等近百万字。文化馆牵头组织文艺团队集体创作的 8 个小品有以脱贫攻坚为主题的《懒汉脱贫》，以创建国家文明城市为主题的《文明连着你我他》《越借越穷》《丰收了》等，原创舞蹈《一条大河》《油纸伞》《哈尼宝贝》，广场舞《打开幸福门》《天南地北唱中华》《追梦人》等 6 个，音乐快板《建设美丽新宁夏》参加“欢乐宁夏”全区巡演，涌现出王小军、叶秀霞、魏旭平等一批小品表演爱好者；农民书法家李忠勤用两年多的时间，抄录完成书法作品《四书五经》，作品共 92 卷 1564 米（每卷长 17 米），捐赠给吴忠博物馆永久收藏。

【公共文化服务】

2020 年，红寺堡区建设完成太阳山全民健身活动中心，创业社区、鹏盛社区、买河村多功能运动场，弘德村足球场、龙泉七人制足球场，罗山航空飞行营地塔台等 8 个体育项目，助推全民健身。宁夏移民博物馆室外墙面提升改造，投入使用智慧旅游系统。红寺堡葡萄小镇（紫光湖）游客服务中心项目、大河游客服务中心项目主体完工，完善永新村乡村景门、围栏、人行道硬化铺装、村道绿化亮化、标识标牌等基础设施。红寺堡区应急广播系统安装完成。旧城保护项目通过验收。为建立与疫情防控相适应的室内景区游览模式，推出线上参观宁夏移民博物馆活动，通过 VR 方式，720 度全景呈现馆内陈设，实现足不出户便可畅游景区的目标。

【非遗保护】

2020 年，红寺堡区举办“文化遗产宣传月暨国际博物馆日”系列活动。全区挖掘整理非遗新项目 8 个，申报非遗传承人 4 人。组织开展“文化和自然遗产日”宣传展示活动，在罗山商城举办非遗传承人作品展示活动，8 名传承人参加，吸引观众 2000 多人，发放非遗宣传品 1000 余份，提高群众对非物质文化遗产的认识。收集红寺堡区非遗传承人创作抗疫题材的非遗作品 40 余件并举办专题展览。

（蒋令萍）

生态文明建设

【生态林建设】

2020年，红寺堡区累计投资3818万元，完成绿化任务10.73万亩，其中生态经济林1.7万亩、乔木补植补造0.05万亩、退化灌木林补植补造0.95万亩、封山育林1万亩、灌木林种植0.5万亩、未成林补植补造0.3万亩、退化草原生态修复1.2万亩、森林抚育（柠条平茬抚育）3万亩、森林精准提升（补植补造）2万亩、城区景观改造提升0.03万亩，占计划任务的122.91%。红寺堡区实施城区景观绿化改造工程，对罗山路、文化街、宝源大地酒庄西侧坡面、罗山路（定武高速收费站处）坡面等主干道路及景观节点进行景观改造，投资665万元，完成绿化300亩，改造提升街头游园12处。红寺堡区累计开展枸杞种植管理技术培训3次，指导服务苹果种植户20余户；完成枸杞病虫害绿色防控2万亩，建成鹏胜苹果标准化示范基地1处。

【森林资源管理】

2020年，红寺堡区制定《森林草原防火应急预案》，编制完成红寺堡区林草火险等级一张图，落实林草防火责任，组建43人组成的林草防火应急队伍，加强重点区域日常监管和防控工作，全年未发生重大林草火灾事故。完成草原有害生物防治25万亩，林业有害生物防治450亩，林业有害生物成灾率低于5‰，无公害防治率达到88%以上；完成苗木检疫233批次179.768万株，产地检疫97批次503.3万株，苗产地检疫率达100%。动用工程机械、出动车辆466辆次，排查并拆除野外羊圈及移民旧院落、废弃窑洞等466处，查处偷牧案件20起；乡镇处理52起，赶羊下山入圈64495只，全年向自治区林草局申报办理建设工程使用林地手续项目16个，共使用红寺堡区林地面积136.5565公顷。制定《关于开展非法压砂地专项整治三年行动实施方案（2020—2022年）》，推进红寺堡区鲁家窑生态环境专项整治，禁止滚新公路以东片区1.6万余亩压砂瓜地种植，收回慈善大道东侧压砂瓜土地4088亩，拆除违法建设的临时看护棚116座、蓄水池68个，清理压砂瓜地垃圾59处。

【水土保持】

2020年，红寺堡区打造山水林田湖草沙生命共同体。全区累计治理沙化土地92.7万亩、水土流失17.6万亩，生态造林124万亩，人均公园绿地达12.75平方米，森林覆盖率由“十二五”末的8.1%提高到14.1%，草原综合植被覆盖度达56.7%。

【美丽乡村建设】

2020年，红寺堡区加强农村人居环境整治，改造卫生户厕6500座，农村生活垃圾无害化处理率达86%。推行“路长制”管理，修建农村公路21千米。实施饮水巩固提升等项目11个，更换输水管道6.65千米。完成营造林39.3万亩，实施国土整治9.6万亩，落实耕地保有量62.3万亩，划定永久基本农田46.6万亩。实施高标准农田项目7个、高效节水项目3个，开展巴庄村1.8万亩旱改水耕地二次分配。弘德村规划建设启动，新建康庄等美丽宜居村庄6个，安全住房、安全饮水、电视宽带实现全覆盖。

【生态治理】

2020年，红寺堡区坚持打好蓝天、碧水、净土三大保卫战，完成环保督察“回头看”和转办件整改。全区恢复水域岸线51.5亩。红柳沟流域水环境污染综合整治、弘德村污水管网等工程实施。土壤环境质量总体稳定，化肥、残膜回收、农作物秸秆综合利用率分别达40%、90%和100%，2020年空气质量优良天数比例达87%。

（冯启新　马军）

中国共产党红寺堡区委员会

ZHONGGUOGONGCHANDANG HONGSIBUQU WEIYUANHUI

综　述

2020年，中国共产党红寺堡区委会（简称区委）常委会坚持以习近平新时代中国特色社会主义思想为指导，深入贯彻习近平总书记视察宁夏重要讲话精神，坚决执行党中央、自治区、吴忠市党委决策部署，坚持以脱贫攻坚为统揽，团结带领全区广大干部群众迎难而上、继续奋斗，统筹推进疫情防控和经济社会发展，扎实做好“六稳”工作、全面落实“六保”任务，举全区之力打赢疫情防控阻击战、脱贫攻坚决胜战、全面小康收官战，坚决守好“三条生命线”，如期高质量脱贫摘帽，基本实现全面建成小康社会目标，完成“十三五”规划各项目标任务。召开区委全会2次、区委常委会27次、应对新冠肺炎疫情工作领导小组会议19次。

理论学习。区委常委会坚持把学习宣传贯彻习近平总书记视察宁夏重要讲话精神作为首要政治任务和重大政治责任，深入开展“学讲话、抓落实、促发展”大学习、大宣传、大调研活动，迅速掀起学习宣传热潮。召开区委常委会（扩大）会议，专题传达学习习近平总书记重要讲话、重要指示精神和自治区党委常委会会议精神；举办专题学习研讨班、中心组理论学习会，组织四套班子处级领导和乡镇部门负责人原汁原味学、交流研讨学、反复跟进学，深刻领会精神实质，精准把握内涵要义，切实增强贯彻落实的政治自觉、思想自觉和行动自觉。对全区320名科级干部进行封闭式集中轮训，处级干部、各级党组织书记讲授专题党课181场次。成立弘德宣讲团，区市县乡村五级联动，深入乡镇部门、村组社区、企业社团、田间地头，开展主题宣讲111场次。打造弘德村党员教育基地，开展党性教育活动。

全面从严治党。红寺堡区坚持旗帜鲜明讲政治，明确要求全区各级党组织、全体党员牢固树立“四个意识”，坚定“四个自信”，做到“两个维护”。制定巩固深化“不忘初心、牢记使命”主题教育成果具体措施，引导广大党员干部自觉做到“三个不动摇”。全面落实区委领导重大工作体制机制，严格执行请示报告制度，及时向区市党委报告重大事项和重点工作进展，专题听取人大、政府、政协、法院、检察院党组汇报。持续抓好各类巡视、巡察反馈问题整改，切实做好环保、宗教、扫黑除恶、扶贫等方面反馈问题整改落实，推动中央和区市党委决策部署有效落实。建立完善意识形态工作责任制考核办法，压紧压实党委（党组）主体责任，不断加强意识形态领域风险监测预警审核工作，切实维护意识形态安全。研究任免干部 5 批 141 人次，推进村（社区）两委换届工作，集中整顿软弱涣散党组织 30 个，制定公开选任村党组织书记管理办法，17 个行政村党支部书记完成“一肩三挑”，公开招聘社区工作者 42 名，开展三轮巡察，覆盖 15 个部门（单位）32 个村（社区），对 5 个乡镇开展脱贫攻坚专项巡察“回头看”。

“三大攻坚战”进展。红寺堡区对 7 个挂牌督战村，明确要求包乡包村领导必须走遍未脱贫户、边缘易致贫户、脱贫不稳定户家庭，有针对性地制定帮扶措施，通过产业扶持、就业创业、小额贷款、政策引导、兜底保障等多种方式精准施策，攻克最后堡垒，全力打好脱贫攻坚战。坚决落实“四个不摘”要求，持续巩固提升脱贫攻坚成果，统筹推进脱贫攻坚与乡村振兴战略有效衔接。高质量完成 40 个贫困村脱贫出列、13965 户 55650 人的脱贫减贫任务，贫困人口全部脱贫，历史性地解决绝对贫困问题。完成中央环保督察“回头看”和自治区环保督察转办案件整改，全年优良天数指标达到 87%，清水河、苦水河、红柳沟等辖区内 3 条黄河二级支流过境断面稳定保持在地表水Ⅳ类水质以上，持续开展非法压砂地专项整治和禁牧封育百日攻坚行动，完成绿化任务 10.73 万亩，森林覆盖率达到 14.12%。加大对重点领域风险研判、监测、预警、处置力度，化解政府债务 1.25 亿元，确保政府性债务风险在可控范围之内。

疫情防控。红寺堡区委常委会坚决贯彻落实中央和区市党委部署要求，第一时间成立区委应对疫情工作领导小组和区应对疫情工作指挥部，组建处级领导、部门、乡镇、行政村“四级包抓”的责任体系，及时启动一级应急响应，分级分类全面部署，聚焦“三个绝不”战略目标，按照“防控治保”的总体思路和“外防输入、内防扩散”的总体要求，迅速形成统一指挥、周密部署、立体防控的工作布局。全区组织动员 2313 名党员在应急值守、宣传教育、筛查排查、动态监控、检测检疫、后勤保障等工作中用实际行动践行初心使命，用一个多月时间基本阻断疫情传播势头，实现新增确诊病例零报告。全区设置 9 个疫情检查站和 153 个农村（小区）检测点，成立 79 个党员先锋队和临时党支部，3600 多名志愿者和退役军人主动投身战“疫”，社会各界累计捐助物资 470 万余元，构筑起联防联控、群防群控的防控体系。针对红寺堡区发现的 4 例输入性确诊病例，第一时间开展流行病学调查，落实“四包一”工作机制和“九个一”防护措施，提供免费治疗。对重点人员落实居家隔离、集中隔离措施，阻断传播途径。红寺堡区 1 个党组织和 12 名党员被自治区、吴忠市表彰为先进基层党组织和优秀共产党员，3 个集体和 9 名个人被自治区表彰为抗疫先进，7 个集体和 15 名个人被吴忠市通报表扬。

（年鉴编辑部整理）

重要会议

【区委三届十四次全体会议】

2020 年 8 月 24 日会议召开，深入学习宣传贯彻习近平新时代中国特色社会主义思想，党的十九大、十九届四中全会精神，习近平总书记视察宁夏重要讲话精神，自治区党委十二届十次、十一次全会和吴忠市委五届十一次全会精神，部署深入学习贯彻习近平总书记视察宁夏重要讲话精神工作和完善基层治理体系、提高基层治理能力工作，审议《中共红寺堡区委员会关于学习贯彻〈中共宁夏回族自治区委员会关于深入学习习近平总书记视察宁夏重要讲话精神 继续建设经济繁荣民族团结环境优美人民富裕的美丽新宁夏的决定〉的实施意见》《中共红寺堡区委员会关于贯彻落实〈自治区党委关于完善基层治理体系、提高基层治理能力的若干意见〉的任务分工方案》和乡村、社区、宗教、学校、企业、社团6个领域治理任务分工方案。

【区委三届十五次全体会议】

2020年12月25日会议召开，深入学习贯彻党的十九届五中全会精神和习近平总书记视察宁夏重要讲话精神，自治区党委十二届十二次全会和吴忠市委五届十二次全会精神，审议通过《中共吴忠市红寺堡区委员会关于制定国民经济和社会发展第十四个五年规划和二〇三五年远景目标的建议》；听取和审议区委常委会向全委会所作的工作报告。

【三届区委2020年第1次常委会会议】

2020年1月21日会议召开，红寺堡区委书记丁建成主持。会议传达学习中央、自治区、吴忠市"不忘初心、牢记使命"主题教育总结大会精神；传达学习习近平总书记在中央政治局"不忘初心、牢记使命"专题民主生活会上的重要讲话精神；传达学习习近平总书记在中央政治局常务委员会议上的重要讲话精神；传达学习习近平总书记在十九届中央纪委四次全会上的重要讲话精神，研究召开红寺堡区纪委三届五次全会暨红寺堡区党风廉政建设和反腐败工作会议有关事宜；传达学习中央农村工作会议、自治区党委农村工作及脱贫攻坚工作会议精神，听取国家脱贫攻坚成效考核第三方评估反馈问题情况汇报；传达学习自治区两会、吴忠市两会精神，研究学习贯彻意见；传达学习自治区党委纪念自治区人大设立常委会40周年暨人大工作座谈会精神，研究学习贯彻意见；传达学习自治区第三十三次"扫黄打非"工作电视电话会议精神，研究学习贯彻意见；听取信访工作情况汇报，研究部署下一步工作；听取三届区委第七轮巡察综合情况、2019年巡察工作汇报；审议《红寺堡区2020年国土绿化建设方案》；听取实施红寺堡区公务员医疗救助工作的汇报；研究红寺堡区公建民营幼儿园回收事宜；研究干部事宜。

【三届区委2020年第2次常委会会议】

2020年1月27日会议召开，红寺堡区委书记丁建成主持。会议传达学习习近平总书记在中共中央政治局常委会研究新型冠状病毒感染的肺炎疫情防控工作时的重要讲话精神、自治区党委2020年第5次常委会会议精神，研究贯彻落实意见，学习《陈润儿、咸辉同志暗访督查新型冠状病毒感染的肺炎疫情防控工作情况的通报》，听取红寺堡区新型冠状病毒感染的肺炎疫情防控工作情况和存在的问题汇报，部署下一步疫情防控工作。

【三届区委2020年第3次常委会会议暨区委应对新型冠状病毒感染肺炎疫情工作领导小组第4次会议】

2020年2月14日会议召开，红寺堡区委书记丁建成主持。会议书面传达学习习近平总书记在中共中央政治局常务委员会会议、中央全面依法治国委员会第三次会议和在北京调研指导新型冠状病毒感染肺炎疫情防控工作时的重要讲话精神及《中华人民共和国传染病防治法》《突发公共卫生事件应急条例》；传达学习自治区党委常委会（扩大）会议暨应对新冠肺炎疫情工作领导小组第4次会议、自治区新型冠状病毒感染肺炎疫情防控工作会议、吴忠市委2020年第6次常委

（扩大）会议精神；研究疫情防控保障资金有关事宜；听取红寺堡区重点人群排查工作情况汇报；研究部署疫情防控期间企业复工复产有关事宜；研究部署近期脱贫攻坚重点任务有关事宜；审议《红寺堡区提高自然灾害防治能力建设重点工程实施方案》；研究推荐全国、自治区、吴忠市劳动模范和先进工作者建议人员以及红寺堡区首届劳动模范和先进工作者评选表彰有关事宜。

【三届区委 2020 年第 4 次常委会会议暨区委应对新型冠状病毒感染肺炎疫情工作领导小组第 5 次会议】

2020 年 2 月 26 日会议召开，红寺堡区委书记丁建成主持。会前开展“党纪党规学习一刻钟”，集中学习习近平总书记关于新冠肺炎疫情防控工作重要讲话和自治区党委有关要求汇编；传达学习中央政治局会议、中央统筹推进新冠肺炎疫情防控和经济社会发展工作部署会议、自治区党委 2020 年第 9 次常委会会议、自治区持续抓好疫情防控工作和保持经济平稳发展视频会议精神和吴忠市委 2020 年第 8 次常委会会议精神；听取红寺堡区指挥部关于做好疫情防控和经济社会发展工作情况的汇报；书面传达学习自治区党委书记陈润儿督查吴忠市疫情防控工作时的讲话精神和吴忠市委 2020 年第 7 次常委会会议精神；听取红寺堡区委督查室关于开展贯彻落实习近平总书记重要指示批示“回头看”情况的汇报；审议《红寺堡区贯彻落实〈中国共产党宣传工作条例〉任务分工方案》；听取关于慰问新型冠状病毒肺炎疫情防控一线医务人员有关事宜的汇报。

【三届区委 2020 年第 5 次常委会会议暨区委应对新型冠状病毒感染肺炎疫情工作领导小组第 6 次会议】

2020 年 3 月 5 日会议召开，红寺堡区委书记丁建成主持。会前开展“党规党纪一刻钟”，集中学习自治区纪委《关于进一步加强疫情防控监督工作为打赢疫情防控阻击战提供坚强保障的通知》；传达学习中央政治局会议、自治区党委常委会会议精神；传达学习中央政治局常委会会议、自治区党委第 11 次常委会会议、自治区党委应对新冠肺炎疫情工作领导小组第 6 次会议、自治区党委指导组新冠肺炎疫情防控工作视频会议精神；传达学习中央政法委近期有关会议和自治区党委第 10 次常委会会议、自治区党委政法工作会议、吴忠市委政法工作会议精神，研究学习贯彻意见；书面传达学习自治区扶贫开发领导小组 2020 年第 1 次会议暨自治区脱贫攻坚“四查四补”工作会议精神；听取红寺堡区“三返”人员和境外返程人员摸排防控情况汇报；审议《红寺堡区推行农村“网格化”服务管理加强和创新社会治理任务分工方案》《红寺堡区网格长管理考核办法（试行）》《红寺堡区网格长操作指引（试行）》；研究干部任用事宜。

【三届区委 2020 年第 6 次常委会会议】

2020 年 3 月 12 日会议召开，红寺堡区委书记丁建成主持。会议传达学习习近平总书记在湖北考察新冠肺炎疫情防控工作时的重要讲话精神；传达学习自治区党委书记陈润儿调研红寺堡区脱贫攻坚工作座谈会精神，研究贯彻落实意见；传达学习全国、自治区统战部长会议及全国民委主任会议精神，研究学习贯彻意见；传达学习全国、自治区组织部长会议精神，研究学习贯彻意见；审议《红寺堡区城镇国有建设用地上不动产登记历史遗留问题处置办法》。

【三届区委 2020 年第 7 次常委会会议】

2020 年 3 月 20 日会议召开，红寺堡区委书记丁建成主持召开。会议传达学习中央政治局常务委员会会议、自治区党委应对新冠肺炎疫情工作领导小组第 7 次会议精神；传达学习王鸿津在全国县级巡察办主任提级培训班上的讲话精神，研究学习贯彻意见；传达学习全国、自治区宣传部长会议、文明办主任会议精神，研究关于解决庆祝新中国成立70周年系列活动经费相关事宜；传达学习自治区党委常委会（扩大）会议、吴忠市委常委会（扩大）会议精神，听取政府党组关于红寺堡区第一季度经济运行情况汇报；审议《2020年红寺堡区全面从严治党、党风廉政建设和反腐败工作主要任务分工方案》；审议《红寺堡区葡萄酒产业发展实施方案》；研究《红寺堡区国土空间总体规划》编制工作相关事宜；听取红寺堡区依法登记伊斯兰教活动场所整改情况的汇报；听取2019年红寺堡区效能目标考核结果汇报；听取红寺堡区科级领导班子和领导干部应对疫情防控工作专项考核的情况汇报。

【三届区委2020年第8次常委会会议暨区委应对新型冠状病毒感染肺炎疫情工作领导小组第7次会议】

2020年4月1日会议召开，红寺堡区委书记丁建成主持。会议传达学习中共中央政治局会议、自治区党委常委会扩大会议暨应对新冠肺炎疫情工作领导小组第8次会议、吴忠市委应对新冠肺炎疫情工作领导小组第6次会议暨指挥部第10次会议精神；听取疫情防控期间困难群众兜底保障工作情况汇报；审议“我身边的战‘疫’模范集体和个人”推选建议名单；传达学习习近平总书记对凉山森林火灾作出的重要指示、李克强总理重要批示精神和国务院安全委员会办公室关于京广铁路湖南郴州段火车脱轨事故的通报，听取红寺堡区第一季度安全生产工作汇报；传达学习全国纪念党的机要密码工作创建90周年暨机要密码及电子政务内网工作会议、全国保密工作会议精神，自治区党委保密委员会、密码和电子政务内网工作协调小组暨自治区保密机要密码工作会议精神，研究学习贯彻意见；研究关于增加红寺堡区城乡居民基础养老金本级财政配套相关事宜；研究干部事宜。

【三届区委2020年第9次常委会会议暨区委应对新型冠状病毒感染肺炎疫情工作领导小组第8次会议】

2020年4月13日会议召开，红寺堡区委书记丁建成主持。会议传达学习习近平总书记在中央政治局会议和在浙江考察时的重要讲话精神、自治区党委常委会扩大会议暨应对新冠肺炎疫情工作领导小组第9次会议、自治区党委常委会会议和五届市委2020年第13次常委会会议精神，听取红寺堡区应对新冠肺炎疫情工作指挥部关于加快建立同疫情防控相适应的经济社会运行秩序情况汇报；传达学习自治区重大项目建设工作会议精神，听取红寺堡区重点项目推进和重大项目谋划情况汇报；传达学习自治区党委决胜全面建成小康社会工作会议精神，听取政府党组全面建成小康社会进展情况汇报；传达学习赵永清在贯彻落实《中国共产党重大事项请示报告条例》工作座谈会上的讲话以及自治区党委办公厅《自治区贯彻落实〈中国共产党重大事项请示报告条例〉情况的通报》《关于2019年自治区党委向党中央请示报告工作情况的报告》精神，听取2019年区委向自治区、吴忠市党委请示报告工作情况的汇报；传达学习全国信访局长电视电话会议、自治区信访工作联席会议2020年第1次全体会议、吴忠市信访工作联席会议2020年第1次全体会议精神，研究学习贯彻意见；传达学习自治区机构编制工作会议精神，研究学习贯彻意见；传达学习《关于提级专项巡察韦州镇党委有关问题的分析报告》及沈左权的批示精神，研究学习贯彻意见；研究干部事宜。

【三届区委2020年第10次常委会会议暨区委应对新型冠状病毒感染肺炎疫情工作领导小组第9次会议】

2020年4月24日会议召开，红寺堡区委书记记丁建成主持召开。会议传达学习中共中央政治局会议、赵乐际在甘肃调研时的讲话、自治区党委常委会会议和五届吴忠市委2020年第14次常委会会议精神，部署下一步工作；研究脱贫攻坚有关事宜（套开红寺堡区扶贫开发领导小组2020年第4次会议）；传达学习习近平总书记关于安全生产的重要指示、李克强总理批示精神，全国和自治区安全生产电视电话会议精神以及陈润儿书记有关批示要求，研究贯彻意见；传达学习《中共中央办公厅关于持续解决困扰基层的形式主义问题为决胜全面建成小康社会提供坚强作风保证的通知》，研究贯彻意见；传达学习中央文明委和自治区文明委全体会议精神，研究贯彻意见；传达学习自治区党委陈润儿书记调研黄河流域生态保护时的讲话精神，听取红寺堡区生态环境保护工作情况汇报；听取2018年自治区党委第四巡视组巡视以来红寺堡区脱贫攻坚和各级各类反馈问题整改落实情况汇报；通报2019年自治区效能目标管理考核情况，部署下一步工作；听取红寺堡区2020年第一季度意识形态领域风险隐患分析研判情况汇报；研究红寺堡区劳动模范和先进工作者表彰事宜；研究干部事宜。

【三届区委2020年第12次常委会会议暨区委应对新型冠状病毒感染肺炎疫情工作领导小组第11次会议】

2020年5月21日会议召开，红寺堡区委书记丁建成主持。会议传达学习5月14日中央政治局常委会会议、5月15日中央政治局会议、自治区党委常委会会议精神；传达学习习近平总书记在决战决胜脱贫攻坚座谈会上和在山西考察时的重要讲话精神，研究贯彻意见；传达学习自治区党委十二届十次全会精神，研究贯彻意见；听取自治区审计厅对红寺堡区2019年度扶贫审计反馈问题、自治区扶贫开发领导小组办公室关于4月脱贫攻坚“四查四补”进展情况通报及自治区第二调研指导组调研反馈问题，研究整改意见；研究召开红寺堡区文学艺术界联合会第一次代表大会有关事宜；研究干部事宜。

【三届区委2020年第13次常委会会议暨区委应对新型冠状病毒感染肺炎疫情工作领导小组第12次会议】

2020年6月5日会议召开，红寺堡区委书记丁建成主持。会议传达学习全国两会精神，研究贯彻意见；传达学习全国巡视工作会议暨十九届中央第五轮巡视动员部署会精神，研究贯彻意见；传达学习自治区持续解决形式主义突出问题为基层减负推进会精神、《自治区党委办公厅关于印发2020年持续整治形式主义突出问题为基层减负重点任务的通知》，研究贯彻意见；审议《关于进一步加强巡视巡察整改工作的实施意见》；审议《红寺堡区新时代文明实践中心试点建设工作实施方案》；研究红寺堡区园林工人经济补偿及社会保险费用的相关事宜；研究人民医院传染病区及实验室改造的相关事宜。

【三届区委2020年第14次常委会会议】

2020年6月12日会议召开，红寺堡区委书记丁建成主持。会前集中学习《中共中央 国务院关于新时代加快完善社会主义市场经济体制的意见》，会议传达学习习近平总书记在宁夏考察时的重要讲话精神和自治区党委常委会会议精神，研究贯彻意见；传达学习习近平总书记在中央政治局第二十次集中学习时的重要讲话精神；传达自治区财政厅《关于提前做好抗疫特别国债资金项目准备工作的通知》，部署工作；通报红寺堡区1—5月信访工作形势；听取红寺堡区落实营造法治化营商环境保护民营企业发展和法治政府建设情况汇报，安排自治区督察准备工作；听取红寺堡区禁毒工作情况汇报；研究红寺堡区人民政府党组关于脱贫攻坚普查经费相关事宜；

研究干部事宜。

【三届区委 2020 年第 16 次常委会会议】

2020 年 7 月 3 日会议召开，红寺堡区委书记丁建成主持。会前集中学习《党委（党组）落实全面从严治党主体责任规定》，会议传达学习习近平总书记关于防汛减灾工作重要指示批示和自治区防汛减灾工作会议精神，研究贯彻意见；传达学习自治区党委领导干部学习宣传贯彻习近平总书记视察宁夏重要讲话精神专题研讨班精神，研究贯彻意见；传达学习自治区党委常委会会议暨应对新冠肺炎疫情工作领导小组第 12 次会议，听取红寺堡区常态化疫情防控工作情况汇报；传达学习市县巡察工作西北片区调研座谈会、省区市巡察指导工作研讨会和全国县级巡察办主任提级培训班精神，研究贯彻意见；传达《自治区党委第六巡视组关于对红寺堡区开展脱贫攻坚专项巡视“回头看”的反馈意见》，部署整改落实工作；传达学习《关于深化统计管理体制改革提高统计数据真实性的意见》《统计违纪违法责任人处分处理建议办法》《防范和惩治统计造假、弄虚作假督察工作规定》《自治区人民政府关于灵武市贺兰县平罗县统计违纪违法问题查处情况的通报》，审议《吴忠市红寺堡区贯彻落实国家统计局关于督察宁夏回族自治区防范和惩治统计造假弄虚作假情况反馈意见整改方案（送审稿）》，部署相关工作；研究脱贫攻坚有关事宜（套开红寺堡区扶贫开发领导小组 2020 年第 5 次会议）；研究城乡建设遗留问题处置事宜；研究干部事宜。

【三届区委 2020 年第 18 次常委会会议】

2020 年 8 月 7 日会议召开，红寺堡区委书记丁建成主持。会前集中学习《习近平谈治国理政》第三卷第一个专题“谱写新时代中国特色社会主义新篇章”，会议传达学习习近平总书记在中央政治局第二十一次集体学习时的重要讲话，研究贯彻意见；传达学习习近平总书记在专家学者座谈会上的讲话精神，研究贯彻意见；传达学习自治区推进高质量发展重点项目建设现场观摩会精神，研究贯彻意见；传达学习自治区巡视工作会议暨十二届自治区党委第九轮巡视动员部署会、五届市委第九轮巡察动员部署会议精神，研究贯彻意见；审议《关于贯彻落实自治区党委关于完善基层治理体系提高基层治理能力的若干意见的任务分工方案》和乡村、社区、宗教、学校、企业、社团 6 个领域治理任务分工方案；审议《红寺堡区全面建成小康社会考核办法（送审稿）》；审议《2020 年红寺堡区招商引资实施方案（送审稿）》；听取自治区生态环境保护工作情况汇报；审议《关于新时代加强和改进人民政协工作的实施意见》；研究干部事宜。

【三届区委 2020 年第 19 次常委会会议】

2020 年 8 月 19 日会议召开，红寺堡区委书记丁建成主持。会前集中学习《中央纪委办公厅〈关于贯彻落实党中央决策部署紧紧围绕统筹疫情防控和经济社会发展跟进监督精准监督全程监督的工作意见〉的通知》，会议传达学习习近平总书记对制止餐饮浪费行为作出的重要指示精神；传达学习中央政治局会议精神和国务院、自治区、吴忠市有关新冠肺炎疫情防控会议精神，部署下一步工作（套开红寺堡区委应对疫情工作领导小组第 14 次会议）；传达学习《中国共产党政法工作条例》《自治区党委贯彻〈中国共产党政法工作条例〉实施细则》精神；传达自治区扶贫办督查脱贫攻坚专项巡视“回头看”反馈问题整改情况反馈会精神；研究召开区委三届十四次全会事宜；听取红寺堡区上半年意识形态工作汇报；审议《红寺堡区城乡供水（节水）管理办法（送审稿）》；审议《红寺堡区 2020 年农村卫生厕所改造项目实施方案（送审稿）》；研究召开三届人大六次会议有关事宜；研究递补三届区委委员有关事宜。

【三届区委 2020 年第 20 次常委会会议】

2020 年 9 月 3 日会议召开，红寺堡区委书记丁建成主持。会前集中学习《中国共产党基层组织选举工作条例》，会议传达学习习近平总书记有关重要讲话、重要论述和重要指示批示精神；传达学习自治区党委办公厅印发《关于坚决扛起政治督察责任 持续深入推动习近平总书记视察宁夏重要讲话精神全面贯彻落实的意见》的通知；传达学习自治区、吴忠市总河长第 4 次会议精神，听取红寺堡区河长制工作情况汇报，部署下一步工作（套开红寺堡区总河长第 4 次会议）；听取红寺堡区学习贯彻习近平总书记视察宁夏重要讲话精神，关于产业融合发展、基础设施改善、生态环境保护专题调研情况汇报；听取习近平总书记视察宁夏重要讲话精神大学习大宣传大宣讲情况汇报；听取落实全面从严治党主体责任情况、上半年自治区党风廉政建设和反腐败工作情况汇报，研究《红寺堡区贯彻〈党委（党组）落实全面从严治党主体责任规定〉工作措施及分工方案（送审稿）》；研究政府党组关于调整 2020 年新增一般债券资金项目的请示；听取庆祝第 36 个教师节有关事宜的汇报；听取关于红寺堡区委党校建设有关情况的汇报。

【三届区委 2020 年第 21 次常委会会议暨区委应对新冠肺炎疫情工作领导小组第 16 次会议】

2020 年 9 月 17 日会议召开，红寺堡区委书记丁建成主持。会前集中学习《中国共产党地方委员会工作条例》，会议传达学习习近平总书记有关重要讲话、重要论述和重要指示批示精神；传达学习自治区建设黄河流域生态保护和高质量发展先行区第 1 次、第 2 次推进会精神，研究贯彻意见；传达学习闽宁互学互助对口扶贫协作第二十四次联席会议精神，研究贯彻意见；传达学习自治区乡村治理暨扶持壮大村级集体经济现场观摩推进会、自治区基层党建“两个重要文件”部署会精神，听取 2020 年度软弱涣散村（自治区脱贫攻坚挂牌督战村）整顿提升情况汇报；研究脱贫攻坚有关事宜（套开区扶贫开发领导小组 2020 年第 8 次会议）；传达学习自治区社区治理现场观摩推进会、市域社会治理现代化试点工作领导小组第 1 次会议精神，研究贯彻意见；听取红寺堡区学习贯彻习近平总书记视察宁夏重要讲话精神，听取关于公共服务保障专题调研情况汇报；审议《红寺堡区新冠病毒肺炎聚集性疫情秋冬季防控工作应急预案（送审稿）》；审议《2020 年度红寺堡区效能目标管理考核方案》；研究解决自治区宗教领域问题大排查大治理工作经费有关事宜；研究干部事宜。

【三届区委 2020 年第 25 次常委会会议】

2020 年 11 月 6 日会议召开，红寺堡区委书记丁建成主持。会议传达学习习近平总书记有关重要讲话、重要论述和重要指示批示精神；召开区委应对新冠肺炎疫情工作领导小组第 18 次会议；传达学习十九届中央第六轮巡视动员部署会、五届市委第十轮巡察动员会精神，听取三届区委第九轮巡察综合情况报告；传达学习自治区中小学校校园治理现场观摩推进会、企业治理工作推进会、社团治理座谈推进会及吴忠市基层党建引领基层治理现场观摩推进会精神，研究贯彻意见；传达学习自治区奶产业高质量发展现场观摩推进会、绿色食品产业高质量发展现场观摩推进会精神，听取处级人员包抓重点特色产业工作推进情况汇报；传达学习中央、自治区、吴忠市集中治理重复信访、化解信访积案专项工作动员部署会议精神，听取红寺堡区工作进展情况汇报；审议《自治区党委第六巡视组专项检查红寺堡区委巡察工作反馈问题整改落实情况报告》《自治区党委第六巡视组对红寺堡区开展脱贫攻坚专项巡视“回头看”反馈问题整改落实情况报告》；听取红寺堡区封山禁牧工作汇报；研究新增耕地指标入库相关事宜；研究补选红寺堡区第三届人大代表有关事宜。

【三届区委 2020 年第 26 次常委会会议】

2020 年 11 月 24 日会议召开，红寺堡区委书记丁建成主持。会议传达学习习近平总书记有关重要讲话、重要论述和重要指示批示精神；传达学习全国、自治区、吴忠市扫黑除恶专项斗争有关会议精神，听取自治区扫黑除恶专项斗争工作情况汇报，研究部署下一步工作；传达学习陈润儿在自治区党委书记专题会议听取十二届自治区第九轮巡视情况汇报时的讲话精神和十二届自治区党委第十轮巡视动员部署会精神以及《自治区党委办公厅关于对自治区党委巡视反馈意见整改情况开展“回头看”的通知》，研究贯彻意见；传达学习自治区村（社区）两委换届工作会议精神，研究红寺堡区村（社区）两委换届工作方案；听取自治区下达红寺堡区效能目标考核任务完成情况汇报；传达学习自治区全域创建“食品药品安全区”动员大会精神，研究贯彻意见；审议《各级党委和政府及有关部门生态环境保护责任（送审稿）》；研究 2016 年度电子商务进农村综合示范项目资金事宜；研究试用期干部考核事宜。

【三届区委 2020 年第 27 次常委会会议】

2020 年 12 月 11 日会议召开，红寺堡区委书记丁建成主持。会议传达学习习近平总书记有关重要讲话、重要论述和重要指示批示精神；传达学习自治区党委十二届十二次全会精神，研究部署学习宣传贯彻工作；传达学习全国、自治区疫情防控工作电视电话会议精神，听取常态化疫情防控工作情况汇报（套开区委应对新冠肺炎疫情工作领导小组第 19 次会议）；传达学习平安宁夏建设工作会议精神，研究贯彻意见；传达学习自治区党委和政府主要领导有关批示，听取安全生产专项整治三年行动工作开展情况和红寺堡区 2020 年度安全生产工作情况汇报；听取赴浙江省考察学习乡村振兴和产业发展情况汇报；听取红寺堡区城乡居民基本医疗保险征缴情况汇报，研究部署下一步工作；听取总工会、团区委、妇联、残联、文联、科协、工商联等群团组织工作汇报；研究干部兼职和补选吴忠市第五届人大代表候选人有关事宜。

（马玉贵）

区委办公室工作

【文件流转】

2020 年，红寺堡区委办公室贯彻落实中央、自治区、吴忠市及红寺堡区委关于改进工作作风、密切联系群众，对照规定要求，压缩会议、精简文稿，提高办文办会质量。规范公文传阅，保证公文运转安全、高效。多次合并召开全局性会议，严格控制会议时间，压缩会议发言时间。

【文稿起草】

2020 年，红寺堡区委办公室按照中央八项规定，起草领导讲话、发言时在篇幅上求短；要求文风朴实，言简意赅，实话实说。2020 年，区委办公室共组织制发正式文件 220 余份，接收自治区文件 680 余份、吴忠市文件 750 余份。

【督查工作】

2020 年，红寺堡区委办公室围绕区委中心工作，对疫情防控、全面建成小康社会创建全国文明城市等 33 项重点督查检查考核事项开展督查 20 余次，印发通报 29 期。结合“学讲话、抓落实、促发展”大学习大宣传大调研活动，对全区学习宣传贯彻习近平总书记视察宁夏重要讲话精神开展全面检查，力促各级党员干部抓出学习成效，推动工作落实。落实自治区持续整治形式主义官僚主义为基层减负任务，区委督查检查考核领导小组牵头制定《红寺堡区2020年效能目标管理考核方案》《红寺堡区2020年督促检查考核事项》，全年各类文件、会议数量压减20%以上。

【机要保密】

2020年，红寺堡区委办公室加强保密意识教育，落实保密工作责任制，加大保密督查执法力度，红寺堡区保密检查覆盖单位达80%以上，100%与机要干部签订保密责任书。全年安全处理密码电报260余件，其他密级文件410余件。抓好77个单位电子政务内网终端替换工作673台，做好党政内网视频会议和电子政务文件传输工作，确保网上公文交换全程畅通和数据安全。承办自治区视频会议94次，组织全区保密工作会议2次、保密培训班1次。坚持实行24小时值班制度，要求办公室人员牢固树立“值班工作无小事”的责任意识和“随时可能出事”的忧患意识，对接听的每个电话、收发的每份文件都做到迅速反应、细心对待、谨慎处置。

【后勤服务】

2020年，红寺堡区委办公室共承办区委常委会27次、区委全委会2次，对每次会议从议题、议程、报告起草、文件材料的制发到会议告知、会场安排、报到、记录、会务服务、宣传报道都安排到位，做到忙而不乱、有条不紊。建立和完善财务管理制度，严格财经纪律，清查办公室固定资产，逐一建档立卡、责任到人，确保机关工作正常运转。

【理论学习】

2020年，红寺堡区委办公室全面学习宣传贯彻习近平总书记视察宁夏重要讲话精神，以每周一例会学习为契机，集中学习，开展交流研讨活动，观看保密、廉政警示教育片，撰写调研报告。坚持集中学习与个人自学相结合，组织党员干部认真学习党章党规、党的十九届五中全会精神、习近平总书记系列重要讲话精神以及中央、自治区、吴忠市规定的学习篇目，打牢转变作风的思想基础，着力提高办公室人员的工作能力和水平。

【队伍建设】

2020年，红寺堡区委办公室提拔任用副科级干部1名，借调基层干部2名，招录三支一扶人员1名。培养年轻干部，利用自治区培训机会，分批次组织干部参加培训锻炼，学习掌握业务工作技能。

【信息报送】

2020年，红寺堡区委办公室围绕疫情防控、全面小康、脱贫攻坚、基层治理、生态保护、乡村振兴以及党的十九届四中、五中全会精神贯彻落实情况，聚焦社会反映强烈的热点、难点、焦点问题，收集、选编红寺堡信息20期。对紧急情况、重大事件报送做到不迟报、不误报、不漏报。落实24小时在岗带班制度，确保一旦发生重大问题就能及时掌握情况，及时向区委领导报告，协助做好指挥协调、信息报送和安全保障工作。全年共上报自治区、吴忠市调研信息450篇，自治区、吴忠市采用22篇。

【疫情防控】

2020年，红寺堡区委办公室在新冠肺炎疫情突发后，成立区委应对新型冠状病毒感染肺炎工作领导小组办公室，设立10个工作组，先后承办12次领导小组会议；建立处级领导、部门、乡镇、行政村“四级包抓”责任体系，成立3个督导检查组推动工作落实。动员3700余名志愿者、退役军人投身战“疫”。上报疫情防控专项信息140

余篇，组织疫情防控爱心捐款 3000 元。

（杨占荣）

组织工作

【概况】

2020 年，红寺堡区组织工作坚持贯彻落实党的十九届四中、五中全会和习近平总书记视察宁夏重要讲话精神，着力在干部培养锻炼、基层组织建设、集聚优秀人才上下功夫，为疫情防控、全面小康、脱贫攻坚提供组织保证。

【干部队伍建设】

2020 年，红寺堡区全面落实好干部标准，强化政治把关和政治考察，聚焦疫情防控、脱贫攻坚、乡村振兴等一线工作，注重培养选拔使用优秀年轻干部，通过培养性交流、互补性交流、锻炼性交流等措施，先后提请区委常委会调整任用干部 6 批次、141 人次，统筹盘活干部资源，干部队伍结构不断优化。疫情防控期间深入“疫”线考察识别干部，提请区委晋升表现优秀干部职级 36 名，向上级组织部门推荐晋升职级 8 名，突出政治纪律和政治规矩监督，处理在疫情防控期间工作责任落实不力的 16 名公职人员、37 名村干部。围绕党的十九届四中、五中全会精神，马克思主义民族观宗教观教育等重要内容举办培训班 4 期，全区处科级干部轮训全覆盖。制定《红寺堡区公务员平时考核实施办法（试行）》，规范开展职级晋升工作；对 2600 余名报考公务员岗位人员进行资格审核；嘉奖 2020 年度公务员考核为优秀等次的 85 人，累计发放奖金 15 万余元。

【基层组织建设】

2020 年，红寺堡区开展抓党建促脱贫攻坚、促乡村振兴、促基层治理，研究制定基层党建引领基层治理具体措施 40 条，打造基层党建引领基层治理示范点 16 个，推动基层党建与基层治理深度融合。采取金融扶持、政策支持、平台搭建等措施，完成村党支部书记“一肩三挑”21 名，培育村级后备人才 279 名、各种类型致富带头人 1368 名，支持 199 名村干部、村级后备力量参加大专以上学历提升行动，制定公开选任村党组织书记管理和报酬发放办法，公开选任的 10 名村党组织书记，带动周边村组创先争优。制定《红寺堡区扶持发展壮大村集体经济资金管理办法（修订）》，规范利润分配办法，全区所有村集体经济收益均超过 5 万元，37 个村集体经济收益超过 10 万元，开展扫黑除恶专项斗争，建立软弱涣散村党组织常态化整顿提升机制，软弱涣散村党组织全部销号清零。在 2019 年基础上，红寺堡区再投入 200 余万元，实现所有行政村供暖设施改造全覆盖和弘德党性教育基地建设提档升级。全区所有行政村完成村党组织换届，63 名党组织书记、33 名副书记、206 名支部委员到岗履职。公开招聘社区工作者 41 名，强化街道干部队伍力量，提升社区治理水平；推行街道“大工委”社区“联合党委”工作机制，推动城市基层党建整体效应增强。新冠肺炎疫情发生后，在医院病房、主干路口、居民小区、乡间村落等一线组建临时党支部 83 个、党员先锋队 226 支，科级干部担任书记（队长），24 小时不间断值守。

【人才队伍建设】

2020 年，红寺堡区制定《红寺堡区柔性引进人才实施办法》《红寺堡区本土人才培养若干措施》《红寺堡区稳定人才队伍若干措施》等政策文件，出台《红寺堡区教育系统人才管理办法（试行）》，成立“红寺堡区城乡教学（教研）人才工作联盟”，建立党政人才与企业“一对一”帮扶机制，率先推行复工复产线上审批服务人才机制，构建务实管用的人才政策体系。组建葡萄、黄花菜、黄牛等3个产业办公室，集中推进产业高质量发展。举办中国·宁夏吴忠第三届富硒黄花菜产业高峰论坛，邀请国内300余名行业知名专家学者开展交流研讨。建立宁夏葡萄与葡萄酒（红寺堡）技术创新中心、滩羊基因编辑技术与胚胎工程实验室等平台，定期邀请专家教授开展技术指导及专题讲座。引进3名外籍葡萄酿酒专家和9名国内知名行业专家，引进医疗专家9人，聘请北京师范大学教授、博士研究生导师朱志勇担任教学顾问，面向全国自主公开招聘专业技术人才222人（事业编），招聘41名社区工作者。围绕滩羊新品系研发培育、枸杞新品种优化配置等领域，建立专家服务团5个、科普惠农服务站5个，邀请区内外专家、教授，采取合作研发及实地帮教方式，定期开展人才培养和科技研发，累计带动各类创新人才53人，完成实用技术培训5714人次、高素质农民培育400人。组建45个名师骨干人才工作室，带动培养学科领军人才230名，完成基础教育课题63项。选送51名医疗骨干赴上海六院等三甲医院学习，选派5人到自治区人民医院等医疗机构进行3年规培学习，选派3名技术人员参加自治区“基层之星”人才培养研修学习，推荐确定2名第五批“宁夏青年科技人才托举工程”培养人选。

老干部工作

【党组织建设】

2020年，红寺堡区针对教育系统退休教师居住分散、参学参训率低的情况，将原有3个党支部合并为教育系统退休干部联合党支部，把思想素质好、热心为老干部服务、身体硬朗的老党员选为支部书记。同时，退休干部、党员受原单位和机关联合党支部“双重管理”，确保退休党员全覆盖纳入组织教育管理。结合老干部实际，制订学习月计划，先后为老干部发放《习近平谈治国理政》《新中国发展面对面》等书籍180余册；通过每月支部主题党日活动、每季度送学上门等方式，组织退休干部学习党的十九届四中、五中全会精神，习近平总书记视察宁夏重要讲话精神，意识形态、马克思主义民族观宗教观等重要内容，集中收看离退休干部网上专题报告会。通过重温入党誓词、畅所欲言谈发展、助力脱贫攻坚等主题党日活动，提高退休党员干部参与感、认同感；针对退休党员异地居住管理难度大、流动性强等问题，通过电话、函件等方式联系其居住地党支部，使其尽快编入所在地党支部并正常开展组织生活，确保老干部离岗不离组织、流动不流失、退休“不褪色”。

【工作机制】

2020年，红寺堡区发挥退休干部工作经验优势，在脱贫攻坚、综治维稳、创城创卫等方面为他们提供发挥余热的平台。疫情防控期间，退休干部主动捐款捐物价值1.5万余元，主动到卡口执勤，协助劝返非必要外出2800余人次，建议婚嫁喜事延期、丧事从简办理30余起。区委、区政府召开各类重大会议均邀请老干部参加并发表意见。组织离退休干部赴红寺堡区扬水管理处黄河泵站、三泵站、移民旧址、博物馆开展主题党日活动，利用“离退休干部联系群”信息宣传、共享平台，坚持每日推送习近平总书记系列重要讲话等时政热点，使老干部的思想保持常新。联系自治区老干部局“塞上金秋”宣讲团成员马翔雪为红寺堡区广大机关退休干部、党务工作者宣讲解读习近平总书记视察宁夏重要讲话精神。

【服务管理】

2020年，红寺堡区先后制定下发《红寺堡区退休干部服务管理实施办法》《红寺堡区特殊困难退休干部帮扶机制》等规范性文件，建立退休干部定期走访和电话回访制度，财政预算专项拨付2万元，用于帮助解决老干部遇到的困难和问题。不定期组织开展各类座谈会、谈心会和外出参观等13场次，走访慰问困难老干部，累计发放慰问金2.5万元。依托弘德村党性教育基地、图书馆等阵地打造“退休干部结对共学点”，为老干部提供阅读专属座位，丰富其精神世界；依托体育馆、红寺堡区职业技术学校音乐智能教室等场所打造“退休干部休闲文娱点”，开展多种文娱活动提供阵地保障。

（张亚丽）

区直机关党的建设工作

【概况】

2020年，红寺堡区把学习习近平新时代中国特色社会主义思想，党的十九大、十九届四中全会和自治区十二届八次全会精神作为抓机关思想政治建设的首要任务，把各级党委关于意识形态工作的决策部署和各项要求贯穿于机关党的建设全过程，将马克思主义民族观宗教观和党的民族宗教政策理论作为党员、干部日常教育培训的重要内容。在红旗渠干部学院举办1期机关党组织书记培训班，邀请自治区党校副校长李培文为红寺堡区副科级以上领导干部、全体机关党员进行“不忘初心、牢记使命”专题辅导，推动学习贯彻习近平新时代中国特色社会主义思想往深里走、往心里走、往实里走。

【理论学习】

2002年，红寺堡区充分发挥“学习强国”学习平台促学帮学、守正创新的核心作用，将学习成效作为评星定级的重要内容，努力使上线学习成为广大党员日常生活的常态动作。截至2020年底，7257人注册，其中党员4021人，党员注册率82.7%。

【机关党组织建设】

2002年，红寺堡区学习贯彻《中国共产党支部工作条例（试行）》，落实党组织设置规定、“三会一课”制度等党建基本制度，结合机关党建示范点打造及“不忘初心、牢记使命”主题教育，开展2次“互观互检”活动，推动党内政治生活规范化、经常化；制定推进“三强九严”工程开展机关党建质量提升年活动方案，巩固提升机关党建“灯下黑”问题专项整治成果。结合新时代党的建设总要求，修订完善星级基层党组织创建工作考核细则，深化星级基层党组织创建工作，扩大先进支部增量，提升中间支部水平，解决后进支部问题，带动提升星级创建工作成效。结合“七一”开展表彰活动，评选出先进基层党组织3个、优秀共产党员4名、优秀党务工作者5名。结合机构改革，指导18个党组织按期换届或调整，选好配强机关党组织领导班子。落实党建工作责任制，靠实党组书记领导责任、机关党总支书记直接责任、机关党支部书记主体责任，形成“书记抓、抓书记”层层抓落实工作机制；选择6名年内接受巡察的机关党组织书记述职，形成明责履责、督责评责、考责问责的链条，对工作推进不力、效果不明显、长期打不开局面的书记，加大问责力度；落实党员发展全程纪实制度，持续加大对基层党组织党员发展工作的业务培训和指导力度，确保新发展党员质量。

【服务群众】

2020年，红寺堡区以纠治形式主义、官僚主义为主要内容，整治在履职尽责、服务全区经济社会发展方面不担当不作为等群众反映强烈的6个突出问题，列出24条整改措施，推进全区机关作风转变，结合“不忘初心、牢记使命”主题教育，落实“党员服务承诺”，开展志愿服务1400余件。制定下发《机关工委委员联系党支部工作制度（试行）》，要求每位机关工委委员联系5~6个机关党组织，通过定期督导、不定期抽查等形式，帮助机关党组织相关工作靠实靠细；落实机关党建“月清单、季督查”制度，加强机关干部管理监督。

（王彩玲）

非公有制经济组织和社会组织工作

【概况】

2020年，红寺堡区严格落实《宁夏非公企业和社会组织党支部规范化建设的意见》，开展“党支部规范化建设年”活动，指导各非公企业和社会组织在制定行业系统考核评价标准时将党建工作内容一并纳入，把党支部建设情况作为政策扶持、等级评估及评先选优的重要依据，形成旗帜鲜明讲政治、理直气壮抓党建的工作导向。结合实际，全区培育选树1个市级、4个县（区）级党建工作规范、发挥作用突出、带动能力明显的党建工作示范点，并作为学习交流示范典型，带动提升党建工作水平。

【党建工作】

2020年，红寺堡区开展非公企业和社会组织党建工作情况全覆盖摸底排查工作，选派3名职业化党务工作者和41名党建指导员开展工作。新增单独组建党支部4个，非公企业和社会组织党组织覆盖率分别提高12.5%和6.01%。依托红寺堡区“135”基层社会治理项目，引导非公企业在脱贫攻坚、疫情防控、文明城市创建等领域积极参与，针对征集的基层意见建议，共同讨论解决职工群众在生产生活中遇到的困难和问题，及时化解矛盾纠纷，引导基层党组织提升社会治理水平。截至年底，1名企业负责人获“自治区疫情防控先进个人”、1名企业职工获“自治区疫情防控优秀共产党员”称号，2家企业被评为2020年吴忠市文明单位。

【队伍建设】

2020年，红寺堡区落实党组织书记工作津贴11人2.75万元，全额返还党费1.01万元；整合资金60万余元，建设标准化党员活动阵地2个，建成红寺堡区社会组织党群活动服务中心1个，为非公企业和社会组织广大党员提供基本服务保障。在没有党员或仅有个别党员的非公企业、社会组织中发展党员，全年转正党员8名，接收预备党员3名，培养发展对象2名，入党积极分子10名。

【理论学习】

2020年，红寺堡区组织非公企业和社会组织党组织专题学习习近平总书记视察宁夏重要讲话精神，结合学习内容开展“非公企业和社会组织如何为红寺堡社会发展助力”大讨论23场次，以实际行动感悟总书记为民情怀，领会重要讲话精神内涵。向49个非公企业和社会党组织免费赠阅《党的十九届五中全会〈建议〉学习辅导百问》，组织各支部围绕学习贯彻党的十九届五中全会精神和习近平总书记视察宁夏重要讲话精神等主题开展宣讲教育。新冠肺炎疫情发生后，将疫情防控工作作为检验和拓展“不忘初心、牢记使命”主题教育成果的模本，非公企业和社会组织党组织响应号召，为基层一线捐赠200余套防护服、3000余只医用口罩，组织捐款313.7万元。

（杨元沛）

宣传工作

【理论学习】

2020年，红寺堡区委宣传部制定印发《红寺堡区理论学习中心组巡听旁听制度》《红寺堡区党委（党组）理论学习中心组成员包抓分管领域理论学习机制》，推动各级中心组学习常态化。

区委常委会、区委理论学习中心组多次传达学习习近平总书记视察宁夏重要讲话精神，举办专题学习研讨班。为处级领导推荐采购《习近平谈治国理政》第三卷、《中国制度面对面》等图书，内容涉及政治、经济、文学、哲学、历史等 10 大类。2020 年，红寺堡区共召开区委理论学习中心组学习会议 12 次，邀请讲师开展专题辅导 8 次，观看专题片 1 次，交流研讨 40 人次，形成理论文章、调研报告 12 篇。印发《关于认真学习宣传贯彻习近平总书记视察宁夏重要讲话精神的通知》《习近平总书记视察宁夏重要讲话精神宣传宣讲工作方案》，对接自治区党校宣讲团，到红寺堡区宣讲习近平总书记视察宁夏重要讲话精神 12 场次，覆盖 30 个党委（党组），2300 余名党员干部参加。组建宣讲团，累计开展宣讲活动 260 场次，受益 8000 余人次。组织选拔优秀宣讲人才参加宣讲大赛，获得自治区二等奖、吴忠市一等奖。加强“学习强国”学习平台管理，定期通报全区各单位学习情况，全年刊发稿件 120 余篇。举办红寺堡区“学习强国”学习平台达人挑战赛，选拔优秀参赛选手参加挑战赛，分别获得自治区第三名和吴忠市第一名，宣传部获得自治区、吴忠市优秀组织奖。

【意识形态责任制】

2020 年，红寺堡区修订《红寺堡区维护意识形态领域安全工作协作机制（试行）》，印发《红寺堡区意识形态领域防止出现政治性风险问题监测预警审核制度（试行）》《红寺堡区党委（党组、总支、支部）网络意识形态工作责任制考核细则（试行）》，加强意识形态领域风险监测预警审核工作，维护意识形态安全。编印《意识形态工作应知应会知识手册》和《意识形态工作思维导图》，指导各党委（党组）掌握意识形态工作主动权。区委常委会研究意识形态工作 3 次，政府常务会研究意识形态工作 2 次，对各党委（党组）意识形态工作开展情况进行督查 1 次。结合区委巡察工作，对退役军人事务局、生态环境分局等 6 个党组织开展专项检查 1 次。落实《红寺堡区论坛讲坛讲座年会报告会研讨会等阵地管理办法（试行）》，共审批备案各类论坛讲座 30 场次，组织全区各党委（党组）开展意识形态领域风险隐患分析研判 3 次。开展“扫黄打非”各项专项行动，推进基层站点规范化标准化建设全覆盖，2 个站点被自治区评为第四批全区“扫黄打非”先进基层示范点，破获全区首起开设淫秽色情网站、贩卖淫秽物品案。制定《红寺堡区党委（党组、总支、支部）网络安全工作责任制考核细则（试行）》和《红寺堡区政务类网站信息发布审核办法（试行）》，压实网络安全责任，规范政务类信息采编、审核、发布工作流程，抓实审核监管责任。约谈相关人员 1 人，督导相关单位及时整改网站、公众号错误信息 28 期，处理网络安全漏洞 5 起，责令书面检讨 5 人，对 5 个部门进行提醒约谈。

【宣传报道】

2020 年，疫情防控期间，红寺堡区克服区外媒体记者现场采访的不便，组建新闻宣传和信息动态发布组，融媒体中心记者全员出动，第一时间将最基层、最一线的信息、图片传送给各级媒体刊发，刊发新闻稿件通过“三级（区、乡、村）”发布法进行全网推送。疫情防控期间，刊发市级以上新闻稿件 1076 篇。抓住习近平总书记视察宁夏首站到红寺堡区的机遇，加强与中央、自治区、吴忠市级媒体的合作，通过传统媒体和新兴媒体相结合，保持宣传热度。完善“顺着产业抓宣传、策划活动促宣传”的工作思路，形成一次采集，多种产品、多媒体传播的新闻格局。《人民日报》（海外版）头版《马占林的“家”风》、新华社《每日电讯》头版头条《23 万人的命运转折——我国最大易地生态移民安置区的脱贫密码》、《经济日报》头版头条《搬得出 稳得住 能致富——宁夏吴忠红寺堡区的生态移民实践》、《光明日报》专版《亘古荒原“长”出绿色新家园——宁夏吴忠红寺堡脱贫之路》等宣传稿件，被全国多家媒体转载。截至 2020 年年底，吴忠市级以上媒体共刊发红寺堡区宣传稿件 2800 篇，其中国家级 1061 篇（50 篇稿件阅读量超过百万次），自治区级 962 篇，吴忠市级 777 篇。投资 340.48 万元，完成融媒体中心办公场所基础设施改造项目。注册成立红寺堡区新起点影视文化传媒有限公司，产业化经营，打通线上线下、提升造血功能，强化为民服务功能，丰富群众文化生活。全年全区共播发电视新闻稿件 1580 条，其中被自治区、吴忠市电视台及报社采用 210 余条，被“学习强国”采用 37 条，被新华社采用 6 条。“红寺堡视线”微信公众号发布信息 2322 条，今日头条发布信息 1756 条，微博发布信息 1864 条，抖音发布视频 183 条，快手发布视频 192 条，直播 21 次。

【精神文明建设】

2020 年，红寺堡区印发《红寺堡区贯彻落实〈新时代公民道德建设实施纲要〉的具体措施》《红寺堡区贯彻落实〈新时代爱国主义教育实施纲要〉的任务分工》《关于印发〈红寺堡区道德模范荣誉称号管理暂行办法〉的通知》，完善主题公园 2 个，打造主题广场 1 个、社区 1 个、企业 1 个。申报全国文明单位 1 家（区税务局），重新申报自治区文明单位、村镇 4 个，重新申报吴忠市级文明单位、文明村镇 7 个；新申报红寺堡区级文明单位、村镇 14 个，重新申报文明单位、村镇 14 个。评选红寺堡区移风易俗先进村镇 6 个，优秀红白理事会 6 个，先进示范户 12 个。疫情防控期间，红寺堡区 112 家婚礼延期，65 家丧事简办。推荐抗疫模范 74 人，红寺堡区道德模范寇启芳被评为“全国劳动模范”。推荐以全国脱贫攻坚奋进奖获得者李耀梅和第四届宁夏好人王克银等人为原型拍摄的 4 部微电影，参加自治区社会主义核心价值观主题微电影大赛。宁夏移民博物馆申报为吴忠市国防教育基地，组织各乡镇、各单位观看国防形势报告。在全区范围内广泛刊播时代楷模公益广告及抗美援朝主题微视频。调动多方力量，整合农村书屋、道德讲堂、文化驿站、爱心驿站、党员活动室、文化社团、“乡愁记忆馆”、“四点半课堂”等资源，建立新时代文明实践中心 1 个，新时代文明实践所 6 个，以宣传学习贯彻习近平新时代中国特色社会主义思想和习近平总书记视察宁夏重要讲话精神为特点的中圈塘村、弘德村新时代文明实践站，以民宿旅游、移民文化品鉴为特点的永新村、西川村新时代文明实践站，以红袖标义务巡防为特点的香园村、乌沙塘村新时代文明实践站，以优势产业为特点的巴庄村、兴民村、红川村新时代文明实践站，以扶贫车间、民族团结为特点的红塔村新时代文明实践站，以社会主义核心主题、军民共建为特点的东方社区新时代文明实践站共 11 个。全区举办新时代文明实践志愿服务培训 5 场次，培训 400 余人次。

【文明城市创建】

2020 年，红寺堡区紧扣全国文明城市测评体系，先后投入 3000 万余元，推动各项工作。成立工作专班，完善“网格化责任区域和街道联合党委网格化管理包抓”等机制，先后召开推进会、培训会、调度会、约谈会 13 次。对路面、道牙、水电管网等基础设施进行全面维护，合理规划城区停车位，提升绿化亮化水平，绿地率达 35%，绿化覆盖率达 39%；装灯率达

100%，亮灯率达 98% 以上，基础设施得到完善。城区机械化清扫率达 80%，生活垃圾处理率达 95%，推进垃圾分类收集；落实“门前三包”责任，依法整治乱贴乱画、乱堆乱放、乱停乱放、乱扔乱倒、乱搭乱建，市容环境得到优化。整治乱闯红灯、乱穿马路、乱停乱放、人车混行、机非混行、车辆斑马线前不礼让行人等交通问题，交通秩序得到规范。在集贸市场实施摊位分区管理，设立母婴室、复称台，完善投诉机制，划定停车位，强化卫生保洁，规范市场管理。结合疫情防控，制作公益广告宣传 5000 余幅，设计制作公益广告景观小品 38 处，安装灯杆景观中国结 112 套，发放各类宣传手册、告知书 5 万余份。充分利用各单位及公共场所电子屏、宣传栏等刊播“社会主义核心价值观”“讲文明树新风”“中国梦”“市民文明公约”“文明健康 有你有我”等主题公益广告，对公交车、出租车以及车站站牌进行全覆盖宣传，营造浓厚氛围。开展网格化包抓路段、文明交通等志愿服务活动。建立志愿服务工作站 50 个，实名注册 37983 人，占当地居民人口的 18.75%，登记注册志愿服务组织（团体）253 个，实施志愿服务项目 5676 个，全年志愿服务总时长 575984.5 小时，有志愿服务时间记录的志愿者人数占注册志愿者总人数的 56.5%。

【文化惠民】

2020 年，红寺堡区文联组织各协会会员创作文学、书法、绘画、剪纸、摄影、微视频、秦腔小段等作品 2300 余篇（幅）。组织文艺团队集体创作以脱贫攻坚为主题的小品《懒汉脱贫》，以创建国家文明城市为主题的小品《文明连着你我他》《越借越穷》《丰收了》等 8 个，原创舞蹈《一条大河》等 6 个，音乐快板《建设美丽新宁夏》参加“欢乐宁夏”全区群众文艺会演优秀节目巡演，涌现出王小军、叶秀霞、魏旭平等一批小品表演爱好者；农民书法家李忠勤抄录完成的书法作品《四书五经》，捐赠

2020 年 1 月 13 日，文化三下乡活动　（魏旭平 摄）

给吴忠博物馆永久收藏。完成文化惠民“送戏下乡”演出30场次，其中进乡镇、贫困村、移民村26场，进社区2场，进军营2场；完成文化惠民“戏曲进校园”演出10场次。利用“文化与自然遗产日”“中国农民丰收节”等，完成演出20余场次。举办“非遗传承人抗疫作品展”，征集抗疫期间非遗传承人及广大文化工作者相关题材作品500多件（幅），展出有代表性的作品124件（幅），其中书法、美术作品30幅，剪纸20幅，刺绣10幅，石头画34幅，草编30件。举办“三区”人才支持计划舞蹈、刺绣培训班3期，累计培训120人次，组织红寺堡区创作型人才参加各级“三区”文化人才培训，通过培训提高基层文化人才的创作和表演能力。在支持民营文艺团队建设方面，通过政府采购的形式，扶持乡土文艺团、天韵文化艺术团开展“送戏下乡”等活动，扶持资金34万元。

（陈乾）

巡察工作

【概况】

2020年，红寺堡区委巡察办坚持政治巡察定位，完成三届区委第八轮、第九轮、第十轮巡察工作任务，每轮巡察组建2~3个巡察组，对15个部门开展常规巡察。第八轮巡察安排对5个乡镇开展脱贫攻坚专项巡察“回头看”，重点围绕巡视巡察反馈问题整改和“四个不摘”“四查四补”任务落实情况开展监督检查，督促乡镇把“精准”要求落到实处。第九轮巡察安排对5个乡镇25个村和新民街道7个社区党组织开展巡察，深化政治巡察的深度和广度。全年完成10轮对5个乡镇、39个部门开展的党组织巡察工作，占全覆盖任务的86.3%。三届区委10轮巡察向被巡察单位党组织反馈问题759个，完成整改752个，整改率为99.1%；移交问题线索62件，办结60件，办结率96.77%。

【政治学习】

2020年，红寺堡区委巡察办学习习近平总书记关于巡视工作的重要指示批示精神，先后召开12次区委常委会、区委巡察工作领导小组会暨书记专题会议，传达学习全国巡视工作会议、全国市县巡察工作推进会精神，贯彻落实党中央和区市党委关于巡视巡察工作的新部署新要求，强化理论学习，坚持巡察办每周一次集中学习，巡察组临时党支部组织学习，增强推动巡察工作的政治站位、政治自觉。

【巡前准备】

2020年，红寺堡区委巡察办通过有线电视、网站、微信群、短信、公开栏等方式发布巡察公告，设置举报信箱，扩大群众知情面，调动群众实事求是反映问题的积极性。邀请自治区党委巡视办、吴忠市委巡察办领导和红寺堡区熟悉党务、财务、审计的专业人员，对巡察组人员进行5天集中业务培训，使其全面了解掌握被巡察单位主要业务的专业性质和工作流程。加强对被巡察单位汇报材料的审核把关，剖析关键岗位、财务管理等领域的廉政风险，从排查中细找潜在问题。巡察组根据被巡察单位实际情况，依据巡察方案把巡察工作细化分解，合理分工，明确职责。

【巡察重点】

2020年，红寺堡区委巡察办按照“两个维护”根本任务，围绕“三个聚焦”监督重点，将学习贯彻习近平总书记视察宁夏重要讲话精神情况，对中央、自治区吴忠市党委及红寺堡区委重大决策部署贯彻落实情况作为巡察监督重点，结合工作实际将疫情防控、脱贫攻坚、扫黑除恶、创建文明城市等工作落实情况纳入巡察范围，印发《区委巡察机构2020年工作要点》、制定《关于加强村（社区）延伸巡察工作的实施意见》，细化巡察清单，明确巡察任务，使巡察定位更加精准、内容更加全面、重点更加突出。

【指导督导】

2020 年，红寺堡区委巡察办工作领导小组和巡察办统筹安排好巡察各个环节具体工作，全程指导督导，落实巡察组办定期会商、巡察工作中期汇报、巡察报告组办联审等制度，召开巡察启动会 12 场次，听取巡察工作中期汇报 6 次，召开组办联审会议 21 次，召开巡察工作领导小组会 4 次，研究解决巡察工作中遇到的困难和问题，纠正巡察监督温差偏差、政治定性不准等问题，提升政治巡察水平，确保政治巡察定位不走样。

【村社巡察】

2020 年，红寺堡区委巡察办按照习近平总书记关于“坚持党组织建立到哪里，巡视巡察就跟进到哪里”的重要指示，将村（社区）巡察纳入总体规划，推进村（社区）巡察全覆盖。第九轮巡察完成对 5 个乡镇 25 个村级党组织和新民街道 7 个社区党组织巡察。全年完成对 6 个乡镇（街道办）、39 个部门（单位）党组织开展的 10 轮巡察，占全覆盖任务的 86.3%，为一届任期内巡察全覆盖奠定基础。

【政治巡察】

2020 年，红寺堡区委巡察坚持政治巡察要深、发现问题要准、分析问题要透、整改问题要实，按时保质完成各项巡察任务。驻点期间，对前几轮巡察发现的共性问题和财务资料，做到必巡必察。发挥制度优势，通过组务会、临时党支部会、办组会商会议和领导小组听取中期汇报等方式，多重把关，提升巡察发现问题的质量。针对筛选出的重点问题，开展关键岗位人员延伸谈话、下沉一级走访调研了解情况以及与区级有关职能部门沟通调阅资料，固定完善佐证材料，保证全过程底稿留痕，使巡察发现的每一个问题拿得出证据、经得起推敲。

【巡察报告】

2020 年，红寺堡区委巡察办撰写巡察报告注重由表及里，归纳总结提炼，把发现的问题挖深查细，把内在的逻辑讲清说透，使巡察报告经得起检验。落实巡察报告问题底稿制度和巡察组与被巡察党组织主要负责人沟通机制，发现问题、评价定性、实事求是报告问题。巡察报告坚持组务会讨论、组办会商会议审核、领导小组会审议、区委常委会通过后，原件向被巡察单位党组织反馈。

【整改落实】

2020 年，红寺堡区委巡察办对专项检查反馈问题，从讲政治的高度压紧压实整改工作责任，凝聚思想共识，成立工作专班，聚焦反馈问题逐项梳理、深入剖析，细化分解任务，专项检查反馈 4 个方面 12 条问题全部完成整改，推动巡察工作高质量发展。

【整改责任】

2020 年，红寺堡区委巡察办坚持把落实整改责任作为履行管党治党责任的重要一环，紧盯党组织抓整改主体责任特别是党组书记抓整改第一责任人职责，原原本本反馈问题，有针对性地提出意见建议，严肃提出整改要求，传导巡察整改压力。统筹协调红寺堡区纪委监委和区委组织部，对中央第八巡视组、自治区党委第四巡视组巡视和前七轮巡察反馈问题整改情况开展督查，及时指出整改中存在的问题，压实整改责任。

网信工作

【网络宣传】

2020 年，红寺堡区网信办累计完成指令 3832 条。组织“全国网络媒体宁夏行”“遇见宁夏”

红寺堡区委第十轮巡察第一巡察组巡察区委政研室进驻动员会　（巡察办提供）

等4次网络媒体到红寺堡区采风。突出“网络安全为人民、网络安全靠人民”主题，办好一年一次的网络安全宣传周，发放宣传品1.6万余份，吸引群众参与4万余人次。

【信息化建设】

2020年，红寺堡区召开“互联网＋教育”观摩会，全年完成122套在线互动课堂、273套多媒体教学一体和2套VR实验室的建设。在“互联网＋医疗”方面，实现医疗健康信息专网覆盖率100%、医疗机构居民电子健康档案互联互通。在“互联网＋扶贫”方面，开展红寺堡区电商人才摸底工作，建立红寺堡区电商孵化中心4家，村级电商服务站53家，组织开展培训5000余人。

政策研究

【专题调研】

2020年，红寺堡区政策研究室先后组织开展专题调研27项，形成调研报告25篇、理论文章19篇，编发红寺堡通讯9期，调研和理论研究成果在《宁夏工作研究》《吴忠工作研究》等刊发11篇。牵头或参与起草脱贫攻坚自查评估报告、《关于支持红寺堡区建设全国易地搬迁移民脱贫致富示范区的意见》、《中共吴忠市红寺堡区委员会关于制定国民经济和社会发展第十四个五年规划和二〇三五年远景目标的建议》等多项重要文稿。全年累计起草各类文稿材料50多份30余万字。

【深化改革】

2020年，红寺堡区召开4次深改委会议，研究部署深化改革工作，建立改革任务推进计划清单、责任清单、时限清单，坚持月调度、季督查，完成9大领域80项改革任务。“55124”基层社会治理被写入自治区党委十二届十次全会通过的《关于完善乡村治理体系提高治理能力的实施意见》；“135”基层社会治理获评全国“2020年民生示范工程”；获评全国信访工作“三无”

县（区）；探索推行“路长制”改革，获得全国“四好农村路”示范县奖励资金 1000 万元；深化综合执法改革，通过自治区、吴忠市评估；深化残疾人医康结合模式等创新工作。

【财经工作】

2020 年，红寺堡区召开 2 次财经委会议，定期分析经济运行情况，红寺堡区政策研究室起草并审议《贯彻做好调转增融“四篇文章”走出一条高质量发展新路子的实施方案任务分工》《红寺堡区“十四五”规划基本思路》，起草区委书记在全区经济工作暨红寺堡区创建全国易地搬迁移民脱贫致富示范区第一次推进会上的讲话等文稿。

（马婷）

统战工作

【统一战线工作】

2020 年，红寺堡区先后召开 5 次常委会、3 次政府常务会、2 次统战工作领导小组会、2 次宗教工作联席专题会议，统筹谋划，精心部署，压实责任，推动整改落实；发挥统战优势，贯彻坚定信心、同舟共济、科学防治、精准施策的要求，做到“防控疫情的举措部署到哪里，统一战线的作用就发挥到哪里”。动员民营企业家、党外知识分子及新的社会阶层代表人士开展爱心捐赠活动，调动社会各方力量主动参与全区打赢疫情防控阻击战，在服务大局、维护稳定、促进发展中发挥统战作用，展现统战作为。疫情防控期间，全区统战力量捐款捐物价值 240.6 万余元，其中非公企业 182.4 万元，宗教界 58.2 万元。坚持“战疫”与“复工”两手抓。统战、工业商务、市场监管等部门联合，通过实地调研、出台支持政策、纾困解难、搭建平台等多种措施，助力民营企业复工复产。

【民族团结创建工作】

2020 年，红寺堡区贯彻落实中办、国办《关于依法治理民族事务促进民族团结的意见》，紧扣“守好促进民族团结生命线，走出一条高质量发展新路子”，开展马克思主义民族观宗教观大宣讲活动，探索实行“创建 + 党建”“创建 + 脱贫攻坚”“创建 + 乡村振兴”等活动，拓展创建工作的广度和深度，推进民族团结进步创建向乡村（社区）延伸，提升各族群众的幸福感、获得感和安全感。2020 年，区委统战部指导红寺堡区公安分局、团结村、振兴社区等 8 个单位创建市级示范点，红寺堡区人武部、兴民村、创业社区 3 个单位创建自治区级示范点。组织以“塞上儿女一家亲、同心共筑中国梦”为主题的“民族团结月”活动，开展系列活动 16 次。

（华婧）

红寺堡区人民代表大会

HONGSIBUQU RENMINDAIBIAODAHUI

综 述

【概况】

2020年，红寺堡区人民代表大会始终坚持正确的政治方向，坚持以习近平新时代中国特色社会主义思想为指导，深入贯彻学习党的十九大，十九届二中、三中、四中、五中全会精神及习近平总书记视察宁夏重要讲话精神，始终坚持以人民为中心的发展理念。2020年，人大常委会机关共受理群众来信来访4件次。协助自治区、吴忠市人大督办信访1件次，常委会领导督办3件次。

【财政监督】

2020年，红寺堡区人大常委会严格按照预算法和中央赋予人大预算审查监督新职责，推进预算联网监督平台建设，发挥在线监测系统作用，审查预决算执行和财政收支审计情况，依法批准《2020年红寺堡区预算调整方案》，督促区政府及相关部门依法加强税收征管，规范预算编制和管理，提高预算管理水平。专题听取区政府关于国有资产管理情况的报告，督促有关部门加强和改进红寺堡区国有资产管理工作。

【工作评议】

2020年，红寺堡区人大常委会先后对财政局、人力资源和社会保障局、综合执法局3个部门工作及班子成员依法履职情况进行评议，制定评议工作方案，创新评议工作方式，多方征求评议意见，落实评议准备、评议调查、集中评议、整改落实各个阶段工作任务，帮助被评议部门查问题、找不足、提要求，促进被评议部门提升依法行政工作水平。

【保障法律实施】

2020年，红寺堡区人大常委会坚持依法监督，保障法律贯彻实施。对《中华人民共和国土地管理法》贯彻实施情况进行执法检查，对加大土地管理法宣传力度等方面提出意见建议。围绕食品安全工作开展情况，听取区政府关于食品安全工作情况的专项报告，督促食品安全工作再上新台阶。重视加强常委会备案审查制度和能力建设，会同政府建立联动机制，审查区政府提请的 4 件规范性文件。

【依法行使权力】

2020 年，红寺堡区人大常委会坚持依法行使权力，做到通过法定惩处体现区委要求和人民意愿。坚持党管干部与人大依法任命有机统一，正确行使民主权利，严格任免程序，严把法律知识考试、个人供职、审议票决、向宪法宣誓等关键环节，严肃人事任免选举和任后监督工作。2020 年，任免国家机关工作人员 80 人次。

代表工作

【履职平台】

2020 年，红寺堡区人大常委会为代表履职搭建平台，做好服务。坚持邀请代表列席区委常委会、人大常委会、政府常务会等重要会议，组织代表参加人大“三查（察）”活动、法院庭审等活动，为代表订阅《中国人大》《宁夏人大》《人民代表报》等报纸杂志，拓宽人大代表知情知政渠道。拨付代表活动经费 50 万元，指导各乡镇人大按照标准建设乡镇“人大代表之家”和村级代表小组活动室，实现代表阵地全覆盖。

【代表活动】

2020 年，红寺堡区人大常委会以常委会、各乡镇为单位举办人大代表履职能力提升培训班 6 场次，培训各级人大代表 360 余人次。组织常委会组成人员和人大代表赴北京、厦门、江西等地，开展学习交流，学习借鉴先进工作经验。常委会班子成员分别到联系的乡镇召开座谈会，征求基层代表对“一府一委两院”工作的意见建议，部分意见建议由相关承办单位研究落实。各乡镇人大主席团注重代表小组工作积极性，根据各自特色，制定代表活动清单。全年红寺堡区人大常委会开展代表述职评议 60 人次，协调媒体宣传履职优秀代表 20 人次。

【议案建议】

2020 年，红寺堡区人大常委会坚持把办好议案建议作为代表民主权利、支持人民当家做主的重要体现，采取集中交办、重点督办、通报办理工作进度等方式，加强跟踪问效。2020 年，常委会领导班子 2 次视察议案建议办理情况，人民代表选举委员会牵头根据办理工作进展情况适时进行督办，促进议案建议办理工作由答复满意向“过程”和“结果”双满意转变。

【乡镇人大工作】

2020 年，红寺堡区人大常委会指导乡镇人大完善人大代表工作群，方便沟通联系、开展活动。加强对各种履职平台和履职渠道的管理，提高代表活动的组织化水平，为各级人大代表依法履职做好服务保障工作。

【办公室工作】

2020 年，红寺堡区人大常委会办公室提高会议服务保障水平，规范文秘工作，加强办文统一管理和指导，执行机关公文处理办法和精简文件的有关规定，规范办文程序，抓好办文质量。做好行政接待和后勤保障工作。依照财务规定控制各项收支，坚持经费开支审批制度、财务公开制度，规范财务管理工作。开展脱贫攻坚帮扶工作。

【法律宣传】

2020 年，红寺堡区人大常委会向红寺堡区干部群众编发手机短信 6.2 万余条，宣传民法典知识。结合“七五”普法验收工作，将“谁执法谁普法”责任制的落实融入监督工作之中，督促相关部门带头学习法律、宣传法律，增强民主法治观念，提高依法行政、公正司法能力。结合创建全国文明城市活动，发放《吴忠市文明促进条例》3000余本。

【思想政治建设】

2020年，红寺堡区人大常委会始终把思想政治建设放在首位，开展“模范机关创建”活动，学习习近平新时代中国特色社会主义思想，党的十九大精神，十九届二中、三中、四中、五中全会精神，习近平总书记视察宁夏重要讲话精神及自治区第十二次党代会精神，坚定理想信念，坚守为民宗旨，提高政治素养。利用会前学法一刻钟，学习党章党规，筑牢意识形态防线，加强党的民族宗教政策的学习，强化思想认同。2020年，区人大常委会班子成员、机关干部分5批次参加全国、自治区、吴忠市人大组织的外出培训，开展相关法律法规的学习，加强监督、选举、代表工作业务知识培训，提升常委会组成人员履职能力。

【改进作风】

2020年，红寺堡区人大常委会将前期调查与集中调查相结合、个别走访与座谈交流相结合、问卷调查与征求意见相结合，提高调查研究的针对性和实效性，提升审议建言质量。贯彻落实中央八项规定精神，督促机关完成区委巡察反馈问题的整改落实工作，推动机关作风建设制度化、规范化。

重要会议

【第三届人民代表大会第五次会议】

吴忠市红寺堡区第三届人民代表大会第五次会议于2020年1月3—5日召开，会议听取和审议《红寺堡区人民政府工作报告》，审查和批准《红寺堡区2019年国民经济和社会发展计划执行情况与2020年国民经济和社会发展计划》，审查和批准《红寺堡区2019年财政预算执行情况和2020年财政预算草案的报告》，批准《红寺堡区2020年财政预算》，审议《红寺堡区人民政府关于2019年代表议案、建议办理情况的报告》，听取和审议《红寺堡区人大常委会工作报告》《红寺堡区人民法院工作报告》《红寺堡区人民检察院工作报告》，补选刘建宁为红寺堡区人民法院院长。

【第三届人民代表大会第六次会议】

2020年8月27—28日会议召开，补选伍洪亮为红寺堡区第三届人民代表大会常务委员会

2020年8月27—28日，吴忠市红寺堡区第三届人民代表大会第六次会议第一次全体会议召开　（人大提供）

副主任、补选叶建平为红寺堡区人民检察院检察长。

【三届人大常委会第二十四次会议】

2020 年 3 月 31 日会议召开，听取区人民政府关于疫情防控及统筹推进经济社会发展情况的报告，审议通过区人民检察院关于叶建平职务任命的议案，会议接受王俊成、刘学军的辞呈，会议同意王俊成辞去红寺堡区人民检察院检察长职务、同意刘学军辞去红寺堡区三届人大常委会委员职务，审议通过区人大常委会主任会议关于决定区人民检察院代理检察长的议案、区人大常委会主任会议关于蔡金玉职务任命的议案。

【三届人大常委会第二十五次会议】

2020 年 4 月 28 日会议召开，听取区人民政府关于乡村振兴战略实施情况的报告，听取区人民政府关于退役军人事务管理工作情况的报告。

【三届人大常委会第二十六次会议】

2020 年 6 月 29 日会议召开，传达学习习近平总书记视察宁夏重要讲话精神，听取和审议区人民政府关于对《红寺堡区人大常委会关于深入开展第七个普法宣传教育的决议》贯彻落实情况的报告，会议听取区人民政府关于重点项目建设情况的报告，会议同意马学峰、谢彦林辞去区人民政府副区长职务，同意叶夏辞去区人大常委会副主任职务，同意李学忠辞去区三届人大常委会委员职务；会议审议通过区“一府一委两院”有关人事任免议案，免去马学峰红寺堡区人民政府副区长职务，免去谢彦林红寺堡区人民政府副区长职务，免去温丽娟红寺堡区工业信息化和商务局局长职务，免去周仁科红寺堡区监察委员会副主任职务，免去郭生鹏红寺堡区人民检察院副检察长、监察委员会委员、检察员职务；经会议投票表决，决定任命王忠强为红寺堡区人民政府副区长，杨平为红寺堡区人民政府副区长，李玉平为红寺堡区工业信息化和商务局局长。

【三届人大常委会第二十七次会议】

2020 年 8 月 25 日会议召开，书面审查通过区人民政府关于《红寺堡区公益性岗位管理办法》的备案报告，会议听取和审议区人民政府关于 2020 年上半年国民经济和社会发展计划执行情况的报告，并进行满意度测评，测评结果为满意；听取和审议区人大常委会调查组关于红寺堡区 2020 年上半年国民经济和社会发展计划执行情况的调查报告，会议听取和审议区人民政府关于 2019 年红寺堡区财政决算草案和 2020 年上半年预算执行情况的报告，并进行满意度测评，测评结果为满意；听取和审议区人大常委会调查组关于红寺堡区 2019 年财政决算草案和 2020 年上半年预算执行情况的调查报告，听取和审议区人民政府关于 2019 年度财政预算执行和其他财政财务收支审计工作情况的报告，并进行满意度测评，测评结果为满意；会议审议批准区人民政府关于 2020 年红寺堡区预算调整方案的报告，听取区人大常委会农财委关于 2020 年红寺堡区预算调整方案的审查报告，听取区人大常委会执法检查组关于检查《中华人民共和国土地管理法》贯彻落实实施情况的报告；会议接受苏达志辞呈，同意苏达志辞去区人民政府副区长职务，会议审议区人大常委会主任会议关于提请调整红寺堡区第三届人民代表大会常务委员会代表资格审查委员会组成人员的议案，会议审议通过区人民政府、区监察委员会、区人民检察院人事任免议案，会议决定免去苏达志红寺堡区人民政府副区长职务，免去王宁红寺堡区监察委员会委员职务，免去杨迎春红寺堡区人民检察院监察委员会委员、检察员职务，免去李建荣红寺堡区人民检察院检察员职务；经会议投票表决，决定任命张保岐为红寺堡区人民政府副区长，王宁为红寺堡区监察委员会副主任；会议审议通过区第三届人民代表大会常务委员会代表资格审查委员会关于代表资格变动情况的报告，审议通过关于召开区三届人大六次会议有关事宜，审议通过区人大常委会有关制度修订情况的报告。

【三届人大常委会第二十八次会议】

2020年10月28日会议召开，听取和审议区人民政府关于食品安全工作情况的报告，并进行满意度测评，测评结果为满意；区人民政府关于区三届人大五次会议代表议案建议办理情况的报告，并进行满意度测评，测评结果为满意；区人民政府关于国有资产管理情况的报告，并进行满意度测评，测评结果为满意，区人民政府关于环境状况和环境保护目标完成情况的报告，并进行满意度测评，测评结果为满意；会议表决通过对红寺堡区财政局、人力资源和社会保障局、综合执法局工作情况的评议意见；会议接受梁吉鸿、张淑艳、买霞、丁红梅和王进国5人辞呈，同意梁吉鸿辞去红寺堡区监察委员会主任职务，同意张淑艳辞去红寺堡区第三届人大常委会委员职务，同意买霞辞去吴忠市第五届人大代表职务，同意丁红梅、王进国辞去红寺堡区第三届人大代表职务，会议审议有关人事任免议案，会议决定免去周青民政局局长职务，免去王光亚水务局局长职务，免去高爱国卫生健康局局长职务，免去张淑艳区人大代表联络与选举工作委员会主任职务，免去马国江区人大民族宗教法制工作委员会主任职务，免去高文辉区人大常委会办公室副主任职务；经会议投票表决，决定任命何明为民政局局长，王贯举为水务局局长，张淑艳为卫生健康局局长，李虎为医疗保障局局长。

【三届人大常委会第二十九次会议】

2020年12月31日会议召开，审议通过区人民政府关于2020年红寺堡区预算调整方案的报告，听取和审议区人大常委会农财委关于2020年红寺堡区预算调整方案的报告，审议通过区人民检察院关于推动检察机关公益诉讼工作健康发展的报告；经会议投票表决，补选王忠强、张瑞峰、杨平、刘建宁和宋磊5人为吴忠市第五届人民代表大会代表；会议接受梁吉鸿、李生元、王俊成和王振和4人辞呈，同意梁吉鸿、李生元等4人辞去吴忠市第五届人大代表职务，会议审议通过有关人事任免议案，会议决定免去刘杨红寺堡区监察委员会委员职务，免去刘成波红寺堡区人民法院审判员职务；经会议投票表决，决定任命杨丽红为红寺堡区人民检察院副检察长，任命顾骁骥为红寺堡区监察委员会委员。

专门委员会

【财经农业教科文卫工作委员会】

2020年，红寺堡区人大财经农业教科文卫工作委员会组织调查2020年上半年国民经济和社会发展计划执行情况、2019年财政决算（草案）及2020年上半年预算执行情况。协助区人大常委会听取和审议2019年财政预算执行及其他财政财务收支审计情况的报告，调查组深入各相关单位对经济运行情况、预算执行情况进行调查了解，分别听取发改、财政、审计等部门的汇报。针对红寺堡区经济发展下行压力大、工业经济发展后劲不足、产业发展水平不高等问题，分析提出扩大有效投资，夯实发展后劲、狠抓项目前期工作和项目储备、加强项目管理、加大招商引资力度，推进农业产业结构调整等意见建议。对区级纳入国库集中支付系统预算单位财政预算执行数据进行实时监督，审查2020年度财政预算调整。调查红寺堡区食品安全工作，视察乡村振兴战略实施情况，调查红寺堡区重点项目建设情况，协助区人大常委会听取区政府关于重点项目建设情况的报告，督促区政府及相关部门加快重点项目建设步伐，促进经济健康运行，协助区人大常委会听取区政府关于国有资产管理情况的报告，了解红寺堡区国有资产管理现状，防止国有资产流失，最大限度地发挥国有资产的效益。

【民族宗教法制工作委员会】

2020 年，红寺堡区人大民族宗教法制委员会对《中华人民共和国土地管理法》贯彻实施情况进行执法检查，开展规范性文件审查工作。安排开展宪法知识专题讲座、宪法知识短信宣传活动等，对政府机关、监察机关提请任命的工作人员进行法律知识考试。

【代表联络与选举工作委员会】

2020 年，红寺堡区人大代表联络与选举工作委员会指导乡镇人大完善人大代表工作群，便于沟通联系、开展活动。对各种履职平台和履职渠道加强管理，提高代表活动的组织化水平，为各级人大代表依法履职做好服务保障工作。指导各乡镇人大及时组织召开相关动员会，举办网络培训班，组织人大代表开展大走访等监督活动。严格程序规范办理、议案建议办理实效得到增强。做好代表服务工作，强化代表机关建设。组织代表列席区委、区政府及各部门活动和会议，召开政情通报会，拓宽人大代表知情知政渠道；邀请代表列席人大常委会，参与调查研究、执法检查、工作调查，加强常委会组成人员与代表、群众之间的联系。

（马小芹）

2021 年 1 月 19 日，吴忠市红寺堡区第三届人民代表大会第七次会议第一次全体会议召开　（人大提供）

红寺堡区人民政府

HONGSIBUQU RENMIN ZHENGFU

综 述

2020年，红寺堡区实现地区生产总值（含太阳山开发区）71.20亿元，同比增长10.3%；完成财政总收入36.20亿元，同比增长3.7%，完成地方公共财政预算收入1.69亿元，同比下降16.9%；全社会固定资产同比增长19.4%，城镇居民人均可支配收入25468.0元；城镇登记失业率3.7%；农村居民人均可支配收入10925.2元。

脱贫目标实现。2020年红寺堡区全面开展“四查四补”、挂牌督战等重点工作，推行脱贫攻坚“556”工作模式，建立完善防止返贫致贫监测预警和动态帮扶机制，界定边缘易致贫户387户1655人、脱贫不稳定户181户790人，消除风险点562户2405人。整改完成各级各类反馈问题92条，全面完成脱贫攻坚普查、数据质量第三方评估等各项任务，退出贫困县序列，369户1233人贫困人口全部脱贫，“两不愁三保障”突出问题全面清零，历史性地解决了绝对贫困问题。统筹整合资金4.8亿元，实施基础设施、产业发展等项目188个，兑付产业到户补助、务工补贴等资金7242万元。新建扶贫车间3家，农村劳动力转移就业3.9万人，开发公益性岗位1815个。新增扶贫小额信贷4.3亿元，认定消费扶贫企业26家。严格落实健康扶贫政策，建档立卡贫困人口住院费用报销4293万元。新增危房全部动态清零，水量、水质、用水方便程度和供水保证率4项指标全部达标。争取资金6350万元，实施产业、劳务等闽宁协作项目27个。争取资金3171万元，实施“飞地”二期、饲草料补贴等中烟定点帮扶项目。自治区9家国有和民营企业“一对一”帮扶9个深度贫困村，广泛开展助困、助学等公益活动。

三产融合发展。全年红寺堡区调减籽粒玉米7.7万亩，葡萄、枸杞、牧草、黄花菜种植面积分别达10.8万亩、5.6万亩、7.2万亩和8.02万亩，肉牛、滩羊饲养量分别达12.5万头和96万只。组建成立红丰公司，注册“红漠”等公用品牌。全面落实自治区“六保36条”“工业稳增长24条”等政策，继续深化“一企一策”服务机制，切实解决制约企业发展的现实问题。引进重点工业项目9个，新增规上工业企业7家，培育“专精特新”企业6家，盘活“僵尸”项目7个。清欠民营和中小企业账款1.39亿元，100%完成任务。积极落实增值税率下调、小微企业所得税优惠等政策，减免税费3361.2万元，协调贷款1.4亿元，争取各类企业补助资金2547万元。新增村级电商服务站点9家，电商物流分拣中心建成投运，线上线下农特产品销售额1.8亿元。举办“5·19”旅游日等活动，完成宁夏移民博物馆改造提升，建成葡萄小镇（紫光湖）游客服务中心，完善永新、西川等乡村旅游基础设施，全年接待游客15.6万人次，实现旅游收入1454.6万元。鹏胜时代广场、团结商业广场等商贸综合体相继投运。各银行存贷款余额分别为60亿元、37.3亿元，存贷比62%。新增限上企业2家。

发展动能增强。坚持把项目建设作为扩大有效投资、推动经济发展的总抓手，围绕特色产业、乡村振兴、民生保障、生态环保等领域，争取实施项目97个，总投资105.3亿元，完成投资44.5亿元。支持天源牧业等企业与区内外科研院所、职业院校达成合作协议，建成滩羊基因编辑技术、清洁油气工程等实验室和技术开发中心。申报黄花菜高效栽培技术研究与示范推广等各类科技、科普项目31个，获批国家高新技术企业1家、自治区农业高新技术企业1家，备案国家科技型中小企业4家、自治区科技型中小企业9家，全社会R&D经费投入强度达1.49%。推行“掌上政务”服务模式，网上可办率达80%。推进证照分离、商事制度等改革，新登记各类市场主体2872户，增长17%。

城乡管理提升。完成国土空间总体规划双评价、双评估和基期数据转换、城镇开发边界划定等工作。提升基础设施，新建梧桐苑等小区5个，实施综合客运站等项目14个，改造提升罗山路、文化街等街头游园12处。加强农村人居环境整治，改造卫生户厕6500座，农村生活垃圾无害化处理率达86%。推行“路长制”管理，修建农村公路21千米。实施饮水巩固提升等项目11个，更换输水管道6.65千米。完成营造林39.3万亩，实施国土整治9.6万亩，落实耕地保有量62.3万亩，划定永久基本农田46.6万亩。实施高标准农田项目7个、高效节水项目3个，开展巴庄村1.8万亩旱改水耕地二次分配。启动弘德村规划建设，新建康庄等美丽宜居村庄6个。严格落实“河长制”，排查整治“四乱”问题26个，恢复水域岸线51.5亩。实施红柳沟流域水环境污染综合整治、弘德村污水管网等工程。持续保持禁牧封育高压态势，加大力度推广肉牛养殖“出村入园”模式，拆除野外羊圈466处，赶羊下山入圈7万余只。全年空气质量优良天数比例达87%。

社会治理强化。推进“互联网+教育”达标县（区）建设，建成“在线互动课堂”113套。设立红寺堡高级中学，红寺堡第五小学开门办学，新建红寺堡第五中学、红寺堡第六小学等4所学校。持续优化医疗服务，妇幼保健院、核酸检测实验室建成投运，传染病楼开工建设。全面推进家庭医生签约服务，城乡居民电子健康档案建档率达99.6%，大病、重病患者救治率达100%。深入推进文体惠民，开展“文化下乡”等活动121场次，建成太阳山全民健身活动中心等项目8个，举办红寺堡区第三届运动会等体育赛事。城镇新增就业675人，城镇登记失业率3.72%，培育创业实体156个。城乡居民医疗、养老参保率分别达102%（含自发移民）和93%，发放低保、特困、受灾、临时救助等补贴资金1.1亿元，追偿农民工工资569万元。建成残疾人托养自强中心，托养训练残疾人33名，康复治疗各类残疾人350人次。

政府自身建设加强。全年提请区委研究重要事项42件，办理人大代表议案建议31件、政协委员提案37件。扎实推进法治政府建设，设置政府信息查阅室8处，公开政府信息2万余条，清理规范性政策性文件215份。规范梳理“互联网+监管”事项2100余项。提升“12345”便民服务热线及区长信箱办理水平，承接咨询、诉求等912件，按期办结率达92%，群众满意率达97%。牢牢守住不发生系统性风险底线，化解政府债务1.25亿元。加大重点领域和重点资产监管力度，办理各类不动产登记5422件，颁发不动产权证书4149本。全面开展第七次全国人口普查和第三次全国国土调查工作。严格落实中央八项规定及其实施细则精神，认真履行党建、党风廉政建设、意识形态“一岗双责”，注重发挥审计监督、财政监督作用，营造为民、务实、清廉的政务环境。紧盯重点工程、民生领域和关键岗位，重拳整治形式主义、官僚主义等“四风”问题，解决一批老百姓的急难事、烦心事。落实过“紧日子”要求，一般性支出和“三公”经费分别压减11.6%和33.2%。

（年鉴编辑部整理）

重要会议

【红寺堡区人民政府三届九次全体扩大会议和廉政工作会议暨疫情工作指挥部第12次会议】

2020年3月13日会议召开，红寺堡区区长、区应对新冠肺炎疫情工作指挥部指挥长谭兴玲主持。会议号召全区干部职工收心提神、鼓劲加压，全身心投入各项工作中，力促全年各项目标任务见底清零，落地见效。谭兴玲强调，疫情防控阻击战还未结束，各乡镇、各部门要坚持统筹抓好疫情防控和经济社会发展工作，坚持在做好疫情防控的前提下做好经济社会发展工作，坚持“统筹抓”而不是“两手抓”。会议指出，2020年是实现脱贫攻坚、全面建成小康社会和“十三五”规划收官之年，全区上下必须清醒认识到工作的紧迫性、严峻性和重要性，坚持发展是硬道理的战略思想不动摇，坚持以经济建设为中心不动摇，坚持抓好发展第一要务不动摇，聚焦聚力推动高质量发展，全力减小疫情影响，确保如期完成红寺堡区2020年地区生产总值增长7%以上，地方一般公共预算收入同口径增长8%，社会消费品零售总额增长5%，城乡居民人均可支配收入分别增加8%和11%等经济社会发展的各项目标任务。会议要求，各乡镇、各部门领导干部要带头担当、带头攻坚、带头负责，学会“十个指头弹钢琴”，贯彻落实书记陈润儿调研红寺堡区脱贫攻坚时提出的全面开展“四查四补”工作等要求，统筹做好意识形态、乡村振兴、安全生产、扫黑除恶、生态环保等工作，做到心中有数、手中有招，坚持“一盘棋”，用好唯物辩证法，找准发力点、打好主动仗，向全区人民交出一张满意的答卷。会议传达学习自治区党委书记陈润儿调研红寺堡区脱贫攻坚工作座谈会讲话精神以及自治区政府第三次全体（扩大）会议精神，各副区长书面提交2020年分管工作安排，交办人大议案建议、政协提案，部署脱贫攻坚“四查四补”等重点工作，审议《四查四补实施方案》，签订党风廉政建设责任书。区委常委、宣传部部长杨志东，区委常委、纪委书记梁吉鸿分别围绕意识形态、做好政府党风廉政建设工作提出意见建议。

【第63次常务会议】

2020年1月19日，红寺堡区区长谭兴玲主持召开传达学习国家精准扶贫成效第三方评估通报会，自治区、吴忠市、红寺堡区两会精神等；听取2020年农业特色优势产业扶持政策措施、各乡镇2020年产业结构调整方案、信访工作开展情况及当前突出问题等情况的汇报；审议《红寺堡区强化城乡低保兜底作用巩固脱贫攻坚成果专项行动的实施方案（送审稿）》等有关事宜。

【第64次常务会议】

2020年1月31日会议召开，红寺堡区区长、区应对新型冠状病毒感染的肺炎疫情防控工作指挥部指挥长谭兴玲主持，会议研究新型冠状病毒感染的肺炎疫情防控期间的应急、救灾物资储备，资金分配以及粮油、蔬菜等市场供应工作。听取火车站、汽车站等交通站点疫情防控工作情况的汇报。

【第 65 次常务会议】

2020 年 2 月 11 日会议召开，红寺堡区区长、区应对新冠肺炎疫情工作指挥部指挥长谭兴玲主持。会议传达学习自治区党委农村工作暨脱贫攻坚工作会议等精神，听取脱贫攻坚急需解决问题的汇报；审议《关于应对新型冠状病毒感染肺炎疫情促进春耕生产保障农资供应工作指导意见（送审稿）》《红寺堡区应对新型冠状病毒感染肺炎疫情工作应急预案（送审稿）》等有关事宜。

【第 66 次常务会议】

2020 年 2 月 26 日会议召开，红寺堡区区长、区应对新冠肺炎疫情工作指挥部指挥长谭兴玲主持。会议传达学习《宁夏回族自治区人民代表大会常务委员会关于依法防控新型冠状病毒肺炎疫情坚决打赢疫情防控阻击战的决定》，全国春季农业生产工作电视电话会议和自治区切实做好当前农业生产和脱贫攻坚工作电视电话会议精神；听取各乡镇、相关部门关于“三返”人员情况的汇报。

【第 67 次常务会议暨区应对新冠肺炎疫情工作指挥部第 13 次会议】

2020 年 3 月 19 日会议召开，红寺堡区区长、区应对新冠肺炎疫情工作指挥部指挥长谭兴玲主持。会议传达学习全国、自治区审计工作会议精神和自治区党委审计委员会第四次会议精神；审议《红寺堡区葡萄酒产业发展实施方案》等有关事宜；听取红寺堡区 2019 年法治政府建设第三方评估及复工复产等工作开展情况的汇报。

【第 68 次常务会议暨区应对新冠肺炎疫情工作指挥部第 15 次会议】

2020 年 4 月 16 日会议召开，红寺堡区区长、区应对新冠肺炎疫情工作指挥部指挥长谭兴玲主持。会议传达学习习近平总书记在浙江考察时的重要讲话精神、自治区党委常委会扩大会议暨应对新冠肺炎疫情工作领导小组第 9 次会议精神等；听取红寺堡区 2020 年第一季度生态环境工作、2019 年度扶贫资金管理使用审计发现问题等情况的汇报；审议《关于深化改革加强食品安全工作的实施方案》等有关事宜。

【第 69 次常务会议暨区应对新冠肺炎疫情工作指挥部第 18 次会议】

2020 年 4 月 29 日会议召开，红寺堡区区长、区应对新冠肺炎疫情工作指挥部指挥长谭兴玲主持。会议传达学习李克强总理主持召开部分省市经济形势视频座谈会、自治区应对新冠肺炎疫情工作指挥部第 11 次会议精神等，听取红寺堡区第一季度经济运行等情况的汇报，并审议相关工作方案。

【第 70 次常务会议暨区应对新冠肺炎疫情工作指挥部第 19 次会议】

2020 年 5 月 20 日会议召开，红寺堡区区长、区应对新冠肺炎疫情工作指挥部指挥长谭兴玲主持。会议传达学习习近平总书记在山西考察时的重要讲话、中共中央政治局常务委员会会议精神等；听取红寺堡区核酸检测项目扩建情况的汇报，研究红寺堡区人民医院传染病区及实验室改造等相关事宜，审议《关于进一步深化殡葬改革的实施方案（送审稿）》。会议强调，各乡镇（街道办）、各部门要提高政治站位，把思想和行动统一到习近平总书记在山西考察时的重要讲话精神上来，切实把增强“四个意识”、坚定“四个自信”、做到“两个维护”落实到统筹推进疫情防控和经济社会发展的具体行动和工作成效上。

【第 71 次常务会议暨区应对新冠肺炎疫情工作指挥部第 20 次会议】

2020 年 6 月 4 日会议召开，红寺堡区区长、区应对新冠肺炎疫情工作指挥部指挥长谭兴玲主持。会议传达学习习近平总书记主持的专家学者座谈会和李克强总理主持召开的中央应对新冠肺炎疫情工作领导小组会议、全国两会精神，传达自治区党委书记陈润儿在自治区传达贯彻全国两会精神会议上的讲话精神；听取近期脱贫攻坚重点工作情况的汇报，审议《关于 2019 年度脱贫攻坚政策贯彻落实和扶贫资金分配管理使用情况审计反馈问题的整改方案（送审稿）》等有关事宜。

【第 72 次常务会议暨区应对新冠肺炎疫情工作指挥部第 22 次会议】

2020 年 6 月 23 日会议召开，红寺堡区区长、区应对新冠肺炎疫情指挥部指挥长谭兴玲主持。会议传达学习自治区党委常委会会议暨应对新冠肺炎疫情工作领导小组第 12 次会议精神等；审议《吴忠市红寺堡区贯彻落实国家统计局关于督察宁夏回族自治区防范和惩治统计造假弄虚作假情况反馈意见整改方案（送审稿）》；听取脱贫攻坚普查准备和培训、1—5 月经济运行等情况的汇报，部署近期各项重点工作。

【第 73 次常务会议暨区应对新冠肺炎疫情工作指挥部第 24 次会议】

2020 年 8 月 4 日上午会议召开，红寺堡区区长、区应对新冠肺炎疫情工作指挥部指挥长谭兴玲主持。会议传达学习习近平总书记在中央政治局会议和企业家座谈会上的讲话精神、国务院联防联控机制电视电话会议精神，传达自治区党委书记陈润儿在固原市督战脱贫攻坚调研移民搬迁工作时讲话精神等；听取自治区疫情防控工作情况的汇报；审议《2020 年红寺堡区招商引资实施方案（送审稿）》等有关事宜。

【第 74 次常务会议暨区应对新冠肺炎疫情工作指挥部第 25 次会议】

2020 年 8 月 19 日上午会议召开，红寺堡区区长、区应对新冠肺炎疫情工作指挥部指挥长谭兴玲主持。会议传达学习习近平总书记对“十四五”规划编制工作和制止餐饮浪费行为的重要指示精神等；听取红寺堡区扫黑除恶专项斗争进展、法治政府建设等情况的汇报；审议《红寺堡区人民政府落实自治区人民政府〈关于深入学习贯彻习近平总书记视察宁夏重要讲话精神继续建设经济繁荣民族团结环境优美人民富裕的美丽新宁夏的决定〉的分工方案任务分解的通知（送审稿）》。

【第 75 次常务会议暨区应对新冠肺炎疫情工作指挥部第 26 次会议】

2020 年 9 月 4 日上午会议召开，红寺堡区区长、区应对新冠肺炎疫情工作指挥部指挥长谭兴玲主持。会议传达学习中共中央政治局会议精神、自治区建设黄河流域生态保护和高质量发展先行区第一次推进会精神等；听取红寺堡区 2021 年农业产业结构调整谋划情况的汇报；审议《红寺堡区新冠肺炎聚集性疫情秋冬季防控工作应急预案（送审稿）》，部署红寺堡区秋冬季疫情防控工作。

（马军）

政府办公室工作

【文件处理】

2020 年，红寺堡区人民政府办公室压缩发文数量、规范发文流程，降低公文出错率。加强沟通协调服务，做好国家相关部委及厅局级自治区各部门调研、检查、推介等重大政务活动的组织衔接和服务保障。2020 年，共编发各类信息 230 篇，其中多篇被中国政府网采用。

【文件会务】

2020 年，红寺堡区政府办公室累计办理传阅件、领导批示件、机要件等各类来文来电 1204 件，以红寺堡区政府和区政府办公室名义印发各类字号文件 632 件。对红寺堡区政府常务会议、政府党组会等会议，审核把关议程、议题，报区政府领导审定同意后提交会议研究，从源头上确保会议的权威性和高效性。组织完成区政府各类会议90余次，推动各项工作的顺利开展。推进政务公开工作，组织业务培训3期200余人次，聘任义务监督员20名，刊发政府公报3期，开展政府开放日活动20余次，印发《政务公开工作备忘录》200余本，设立政务公开查阅点8处，开发“红寺堡区一点通”小程序，配发新媒体矩阵、政策超市栏等300余份，办理区长信箱留言24条、发布各类政府信息3000余条。

【政务督查】

2020年，红寺堡区政府办公室坚持督办检查和联络协调，将自治区、吴忠市政府下达的重要工作方案、考核任务及红寺堡区政府常务会议议定事项、重大项目推进等工作作为督查重点，逐项梳理。2020年，实行全程跟踪督查12次，牵头督导办理吴忠市人大建议2件、吴忠市政协提案2件；红寺堡区人大代表建议31件、红寺堡区政协提案37件，均在规定时间内按要求办理完毕，办复率100%。

【疫情防控】

2020年，红寺堡区成立防疫指挥部办公室，累计制发指挥部（办公室）各类文件近70份、各类公（通）告41期、信息110多期，下发协查管控函件30多份、回复协查协管函件44期，完善确诊病例活动轨迹报告4份，推送各类新闻稿件380余篇；助力社会秩序有序恢复，宣传推广使用防疫健康信息码出行，印发《关于加强疫情科学防控有序推进企业复工复产工作方案》和《红寺堡区应对新冠肺炎疫情防控期间有序开放恢复部分公共服务和经营性场所工作方案》等文件，分类分项指导有序加快恢复商业经营、企业复工复产、春耕春种等，为实现全年经济社会发展目标任务夯实基础。

（马军）

信访工作

【群众来访受理】

2020年，红寺堡区共接待群众来访244批次740人次，其中初访179批次526人次，复访65批次214人次。网上受理群众信访件122件。信访事项及时受理率100%，参评率92.31%，办结率95.08%。

【积案化解】

2020年，红寺堡区召开开展治理重复信访、化解信访积案专项工作动员会议，部署专项治理工作，印发《红寺堡区开展治理重复信访、化解信访积案专项工作的通知》，坚持领导包抓化解疑难信访事项，对信访积案全部落实处级领导包案，以身作则解决群众反映强烈的突出问题，深入一线化解信访积案，建立案件台账，明确责任主体，落实承办单位，制定化解措施，明确办理时限，确保“事事有人管、件件有回音”。全年化解信访积案26件。

【矛盾化解】

2020年，红寺堡区委、区政府主要负责人主持召开信访矛盾化解攻坚推进会，听取问题办理情况汇报，研究部署矛盾化解活动，协调调度案件办理工作，落实领导包案化解重点信访问题制度。做好各级领导联系督办重点信访事项的服务保障工作，分2批次向责任单位进行交办，全部落实包案处级领导、责任单位及责任人，整合上级交办和信访局排查梳理信访问题共18件，全部办结。

【信息化建设】

2020年，红寺堡区积极配合自治区信访局推广应用信访业务智能辅助系统，加大培训学习力度，借助自治区视频会议系统，先后4次对各乡镇（街道）、主要部门信访工作人员开展信访业务智能辅助系统培训，为信访业务智能辅助系统上线运行工作奠定基础；推广使用红寺堡信访微信公众号，引导来访群众通过网上投诉反映诉求，网投率85%，完成信访事项网投率提高15%的目标。

【规范秩序】

2020年，红寺堡区推动网上信访工作高质量发展，畅通信访渠道，引导宣传网上信访，公布移动端、PC端、二维码投诉方式等便民服务措施，网上信访逐步成为信访问题反映主渠道，全程实现网上流转，实现信访事项的受理、办理、督办全过程公开，推进群众满意度评价工作。群众满意率97.50%，参评率90.91%。由“四办”（区委办、人大办、政府办、政协办）每周安排处级领导在信访局坐班接访，确保每个工作日一名区级领导公开接访，各乡镇（街道）、各部门每个工作日安排一名领导接访，确保群众反映问题有人接、有人管，协调对接区委、区政府包案领导督办信访相关事宜，减少各类越级访的发生。建立完善信访与人民调解、行政调解、司法调解等联动机制，与统战、政法、网信、人社、自然资源、住建交通、农业农村等信访问题易发多发领域建立协同预警机制，逐步形成信访联解、矛盾联调、工作联动的局面。

（赵锦鹏）

政务服务

【概况】

2019年1月，红寺堡区审批服务管理局成立，政务服务中心为审批服务管理局所属副科级参公事业单位，设置有公安服务区、项目审批服务区、不动产登记服务区、公共服务区、社会事务服务区、营商服务区、社会保障服务区7个服务区，入驻行政及企事业单位36个，设立服务窗口40个，派驻窗口工作人员70名。

【审批服务改革】

2020年，红寺堡区召开全区深化“放管服”改革优化营商环境工作推进会，推进政务服务事项进驻大厅办理，区委机构编制委员会办公室、科技局等10个部门进驻大厅。开展工程建设项目审批制度改革，压减审批材料，压缩办理时限，解决项目审批中的不平衡、不顺畅问题，减轻企业和群众负担。截至2020年底，项目审批服务区共受理工程建设项目456件、告知承诺289件、办理工程建设项目114件、并联审批298件、审图项目18件、验收项目9件、联合验收3件、落实区域评估的成果21件。

【村级代办】

2020年，红寺堡区审批服务管理局将123项政务服务事项下沉到乡镇进行办理，48项事项在乡镇、村级民生服务中心可办理，其中社保医保14项，民政残联15项，卫生健康7项，就业创业11项，退役军人事务1项。对6个乡镇、街道的村（社区）代办人员进行业务指导，加强村级代办培训指导工作，保障代办工作畅通，提升村级代办服务能力。建立红寺堡区政务服务“好差评”制度体系，完善一体化在线政务服务“好差评”系统平台和指标体系，实现“好差评”内容同标准提供、评价结果自动生成、评价结论同源发布、差评整改情况在线反馈，采购65台线下评价设备并上线运行。

【12345便民服务平台】

2020年，红寺堡区加大对联动单位诉求事项办理的监督力度，完善考核机制，提升热线联系群众和服务群众的能力。全年共受理各类诉求5210件。其中，求助类2637件，占50.61%；咨询类2421件，占46.47%；建议类104件，占2%；投诉类29件，占0.56%；举报类11件，占0.21%；表扬类1件，占0.02%；其他7件，0.13%。在受理热线中，共办理吴忠市12345（51890）便民服务中心转办的群众诉求事项1129件，结案1129件，结案率100%，群众满意率95.46%。

【审批服务模式优化】

2020年，红寺堡区承接政务服务事项1376项，经过压减，承接的政务服务事项办理时限压减54.65%，环节压缩27.5%，即办率38.91%，网上可办率80%，实现全国政务服务“一张网”。引导企业与群众通过宁夏政务服务网、“我的宁夏”App、“宁夏企业全程电子化”等方式进行网上办事，提高网上办理比例。2020年初，为抓好疫情防控期间企业复工复产的各项工作，通过红寺堡区人民政府网、各单位微信公众号公布政务服务中心27个窗口预约服务热线电话，并安排涉及项目审批和民生服务等9个部门的窗口工作人员到大厅值守，给企业办事开辟绿色通道，通过“代办”和“帮办”等方式帮助企业有序快捷地办理业务。截至2020年底，办件量累计400896件，不见面办理202817件，不见面办理的比重达50.6%。

【政务公开】

2020年，红寺堡区打造政务公开专区，设置政务公开信息查阅点，办事群众可以在查阅点上网查找所需公开信息，可以在政府公报、时政周刊及政策超市专栏查阅权威期刊，拓展和提升办事群众的知情权。

（海强）

退役军人事务

【双拥工作】

2020年，红寺堡区召开退役军人工作领导小组暨双拥工作领导小组会议，对双拥模范城（县）创建工作进行部署，印发双拥模范城县创建分工材料，细化任务、明确责任，完成创建申报工作。逐人逐户为退役军人发放双拥卡，检查光荣牌悬挂情况，对漏挂的进行补挂，对光荣牌褪色的进行更换。开展退役士兵社会保险接续工作，通过微信公众号、政府网站等平台发布退役士兵社会保险接续公告，将符合条件的退役士兵信息全部录入社会保险接续系统，补缴社保。足额发放重点优抚对象生活补助、60周岁以上农村籍退役士兵生活补助及优抚对象临时补贴等。由红寺堡区委书记丁建成带队，偕四套班子前往吴忠军分区、吴忠武警支队、吴忠消防支队，红寺堡区人武部、武警中队、消防救援大队慰问官兵，并看望慰问现役军人家属、军烈属、重点优抚对象、60周岁以上农村籍退役军人，发放慰问金。

【疫情防控】

2020年，红寺堡区退役军人事务局会同经济调查队做好城区9个平房小区疫情防控，完成走访登记工作；通过微信群及微信公众号等新媒体平台转发疫情态势、信息及疫情防控相关知识近100条，制作悬挂疫情防控知识宣传横幅，发放疫情防控相关知识宣传单；制定《致红寺堡区广大退役军人的倡议书》，通过微信公众号、微信群等途径发布，要求广大退役军人响应党中央号召，参与疫情防控工作。参与疫情防控工作退役军人捐款捐物价值13165元。

【就业创业】

2020年，红寺堡区为退役军人提供更多就业机会，联合就业局开展专场招聘会3场，对接银川康洁公司为其输送退役军人中高级管理人才，为退役军人搭建就业平台。加强退役军人教育培训管理，经过申报、考察确定红寺堡区弘德职业技能培训学校为红寺堡区退役军人培训承训机构，为退役军人开展技能培训，确保每名退役军人至少掌握两门专业技能。10 月底，举办为期 5 天的退役士兵适应性培训，重点讲授创业能力课程，多名退役军人参加。联系红寺堡区邮储银行为创业退役军人提供创业贷款；引导退役军人参加高职扩招，落实“零就业”退役军人家庭政府公益性岗位。

【创建工作】

2020 年，红寺堡区开展退役军人服务中心（站）示范型、标杆型创建活动，制定印发《吴忠市红寺堡区 2020 年创建全国示范型标杆型退役军人服务中心（站）实施方案》。红寺堡区从领导关爱、英模宣传、风采展示、规范服务、基本情况等工作出发，依据统一规范、突出军味、有所创新的原则打造三级退役军人服务场所，解决退役军人服务中心（站）创建经费。退役军人事务局领导、中心主任带队到乡镇（街道）开展督查指导工作，并不定期召开创建工作推进会，协调解决创建工作中存在的困难和问题，真正把退役军人服务站打造成为退役军人之家。红寺堡区退役军人服务中心创建工作被选为观摩点，接待自治区各市、县（区）退役军人服务系统人员观摩学习。

（付方玉）

政协红寺堡区委员会

ZHENGXIE HONGSIBUQU WEIYUANHUI

综 述

【理论学习】

2020年，红寺堡区政协常委会集中学习6次、研讨6次，讲专题党课8次，形成心得体会40多篇。3篇理论文章入选自治区政协理论研讨会，其中《从公共政策角度浅析政协界别协商的实现途径》在自治区政协理论研讨会上进行专题交流，并分别在《宁夏政协》《华兴时报》上刊发。召开党组和主席会议集体学习27次、常委会集体学习4次、委员集中培训2次，举办“委员大讲堂”3期，培训政协委员和机关干部240余人次。

【政治协商】

2020年，红寺堡区政协委员列席区委常委会会议、政府常务会会议42人次。在年度协商形式的基础上，增设2场专题议政性常委会会议。全年共召开各类重点协商会议8场，组织专题民主监督2次，与自治区、吴忠市政协联动协商2次；对关于加强青少年思想道德建设、关于加强红寺堡区综合执法工作、关于加快红寺堡区黄花菜品牌建设等37件重点提案进行协商；注重在增进民生福祉中找准结合点，从围绕巩固“脱贫攻坚”成果，延续和完善产业政策体系，到献策“3+X”产业创新发展；围绕关注特色产业发展、助推乡村振兴战略实施到持续优化全区营商环境开展专题协商；围绕打造区、乡、村公共法律服务平台和促进全区教育均衡发展，推进教育公平开展界别协商；围绕县域治理体系和治理能力现代化和“推进健康宁夏战略”开展三级联动协商，力求合乎民情民愿、顺应民心民意。

【民主监督】

2020年，红寺堡区政协常委会组织委员对红寺堡区产业发展、创建文明城市、法律服务体系建设情况等7个群众关注的问题开展专题视察，提出建设性的意见建议，有关建议被区委、区政府转化为具体的施政举措。委员列席旁听区委常委会会议、政府常务会会议和各类听证会110余人次；对高考、中考、特岗面试等考试过程进行民主监督。

【参政议政】

2020年，红寺堡区政协参加自治区和吴忠市政协组织的各项活动，加强与兄弟县政协的联谊联系，接待河北、陕西、浙江、福建等地和区内兄弟县政协到红寺堡考察10余次；三届四次全体会议共提交大会发言28份，5条社情民意被自治区政协和自治区人民政府采用，其中《降低家庭农业经营主体融资担保门槛和提升我区“技能扶贫”资金使用效率》得到副主席张超超的批示，《应对新冠肺炎疫情影响促进农村劳动力务工就业和推动“盐同红”地区黄花菜产业区域一体化联动发展》得到副主席王和山的批示。

（马晓花）

重要会议

【政协三届四次全体委员会议】

中国人民政治协商会议吴忠市红寺堡区第三届委员会第四次会议于2020年1月1—4日在红寺堡区图书馆晋江报告厅召开。会议应出席委员100人，实到95人。应邀列席会议的共61人。大会开幕式由红寺堡区政协副主席宋立忠主持。红寺堡区委、人大、政府领导和区人武部、人民法院、人民检察院、弘德慈善产业园区管委会、罗山管理局、水投公司主要负责人到会祝贺。红寺堡区政协主席蔺保飞、副主席买廷东代表三届常委会分别作《吴忠市红寺堡区政协三届四次会议工作报告》和《吴忠市红寺堡区政协三届四次会议提案工作报告》。1月2日下午，红寺堡区政协三届四次会议举行第二次全体会议。会议共收到大会发言材料42份，8名委员发言，围绕经济发展、脱贫攻坚、教育、卫生、城市建设等方面发表意见和建议。大会闭幕式由红寺堡区政协主席蔺保飞主持，并致闭幕词。会议通过红寺堡区政协第三届委员会常务委员会工作报告、提案工作报告、区政协2020年协商工作计划和关于三届四次会议提案审查情况的报告，通过会议决议。会议听取谭兴玲所作的政府工作报告，听取红寺堡区人民法院工作报告、红寺堡区人民检察院工作报告及其他报告。会议认为，2019年是红寺堡改革发展极为艰辛、极富成效、很不平凡的一年。政府工作报告对2019年工作总结客观全面、实事求是，对2020年经济形势的判断，重大问题的把握和工作任务的部署符合发展规律，切合红寺堡区实际。会议指出，2020年是全面建成小康社会、完成“十三五”规划收官之年，也是谋划“十四五”规划、推动高质量发展的关键一年。红寺堡区政协要坚持以习近平新时代中国特色社会主义思想为指导，深入贯彻落实党的十九大和十九届二中、三中、四中全会精神，深入贯彻落实中央和自治区党委政协工作会议精神，深入贯彻落实自治区党委十二届八次、九次全会和吴忠市委五届十次全会、区委三届十一次全会精神，以“脱贫攻坚、增收富民”为统揽，以肩负“政”的使命立根铸魂为主线，以发挥“协”的优势双向发力为主旋律，以彰显“为”的担当履职尽责为主抓手，以锤炼“硬”的本领强基固本为主动力，以树立“新”的形象展示风采为主渠道，把加强思想政治引领，广泛凝聚共识作为中心环节，把加强专门协商机构建设作为工作重点，努力为全面建成小康社会，绘就经济繁荣、民族团结、环境优美、人民富裕的美丽新宁夏的红寺堡区篇章。会议对全面推进红寺堡区经济社会建设提出121条意见和建议。大会共收到提案103件，经审查立案43件。

【政协三届常委会第十七次会议】

会议于2020年1月3日在红寺堡区晋江

报告厅常委会议室召开，应到常委 19 人，实到常委 17 人。会上，集中听取各组关于政协三届四次全会两个报告的讨论情况汇报；会议一致表决和同意杨金花为三届红寺堡区政协副主席、吕吉德为三届常委会委员候选人；审议大会选举办法（草案）；审议通过大会总监票人、监票人建议名单；审议《2020 年政协协商工作计划（草案）》；审议政协吴忠市红寺堡区三届四次会议提案审查情况的报告；审议三届四次会议决议（草案）。

【政协三届常委会第十八次会议】

会议于 2020 年 1 月 4 日在晋江报告厅常委会议室召开，应到常委 19 人，实到常委 17 人。听取大会总监票人关于大会选举结果的报告。

【政协三届常委会第十九次会议】

会议于 2020 年 3 月 31 日在红寺堡区政府会议中心第一会议室召开，应到常委 19 人，实到 18 人。会上，集中学习习近平在庆祝中国人民政治协商会议成立 65 周年大会上的讲话、中央政协工作会议暨庆祝中国人民政治协商会议成立 70 周年大会上的讲话；通报红寺堡区政协参与疫情防控工作情况；政协常委汇报疫情防控工作情况；通报《红寺堡区政协 2020 年工作要点》；通报红寺堡区政协开展“新时代新使命新样子”专题学习研讨活动有关情况、《红寺堡区政协 2020 年协商工作计划通报》。

【三届常委会第二十次会议】

会议于 2020 年 6 月 17 日在红寺堡区政府会议中心第一会议室召开，应到常委 19 人，实到 18 人。会上，集中学习中国人民政治协商会议第十三届全国委员会第三次会议、习近平总书记在宁夏考察时的重要讲话精神，学习自治区党委常委会扩大会议精神、吴忠市委关于新时代加强和改进人民政协工作的实施意见；

2020 年 1 月 4 日，红寺堡区政协三届四次全体委员会议召开　（政协提供）

红寺堡区人民政府通报2020年上半年经济运行、重点项目及建设情况；讨论《红寺堡区农村道路安全管理“两站两员”建设情况的调研报告》。

【三届常委会第二十一次会议】

会议于2020年11月5日在红寺堡区政府会议中心第二会议室召开，应到常委19人，实到15人。会上，传达学习中国共产党第十九届中央委员会第五次全体会议公告，学习《中共红寺堡区委员会关于新时代加强和改进人民政协工作的实施意见》《丁建成同志在区委政协工作会议上的讲话》；听取红寺堡区人民政府关于区政协三届四次全会提案办理情况通报；围绕促进红寺堡区教育优质均衡发展开展专题协商议政；审议相关人事议题。

（马晓花）

专门委员会

【提案委员和联络委员会】

2020年，提案委员和联络委员会共提交提案80件，审查立案37件（并案27件）。立案的提案分别交由5个乡镇、街道办和25个部门办理，从办理情况看，提案所提问题解决32件，占立案总数的86.5%；列入工作计划将逐步解决的2件，占5.4%。会议结束后，政协提案审查委员会再次召开会议，对初步立案的提案进行修订、整理和完善，同时将委员分组讨论和大会发言中的意见和建议合并、归纳、整理为提案。

【经济委员会】

2020年，经济委员会组织开展调研视察等各类活动2（项）次。围绕巩固“脱贫攻坚”成果和深化产业政策体系、电商发展等工作开展专题调研，形成多项调研成果，认真分析存在的问题，提出的多条建议被区委、区政府采纳。

【教科文卫体委员会】

2020年，教科文卫体委员会组织委员开展调研视察等各类活动3（项）次。开展打造区、乡、村法律服务平台、创城工作、教育均衡发展、推进教育公平开展等工作开展专题调研，形成多项调研成果，认真分析存在的问题，提出的多条建议被区委、区政府采纳。协调配合自治区政协、吴忠市政协开展调研视察活动2次。出版《红寺堡人》一书；搜集和挖掘红寺堡区历史、饮食、发展历程、民间故事等资料，组织编撰《红寺堡文化》。

【机构设置】

政协吴忠市红寺堡区三届委员会设办公室和4个专门委员会，即提案和委员联络委员会、经济委员会、教科文卫体委员会、社会治理委员会。

2020年红寺堡区政协组织及委员统计表

表1

地区	届次	换届时间	政协领导班子	常委	委员
吴忠市红寺堡区政协	三届	2016年10月	5人	19人	94人

（马晓花）

重要活动

【专题调研】

2020年4月22—27日，红寺堡区政协调研组分三组分别对红寺堡镇、太阳山镇、柳泉乡进行巩固“脱贫攻坚”成果，延续和深化产业政策体系专题调研，调研组通过学习培训、实地调研、座谈交流等形式，详细了解和掌握红寺堡区脱贫攻坚产业政策体系发展现状、存在的问题，提出建立稳定脱贫长效机制、有效巩固脱贫攻坚成果的意见和建议。为实施精准稳定可持续脱贫，高质量打赢打好脱贫攻坚战献计出力，巩固提升脱贫攻坚成果。

2020 年 7 月 28 日，自治区政协主席崔波带队到柳泉乡政协委员基层联系点调研“有事好商量”协商议事平台建设情况，到柳泉乡永新村调研民宿行业发展情况，到肖家窑万亩葡萄园、马渠枸杞园等地调研，详细了解红寺堡区产业发展情况。在红寺堡区政协召开的座谈会上，崔波听取红寺堡区政协工作情况汇报并指出，要结合贯彻落实习近平总书记视察宁夏重要讲话精神，扎实开展好“新时代新使命新样子”学习讨论活动，在学习讨论中首先凝聚政协机关党员干部的共识，进而以坚定的政治站位、深厚的政协理论功底、务实的工作作风凝聚各方面共识。县级政协要把重点放在协商上，注重探索创新履职方式，搭建“有事好商量”协商平台，探索更加灵活多样、贴近群众的协商形式，为县域治理体系和治理能力现代化贡献政协智慧。

【电商发展】

2020 年 4 月 28 日，吴忠市政协副主席李焕民一行到红寺堡区调研红寺堡区电商发展，红寺堡区政协副主席买廷东参与调研。调研组先后前往宁夏索米亚生态农业科技有限公司、鹏胜农牧开发有限公司城东基地、红寺堡区电商公共服务中心、红寺堡区残疾人电商孵化园 、红寺堡区新庄集乡白墩村调研红寺堡区电商发展现状。

【健康宁夏战略】

2020 年 5 月 20 日，红寺堡区政协主席蔺保飞带队围绕推进健康宁夏战略对红寺堡区开展专题调研。调研组通过实地调研、听取介绍、召开座谈会等形式，详细了解和掌握红寺堡区推动健康宁夏战略的现状及存在的问题，公共卫生疾控

中国人民政治协商会议吴忠市红寺堡区第三届委员会第五次会议　（政协提供）

体系运行状况、能否满足当地公共卫生服务和疾病预防控制需要。为结合贯彻落实习近平总书记最近关于完善重大疫情防控体制机制，健全国家公共卫生应急管理体系重要指示精神，总结疫情防控经验教训，加快健康宁夏建设步伐、提高人民生活水平，听取各有关方面的意见建议，并进行广泛协商，形成调研报告和协商报告。

【“两站两员”建设】

2020 年 6 月 17 日，红寺堡区政协副主席买廷东带队对红寺堡区农村道路交通安全管理“两站两员”建设进行专题调研。调研组通过考察观摩、调研座谈等形式，详细了解和掌握红寺堡区关于加快农村道路交通安全管理“两站两员”建设的基本情况、存在的困难和问题，提出进一步加快农村道路交通安全管理“两站两员”建设的意见、建议。对于落实乡镇道路交通安全管理主体责任，预防和减少交通事故起到积极作用。

【法律服务平台】

2020 年 6 月 30 日，红寺堡区政协副主席买廷东带队，围绕打造区、乡、村法律服务平台开展专题调研。调研组通过学习培训、实地调研、听取介绍、召开座谈会等形式，详细了解和掌握红寺堡区全面推进依法治区、提升法律服务的现状及存在的问题，“三级”法律服务平台建设，“互联网 + 公共法律服务”体系建设，法律援助覆盖村（社区）工作情况，总结就公共法律服务平台如何更好有效地服务群众听取各有关方面的意见、建议，并进行广泛协商。

【脱贫攻坚后续产业发展】

2020 年 9 月 2 日，自治区政协到红寺堡区调研脱贫攻坚后续产业发展。调研组先后前往新庄集乡向阳村、红川村对黄牛养殖产业、红川村萝卜种植基地进行调研，详细了解和掌握红寺堡区脱贫后续产业的发展情况。

【创建全国文明城市】

2020 年 10 月 22 日，红寺堡区政协副主席买廷东带队对红寺堡区创城工作安排进行专题调研。调研组通过调研鼎盛花园创建成效、青少年课外活动中心创建成效、政务服务中心创建成效、综合市场创建成效、罗山商城创建成效详细了解和掌握红寺堡区创城工作成效。为巩固全国文明城市创建工作成果，推动红寺堡区创建工作制度化、规范化、常态化，提高城市文明程度奠定良好基础。

【义务教育均衡】

2020 年 10 月 23 日，红寺堡区政协副主席杨金花带队围绕促进红寺堡区教育均衡发展、推进教育公平开展专题调研。调研组紧扣城乡义务教育一体化发展，通过考察观摩、听取介绍、调研座谈等形式，重点关注政策扶持和教育投入、学生素质教育、教师队伍建设情况，对切实有效改善乡村教育环境、促进全区教育持续健康发展提出对策建议。

（马晓花）

中共红寺堡区纪律检查委员会 监察委员会

ZHONGGONGHONGSIBUQU JILÜ JIANCHA WEIYUANHUI JIANCHA WEIYUANHUI

综 述

【落实责任】

2020年，红寺堡区严格按照全面从严治党要求，紧盯“关键少数”，把压实责任放在首位，推动“两个责任”落细落实，对全区各级党组织学习宣传贯彻落实习近平总书记视察宁夏重要讲话精神情况及落实党委决策部署情况进行重点监督检查，共查找各类问题15条，印发专项通报1期。为促使各级党组织扛起管党治党政治责任，强化一把手“负总责”意识，红寺堡区创新监督载体，编制《全面从严治党暨党风廉政建设质效管理簿》，规范全面从严治党主体责任和监督责任的履责要素和具体要求，有效协助区委落实全面从严治党主体责任。

【问题整治】

2020年，红寺堡区统筹经济社会发展、民生保障、重点任务，常态化监督检查、定期对账跟踪问效，共开展监督检查、明察暗访17次，下发通报及整改建议22份，问责党组织4个、党员领导干部81人次；围绕坚决打赢疫情防控阻击战，深入一线全面督查32次，发现并督促整改问题23个，向区委报送《疫情防控督查情况汇报》8期，查处党员干部妨碍疫情防控工作2件4人，在红寺堡区范围内通报批评3期3件4人。聚焦扶贫领域、民生领域群众反映强烈的问题开展监督检查7次，发现“一户一策”不精准、监管责任缺位、反馈问题整改不彻底等问题44条，全区通报3期，约谈部门主要负责人6人次；受理扶贫、民生领域腐败和作风问题线索25件，处理党员干部8人。推进工程建设领域专项治理，对工程项目转包、分包、偷工减料、验收走过场等问题进行严厉查处，查处工程建设领域问题8起，给予组织处理及党纪政务处分7人，追缴违纪资金39.87万元，挽回国家损失25万元。

【腐败惩治】

2020年，红寺堡区率先实现信访、线索、立案、处分“四下降”，全年受理各类信访举报88件次，同比下降55.4%；处置问题线索96件，同比下降61%；立案44件（留置案件1件），同比下降30.5%；给予党纪政务处分47人，同比下降42.2%。紧盯重要时间节点、突出问题线索和“四风”问题新动向，常态化开展明察暗访和监督检查8次，督促整改问题 20 个，查处违反中央八项规定精神问题 2 起，给予党纪政务处分 2 人，通报曝光 2 起。在坚决破除形式主义、官僚主义突出问题方面持续发力，督查发现脱贫攻坚、生态环境保护、农村乱占耕地建房等领域工作不实不细类问题 29 个，下发督查通报 2 期，移交部门督促整改问题 4 个。

【体制改革】

2020 年，红寺堡区纪委监委制定派驻机构规范履职制度 11 项，6 个派驻纪检监察组共参加驻在部门“三重一大”会议 75 次，反馈意见 40 条，提醒党员干部 17 人次，派驻改革成效初步显现。开展“以案促改”工作，住建交通局等 22 个单位针对 2017 年以来本单位党员干部违纪违法案件开展以案促改工作。为 4 名受到不实举报的党员干部公开澄清正名，消除负面影响。

【巡察工作】

2020 年，红寺堡区深化巡察覆盖，抓好问题整改。坚持政治巡察定位，完成三轮对 15 个部门的常规巡察、对 5 个乡镇脱贫攻坚专项巡察“回头看”、对 25 个村和 7 个社区党组织的延伸巡察。狠抓巡察整改日常监督，印发《关于加强巡视巡察整改督查督办工作办法》，探索建立红寺堡区纪委监委牵头，区委组织部、巡察办协调配合抓整改落实的长效机制，对自治区党委第四巡视组巡视反馈意见和三届区委第七轮、第八轮巡察反馈意见整改落实情况开展监督检查 4 批次，针对发现的整改缓慢、措施不实等问题下发督查通报 3 期。开通红寺堡区纪检监察网站，依托“两微一端”平台，开设《警钟长鸣》《监督曝光》专题专栏，向社会公开立案审查调查信息，曝光典型案例，编印政法干警扫黑除恶专题《警示录》500 册。在青云湖、大河乡龙源村品牌化打造廉政文化乡村两级长廊，两年累计接待各界党政机关、企事业单位参观团体 75 批次，受教育党员干部 3700 余人次。

重要会议

【红寺堡区纪委三届五次全体会议】

2020 年 3 月 9 日，红寺堡区纪委三届五次全体会议在晋江报告厅召开。出席会议的纪委委员 15 人，列席 31 人。会议以习近平新时代中国特色社会主义思想为指导，全面贯彻党的十九大和十九届二中、三中、四中全会精神，党的十九届中央纪委四次全会精神，回顾 2019 年纪检监察工作，部署 2020 年任务，审议通过纪委书记梁吉鸿代表红寺堡区纪委常委会所作的《强化责任落实 维护制度权威 为决战决胜全面建成小康社会提供坚强保障》工作报告。会议由红寺堡区纪律检查委员会常务委员会主持。红寺堡区委书记丁建成出席会议并讲话，区四套班子领导出席会议。

【警示教育大会】

2020 年 3 月 23 日，红寺堡区开启“领导干部廉政警示教育周”活动，组织党员领导干部重温“两个务必”（务必使同志们继续地保持谦虚、谨慎、不骄、不躁的作风，务必使同志们继续地保持艰苦奋斗的作风）要求，巩固拓展“不忘初心、牢记使命”主题教育成果，教育引导党员领导干部真学真信真懂真用习近平新时代中国特色社会主义思想，坚持用党的最新理论成果武装头脑、指导实践，更加自觉地增强“四个意识”、坚定“四个自信”、做到“两个维护”。会议上红寺堡区委常委、纪委书记、监委主任梁吉鸿安排廉政警示教育活动。区委书记丁建成讲话。

【特约监察员聘请会议】

2020 年 7 月 28 日，红寺堡区监委召开第一届特约监察员聘请会，优选聘请 12 名特约监察员。区纪委副书记、监委副主任王宁宣读《关于聘请红寺堡区监察委员会第一届特约监察员的决定》，并向特约监察员颁发聘书，区委常委、纪委书记、监委主任梁吉鸿提出工作要求。（闫圆）

群众团体

QUNZHONG TUANTI

工会工作

【概况】

2020 年，红寺堡区总工会先后召开二届八次、九次委员会全体会议。筹措专项资金 27 万元，慰问 34 家单位的疫情防控一线工作人员。开展业务培训班及讲座 5 场次，线上知识竞赛 1 场次。推荐全国劳模 1 名，自治区劳模 2 名，吴忠市劳模和先进工作者 5 名，自治区五一巾帼标兵岗和标兵各 1 个。筹集资金 12 万元整修责任区内屋面墙皮脱落、门窗腐蚀生锈、室外破损台阶，完成创城各项工作任务。新建工会组织 13 家，发展会员 752 人；打造工会规范化建设示范点 2 家。上报信息 89 篇，完成调研报告 3 篇，《引领劳模创新工作室发挥作用，助力脱贫攻坚》《关于红寺堡区工资集体协商工作开展情况的调研报告》2 篇调研文章分别获 2020 年度全区工会理论调研征文一等奖和二等奖。

【服务民生】

2020 年，红寺堡区总工会发放元旦、春节慰问金 10.6 万元，涉及困难企业 2 家、困难职工 134 人；发放职工医疗互助、大病救助、儿童节、端午节慰问资金 13.19 万元；对 45 家重点项目工程、行业、企业的一线职工（农民工）开展送清凉慰问活动，总价值 18 万余元；为 170 余人购买“安康保”；为 600 余名困难女职工免费开展“两癌”筛查；为 56 名大学生发放助学救助金 14.5 万元；补录 2019 年“工会班”（宁夏回族自治区总工会救助困难职工子女完成高中学业特设工会班）74 人，发放资金 19.24 万元；完成 2020 年“工会班”申报核实工作，共 150 人。开展线上招聘会 4 次，提供岗位 700 多个。组织动员 890 名职工报名参加健康体检。联合就业局共同举办服装缝纫、育婴员等职业技能培训班 4 期，培训 200 余人。对辖区内 36 家已建会企业进行全覆盖摸排，签订工资集体协议 44 份（含疫情防控期间签订的临时性协议 8 份）。

【表彰与宣传】

2020 年，红寺堡区总工会制作《劳动者风采》宣传片，在红寺堡电视台定时播放；开展《非常时期一封家书》和《一封家书》征文活动、枸杞和黄花菜采摘大赛和“送荣誉下基层”等活动 10 场次。罗山酒庄劳模创新工作室和张国庆劳模创新工作室通过自治区验收；召开红寺堡区首届劳动模范和先进工作者表彰大会，表彰 50 名劳模和先进工作者。

【基础工程】

2020 年，红寺堡区总工会推荐 4 家单位、2 名个人分别申报全国职工书屋、补充更新图书项目、阅读站点及劳模书架项目；打造 4 家“会、站、家”一体化建设试点，将罗山社区申报为自治区会、站、家一体化建设项目；获自治区模范职工之家及模范职工小家各 1 个（弘德包装、供暖公司客户服务中心）；获自治区模范职工之家示范点及模范职工小家示范点各 1 个（人民法院、水投公司客户服务中心）；在弘德村扶贫车间（宁夏瓦尔登有限公司）建立职工服务驿站。与体育馆、爱心同行洗车行等 7 家单位达成 12 项具体普惠项目，发放瑜伽体验卡 643 张，联合海信集团免费为 200 名困难职工人均发放 400 元的生活用品。厂务公开、职代会制度全覆盖并落实职工董事、职工监事制度；100 人以上非公企业 3 家，厂务公开、职代会建制率 100%。开展“聚合力、促发展”优秀提案征集活动，推荐上报优秀职工代表提案 3 件；推荐上报 1 家单位创建自治区厂务公开民主管理示范单位。产业工人队伍建设改革进展顺利。

（杨晓燕）

共青团工作

【概况】

2020 年，红寺堡区团委坚持以习近平新时代中国特色社会主义思想为指导，贯彻落实党的十九大，十九届四中、五中全会精神，习近平总书记视察宁夏重要讲话精神，“六一”寄语精神及全国第八次少代会寄语精神。在微信平台连续发布青年大学习网上主题团课 37 期，累计线上学习近 9 万人次，优秀青年讲师团宣讲 34 场次，开展马克思主义民族观宗教观宣讲 2 次，民族团结活动 7 场次。在“青年节”“儿童节”“中国少先队建队日”等重要节日，在 7 万名青年儿童中开展“青春心向党 建功新时代”“争做新时代好队员”等主题活动 628 场。评选“新时代好少年”10 名，推选 1 名青年入选第四届“中国青年好网民”，1 名少先队员获得“全国优秀少先队员”称号，1 名青年和 1 个集体获得第十二届“宁

2020 年 12 月 4—5 日，举行 2020 年红寺堡共青团学习宣传贯彻党的十九届五中全会精神暨共青团干部能力提升培训班　（团委提供）

夏青年五四奖章”，7个优秀团组织和团员团干部获评全区“两红两优”。

【基层建设】

2020年，红寺堡区团委树立“全团抓学校”的意识，调整成立教育团工委，严控团学比，从严从优发展团员900名，学社衔接率97.3%，升学衔接率96.3%。举办首场超龄离团仪式，勉励95名超龄团员离团不离心。摸排整改共青团阵地建设，换届各乡镇团委，指导成立非公团组织3家，打造“青年之家”3家，吸纳35家青年组织常态化入驻。把少先队建设纳入团的建设总体规划中，推进学校少工委100%建立并规范运行。全面施行少先队员分批入队，全区从严从优发展新队员3513名。开展“红领巾奖章”争章活动，为32名在疫情防控期间表现优异的少先队员颁发“红领巾防疫小卫士”奖章。

【服务青年】

2020年，红寺堡区团委制定出台《红寺堡区中长期青年发展规划联席会议制度》并召开2020年第一次全体会议。常态化开展“四点半课堂”，举办婚恋交友2场服务220余人，现场8对嘉宾牵手成功。举办“中高考减压心理辅导讲座”7场，开展线上禁毒知识竞赛1场，禁毒宣传进校园4场。摸排15名特需关爱青少年，建立“一对一”长期帮扶结对机制，帮扶2名特需少年重返校园。开展招聘活动6场次、公考公益讲座5场次，推送招聘信息17次，通过“赛前观摩+赛中培训+赛后指导”模式，举办第四届“创青春”创业大赛，协调就业、妇联等部门为712名创业青年发放创业贷款4873万元，开展电子商务线上培训3期。

【服务大局】

2020年，红寺堡区团委争取黄河银行、闽宁资金等6个助学项目363.25万元，资助贫困学生2993名，发放助学金406.25万元，为乡村小学捐赠价值3万元的学习用品。对接爱心企业捐赠价值1.38万元家电8台，价值10万余元的消毒柜50台。对接“雷锋饺子计划”，完成全区5个乡镇的60余户贫困家庭儿童微心愿。在疫情防控中，招募3700余名青年加入战疫志愿服务，组建“青”字号服务队6支，防疫站点夜间执勤2050余人次，为43个防疫站点消毒780余次，城区“大喇叭”宣传28天，提供心理咨询3次。为医护人员送去一次性手套4000只、消毒液125升、防护服20套。动员广大青年参与“周五志愿服务日”，招募120名返乡大学生参与文明交通引导志愿服务。开展“暖冬行动”、关爱战疫一线医护人员子女、“红马甲”真情服务、首届农民工枸杞采摘技能竞赛等各类志愿活动50余次。招募100余名大学生开展“返家乡”社会实践活动，为12个村（社区）493名儿童开展为期20天的公益辅导；招募49名红寺堡籍在校大学生到19个单位兼职工作；组织志愿者向群众宣讲政策12次、走访慰问4次。动员1000余名青年参与植树活动。

（张忠福）

妇女工作

【巾帼引领行动】

2020年，红寺堡区妇联获得2020年自治区“三八”红旗集体称号，挂职副主席寇启芳获“全国劳动模范”称号，徐海侠获自治区“最美志愿者”称号，评选12户市级“最美抗疫家庭”。疫情防控期间，慰问一线医护人员、基层巾帼志愿者770人、疫情家庭2户。马文平家庭获评2020年“全国最美家庭”。

【巾帼建功行动】

2020年，红寺堡区发放妇女创业贷款837户

5593万元；发放母亲小额循环项目资金150万元，支持100户妇女发展种植养殖；联合筹办各类就业创业培训活动，专项开展“姐妹手拉手·脱贫快步走”技能培训班7场400余人；完成2019年1645名妇女识字培训，继续开展2020年1247人次妇女扫盲培训；推荐天源牧业、宁夏平头羊冷鲜肉2家企业参评并获得自治区创业创新基地称号；命名5家巾帼扶贫示范基地；筹集20万元，资助徐海侠电商孵化基地建设，帮助李耀梅等小微企业稳定收入。

【巾帼关爱行动】

2020年，红寺堡区妇联整合资金10万元，资助贫困在校生228人，捐助河水小学；争取资金50万元，救助贫困单亲母亲15人、“两癌”患病妇女14人，关爱“两癌”患者40人；“两癌”筛查5000余人。紧抓“三八”妇女节、国际家庭日、“六一”儿童节、“6·26”国际禁毒日、“七一”建党日等节日契机，紧密结合党在农村的方针政策宣传和妇女儿童的实际需求，开展巾帼志愿者服务主题活动。

【巾帼家庭文明行动】

2020年，红寺堡区妇联组织开展各类家庭教育讲座32场2000余人次；评比2019年“最美家庭”“最美庭院”112户，2020年评比105户；争取中国烟草捐助资金62万元，建设27个“美丽家园·同心共建”家庭文明积分超市。

【巾帼维权行动】

2020年，红寺堡区妇联持续推进关爱妇女儿童工作。12338维权热线调处各类家庭矛盾128起，协调法院开出第二张人身安全保护令；印发《关于做好疫情防控期间孕产妇和困境儿童关爱保护工作的通知》，持续推进关爱妇女儿童工作；联合法院、司法局推动婚姻家庭调解机制建立，从多个维权领域进行法律条文阐释，并重点对《中华人民共和国宪法》《中华人民共和国婚姻法》《中华人民共和国妇女权益保障法》《中华人民共和国反家庭暴力法》《中华人民共和国民法典》做细致解读，引导广大妇女学会用法律武器，捍卫合法权益，增强女性维权意识，提升知法用法的能力。

（王硕）

残疾人工作

【概况】

截至2020年底，红寺堡区有持证残疾人6216人，按级别分为：一级559人、二级2570人、三级1579人、四级1508人；按类别分为：视力残疾765人、听力残疾552人，言语残疾138人、肢体残疾3686人、智力残疾426人、精神残疾331人、多重残疾318人。

【康复工作】

2020年，红寺堡区残联落实残疾人基本辅助器具适配补贴制度，为有需求的残疾人提供辅助器具适配服务，全面实施“爱心接力、循环使用”辅具免费借用公益项目，实现辅具免费借用全覆盖；1个辅具借用服务站已建成使用。2020年，为10人进行假肢适配，建成红寺堡区人民医院等5个康复站；为550余名有需求的残疾人适配辅助器具。2020年0~6岁残疾儿童78人，在自治区残疾人康复中心康复2人，在红寺堡区残疾人康复中心康复31人，4人已入园，其余41人将根据实际情况，采取入户康复服务的方式，实现0~6岁残疾儿童“应康尽康”。结合脱贫攻坚工作，与卫健局合作推进残疾人家庭医生签约工作，2020年签约5035人；争取闽宁对口帮扶残疾人康复项目资金，对7~14岁残疾儿童及成年残疾人实施康复治疗，力争实现“应康尽康”。

【扶贫助残】

2020年，红寺堡区残联实施扶残助学工程，对被大中专院校录取的残疾学生和学前残疾儿童、义务教育阶段残疾学生分别给予4000元、3000元、2000元、1000元的资金救助，举办残疾人实用技术和劳动技能培训班12期，培训残疾人及其家属560余人。

【扶贫帮困】

2020年，红寺堡区残联为220名精神障碍残疾人免费发放8.7437万元的药品；配合民政局完成2020年度困难残疾人生活补贴和重度残疾人护理补贴的发放，发放生活补贴356.56万元，护理补贴251.472万元，实现“应补尽补”，保障残疾人基本生活。

【鉴定工作】

2020年，红寺堡区残联为556名残疾人进行等级鉴定并办理残疾人证；为550名肢体残疾人每人发放260元燃油补贴。

【残疾人精准脱贫】

2020年，红寺堡区残联为残疾人辅助性就业基地提供40万元的闽宁资金扶持，对接福建省泉州市德化县中医院，为红寺堡区残疾人综合服务中心(电商孵化园)签订11万元的农副产品销售订单，帮助在疫情防控期间销售农产品遇阻的残疾人，加速残疾人全面小康进程；为1790名就业年龄段内残疾人购买意外伤害保险8.95万元(每人50元)；疫情防控期间，为残疾人辅助性就业机构、残疾人集中就业企业、盲人按摩机构、个体工商户发放疫情补助资金4.86万元；通过政府招标为红寺堡区200名就业年龄段重度精神、智力、肢体残疾人实行政府购买居家托养服务。

【组织建设】

2020年，红寺堡区残联聘用乡(镇、街道)残疾人专职委员6人，村(社区)联络员72人，达到区、乡(镇、街道)、村(社区)三级基层组织网络全覆盖，形成网络化的工作管理体系。

(张晓静)

2020年5月22日，吴忠市红寺堡区残联在红海村开展助残日活动　(残联提供)

军 事

JUNSHI

人民武装

【概况】

2020年，红寺堡区人武部贯彻落实全区促进民族团结进步工作会议精神，发挥民兵力量投入地方建设，开展民族团结进步创建工作，被自治区评为“全区民族团结进步示范单位”。2020年底，人武部被宁夏军区表彰为“决战决胜脱贫攻坚暨军烈属退役军人帮扶工作先进单位”，红寺堡区连续实现五年“零退兵”目标。

【政治教育】

2020年，红寺堡区人武部按照军分区统一部署，区党委机关采取集中辅导与分散学习、集体领读与个人自学、集中授课与讨论交流相结合的办法，深入学习《习近平谈治国理政》第三卷、《习近平强军思想纲要》、《中国共产党军队党的建设条例》等理论知识，并督导每名党员通读、精读，做到有标注、有体会。先后组织集中理论学习28次、部首长辅导授课12次、讨论交流12次。督导落实民兵政治教育16课时要求，组织红寺堡区应急连开展“党员先锋、永不褪色”主题党课活动，先后2次组织开展民兵战备教育，激发民兵责任感、使命感。利用“八一军事日”活动时机，邀请军事科学院教授授课，对红寺堡区副科以上领导干部进行国防教育；结合征兵宣传工作，在辖区主要广场上开展国防教育宣传活动，强化辖区各级领导干部和人民群众的国防意识。

【征兵工作】

2020年，红寺堡区人武部为充实提升兵员素质，提升高学历兵员层次，自春季着手展开征兵宣传，开展各类国防动员宣传教育。7月底，人武部按照上级征兵工作实施办法明确指示要求，组织各成员单位召开征兵领导小组调整部署会、工作协调会，部署年度征兵计划和方案。至8月初，通过发放宣传手册、张贴宣传海报、对大学生家庭走访入户、通过短信平台群发宣传短信、利用流动宣传车播放征兵宣传视频、进行国防动员宣传教育等多种手段，丰富宣传渠道，激发红寺堡区适龄青年的参军入伍热情。8月底前，对应征入伍青年完成乡镇初检、上站体检和政治考核，筛选双合格人员参加役前训练。新兵在营状态良好，无退兵情况发生，完成连续5年“零退兵”的征兵工作目标。

【民兵整组】

2020年，红寺堡区人武部组织学习军委国防动员部《民兵组织整顿工作实施办法〈试行〉》，按照编组要求落实民兵组织整顿，采取调研摸底、科学编组的方法，筹建民兵分队并与区委宣传部对接报备。在完成基干民兵政审、体检的基础上，依托各乡镇基层武装部集中点验多支民兵分队，开展政治教育及新编入的基干民兵入队训练。

【民兵训练】

2020年，红寺堡区人武部分两个批次进行为期12天的基地化民兵轮训。12月8日，应急拉动市属森林灭火连，现场进行森林灭火装备器材操作与使用的课目考核；民兵支委成员现场召开支委会，主题鲜明，程序规范，受到军区工作组的肯定。

【民兵演练演训】

2020年3月，红寺堡区人武部组织市属森林灭火连基干民兵，会同区委、区政府、应急管理局、公安分局和消防中队，联合开展森林草原消防演练，动用各种应急救援车辆、装备器材共120余台（件）。

【扶贫工作】

2020年，红寺堡区人武部开展脱贫攻坚和军烈属、退役军人帮扶工作，学习领会中央军委颁发的“宁夏经验”精神，贯彻习近平总书记“不脱贫，绝不鸣金收兵”的重要指示，走访调查，掌握帮扶村麻黄沟村经济发展底数，开拓精准帮扶新思路、新方法。2020年以来，人武部结合麻黄沟村实际情况，开展党建帮扶、教育帮扶等工作，与村两委开展以“联学创新理论、联创先进组织、联建乡风文明”为主要内容的军地互学、互帮、互促活动；在马渠教学点开展“全军十大挂像英模进校园”主题国防教育活动；在太阳山田园小学开展“捐资助学”活动，为20名建档立卡户学生赠送学习用品；购买玉米、稻谷等养殖原材料，经精饲料加工厂加工后发放至帮扶对象；利用春节、八一等时机，慰问退役军人及优抚对象，在自治区树立6名“最美军人”典型代表。

【疫情防控】

2020年，红寺堡区人武部成立新冠肺炎疫情防控领导小组，统筹协调应急处置工作。组织新庄集乡民兵应急排基干民兵执行设卡封控、警戒执勤、检查登记、消毒杀毒等防疫工作，累计执勤29天。为执勤人员配备迷彩大衣，协调区委政府为本级、乡镇（街道）购买下发口罩；由部领导带队到防控一线慰问执勤分队和参与疫情防控的家庭困难民兵；印发《致奋战在疫情防控一线广大民兵和退役军人的一封信》《新冠疫情防控相关法律问题40问》；挖掘宣传疫情防控先进典型，其中向军分区推荐上报典型事例14篇，向地方推荐1个单位和3名个人参与“我身边的‘战疫’模范”推选活动。

（刘思尧　杨坚）

武警中队工作

【政治工作】

2020年，红寺堡区武警中队深入学习贯彻习近平新时代中国特色社会主义思想，弘扬和践行社会主义核心价值观，持续培育当代革命军人价值观，展开主题教育、军魂教育、革命传统教育，树立理想信念，打牢官兵听党话、跟党走的思想根基。中队始终坚持“支部建在连上”重要原则，以能力建设、先进性和纯洁性建设为主，以创先争优为抓手，加强基层党组织建设，把党性原则牢固树立起来，充分依靠党支部为核心的基层组织开展工作。

【军事训练】

2020年，红寺堡区武警中队贯彻习近平强军思想，围绕建设一支听党指挥、能打胜仗、作风优良的人民军队，坚持党对军队的绝对领导、坚持战斗力标准、坚持依法治军从严治军；坚持练兵备战，做好各项工作，围绕有效履行武警部队职责使命，把军事训练作为部队经常性工作和提高战斗力的根本途径。中队狠抓军事训练，在总队、支队组织的各类军事、体育竞赛活动中涌现出一批训练尖兵。

【作风建设】

2020年，红寺堡区武警中队贯彻落实《关于新形势下深入推进依法治军从严治军的决定》精神，有针对性地开展作风纪律整顿，加强内部管理，提高部队正规化管理水平。学习贯彻《中国共产党军队委员会（支部）工作规定》，开展学习实践新时代中国特色社会主义和党的群众路线教育实践等活动，加强组织建设，强化党员干部贯彻"照镜子、正衣冠、洗洗澡、治治病"总要求，引导官兵坚决反对"四风"，保持党的先进性、纯洁性。

【援建活动】

2020年，红寺堡区武警中队根据中央扶贫开发工作会议精神，结合驻地脱贫攻坚实际，开展支部共建和精准脱贫活动。对点帮扶红寺堡区红阳村、沙草墩村，组织官兵到贫困村宣讲全国两会精神、修缮住房、捐款资助和看望困难党员等活动，并与红阳小学共建校园足球队，先后帮助多名辍学儿童、困难学生、贫困大学生，捐款5000余元。

【后勤服务】

2020年，红寺堡区武警中队党支部落实后勤规范化建设和管理，强化后勤训练，提高精细化保障水平，推进现代后勤建设，农副业生产初见成效，增强后勤综合保障能力。中队落实伙食管理制度，严格执行伙食费、食物定量等标准，施行营养配餐，落实分餐或自助餐制度，厉行勤俭节约，搞好战时饮食保障训练。设施配套完善，官兵生活条件改善，中队面貌焕然一新。

（赵博格）

法 治

FAZHI

综合治理

【社会治安】

2020 年，红寺堡区坚决打击震慑各类犯罪，刑事案件发案数同比下降 1.09%，治安案件发案同比下降 28%，破获各类刑事案件同比上升 22.09%，抓获犯罪嫌疑人同比上升 2.74%；命案实现 4 年“零发生”。常态化开展治安大清查，落实宾馆实名制登记入住制度，督促物流寄递企业落实三个“100%”制度和加油站散装汽油实名制购销制度，加强危爆行业和危险化学品从业单位的安全检查力度，每季度开展集中检查不少于 2 次。开展治安清查整治集中统一行动 23 次，共检查各类娱乐场所、宾馆、网吧、重点企事业单位等场所 1300 余家次。排查各类安全隐患 67 处，现场整改 36 处，限期整改 31 处，停业整顿 2 家。

【反邪教工作】

2020 年，红寺堡区贯彻落实自治区、吴忠市部署，做好春节等重要节点值班及信息上报工作，确保社会大局和谐稳定。结合“综治宣传月”、“4・15”全民国家安全教育日等活动，开展系列宣传活动宣传 10 余场次，向广大干部群众揭示邪教组织的罪恶本质，筑牢广大干部群众反邪拒邪的思想屏障。

【安全宣传】

2020 年，红寺堡区加大国家安全知识宣传力度，在第五个“4・15”全民国家安全教育日通过红寺堡区委中心组 2020 年第 4 次理论学习会议，组织红寺堡区四套班子领导和各乡镇、各部门（单位）负责人开展“三个一”活动，即观看一次教育片，组织一次专题学习，读一本隐蔽战线书籍。邀请吴忠市国家安全局专家作《全面践行总体国家安全观》专题讲座。为四套班子领导和各乡镇、各部门（单位）负责人购买《习近平关于总体国家安全观论述摘编》《国家安全知识百问》，提高广大党员干部的国家安全意识。在广场大屏幕不间断播放宣传片、短视频、微视频，宣传总体国家安全观、《中华人民共和国密码法》及国家安全机关“12399”举报电话，提高群众知晓度，营造“国家安全，人人有责”的氛围。

【铁路护路】

2020年，红寺堡区贯彻落实习近平总书记对铁路安全重要批示指示精神，先后3次召开专题会议，研究部署铁路环境安全相关问题整改工作，制定《红寺堡辖区境内铁路环境安全隐患排查整治工作方案》，先后申请护路专项资金14万元，清理各类垃圾20余吨，拆除违建2处300多平方米，21处隐患全部整改验收。开展铁路护路宣传“进乡村、进社区、进学校、进集市、进村户”等15次，发放各类宣传资料3万余份，并现场解答群众咨询3500余人次。红寺堡区获2019年度全区“平安铁路示范市、县（区）”，红寺堡区护路办获2019年度全区铁路护路联防工作先进集体，红寺堡区铁路沿线案（事）件同比前六年下降100%，实现七年“零发案”目标。

【矛盾化解】

2020年，红寺堡区累计排查登记矛盾问题439件，化解438件，化解率达99.8%以上。以“队伍建设年”为抓手，开展坚持发展“枫桥经验”三年专项行动，部署矛盾纠纷集中排查化解专项行动，密织人民调解组织网络。

【扫黑除恶专项斗争】

2020年，红寺堡区共摸排线索318条，打掉涉恶团伙3个，抓获犯罪嫌疑人34人，冻结、扣押、查封财产总计16.74万元，判处罚金26.5万元，立案查处涉黑涉恶腐败和“保护伞”案件4件8人，给予党纪政务处分8人，移送检察机关审查起诉1人。实现“三个连续”（连续四年未发生命案、连续四年未发生较大以上公共安全事故、连续两年交通事故“四项指数”下降）和“五个下降”（刑事立案数、侵财类案件、可防性案件发案数、进京非接待场所有关人员数、吸毒人员增幅下降）。

【县域社会治理现代化试点工作】

2020年，红寺堡区以开展市域社会治理现代化建设试点为契机，推进县域社会治理现代化建设，按照吴忠市要求，做好市域社会治理现代化建设试点申报各项工作，提出“135”建设思路（构

红寺堡区创建县域社会治理现代化试点工作领导小组第一次会议暨“135”工作任务落实推进会领导小组会议　（应急管理局提供）

建城乡社会治理 1 张网，狠抓 3 级综合治理中心建设，发挥政治引领、自治强基、法治保障、德治教化、智治支撑等 5 治作用）。红寺堡区“135”基层社会治理获人民日报社《民生周刊》“2020 民生示范工程”。

【网格化服务管理】

2020 年，红寺堡区结合疫情防控，推进城乡网格化服务管理，制定印发《红寺堡区推行农村“网格化”服务管理工作任务分工方案》《红寺堡区网格长操作指引》《红寺堡区网格长管理考核办法（试行）》等文件，探索从村集体经济收入中解决网格长补贴机制，从制度上稳定网格队伍。建立完善区、乡（街道）、村（社区）、组（小区）、小组（楼栋）五级网格 626 个，覆盖全区 65 个行政村和 25 个居民小区、沿街商铺，明确基层网格员和楼栋长，基层民警全部下沉到村、小区。

【疫情防控】

2020 年，红寺堡区发挥社会管理和交通保障组办公室统筹协调作用，开展摸排工作，组建 102 个工作专班，抽调 1300 余名人员对七类重点人员按照“大排查、大起底”要求落实排查工作。同时，坚持线上线下同时核查，推广使用疫情防控 App，通过 App 登记信息 19 万余条。依法严厉打击涉疫情违法犯罪，公检法联合出台《严厉打击新冠肺炎疫情防控工作中违法犯罪行为的通告》，持续保持对各类违法犯罪的严打高压态势。侦破“2·18”系列盗窃沿街商铺案件。侦破疫情防控期间编造出售口罩虚假信息跨省系列诈骗案件 20 余起，涉案金额 100 万余元。

【政法工作】

2020 年，红寺堡区加大《中国共产党政法工作条例》的学习，为政法各单位中层以上干部编制《中国共产党政法工作条例》学习资料汇编，2 次邀请自治区党校教授周晓军作《中国共产党政法工作条例》专题辅导讲座。推进司法体制综合配套改革，审判机关落实审判法官、合议庭办案责任，实行专业化审判，扁平化管理，审判质效提升。法院推进内设机构改革，推进两个“一站式”建设。检察院优化重组检察业务部门，突出检察官办案主体地位，办案质量和办案效率明显提升。公安机关全面深化改革，完善合成作战机制，优化“互联网＋公安政务服务”，整体效能不断提升。司法行政机关稳步推进公共法律服务平台建设，成立乡镇公共法律服务站，推进律师、人民调解员参与信访、诉讼、矛盾调解机制。纪委监委、政法委联合编辑《警示录》，举办专题轮训班、政法大讲堂、政法系统扫黑除恶专题讲座等，全区政法机关在提高执法办案质量方面取得明显成效，公安分局被评为“全国公安机关执法满意单位”。

（杨成）

法治政府建设

【依法行政】

2020 年，红寺堡区委召开全面依法治区委员会第二次会议，制定《党政主要负责人履行推进法治建设第一责任人职责情况列入年终述职内容试点工作实施方案》，明确述法主体、述法内容等相关内容。夯实领导干部法治责任，全面落实完善领导干部考评体系，落实领导干部述法工作机制；将法治建设纳入区委、区政府年度工作要点和年度督查检查考核工作计划，使法治政府建设与经济社会发展同部署、同推进。印发《2020 年红寺堡区法治政府建设工作要点》，明确 23 项重点工作，列出时间表、路线图。先后 2 次对各乡镇（街道）、各部门单位开展法治政府建设专项督察，对责任落实不到位、工作推动不力的单位主要负责人进行约谈和提醒谈话，切实推动工作落实。启动集中清理行政规范性工作，对区本级近20年来6038份文件进行全面集中梳理，初步认定行政规范性文件215份。建立政府重要工作、重大事项向区委请示、向人大报告、向政协通报制度，自觉接受党内监督、人大监督、民主监督、司法监督、社会监督和舆论监督，建立和完善纠错问责机制，严格规范预算执行管理，依法向人大报审预算调整。2020年，办理人大代表议案建议和政协委员提案68件，办复率100%。制定《红寺堡区关于开展2020年法治政府建设示范创建活动的实施方案》，安排专人负责，对照自治区法治政府建设示范指标体系表，逐项逐条进行分类梳理汇总，实现资料上报目录化、编码化，完成自治区现场核验相关工作。受理行政复议案件24件，行政应诉案件12件，并针对复议当中发现的问题，及时与执法部门进行沟通，监督进行改正。

【普法工作】

2020年，红寺堡区以“七五”普法考核验收为契机，全面落实“谁执法、谁普法”普法责任制，督促相关单位完善“四清单一办法”，深化“法律八进”活动，开展多层次、多领域法治宣传教育活动。开展农村法律明白人培养工程，选拔农村法律明白人骨干135人、法律明白人680人，提升法治创建能力和水平。开展《中华人民共和国民法典》宣传工作，开展法治宣传63场次，发放宣传品4.3万余份。完成对5个乡镇、41个部门单位、27个驻红单位和企业的“七五”普法督查考核工作。

【制度改革】

2020年，红寺堡区制定出台政务服务事项目录清单和“不见面、马上办”事项目录清单，政务服务中心承接政务服务事项1187项，可不见面办理事项达80%。落实“四十四证合一”“免填单 马上办”等政策改革，2020年新注册各类市场主体1545户。政务服务事项办理时限压减54.65%，环节压缩27.5%，即办率38.91%。

【政务公开】

2020年，红寺堡区推进阳光政务民主化、法治化，建立政府法律顾问制度，确保政府行为在法治轨道上运行。规范信访工作程序。畅通行政复议渠道，依法审理行政复议案件，2020年受理行政复议案件29件，办结28件。履行行政应诉职责，加强行政应诉能力建设，参加行政应诉案件13件（次）。

【法律服务】

2020年，红寺堡区全面落实刑事案件律师辩护全覆盖、律师值班参与涉法涉诉信访案件化解等机制，加大法律援助力度，春节期间开通农民工讨薪案件“绿色通道”。新冠疫情防控期间，成立新型冠状病毒感染的肺炎疫情防控法律服务公益团，为群众提供法律服务，为企业复工复产提供法律保障，采取打包服务、共同考核的形式，为全区65个行政村、7个社区重新聘请法律顾问，实现村（居）法律顾问从“有形”到“有效”的全覆盖。2020年，接待群众法律咨询689人次，办结各类法律援助案件380件，为521名受援群众挽回经济损失2300万元。

【矛盾化解】

2020年，红寺堡区深入践行“枫桥经验”。密织人民调解组织网络，开展涉疫矛盾排查化解专项行动，发挥各人民调解组织的基础优势，做好疫情防控期间各类矛盾纠纷排查化解工作。拍摄反映基层人民调解工作的微电影《纳进千层布鞋的暖》，按照打造新时代“枫桥经验”城市版的要求，继续推进专业性行业性调解组织建设。截至2020年底，化解矛盾纠纷438件，调处成功率 99.8%，挽回损失 1967.57 万元。

【法制审核】

2020 年，红寺堡区严把重大事项法制审核关，严格落实重大决策的合法合规性审查，着力解决制度执行不力、有令不行、有禁不止等问题。政府常务会议在研究审议和做出重大行政决策前均经过合法性审查。2020 年，开展棚户区改造、征地拆迁等各类合同协议合法性审查 50 余件，报送备案行政规范性文件 5 件次，推动行政决策在法治化轨道上运行。

【优化营商环境】

2020 年，红寺堡区认真落实《优化营商环境条例》、自治区“1+16”和吴忠市 25 条等优化营商环境措施，定期听取落实情况汇报，研究推动工作。制定《红寺堡区营造法治化营商环境保护民营企业发展专项督察问题整改分工方案》，将问题细化为 8 类 37 项，明确整改措施、责任部门和责任时限，截至 2020 年底全部完成整改。制定《关于实施创新驱动战略推动工业商务经济高质量发展的意见》，对工业经济、招商引资等提出 9 个方面共 28 条发展激励措施，促进民营企业发展。制定《红寺堡区重点行业领域突出问题专项治理工作方案》，对 13 个行业乱点进行全面梳理，明确治理重点，建立长效机制，为企业发展营造良好的社会环境。

（黄兴）

公 安

【社会维稳】

2020 年，红寺堡区公安分局完成重大警卫安保任务，防范化解宗教领域矛盾，破获非法宗教类刑事案件 1 起，查处非法宗教活动 2 起，打击处理 19 人。

【案件侦破】

2020 年，红寺堡区刑事案件立案 535 起，同比（574 起）下降 6.79%；破获案件 349 起，同比（325 起）上升 7.38%。破案绝对数 424 起，同比（344 起）上升 23.25%，抓获各类犯罪嫌疑人 200 人。查获吸毒人员 19 人、收戒 3 人，破获毒品案件 2 起，逮捕 6 人，缴获毒品海洛因 163.73 克。破获“6·20”非法利用信息网络案。

【治安管理】

2020 年，红寺堡区全面推进“互联网 + 公安政务服务”，累计实名认证 4.8 万人，网上为群众办理业务 1624 件，回复群众咨询 988 人次。推行公安窗口 7×24 小时服务，建成“智慧警务室”1 个、“互联网 + 公安政务服务”代办点 14 处，代办业务 1200 余件。优化窗口服务，办理户籍业务 7723 件，查处涉户籍案件 17 起，办理车驾业务 13422 项。

【扫黑除恶】

截至 2020 年底，红寺堡区打掉涉黑涉恶犯罪团伙 3 个，217 条线索全部核查完毕。抓获犯罪嫌疑人 34 人，查封、冻结涉黑涉恶资产 16.74 万元。

【疫情防控】

2020 年，红寺堡区公安分局充分发挥疫情防控“主力军”作用，严守社区、村组、入红通道等防线，检查车辆 10 万余辆次、人员 25 万余人，核查涉疫线索 1.9 万余条，侦办涉疫案件 39 起。完成重大警卫安保任务 28 场次。

【公安改革】

2020 年，红寺堡区派出所“一室两队”模式全面运行，建成14个标准化警务室，硬件设施和警力配备全部达标，实施派出所不办理刑事案件试点工作，探索施行的社区民警“四捆绑”考核机制被吴忠市公安局肯定并在全市推广，红寺堡区公安局大河派出所被公安厅命名为“创新农村警务”特色派出所。从会商研判、指挥调度、视频布设、人力巡防等环节入手，全链条压实精准巡防工作，降发案成效明显，贯彻精准巡防工作理念更加自觉主动，总体工作排名位居吴忠市前列。2020年，化解各类矛盾纠纷1359起，有效预防“民转刑”案件发生，实现连续5年命案“零发生”。

【交通监管】

2020年，红寺堡区公安分局抓好国道和乡村道路交通秩序管控工作，完成交通安全隐患治理25处，交通事故起数、死亡人数、受伤人数、经济损失四项指数分别下降19%、28%、23.5%、29%，连续4年未发生较大以上交通事故；自2017年起在自治区率先开展“头盔工程”，群众驾乘摩托车、电动车头盔佩戴率居自治区之首，实现城区摩托车、电动车交通事故“零死亡”，2020年宁夏交警“一盔一带”示范佩戴活动在红寺堡区举行。

【规范执法】

2020年，红寺堡区公安分局大力加强执法规范化建设，改造完善执法办案管理中心，深化受立案及刑事案件“两统一”改革，加强同检法两院的联席会商和法律知识的培训，提升民警的法治意识和执法办案能力；2020年获“全国公安机关执法示范单位”。强化新型媒体运用，开通“红寺堡公安”快手、抖音账号，运营4个月，粉丝达65.9万，“红寺堡公安”快手号分别列2020年8月政法系统快手号总榜和公安系统快手号榜单第18名和第9名。

【监督检查】

2020年，红寺堡区公安分局开展网上、现场监督检查150余次，编发通报27期。受理民辅警问题线索15件，上级纪检监察部门立案处理5件，分局党委问责处理10件。督促办理民警维权案件15起，保护依法履行公务的民警、辅警21人，打击违法犯罪18人，慰问因公受伤民警、辅警17人次。

（张惠）

检 察

【扫黑除恶】

2020年，红寺堡区人民检察院共办理恶势力犯罪1件17人，办理涉黑“保护伞”1件，追诉2人，追加犯罪事实1起，提起公诉15人，判决15人，如期实现案件清结。依法移送涉黑涉恶“保护伞”线索2条，复核移送、交办线索31条，监督查封、扣押、冻结涉案资金16.74万元，努力做到线索清仓、伞网清除、黑财清底。围绕行政监管和行业管理漏洞，发出社会治理类检察建议23件。针对辖区内非法采矿、非法占用农用地、食品药品安全等问题提出整改建议并宣告送达34件。

【刑事检察】

2020年，红寺堡区人民检察院共办理审查逮捕案46件78人，批捕30件56人。办理审查起诉案131件203人，提起公诉98件152人，全年无撤回起诉及判无罪案件。突出打击黄赌毒、盗抢骗等影响社会稳定和侵犯人民群众财产犯罪，以涉嫌贩卖淫秽物品牟利罪批捕13人、以涉嫌贩卖毒品罪批捕4人，以涉嫌盗窃罪、诈骗罪批捕20人；依法不批捕16件22人，不捕率28.21%，不起诉33件51人，不诉率25.12%。全面落实认罪认罚从宽制度，适用率78.82%，“确定型”量刑建议提出率96.67%，法院采纳率100%，采纳率居全区前列。监督立案 4 件，撤案 15 件，纠正漏捕 4 人，追诉 9 人，提出纠正违法 4 件，发出检察建议 6 件。加强审判监督，提出抗诉 3 件。强化社区矫正工作，针对刑事执行监督活动中存在的问题，制发检察建议 8 件，发出纠正违法通知书 7 件。核查 2 名服刑人员违规领取基本养老金问题，提出追缴建议。

【公益诉讼】

2020 年，红寺堡区人民检察院共办理行政公益诉讼案 54 件，发出诉前检察建议 53 份，督促行政机关拆除废弃砖窑 2 座，违建瓜棚、简易房屋、羊圈 178 座；清理污染和非法占用河道 70 余亩，清理建筑、生活垃圾 408 处；整治硒砂瓜地废旧地膜污染 2.2 万亩，补植树木 3 万余株；整改非法采砂企业 2 家，回填蓄水池 84 座。依法向法院提起刑事附带民事公益诉讼案 1 件，追回生态环境修复费 157 万余元。以“三山一河”保护和治理为重点，落实“河长 + 检察长 + 警长”工作机制，与罗山管理局在对口联系、信息共享、线索移送等九个方面建立协作机制。办理的罗山生态保护行政公益诉讼案件被评为全区检察机关典型案例。公益诉讼工作得到区委主要领导的肯定批示。

【诉讼监督】

2020 年，红寺堡区人民检察院共办理民事生效裁判监督案 4 件，发出再审检察建议 1 份；办理民事审判程序、执行监督案 29 件，发出检察建议 23 份；办理支持起诉案 6 件，帮助农民工讨回工资 2.6 万元。通过民事执行监督检察建议方式，督促法院对 1 起买卖合同纠纷民事执行案件恢复执行程序，追回执行款 1.8 万元。开展虚假诉讼领域深层次违法行为监督专项活动，办理民事虚假诉讼案 1 件，依法提出再审检察建议 1 份。运用公开听证方式审查民事生效裁判监督案件 1 件，推动矛盾纠纷实质化解。

【未成年人监督】

2020 年，红寺堡区人民检察院提请区委、区政府下发落实工作方案，成立区委领导小组督导“一号检察建议”落实落细，制作“落实一号检察建议，预防校园性侵害”宣传课程 5 部。疫情防控期间，开展的监护缺失未成年人救助保护工作，被最高人民检察院选送至中央电视台社会与法频道《守护明天》栏目专题播出。办理未成年人公益诉讼案 8 件，2 件被自治区检察院评为典型案例，办案经验在全区推广。提出未成年人社会治理类检察建议 14 件，办理支持起诉撤销监护权案 2 件，提出民事监督检察建议 3 件，开展事实救助 9 人，协助申请法律援助 3 人，解决监护缺失问题送往儿童福利院 1 人。拓展未成年人犯罪预防工作方式，引入社会组织开展关护帮教 26 人。加强未成年人强制报告制度落实，监督强制报告主体履行强制报告义务。在公安分局建成未成年人“一站式”办案区。联合民政部门申请建设全区首家未成年人保护中心，为未成年人健康成长筑起“防护网”。

【矛盾化解】

2020 年，红寺堡区人民检察院践行新时代“枫桥经验”，通过“信、访、网、电”等方式，拓展群众信访渠道。对重大、疑难案件实行带案下访和检察长接访办理。“12309 检察服务中心”全年受理群众信访案 179 件，7 日内程序性回复、3 个月内办理过程或结果答复率、信访化解率均为 100%。办理刑事申诉案 1 件。办理司法救助案 13 件，发放救助金 19.3 万元。邀请人民监督员、人大代表、律师代表等对 14 件司法救助案件进行公开听证，真正做到案结事了。选派 12 名检察官进社区、进乡村提供法律服务 20 余场。开展宪法、民法典内容法治进校园宣传 20 余场，发放资料 3 万余册，宣传检察职能。

【行政检察】

2020年，红寺堡区人民检察院加大行政诉讼监督力度，办理行政检察监督案17件，其中行政审判程序监督案8件、非诉执行监督案3件、督促行政机关依法正确履职案3件、社会治理类案3件，发出检察建议17份，采纳率100%。

（安靖国）

法 院

【刑事审判】

2020年，红寺堡区法院共受理刑事案件109件，审结104件，结案率95.4%。严惩妨害疫情防控犯罪，依法审结涉疫案件3件；严惩危害公共安全犯罪，依法审结危险驾驶、交通肇事、寻衅滋事、毒品犯罪等案件48件；依法保护公民人身财产安全，审结盗窃、诈骗、故意伤害等案件42件；不断规范市场经济秩序，审结强迫交易、电信诈骗、组织传销等案件5件；保持反腐高压态势，严惩发生在群众身边的腐败，审结贪污贿赂、渎职案件1件。

【民事审判】

2020年，红寺堡区法院共受理民商事案件3505件，审结3423件，结案率97.7%。积极防范金融风险，加强对借款合同纠纷的审查力度，审结金融借款、民间借贷等案件882件。审慎处理婚姻家庭纠纷，促进家庭和睦、社会和谐，审结婚姻家庭案件517件。发挥联动优势，开展反家暴工作，发出人身保护令，维护妇女合法权益。

【行政案件】

2020年，红寺堡区法院坚持监督、支持行政机关依法行政与保护公民合法权益并重，注重行政争议实质性化解。受理行政诉讼及行政非诉审查案件51件，结案49件，结案率96.1%。坚持落实行政机关及其负责人出庭应诉制度，被诉行政机关负责人出庭率91.3%。

【案件执行】

2020年，红寺堡区法院持续巩固“基本解决执行难”工作成果，全年共受理执行案件2158件，执结2014件，结案率93.3 %，执行到位金额过亿元，均创历史新高。

【法治宣传】

2020年，红寺堡区法院深入学习宣传贯彻《中华人民共和国民法典》，举办《中华人民共和国民法典》专题讲座6次，开展线上“每日一典”宣讲60期，在红寺堡区电视台录播9期民法典专题访谈节目。深入辖区乡镇、村组开展扫黑除恶、禁毒防毒等法治宣传23次，发放宣传材料2.7万余份。

【案件受理】

2020年，红寺堡区法院速裁中心受理案件1443件，占一审民商事行政案件总数的42%，结案率100%，调撤率91%。

【扫黑除恶】

2020年，红寺堡区法院共审结涉恶案件4件，判处40人，铲除3个恶势力犯罪团伙，中央扫黑除恶第20督导组交办、转办的26条线索全部清零。公开审理张吉贺“保护伞”一案；突出“打财断血”，实行涉黑涉恶案件“打财断血”结案评估机制，依法判处罚金74.5万元，对违法所得261万元予以追缴。

【智慧法院】

2020年，红寺堡区法院先后网上立案158件，跨域立案57件。大力发展“互联网庭审”机制，率先在自治区建成“新视云”互联网法庭，升级改造远程提审法庭，全年运用互联网开庭审理案件492件，同比增长3.2倍。

（马渊博）

司法行政

【行政执法】

2020年，红寺堡区将行政执法“三项制度”列入法治政府建设重要议事日程，制定实施方案及实施细则、重点工作计划表，并纳入法治政府建设效能目标考核评价体系。开展行政执法不作为乱作为专项整治行动，切实解决行政执法不依法、不严格、不文明等不作为、乱作为问题。在全区率先探索推行综合执法体制改革，在10部门移交254项执法权的基础上，重新梳理新闻出版等10个部门共832项行政执法事项进行移交。6个乡镇（街道）执法队（副科级），切实将执法力量下沉到乡镇基层，变“多头执法”为“一头执法”，变“粗放执法”为“精细执法”。

【社区矫正工作】

2020年，红寺堡区司法局紧扣新时代社区矫正对象管理工作新要求，探索管理模式、丰富监管体系，以社区矫正规范化建设为着力点，以降低重新违法犯罪率为核心，持续提高社区矫正质量。组织编印通俗易懂的《红寺堡区社区矫正三字经》，被司法部及司法厅有关网站转发。持续做好社区在册74名社区矫正对象管理工作，无脱管、漏管现象的发生。协调社会各界力量，加强刑满释放人员安置帮教工作，确保帮扶政策落实到位，预防和减少重新违法犯罪。将派驻警察参与社区矫正工作作为推进司法行政体制改革和司法行政机关执法规范化建设的一项重要任务来抓，充分运用信息化手段，促进社区矫正工作向规范化、智能化、高效化方向发展，积极探索志愿者参与矫正的新模式，引入法律、教育、心理学专业人员，探索兼职和专职志愿者相结合的工作模式，完善社区矫正队伍知识结构，提高矫正工作队伍整体矫正水平。

【社会信用体系建设】

2020年，红寺堡区建立政银企联系制度，助力企业复工复产，解决企业融资难题及政府清欠，开发“黄河e贷”等线上线下纯信用贷款通道。向“宁夏双公示系统”累计推送“双公示”行政处罚信息2087条，1017名失信被执行人履行义务。协助宁夏路桥等企业完成信用修复工作，从“信用中国（宁夏）”门户网站撤下相关行政处罚信息。

【市场监管】

2020年，红寺堡区司法局不断完善以“双随机一公开”监管为基本手段、重点监管为补充、信用监管为基础的新型监管机制，实现动态化和联合抽查常态化。建立健全“一单两库”（“一单”指随机抽查事项清单；“两库”指市场主体名录库、执法检查人员名录库），并对“两库”进行动态管理，按照已制定并下发的年度抽查工作计划开展“双随机”抽查检查。2020年，组织开展27项双随机检查（含3项部门联合检查），完成的抽查结果全部记于企业名下并进行公示。

（马登基）

综合执法

【概况】

2020年，红寺堡区综合执法局共立案查处行政违法案件1723起，罚款123万余元，清退土地

758.5 亩。其中，一般行政处罚案件 268 起，罚款 118 万余元，简易程序 1145 起，罚款金额 5 万余元。拆除各乡镇及罗山自然保护区附近非法搭建羊圈、临时建筑、瓜棚等 1300 余处，腾退土地 758.5 亩，辖区范围内违法行为得到遏制。组织开展重大案件集体讨论 32 次，开展案卷评查通报 11 次，行政处罚听证 16 次，行政复议案件 16 起，行政诉讼案件 9 起。根据《吴忠市市辖区综合执法与刑事司法衔接工作制度》等文件和《红寺堡区综合执法与刑事司法衔接工作机制》《红寺堡区综合执法局与行政执法权力移交部门衔接配合协作工作机制》，理顺各部门之间相互关系，提升执法效率。

【机构改革】

2020 年，红寺堡区综合执法局继续深化综合执法改革，以城市管理为基础实施跨部门、跨行业城乡一体化综合执法改革工作。对各部门拟移交的 781 项权力清单进行梳理和讨论，做好承接准备工作。协调吴忠市出台《吴忠市市辖区综合执法与刑事司法衔接工作制度》等文件，理顺公检法司及权力移交部门与综合执法局执法边界、协作配合，有效衔接。通过综合执法改革的评估，综合执法改革工作得到自治区、吴忠市的认可。在 5 个乡（镇）和 1 个街道配备副科级综合执法队伍，实现“一个乡（镇）一支执法队伍”。

【制度建设】

2020 年，红寺堡区综合执法局全面推行执法三项制度。全面推行执法全过程记录制度。采用 4G 执法记录仪、车载记录仪，记录执法全过程，并将全部记录归档，268 起案件全部刻录成光盘，形成执法全过程留痕和可回溯管理，确保案卷纸质资料和电子档案双保存。严格落实执法公示制度。通过自治区权责清单公示平台、政府网站、微信公众号等渠道公示综合执法局 254 项权力清单，严格实施执法人员持证上岗、亮证执法工作要求；严格落实社会信用体系建设，对行政处罚结果及时录入宁夏双公示报送系统和“信用吴忠”系统，及时公开执法信息。开展重大行政执法决定法制审核。聘请法律顾问参与重大执法决定法制审核工作，明确重大执法案件范围、审理程序、法制审核要求。2020 年，开展重大案件集体讨论 32 次，开展案卷评查通报 11 次、行政处罚听证 16 次、行政复议案件 16 起、行政诉讼案件 9 起。

【疫情防控】

2020 年，红寺堡区综合执法局积极落实疫情防控任务，分别在乌沙塘、大河高速出口、罗山北路、罗山大道、石炭沟、洪沟滩设置防控点及园区隔离点，全力做好来往及隔离人员管控。疫情后有序推进复工复产，投资 130 万元打造光明巷夜市，规划设置博大商圈、时代观光夜市，设置摊位 600 余个，解决闲置就业 1000 余人，综合执法局被自治区党委和政府授予“全区抗击新冠肺炎疫情先进集体”称号，杨润泽被评为吴忠市“疫情防控优秀共产党员”，马继平、蒋海峰获“我身边的战疫模范”称号。

【城乡环境整治】

2020 年，红寺堡区综合执法局继续以创城、创卫为契机，严格落实党组书记负总责的四级网格管理制度。开展各类市容环境整治活动，规范各类车辆停放 3.4 万余次，清拖违停车辆 2000 余辆，督促商户落实“门前三包”5.89 万次。立案查处市容环境违法案件 1590 余起，下发责令改正通知书 1471 份，罚款 52125 元。牵头协调包抓区域责任单位共完成墙面破损、瓷砖脱落修补、违规台阶拆除、垃圾清运和路面砖修补 5000 余处；拆除、清洗破损和污浊门头牌匾 1860 家。

【数字化管理平台建设】

2020年，红寺堡区综合执法局完成对数字化指挥中心的标准化改造。完善数字化城乡管理平台、综合管线信息系统、综合执法调度平台、执法全过程记录系统、移动对讲调度平台、信息化办公系统、河道监管系统、“12345”热线电话、重点区域监督九大平台系统功能，督办、监督反馈各类违法问题。借助城乡数字化管理平台，实施远程执法调度指挥、远程指挥执法、实现市民投诉网上办理。增设高空瞭望系统4处。

【扫黑除恶治乱】

2020年，红寺堡区综合执法局结合扫黑除恶专项斗争和行业治理工作实际，先后制定《综合执法领域突出问题专项整治工作实施方案》《关于开展打击非法盗采矿产资源违法行为专项整治行动的实施方案》《关于开展非法占地和违章建筑专项整治行动的实施方案》，开展行业乱象治理工作。通过短信业务平台向全社会推送宣传信息3万余条，通过制作宣传牌、发放宣传折页开展各类宣传活动，营造浓厚的法治氛围。加强线索核查转办，重新核查自治区挂牌督办案件3条，确保线索核查质效。接收的扫黑除恶专项斗争69条违法线索，全部办结。制定《行业乱象治理联打联防联治联建制度》，初步建立管理长效机制。

（丁小龙）

综合执法人员培训　（综合执法局提供）

经济管理

JINGJI GUANLI

宏观经济管理

【经济总量】

2020年，红寺堡区完成地区生产总值增长10.3%。地方一般公共预算收入同口径下降16.9%，全社会固定资产投资增长19.4%，社会消费品零售总额下降7%，城乡居民人均可支配收入分别增长2.8%和11.2%。

【重点项目】

2020年，红寺堡区共有重点建设项目33个。其中，自治区级重点建设项目7个，吴忠市级重点建设项目7个（同自治区级重点项目重叠2个），红寺堡区级重点建设项目21个；新建项目22个，续建项目11个。项目计划总投资80.2亿元，本年度计划投资50.3亿元。截至年底，33个重点项目全部开工，开工率为100%，累计完成投资39.6亿元。

【项目资金】

2020年，红寺堡区争取各类项目资金22.55亿元，完成全年目标任务22.5亿元的100.2%。2020年，固定资产投资增长19.4%，较2019年同期上升33.5个百分点，高于全区15.4个百分点，高于吴忠市3.3个百分点，位居吴忠市第二，宁南山区第三。

【扶贫小额贷款】

2020年，红寺堡区推动出台金融扶贫实施方案，引导、督促各金融机构全面落实免抵押、免担保、基准利率扶贫信贷政策，加大扶贫信贷支持力度。综合服务网络建设不断完善，县级银行金融综合服务网点13个，村级金融便民服务点和金融扶贫政策宣讲实现全区65个行政村全覆盖。实现全区建档立卡贫困户评级授信全覆盖，各行政村实现自助机具（含ATM机、转账电话、POS机等）全覆盖。2020年，新增扶贫小额贷款4.56亿元，户均贷款4.35万元，贷款覆盖率84.4%，投入资金428.52万元，实现建档立卡户“扶贫保”人身意外伤害险、大病医疗补充险和借款人意外伤害险全覆盖。

【粮食安全】

2020年，红寺堡区积极协助配合自治区、吴忠市政策性粮食库存数量和质量大清查工作组开展粮食大清查“回头看”工作，对辖区内从事粮食收购、储存、加工企业的粮食经营活动、安全生产等情况进行全面检查，没有发现重大安全隐患和安全事故。为防止辖区内发生重大自然灾害和不可预测的突发事件发生时有粮可调，按照自治区、吴忠市相关要求，按照城乡常住人口8万人，每人每天储备成品粮0.5千克，植物油0.05千克的标准，储备满足10天供给的成品粮油440吨。成立国有粮食购销企业配送中心，确保紧急状况下粮食应急工作的顺利开展；调整布设7个（城区2个，5个乡镇各1个粮油销售实体店）应急供应网点，作为红寺堡区政府实施粮食宏观调控和应急保障的重要载体，承担政策性粮食供应和应急状态下粮食有效供给等任务。

【信用体系建设】

2020年，红寺堡区向“宁夏十公示报送系统”推送双公示信息1872条，向“信用吴忠”门户网站推送各类信息及政策法规3499条。9家企业被红寺堡区人民法院依法纳入失信“黑名单”，378家企业被红寺堡区市场监督管理分局列入异常名录库，192家企业被红寺堡区税务局评定为D级纳税企业，62家企业被评为A级纳税企业；通过“信用中国”网站帮助17家企业完成信用修复工作。红寺堡区各银行累计向中小微企业线上发放信用贷款31笔2520万元，与企业签订行业自律信用承诺书18份。

【集中连片贫困区】

2020年，盐同红集中连片区共实施项目79个，总投资9.32亿元，当年计划完成投资7.07亿元。截至2020年底，完成项目60个，完工率76%，完成投资5.82亿元。2020年3月，如期脱贫摘帽，位于盐同红集中连片地区的4个乡镇，31个贫困村全部脱贫出列。

（丁华）

市场监管

【排查治理】

2020年，红寺堡区市场监督管理局开展打击传销专项整治，配合相关部门开展防范和打击非法集资宣传和专项排查。开展农资、成品油、消防产品、劳保用品等专项检查，严厉打击制售假冒伪劣商品违法行为。开展流通领域农资质量抽检，抽检化肥2个批次、农膜1个批次。开展广告市场专项检查，对11家广告发布单位经营资格、公示收费、是否发布虚假违法广告等情况进行检查。强化价格监管，开展转供电企业收费检查和天然气输配送价格专项检查。

【特种设备安全】

2020年，红寺堡区市场监督管理局重点对辖区天然气加气站、液化石油气瓶充装站、在用锅炉、压力容器、气瓶、压力管道以及住宅小区电梯进行检查。开展风电行业领域安全生产大检查、大整治，检查发电企业22家。开展重点节假日及重要会议期间特种设备安全检查。2020年，办理特种设备安装告知21件，使用登记9件，出动特种设备监察人员118人次，检查特种设备使用单位59家次，抽查特种设备106台，发现安全隐患42处，下达特种设备安全监察指令书42份。

【商事制度改革】

2020年，红寺堡区继续深化“放管服”改革，落实“四十四证合一”“简易注销”“全程电子化”不见面审批等政策改革，继续推行个体工商户“免填单 马上办”简易登记制度改革，持续减少企业及农民专业合作社登记注册时间，简化程序，提高效率，激发市场主体活力。截至 2020 年底，红寺堡区各类市场主体总量为 11754 户，其中企业 2076 户，合作社 680 户，个体户 8998 户。

【消费维权】

2020 年，红寺堡区市场监督管理局结合疫情防控工作实际，开展“3·15”宣传活动，开展食品快速检测活动，对食品、农产品等开展“你送我捡”活动，发布消费警示提示，引导群众关注食品安全信息和动态，营造良好的消费环境。受理消费者投诉举报 54 起。2020 年，办理案件 25 起，罚款 15.1 万元。

（马辉宏）

国土资源管理

【项目建设】

2020 年，红寺堡区制定《吴忠市红寺堡区国土空间总体规划编制工作实施方案》，通过公开招标方式确定 2 家具有甲级资质作业单位承担红寺堡区规划编制任务。已完成前期资料收集、实地规划调研、底图和底数处理等工作。组织编制《红寺堡区红寺堡镇土地利用总体规划（2006 ~ 2020 年）修改方案》，取得批复修改面积 15.5129 公顷，修改后有力保障红寺堡区经济发展的用地需求。在 2019 年底初步完成红寺堡区生态保护红线评估工作的基础上，完成非自然保护地生态保护红线、自然保护地补划工作。依法审查各项目地块的规划设计方案，对符合规划要求的规划总平面图进行公示和审定，全年审定第六幼儿园等项目建设方案 46 个。办理规划项目预审与选址意见书 21 件、建设用地规划许可证 31 件、建设工程规划许可证 36 件、乡村建设规划许可证 4 件，并通过政府门户网站、吴忠报社等平台向社会各界进行公示。

【土地保护】

截至 2020 年底，红寺堡区上报建设用地 3 个批次和 4 个单独选址共 14.8151 公顷，供应建设

第三次全国国土资源调查　（自然资源局提供）

用地217宗279.563公顷，其中出让建设用地146宗43.2348公顷，成交价款29838.9358万元，已缴纳17325.7858万元，划拨建设用地71宗面积236.3282公顷。制定《红寺堡区批而未供和闲置土地盘活利用专项行动方案》，建立2009—2017年度批而未供工作台账，完成2020年自治区国土资源厅下达红寺堡区485.56亩处置任务。完成建兴小区等112宗历史遗留问题及罗山商城4号楼、6号楼权属核查处置任务。督促已下达处置批复尚未办理用地手续的相关权利人办理用地手续133宗，收缴土地出让金1308.487万元。开展农村乱占耕地建房问题专项整治。制定《吴忠市红寺堡区农村乱占耕地建房问题摸排工作方案》，召开农村乱占耕地建房问题前期摸排工作部署会，对2013年以来红寺堡区农村乱占耕地建房涉及违法违规用地等情况摸排工作进行全面部署。全部完成国家和自治区下发红寺堡区农村占用耕地建房图斑外业核查举证工作，核查图斑11264个，初步纳入占用耕地建房图斑649个，涉及面积413.31亩。完成4个耕地占补平衡项目指标验收入库工作，新增耕地1.1万亩。按照永久基本农田占用补划原则，完成国道344线红寺堡区过境段公路工程等国家和自治区重点基础设施项目占用永久基本农田补划工作，补划面积174亩，保障红寺堡区永久基本农田保护面积不减少、质量不降低。完成11宗设施农用地相关手续审批备案工作，收缴土地承包费77万元，解决养殖、黄花菜、枸杞、中药材等农业产业结构调整所需晾晒、储藏、初加工等设施农用地不足问题。办理大唐、宁夏嘉泽新能源有限公司等17宗临时用地，面积2015亩，收缴临时用地租赁费306.4万元。

【不动产登记】

2020年，红寺堡区国土资源管理局共办理各类不动产登记5422件，颁发不动产权证书4149本，不动产登记证明2199本，帮助企业和个人融资23.6418亿元。持续推进农村宅基地“房地一体”

2020年耕地占补平衡项目验收　（自然资源局提供）

确权登记，一轮公示全部结束，二轮公示完成52个村39375宗，完成弘德、同原等村5888本发证工作。制定《红寺堡区城镇国有建设用地上不动产登记历史遗留问题处置办法》，妥善处理红寺堡区开发建设初期产权不完整房屋不动产登记历史遗留问题，保障人民群众合法权益，先后受理超过20户群众遗留问题处置事宜。扎实推进河湖水域岸线划界确权工作，完成新增沟河道41.07千米、渠道123.6千米岸线边界调查、管理范围划定、岸线边界内地类调查等工作，并向社会公告，开展界桩预制、埋设界桩等工作。

【资源管理】

2020年，红寺堡区国土资源管理局对持有采矿许可证的18家矿山企业中采矿证到期的6家企业办理采矿权延续1年登记手续；对2家采矿许可证到期未申请延续登记的企业，要求于2021年7月完成复垦工作，进行闭坑处理；对采矿证即将到期的11家企业（砖瓦黏土矿6家、建筑用砂矿5家）根据剩余资源储量及服务年限依法予以关闭退出复垦转型。组织开展沟河道非法采砂、危险化学品储存、扬尘治理及矿山企业地质灾害防治等专项检查8次，参与检查人员24人次，未发生矿山企业安全事故；对各矿山企业超层越界开采、扬尘污染整治及安全生产等开展联合检查2次，下达停产整顿通知书2份，针对检查出的问题，责令企业限期整改。对辖区内18家矿山企业超层越界开采情况进行全面核查，立案查处违法企业12家，共处罚没款81.0612万元。

【地理信息测绘】

2020年，红寺堡区国土资源管理局对辖区22个测量标志逐一巡查，未发现测量标志破坏现象。全面完成红寺堡区第三次国土调查工作，并通过国家级和自治区级验收。按照自然资源厅工作部署，组织工作人员对全区地图市场进行全方位、无死角排查，尤其针对书店、打印部等地图出售单位，未发现违法违规行为。对红寺堡辖区境内测绘资质单位进行监管巡查，确保资质单位依法依规进行测绘工作。

【水资源调查】

2020年，红寺堡区取水总量2.428亿立方米，用水量2.046亿立方米，其中黄河水2亿立方米，取用地下水0.046亿立方米。

（冯启新）

食品药品监管

【食品安全监管】

2020年，红寺堡区市场监督管理局先后组织开展农村食品、农产品、非洲猪瘟防控、畜禽产品、集中交易市场、海鲜水产品、“假冒伪劣”食品、砖茶、餐饮具洗消、网络订餐食品安全、“小饭桌”、特殊食品等专项整治和双随机食品安全抽查、问题乳品安全整治，检查各类食品生产经营主体1.6万余次，查处食品安全违法案件9起，罚没款2.1万元。推行“明厨亮灶”工程，“明厨亮灶”率达100%。实施餐饮服务食品安全量化分级管理，引导消费者寻笑脸就餐。在47个学校幼儿园食堂和6家集体用餐配送单位全面推行4D管理法等先进管理方法。加强餐饮业外卖服务（网络订餐）监管，详细建立网络订餐单位监管台账，辖区网络订餐第三方平台2家，美团外卖入网经营户137户、饿了么122户。在餐饮单位全面推行公筷公勺制和光盘行动，在所有餐厅张贴、发放宣传标语、桌签、桌牌等厉行节约反对浪费提示语1072个，发放厉行节约制止餐饮浪费倡议书620份，营造提倡节约反对餐饮浪费的氛围。开展重大活动保障5场次，保障宾馆重大活动期间食品安全19家次，保障安全用餐664人次。

【学校食堂监管】

2020年，红寺堡区市场监督管理局加强疫情防控期间食品安全监管，检查机关、企事业单位食堂47家，发现食品安全隐患131条，责令食堂全面整改。各乡镇监督检查农村集体用餐19场次。先后对11家中学食堂，36家幼儿园食堂，6家营养午餐加工点，38家机关企事业单位食堂开展开工、开学、开园前食品安全评估及疫情隐患排查，发现问题121条，责令食堂全面整改。组织疾控部门，核酸检测重点人群165份、食品检测81份、环境检测151份，检测结果均为阴性。检查冷藏冷冻食品经营户456户，冷库24个。

【药品安全监管】

2020年，红寺堡区市场监督管理局组织召开药械、禁毒工作会议暨新修订的《中华人民共和国药品管理法》《中华人民共和国疫苗管理法》培训会，部署2020年药械行业领域整治工作，开展法律法规培训。开展药械安全监管，重点检查药店、医疗机构等药械经营使用单位药品、医疗器械采购、票据管理、存储条件、质量管理等情况，不断规范药械经营使用行为。开展中药饮片专项检查。上报药械不良反应事件22件。检查药械经营使用单位112家，办理简易处罚案件7件，罚没款4200元。完成药械抽检35批次，化妆品抽检5个批次。指导辖区13家零售药店开展阳光药店创建，按时完成阳光药店设备配备及系统数据对接工作。

【食盐质量监管】

2020年，红寺堡区市场监督管理局出动执法人员498人次，车辆166台次，检查食盐销售、使用单位2208家，下发问题检查对照表120份，快检食盐8批次，规范食盐市场秩序。

【流通环节监管】

2020年，红寺堡区加大对流通环节1036户食品经营户、69家保健食品经营户的日常监督检查，出动执法人员2452人次，车辆454台次，下发检查对照表462份，下发责令整改通知书38份。加强校园周边环境综合治理，检查校园周边食品经营户36家，下架、没收不合格食品1153袋，下发责令整改通知书19份。

（马辉宏）

社会管理

SHEHUI GUANLI

创业就业

【概况】

截至2020年底，红寺堡区坚持就业优先政策，全面落实“六稳六保”任务。全区城镇新增就业673人，完成目标任务的112%；失业人员实现再就业目标401人，完成目标任务的100.2%；就业困难人员实现就业目标80人，完成目标任务的100%；城镇登记失业率3.75%，农村劳动力转移就业3.9万人，实现劳务收入4.1亿元；“铁杆庄稼保”购买19347人，完成自治区下达目标任务的120.92%；开展城乡劳动力职业技能培训817人，完成目标任务的102%；开展精准脱贫技能培训2163人，完成目标任务的144.2%；提高稳岗补贴力度，兑付稳岗补贴资金46.56万元，缓解疫情不利影响。

【重点群体就业】

2020年，红寺堡区实现高校毕业生就业616人，通过“三支一扶”、事业单位实习、就业见习等渠道，安置319名高校毕业生就业。开展就业创业指导服务790人次，接受高校毕业生档案1201份，进行实名登记702人，其中655人就业，年度高校毕业生就业率为93.3%。2020年，红寺堡区继续开发公益性岗位1913人，修订完善《红寺堡区公益性岗位管理办法》。

【劳务协作】

2020年，红寺堡区落实赴闽就业政策，组织213名农村劳动力赴闽就业，其中建档立卡贫困劳动力123人。举办劳务经纪人培训班，培训劳务经纪人53人。依托企业、扶贫车间、社会组织及个体共吸纳建档立卡贫困劳动力1554人。创建红寺堡区级创业孵化示范基地1家，吴忠市创业孵化示范基地1家，发放创业担保贷款10612.8万元，发放各类创业补贴23.51万元，依托永新村20家民宿旅游示范户，打造柳泉乡永新村作为返乡创业示范点，帮助20户民宿点实现收入22万元。

【疫情和就业】

2020年，红寺堡区疫情防控期间帮助2592人通过线上审批系统返岗复工，分10批输送组织343人返回工作岗位。对19家企业落实援企稳岗政策46.56万元，政策惠及867名职工，发放失业金278人90.98万元，进行就业失业登记1065人。

（李杰）

社会保障

【概况】

截至2020年底，红寺堡区城乡居民养老保险参保97850人，城镇职工养老保险参保4631人，机关事业单位养老保险参保3953人，失业保险参保6451人，工伤保险参保14011人，参保率均超过100%；建档立卡户城乡居民基本养老保险参保34777人，参保率100%，社会保险参保面扩大；定期组织人员对养老、工伤等各项社会保险基金征缴、管理、使用和内控制度建设等方面开展多次专项检查、专项治理和审计整改，追回欺诈冒领196人次22.97万元。

【费率调整】

截至2020年底，红寺堡区调整企业职工基本养老保险缴费基数下限，受益企业192家（只是符合此次减免政策的参保企业，不涉及实际缴费企业），其中养老保险138家，涉及1678人，享受减免社保费725.17万元；失业保险140家，涉及1848人，享受减免社保费23.4万元；工伤保险192家，涉及1905人，享受减免社保费49.3万元，减免社保费797.87万元。养老保险退费企业28家，享受退费金额21.2万元。失业保险退费25家，享受退费金额0.67万元。工伤保险退费39家，享受退费金额9.48万元。

【网上申报】

截至2020年底，红寺堡区开展网上申报业务的参保单位180家，占全区参保单位的89%。其中，机关事业单位开展网上申报业务的参保单位79家，占所有参保机关事业单位的98.8%。累计制卡21.7万张，激活率达98%以上，实现辖区“三支一扶”工资、“公益性岗位”工资、各险种所有待遇通过社会保障卡支付。农村低保涉农资金等通过社保卡发放率100%。

【保险认证】

截至2020年底，红寺堡区贫困人员参保全覆盖，红寺堡区建档立卡贫困人口50464人，符合参保条件34777人，建档立卡户等特殊人员参保率达100%。贫困户养老保险政府兜底，对信息推送到养老系统的建档立卡贫困人口29405人，重度残疾人员835人，五保人员47人，三、四级残疾人员（智力、精神、视力）170人，全部按照城乡居民基本养老保险政府代缴费规定落实到位，实现代缴率100%。确保养老保险应发尽发，引导参保群众通过“我的宁夏”“掌上12333”App进行资格认证，对未能及时办理新增退休人员申报的可申请延期补发，经审核后，养老金从达到退休年龄或待遇领取年龄的次月起支付。确保疫情防控期间退休人员待遇不停发、按时足额发，实现发放率100%。

人事人才

【人事管理】

2020年，红寺堡区应参加事业单位年度考核3133人，实际参加考核3122人，11人未参加考核。其中，考核优秀等次464人，占考核人数的14.86%。推进专业技术人才和高技能人才盘点工作，通过信息采集、表格调查等方式，对各行业、各系统专业技术人员开展人才盘点，重点对教育、农业、水利、卫生等行业进行人才调研。全区专业技术人员 2664 人，高技能人才 562 人。完成 496 名公务员工资划转工作。完成 2020 年 1—4 月 965 名乡镇工作人员补贴 149.92 万元审核工作，2020 年 5 月落实调整乡镇补贴标准，完成 2020 年 5—8 月 966 名乡镇工作人员补贴 486.08 万元审核工作。

【清欠维权】

2020 年，红寺堡区全力保证农民工工资。解除合同备案 703 份，涉及 175 家用人单位。线上合同备案 1829 份，受理欠薪投诉案件 24 起，涉及 385 人，305.0877 万元，全部办结。同时多渠道、多方式宣传《保障农民工工资支付条例》，共收缴农民工工资保证金 463.6234 万元，购买保险保函工程项目 11 个，银行保函 1 个，减免保证金 229.4716 万元，涉及 3 个工程项目，退还保证金 563.4 万元。

【劳动调解】

2020 年，红寺堡区共受理劳动仲裁案件 47 起。其中，仲裁裁决 31 起，撤销仲裁申请 6 起，仲裁调解 5 起；受理工伤认定案件 34 起，认定 19 起，不予认定 1 起，调解 1 起，重新认定 7 起。8 月 15 日至 9 月 30 日，在全区范围内组织开展根治欠薪夏季专项执法行动，排查全区在建工程项目 42 个，其中政府类项目 28 个，社会投资类项目 14 个，涉及农民工 2640 人。下达《限期责令改正指令书》17 份。做好劳动用工备案和劳动合同解除备案工作，全年劳动合同签订备案 2910 份，涉及 320 家用人单位；线上解除合同备案 556 份，涉及 102 家企业。

（李杰）

民政工作

【低保供养】

2020 年，红寺堡区印发《关于提高我区城乡居民最低生活保障标准和特困供养标准的通知》。农村低保标准提高至 A 档每人每月 380 元、B 档每人每月 300 元、C 档每人每月 240 元；城市低保标准提高至 A 档每人每月 600 元、B 档每人每月 500 元、C 档每人每月 420 元。截至 12 月底，全区有城乡低保对象 11830 户 18155 人，城乡高龄对象 1342 人，发放城乡低保资金 8423.86 万元，高龄资金 487.28 万元。

【特困供养】

2020 年，城市特困供养标准由原来的每月 728 元提高到每月 780 元；农村特困供养标准继续按照原来的每月 530 元执行。截至 12 月底，红寺堡区共有分散特困供养对象 193 人，集中特困供养对象 97 人，其中中心敬老院供养 35 人，第二敬老院供养 62 人。红寺堡区现有养老床位 632 张，60 岁以上老年人口 15569 人，每千名老年人口养老床位数 40.59 张，失能特困供养人员集中供养率 44%。

【社区建设】

2020 年，红寺堡区社区综合服务能力设施逐步完善，65 个农村社区服务站全部在 300 平方米以上、7 个城市社区服务站全部在 400 平方米以上。社区减负增效明显，城市社区工作事项得到精简、创建评比活动减少、出具证明合法合规。在农村基层加强党的建设、推进基层治理、转变干部作风、预防村级腐败、化解矛盾纠纷、团结动员群众、公平落实政策。完成村（居）民委员会统一社会信用代码赋码工作，依法开展履行职能所需要的民事活动，更好地为群众办好公益事业、提供公共服务。2020 年，红寺堡区新增 1 个社区——紫苑社区。

【区划地名】

2020 年，红寺堡区完成第二次全国地名普查工作，采集 10 大类 54 个子类各类地名信息 5628 条，全部录入国家地名数据库，做好第二次全国地名普查档案整理。开展地名设标工作，为红寺堡镇弘德村、同原村、大河乡石炭沟村共设置行政村牌26块，自然村牌16块，户牌2907块，村级路牌44块。开展清理整治不规范地名，对3条道路2条小区不规范名称进行标准化处理，并更换地名标志设置。编制红寺堡区县域地名规划，完成标准地名图录典志编撰评审；开展地名信息库更新完善及新增地名统计工作。完成红寺堡区与同心、中宁、盐池界桩更换和红寺堡区乡镇行政界限勘定。

【社会福利】

2020年，红寺堡区孤儿生活费标准按照自治区统一标准执行，散居孤儿生活费补助标准由每人每月700元增长至每人每月937元，事实无人扶养孤儿的生活费补助标准由每人每月500元增长至每人每月531元。2020年，发放孤儿基本生活费3581人次308.91万元。借助村级督导员力量，对辖区内孤儿进行动态管理，对年满18周岁且不在校读书和其他已不符合孤儿条件的保障对象及时清退，确保有进有退、进退及时。加强对孤儿保障经费的管理和监督，开展对社会孤儿基本生活费发放工作的绩效考评，健全制度建设，规范档案管理。

【社会事务】

2020年，红寺堡区共办理结婚登记1685条，离婚登记355条，补发婚姻登记证303条。救助流浪乞讨人员162人，发放救助资金8360元。

【志愿服务】

截至2020年底，红寺堡区在“全国志愿服务信息系统”实名注册志愿者总数38014人，占当地居民的18.75%，登记注册志愿服务组织（团体）253个，实施志愿服务项目5676个，年度志愿服务总时长682697小时，有志愿服务时间记录的志愿者人数占注册志愿者总人数比例56.8%（创城指标要求服务时长不低于50%）。

【残疾人权益保障】

2020年，红寺堡区针对残疾人比例高，就业渠道窄，日常照料和康复治疗难度大等问题，创新思路，搭建载体，保障残疾人基本权益。通过建设弘德工业园区，将慈善事业由“捐助型、输血型”的传统模式转化为“产业型、造血型”的

红寺堡区民政局针对留守儿童开展民政救助入户宣传志愿服务活动　（民政局提供）

现代模式，为残疾人和建档立卡贫困户搭建就业平台。由政府投资，在菊花台村建成 1 所残疾人日间照料中心，可满足上百人日间照护需求。在宁夏率先开展贫困家庭残疾儿童免费康复治疗试点项目，让贫困残疾儿童得到专业救助，减轻家庭负担。按照《宁夏回族自治区困难残疾人生活补贴办法（修订）》和《宁夏回族自治区重度残疾人护理补贴办法（修订）》文件精神，困难残疾人生活补贴标准为每人每月 100 元，重度残疾人护理补贴标准为每人每月 80 元。2020 年，救助 5009 人次 877.8 万元。

（周海霞）

审计工作

【审计监督】

2020 年，红寺堡区审计局完成审计项目 42 个，审计发现问题 334 项，涉及资金 82.95 亿元。其中，预算执行审计 1 个，财务收支审计 13 个，经济责任审计 19 个，自然资源审计 2 个，专项审计调查 4 个，政府投资审计 13 个，提出审计建议 126 条，移送行业主管部门处理处罚 7 件。

【审计整改】

2020 年，红寺堡区审计局梳理历年审计发现问题 497 个，整改自治区厅、吴忠市审计局审计发现的 126 个问题。红寺堡区发现问题 371 个，整改 181 个，部分整改 22 个。

【经济责任审计】

2020 年，红寺堡区审计局完成 6 个领导干部任中经济责任审计，组织部门委托的 13 个离任经济责任审计。

【固定资产投资审计】

2020 年，辖区审计局完成红寺堡区保障性安居工程情况专项审计、红寺堡区新庄集乡西川特色产业示范村文化旅游服务区项目竣工财务决算审计工作。

【专项审计】

2020 年，辖区审计局审计红寺堡区义务教育学生营养改善计划专项资金管理和使用情况，专项审计应对新冠肺炎疫情防控资金和捐赠款物情况。

【企业审计】

2020 年，红寺堡区审计局对粮食购销公司该届领导进行经济责任审计，完成对红寺堡区红兴担保有限公司财务收支情况审计、宁夏水投红寺堡水务有限公司 2017—2019 年度财务收支及运营情况审计。

（马斌）

统计工作

【依法统计】

2020 年，红寺堡区统计局印发《红寺堡区统计局关于开展统计数据质量核查的通知》，明确核查范围、核查数量、核查内容、核查依据等内容，严明工作纪律；定期开展数据核查，形成常态核查机制；由各专业开展数据核查 8 次，核查企业 36 家，突破性开展统计执法检查工作，检查单位 6 家，警告 1 家，对统计数据源头的真实、准确提供有力保障。分类开展统计普法，在常委会、常务会、专题会、领导干部培训班、局党组会、周一例会、专业培训会等会议上组织重点学习《中华人民共和国统计法》《中华人民共和国统计法实施条例》等与统计法相关的法律法规；以数据核查、人口普查、执法检查、下乡扶贫、大型普查等契机进行法制宣传；针对国家统计督察反馈意见，统计局对标自治区、吴忠市整改方案中的问题，认领 4 个方面 11 个问题列出 26 项整改措施，建立 6 个制度规定，保障统计工作有序开展。

【第七次全国人口普查】

2020 年，红寺堡区统计局按照开展第七次全国人口普查的要求，成立区、乡两级人口普查领导小组及其办公室，村（居）委会建立普查工作组，印发普查工作进度和成员单位职责分工等方案，明确各阶段的工作和职责，编制经费预算，制定答疑制度、日通报制、重大事项报告制、值班制等，建立日任务清单、问题清单、答疑清单，确保各项工作按制度开展。落实普查经费 238 万元，围绕人口普查重点环节和时间节点开展宣传，完成红寺堡区第七次全国人口普查相关工作。

【统计服务】

2020 年，红寺堡区统计局加强各专业月报、季报、半年报、年报的数据评估及全区经济运行情况的发布工作，撰写预警分析和调研报告 10 篇，发布统计简要分析 29 篇、统计专报 10 篇、统计监测快报 10 篇、调研报告 6 篇，其中 11 篇统计分析获政府区长及副区长批示，30 篇统计分析被自治区统计局内网采用，所有公开发布信息都通过政府门户网站公开，接受群众监督。

【常规业务】

2020 年，红寺堡区统计局以数据质量为核心，完成月度、季度及年度工业、商贸、能源、投资、房地产、建筑业、农业等 10 余个专业的常规统计报表，严格执行国家统计报表制度，加强审核和检查，督促企业建立和完善统计台账，保障数出有据。

（马晓梅）

社会经济调查

【常规业务】

2020 年，红寺堡社会经济调查队严格执行国家统计调查方案，按照数据生产流程，完成城乡居民收支与生活状况调查、生态移民监测调查、粮食播种面积与产量调查、主要畜禽监测调查、乡镇农民可支配收入调查、农民工监测调查等各项调查工作。

【城乡居民收入】

2020 年，红寺堡区城镇居民人均可支配收入 25468.0 元，同比增加 693.8 元，增长 2.8%；农村居民人均可支配收入 10925.2 元，同比增加 1100.3 元，增长 11.2%。

【农民收入】

2020 年，红寺堡镇农民人均可支配收入 11393 元，同比增长 11.2%；太阳山镇农民人均可支配收入 11394 元，同比增长 12.6%；柳泉乡农民人均可支配收入 1196 元，同比增长 10.8%；新庄集乡农民人均可支配收入 10040 元，同比增长 10%；大河乡农民人均可支配收入 10637 元，同比增长 11.5%。2020 年，“十二五”生态移民人均可支配收入 8209 元，同比增加 558 元，增长 7.3%。

【粮食生产】

2020 年，红寺堡区粮食总面积 30.69 万亩，较 2019 年增加 0.49 万亩，增长 1.6%；粮食总产量 15.34 万吨，较 2019 年增加 0.19 万吨，增长 1.2%。小麦 2.49 万亩，较 2019 年减少 0.44 万亩，降幅 15%；小麦平均亩产 130 千克，较 2019 年亩产减少 12 千克，降幅 8.4%；小麦总产 0.32 万吨，较 2019 年减少 0.1 万吨，降幅 23.8%。秋粮总面积 28.2 万亩，较 2019 年增加 0.93 万亩，增长 3.4%；秋粮总产 15.02 万吨，较 2019 年增加 0.28 万吨，增长 1.9%。秋粮中玉米面积 26.8 万亩，较 2019 年增加 1.64 万亩，增长 6.5%；玉米总产 14.9 万吨，较 2019 年增加 0.36 万吨，增长 2.4%；玉米平均亩产 556 千克，玉米亩产较 2019 年减少 22 千克，降幅 3.8%。马铃薯面积 0.33 万亩，较 2019 年减少0.02万亩，降幅5.7%；马铃薯总产0.05万吨，较2019年减少0.013万吨。秋季杂粮面积1.07万亩，较2019年减少0.72万亩；秋季杂粮总产0.07万吨，较2019年减少0.06万吨。

【畜禽生产】

2020年，红寺堡区生猪存栏9618头，同比增长18.2%；出栏7316头，同比下降40.5%。肉牛存栏68485头，同比增长35.9%；出栏41035头，同比增长3%。羊存栏358621只，同比下降2.5%；出栏345870只，同比增长10%。家禽存栏210503只，同比增长63.4%；出栏400582只，同比增长64.6%。

【统计信息化】

2020年，红寺堡区城乡居民收支与生活状况调查全面推行电子记账，农作物播种面积调查采用PDA遥感测量技术，并探索使用无人机开展农业调查。

（张环）

安全生产监管

【安全生产】

2020年，红寺堡区共发生生产安全事故4起，死亡3人，亿元地区生产总值生产安全事故死亡率为0.1，控制在0.263指标范围以内，未发生较大及以上生产安全事故。红寺堡区安全生产形势总体稳定。

【监管机制】

2020年，红寺堡区修订完善《红寺堡区安全生产“党政同责、一岗双责”实施办法》，区委常委会、政府常务会按照要求研究安全生产工作，结合《红寺堡区推进安全生产领域改革发展实施方案》明确的5大体系99项具体措施，落实安全生产责任。

【培训教育】

2020年，红寺堡区组织开展“安全生产月”、“安全生产万里行”、安全生产“七进”、“安康杯”竞赛、青年安全示范岗、“119消防宣传日”、防灾减灾培训教育进社区等活动，对危险化学品、煤矿、非煤矿山等高危行业86名从业人员进行安全技能提升培训。开展安全生产线上教育培训1311人次，发放宣传资料、宣传品4万余份，普及安全生产知识，提升公众安全意识和应急避险能力。

【责任落实】

2020年，红寺堡区强化党政领导责任召开区委常委会会议4次、政府常务会会议8次，分析安全生产形势，研究部署每一阶段的安全生产工作。召开5次安委会全体（扩大）会议，学习贯彻习近平总书记关于安全生产重要指示精神、李克强总理批示精神和自治区、吴忠市党政领导关于安全生产工作要求，及时传达学习全国、自治区、吴忠市安全生产会议精神。签订安全生产责任书和安全生产“一岗双责”责任书，区委、区政府主要负责人和分管人员先后多次带队在重点时段对重点行业领域、重点企业开展安全生产和消防专项督导检查，发现隐患及时跟踪督办整改，推动党政领导干部切实担负起“促一方发展、保一方平安”的政治责任。落实行业部门监管责任，各行业监管部门分别对危险化学品、煤矿、非煤矿山、交通运输等领域开展安全生产隐患排查治理。在元旦、春节、两会、中秋、国庆等重点时段检查，多次开展部门间联合执法，检查重点领域企业单位283家次，对于发现的隐患责令有关单位限期整改并督促落实，印发《安全生产隐患预警通知书》12份。结合安全生产专项整治三年行动，推动落实企业安全生产主体责任、安全管理、风险隐患预防控制、应急救援处置、社会化服务“五个体系”，开展安全生产标准化创建工作。

【专项整治三年行动】

2020年，红寺堡区制定印发安全生产专项整治三年行动方案，细化危险化学品、煤矿、非煤矿山等行业领域任务分工，明确时间表、路线图，成立三年专项整治行动领导小组等领导机构，召开专班联席和工作推进会议，对安委会各成员单位分管领导开展安全生产线上培训教育，加强安全生产专项整治三年行动的统筹协调和推进落实。组织安委会各成员单位参加应急管理厅召开的视频培训会，集中学习习近平总书记关于安全生产重要论述。要求各成员单位将习近平总书记关于安全生产重要论述，作为各级党委（党组）理论中心组学习内容，每年不少于2次。按照"党政领导责任链条化、部门监管责任网格化、企业主体责任全员化"的思路，由16个专项整治工作牵头单位，督促各自监管行业领域的企业制定安全生产专项整治三年行动实施方案，集中学习习近平总书记关于安全生产重要论述，确保专项整治三年行动取得成效。坚持边查边改、边改边建、边建边立的原则，综合运用督查、通报、约谈等措施，督促16个专项整治工作牵头单位，组织开展危险化学品、煤矿、非煤矿山、消防、交通运输、油气管道等重点领域风险管控与隐患排查治理工作。

【应急队伍建设】

2020年，红寺堡区强化基层应急队伍建设，建立民兵应急分队协调联动机制，联合组建吴忠市红寺堡区防汛抗旱应急抢险队，与宁夏晋明建设工程有限公司签订《吴忠市红寺堡区防汛抗旱应急抢险救援队伍合作框架协议》，督促各乡镇（街道）、住建交通、水务、自然资源等重点单位组建防汛抢险应急救援队伍，建立9支共计227人的森林草原防火应急队伍。坚持就近原则与相关机械租赁公司签订机械预租赁协议，组建社会机械救援队。

【应急救援和应急演练】

2020年，红寺堡区共开展应急救援3次，国道338线轻烃泄漏事故救援1次、定武高速宽幅林带着火救援1次、国道338线危险化学品运输车侧翻事故1次。保障危险作业2次，西气东输管道一线焊接阀门更换1次、西气东输管道截断阀门管线适应性更换1次。组织相关单位联合西气东输管理站、红寺堡扬水管理处中心管理所、客运公司等开展危险化学品、防汛抢险、道路运输、森林草原防灭火等联合演练，通过演练明确各单位在应急抢险救援过程中的工作职责，增强各成员单位之间协调配合，提高灾情应急响应能力。

（杨治东）

【救灾管理】

2020年，红寺堡区通过"国家自然灾害灾情管理系统"统计上报灾情9次，受灾的32449人全部被纳入救助范围，向各乡镇下拨救灾资金233.48万元，使因灾生活困难群众基本生活得到保障。

（刘展旭）

【森林防火】

2020年，红寺堡区针对森林草原防火工作下发2次《安全生产隐患预警通知书》，开展2次督查，下发《政务督查通报》2份。应急管理、自然资源、消防救援、卫生健康等部门联合开展2020年红寺堡区森林草原防灭火应急演练。及时调拨防火服65套，指挥帐篷1顶，提升森林草原火灾扑救能力。

（马克龙）

【消防救援】

2020年，红寺堡区消防大队接警308起，出动车辆486辆次，出动消防人员2782人次，抢救被困人员21人，疏散被困人员20人，发生火灾事故171起，抢救财产价值1925.8万元，无人员伤亡，

消防员检查商场灭火器材　（消防大队提供）

先后处置“4·20”金水街商铺火灾、“6·23”国道388线4车相撞交通事故。检查社会单位978家次，发现火灾隐患或违法行为720处，督促整改688处，下发责令改正通知书423份，下发行政处罚决定书26份，处罚金额1.74万元，责令“三停”单位4家，临时查封5家。全年目标任务涉及18大项59小项，其中灭火与应急救援工作2大项11小项，完成11项，完成率100%；政治工作5大项9小项，完成率77.8%；后勤工作3大项11小项，完成率90.9%；防火工作8大项28小项，未完成1项（提出1项消防科研需求），完成率96.4%。

【消防防控】

2020年，红寺堡区先后召开政府专题会议2次、消防联席会议4次，明确乡镇和行业部门消防安全工作职责，研究解决第二敬老院和17所民办幼儿园突出的火灾隐患，对红寺堡区综合市场重大火灾隐患进行挂牌督办。在重大消防安保活动和重要节日期间，先后17次深入各类场所进行调研督查和检查。开展联合检查40余次，检查寄宿制学校6所、幼儿园18家、校外培训机构19家、养老机构2家、文化娱乐场所35家、商市场4家、医疗机构8家、宗教场所116家、废品回收站5家，督促整改火灾隐患512处，清理占用消防通道车辆32辆，召开各类推进会、培训会、现场会30余次。新建市政消火栓10个，消火栓总数198个，完好率100%；推动相关单位在老年人、少年儿童、残疾人等场所推广安装简易喷淋10套、独立式感烟火灾探测报警器127个。开展人员密集场所安全评估工作15家次。消防大队主动联系省市级媒体发布稿件6篇，通过曝光火灾隐患、宣讲家庭消防知识、消防知识进校园等形式，提升公民消防安全意识。利用国庆节、“119消防宣传日”等节日重要活动，通过召开单位负责人座谈会、举办培训班、参观消防科普教育基地和消防主题公园、利用室外电子屏定期播放消防安全知识等多种形式，强化社会面的宣传力度。全年发放宣传资料1万余份，接受咨询500余人，召开约谈培训会4次，科普教育基地开放16余次，培训人员1.5万余人。

（吴海洋）

创城工作

【管理机制】

2020年，红寺堡区成立由区委副书记、政法委书记宋喜为组长，区委常委、常务副区长王忠强，副区长尚自刚、张致强为副组长，各责任单位“一把手”为成员的“双创”攻坚工作专班。压实创城网格化责任区域包抓和街道“‘大工委’—社区‘联合党委’—小区‘党小组’”网格化管理两个“包抓”机制，完善“四督查—曝光—考核”机制，建立“定期调度、定期通报、提醒约谈、失职问责”四项工作机制，形成“党委统一领导、党政齐抓共管、创城办组织协调、部门各负其责”的工作机制，先后组织召开工作推进会4次，问题整改调度会2次，集体约谈会2次。区创城指挥部2个督查组坚持每天专项督查，区委政府督查室随机督查，创城办常态化督办落实，印发问题督办通知5期，督查通报4期，全区通报批评1期，强力推动各项工作。

【基础维护】

2020年，红寺堡区对罗山花园东门口、鼎盛花园门口等区域进行维修改造，对鼎盛花园小区路面硬化绿化不足、停车位规划少、水泥路面翻砂、脱皮、坑洼严重等问题全面整改。在御泉新苑北门、恒馨苑、光明小区建设临时停车场3处，解决居民“乱停车”“停车难”等问题。为22个居民小区安装人脸识别智能门禁系统，辖区设置240个充电桩，能同时满足2400辆电动车充电，小区停车位应划尽划，基本解决小区充电难、停车难问题。累计投资1000万余元，更换维修上下水井盖180套、雨水箅子120个、面包砖1.5万余平方米、混凝土路面1800余平方米、道牙210处；硬化裸露巷道97处；加固维修21支渠城区段护栏150余米，安装维修路灯492盏，检修路灯电缆线320米，路灯安装率100%，路灯亮化率达到98%以上；对城区24个公厕、8个垃圾中转站进行改造提升；对果皮箱全面排查维修，统一喷写编号，协调采购分类果皮箱120个，对城区204个破损的大垃圾箱进行除锈、喷漆、焊接；在城区50处区域合理施划停车位，增加非机动车位300余个、人行道车位800余个、交通标识牌121个、人行横道交通灯2个、隔离护栏900余米，规划道路标线4000平方米。全面排查重点交通路口电子警察，完成迁移5处，全部调试入网。绿化城区，建成绿地面积540公顷，绿地率35%，绿化覆盖率39%，人均公共绿地17.5平方米，达到城市绿地建设“100米见绿、500米见园”的要求。在鼎盛花园、盛世佳苑、御泉新苑等14个小区内闲置空地周边栽植柳树、槐树3.6万棵。组建61人的城市园林养护队伍，配备20吨装载量的洒水车3辆，常态化进行园林修剪、灌溉、绿地卫生清理。组织人员对绿篱断带、绿化带土地裸露突出问题进行全面排查整改。

【市容管理】

2020年，红寺堡区集中对主次干道绿化带、隔离带残枝败叶、砖头瓦块、积存垃圾彻底消除。对主次干道全面洒水降尘，重点路段增加机扫、清洗频次，城区机械化清扫率达到80%。对平房小区、城乡接合部、背街小巷等重点区域垃圾死角全面清理，城区生活垃圾处理率95%。聘请专业清洗团队，对主次道路、背街巷道、广场两侧的垃圾箱、果皮箱进行精细化清洗。立案查处各类市容环境违法案件300余起，督促落实“门前三包”责任6500余家，清理临街店铺门窗乱贴乱画1600余家；审批门头牌匾设置311家，清理拆除违规设置、一店多牌、破损门牌、门头字体设置不规范1200余家；规范各类车辆停放2万余次，清拖乱停放车辆1200余辆；先后对1500余人进行不文明行为警告教育，对60余起当事人乱扔烟头不文明行为进行简易程序处罚。集中查处摩托车、电动车不佩戴安全头盔、行人乱穿马路等不文明交通违法行为，整治车辆乱停乱放顽疾问题，查处各类交通违法行为581起，现场处罚211起，组织文明交通志愿者在主要交通路口开展文明交通志愿服务活动，劝导不文明交通行为650余人次。在综合市场，实施摊位分区管理，建成综合市场垃圾中转站及公厕并投入使用。在罗山商城不间断整治车辆乱停等现象，督促落实“门前三包”责任制。在牛羊肉市场，指定区域交易，划定停车位，对路面进行平整，安排专人不间断进行卫生保洁，刷写、张贴、发放公益性广告350余块（张）。先后投入运营创业东街便民市场、光明巷早晚市、博大商圈、时代广场观光夜市，规划摊位622个，解决1000余人就业。

【宣传活动】

2020年，红寺堡区在车站、公交站牌、建筑工地、广场公园、主次干道制作公益广告宣传牌1200余副，设计制作公益广告景观小品38处，安装灯杆景观中国结112套，对公交车站站牌进行全覆盖宣传，在96辆公交车、200辆出租车后窗显著位置张贴网透式创城标语。结合疫情防控，各社区电子显示屏24小时滚动播放宣传语，发放各类宣传手册4000余份、告知书3000余份，入户宣传率100%。采取“以案说法”等方式对重点驾驶人进行培训，利用微信朋友圈、今日头条等媒介对不文明交通违法行为实名曝光。加大移风易俗宣传教育力度，引导群众喜事停办延办、丧事简办快办、余事不办禁办。112家婚礼延期，65家丧事简办。开展“网上祭英烈”“清明诗会”“移风易俗感恩有你”“致战疫模范的一封信”等活动。挖掘推荐先进典型274人，集体76个，向自治区、吴忠市推荐“我身边的战疫模范”30人。

【志愿服务】

2020年，红寺堡区常态化开展网格化包抓路段、“垃圾不落地、红寺堡更美丽”、文明交通等志愿服务活动。团委联合公安分局面向社会招募文明交通志愿者107人，在城区各主要交通路口配合公安交警开展文明交通宣传引导志愿服务活动。

（陈乾）

2020年3月27日，红寺堡区东方社区在东方世纪城“开展环境清理 美化净化家园”志愿活动 （魏旭平 摄）

财 税

CAISHUI

财 政

【概况】

2020年，红寺堡区本级一般公共预算收入完成16893万元，同口径增长8%，为年度预算的105.6%。其中，税收收入完成11402万元，非税收入完成5491万元。税收占比67.5%，首次高于全区收入64%的考核目标。全年一般公共预算支出完成304832万元，增长7.4%，累计获得自治区市县收支执行全额奖励资金1800万元。

【财政预算】

2020年，红寺堡区完善政府预算体系，推进综合预算管理，强化全口径预算，加大结余结转与新增财力的统筹力度，形成定位清晰、分工明确的政府预算体系；深化部门预算编制改革，推行部门预算编制精准度、结转结余、绩效结果、支出进度与预算安排挂钩“四个挂钩”机制，突出权责下沉，强化部门主体责任；启动实施财政项目库管理，所有资金全部纳入项目库管理，提升资金安排与项目筹划的有效衔接；推进预决算公开，2020年预决算公开率100%。

【上争资金】

2020年，红寺堡区争取上级转移支付资金262486万元，增长7.8%；争取财力性转移支付资金82728万元，增长26.7%。争取政府新增债券资金30100万元，争取各类社会帮扶资金13043万元。

【脱贫攻坚】

2020年，红寺堡区统筹整合各类扶贫资金47990万元，用于农村基础设施建设、产业发展、小额贷款贴息、光伏电站等，严格负面清单管理，建立资金使用情况督查通报制度，资金全年支付率96.3%，保障年度脱贫攻坚目标任务完成。优化融资环境，发挥担保公司职能，持续放大财政资金撬动贷款作用，累计担保贷款14524万元，缓解新型农业经营主体、企业等融资难、融资贵的问题。

【民生事业】

2020年，红寺堡区投入资金5737万元，用于梧桐苑配套基础设施（文化街及幼儿园）工程、生活垃圾集中转运工程、第二污水厂二期工程等重点项目；投入资金16385万元，修建G344线红寺堡过境段、乌沙塘至红阳段公路，新建南原至向阳桥梁1座，建设美丽乡村6个，推动红寺堡区城镇化建设进程；投入农业生产发展资金20098万元，用于农机购置补贴政策、推进一、二、三产业融合发展、开展农业防灾减灾、政策性农业保险等，提高农业综合生产能力，为发展智慧化、现代化农业奠定坚实的基础。

【财政惠民】

2020年，红寺堡区投入资金17668万元，落实困难群体救助、复退军人安置、特困人员供养及重症残疾人护理等政策，加快推进基本公共服务均等化；投入社会保险基金1285万元，确保城乡居民养老、医疗、企业职工养老等社会保险制度的正常运行；投入再就业资金12790万元，用于“三支一扶”、公益性岗位、就业培训等项目，改善红寺堡区就业创业工作环境；投入资金38809万元，落实职工基本工资提标、政府效能奖、平时考核奖、乡镇工作人员补贴等增加收入政策。

【社会事业】

2020年，红寺堡区在教育方面，投入资金70487万元，新（续）建幼儿园、一中分校综合楼、燕宝综合楼等，推进“互联网+教育”建设，足额保障教育购买服务需求2208万元、教育扶贫资金600万元，补缴历年特岗教师社保费用4614万元，助力贫困家庭在教育上实现长效脱贫。保障教师工资、营养改善计划资金及服务费等费用，增加义务教育经费本级配套资金，提高教育教学经费保障水平，普通高级中学通过自治区、吴忠市验收；文化体育旅游方面，投入资金6578万元，新建社区多功能运动场、葡萄小镇（紫光湖）游客中心、弘德村足球场、罗山航空飞行营地塔台等一批重点文化体育旅游项目，健全完善区、乡、村、户四级公共文化服务设施网络体系；卫生健康方面，投入资金10827万元，相继建成疾控中心综合楼、残疾人康复中心等，安排债券资金1000万元改造人民医院医技楼、门诊楼等，提升医疗服务水平，促进卫生健康事业稳步发展；公共安全方面，投入资金7058万元，用于扫黑除恶、禁毒、购置执法装备等，建成红寺堡区智慧矫正中心，开展各类法律援助、法律咨询。

【风险防控】

2020年，红寺堡区坚持把防风险摆在首要位置，守住不发生系统性区域性风险的底线。出台《红寺堡区加强政府性债务管理意见》《红寺堡区债务风险应急处置预案》。筹措资金化解政府隐性债务12508万元，超额完成年度化解任务。清欠民营企业中小企业账款4327万元，累计清欠13850万元，清欠任务全部完成。

【政府采购】

2020年，红寺堡区深化改革，推动政府采购工作升级。全年审批通过政府采购项目163项29736万元，实际采购资金21600万元，节约8136万元，节约率27%。全年共接收投诉10件，各类举报6件，通过调解依法撤诉2件，按期处理14件。

【国有资产监管】

2020年，红寺堡区执行《红寺堡区行政事业单位国有资产使用管理暂行办法》和《红寺堡区行政事业单位国有资产处置管理暂行办法》规定，报废固定资产2705.79万元，调拨资产5307.38万元；9月资产管理新信息系统正式上线，资产管理与预算管理、政府采购正式合并，为全面科学掌握行政事业单位国有资产从占有、使用到处置整个环节提供技术支撑；落实国有资产报告制度，向人大常委会报告《2019 年国有资产综合报告》，并审议通过；为保障信息安全、提高国有资产使用效益，投入 544.9 万元，为全区 48 家单位配备国产电脑 673 台。

【会计改革】

2020 年，红寺堡区结合辖区会计人员不足且分布不均衡的现状，成立圆丰财务管理有限公司，聘用 50 名会计解决财务人员不足的问题，为行政事业单位科学管理、高效运转、低成本运行奠定基础。

【涉农资金】

2020 年，红寺堡区投入资金 16824 万元，用于沙泉、弘德等村污水管网工程、林业草原生态保护等农田水利发展项目，推进大气污染防治、农村生活垃圾治理、"厕所革命"等重点工程有序实施。投入 923 万元，用于乡村绿化，整治提升村容村貌及农业生产废弃物资源化利用等工作，稳步推进蓝天碧水净土保卫战。投入资金 4812 万元，实施农村人饮改造工程 14 个，改造周新水厂和红崖水厂，提升改造开元、香园、永新、黄羊滩等村入巷、入户管道，提高农村饮水安全保障水平。

【基层治理】

2020 年，红寺堡区争取农村公益事业财政奖补项目资金 2417 万元，实施农村公益事业财政奖补项目 36 个。投入资金 789 万元，用于完善社区、村部基础设施建设，打造基层文化阵地，基层社会治理水平持续提升。

【疫情防控】

2020 年，红寺堡区投入资金 5992 万元，落实落细疫情防控各项政策措施，及时储备各类疫情防控物资，完善应急物资保障体系，保障红寺堡区打赢疫情防控攻坚战。（顾莉盼）

税务

【税收收入】

2020 年，红寺堡区组织入库各类收入 53617 万元，其中税收收入 24843 万元，同比增长 15.72%；地方级收入 15472 万元，同比增长 36.05%；县（区）级收入 11646 万元，同比增长 53.36%；社保费收入 26401 万元，完成税收收入任务。

【税费减免】

2020 年，红寺堡区税务局精准落实减税降费政策。利用电话、QQ、微信、电子邮件等渠道，累计发布政策宣传信息 30 余条，覆盖 3 万余人次；制作 10 余条税收优惠政策微视频在纳税人中广泛传播、通过"电话辅导""屏幕教学"等方式，对重点企业推行"一企一策""一对一""点对点"线上辅导，提高纳税人对各项税收优惠政策的知晓率，确保政策落实不放松，减税红利不打折。全年减免各项税费 4197.59 万元，其中落实 2020 年新出台政策减免 3091.89 万元；2019 年年中出台政策在 2020 年年末新增减免金额 1105.70 万元；社保费减免 1662.78 万元，非税收入减免 82.74 万元，小型微利企业所得税缓缴 59.44 万元，个体工商户个人所得税缓缴 51.29 万元。

【纳税评估】

2020 年，红寺堡区申报催报率、个体工商户超额开票定额调整率、财务报表采集率均为 100%。将自然人风险异议处理与企业虚假申报和企业所得税后续管理工作结合，加强案头分析，做好风险应对预案，以查促管效力逐步显现。将纳税评估核查、治理虚开增值税发票与扫黑除恶专项斗争工作结合，通过发票核定、入户核查，重点对高虚开风险行业、企业加强监控，健全行业监管长效机制。

【汇算清缴】

2020年，红寺堡区创新培训宣传方式，采用“线上 + 线下”的模式对辖区纳税人分批次、分层级、分专题开展年度汇算宣传辅导。发放宣传彩页1500余份，实地讲解个人所得税相关政策500余人次，线上直播培训1466人次，为个人所得税征缴奠定基础。2020年，红寺堡区涉及扣缴单位238户，纳税申报4473人，补税入库金额85.39万元，退税金额81.12万元。

【税法宣传】

2020年，红寺堡区税务局以推进内控建设为重点，在“宁夏税务内网统一工作平台”公示认定的非正常户300余户，公示开展重大执法决定法制审核12户，严格执行税收处罚裁量基准，落实“谁执法、谁普法”的普法责任，坚持每季度召开一次依法行政领导小组会议，结合宪法宣传日和第29个税收宣传月活动，开展税法进校园、进企业、进军营等“法律八进”活动，规范税收执法行为。

【优化服务】

2020年，红寺堡区税务局持续开展“便民办税春风行动”，扩大“非接触式”办税缴费应用面和使用率，推出“网上办、邮寄办、热线办”的税费业务办理措施，为全区广大群众提供线上“不见面”服务保障，为统筹抓好疫情防控和服务经济社会发展发挥积极作用。2020年，185个涉税缴费事项可在网上办理，通过网上申领增值税电子普通发票2万余份，邮寄发票500余份。

【惠民举措】

2020年，红寺堡区优化增值税期末留抵退税办理流程，助力企业复工复产。享受增值税期末留抵退税政策纳税人3户，退税金额770.67万元；稳步落实支持和促进退役军人及重点群体创业就业等税费优惠政策，享受优惠政策纳税人5户，减免税额12.63万元。

【营商环境】

2020年，红寺堡区始终把优化营商环境作为“一把手”工程来抓，着力提升纳税人满意度。落实“好差评”制度，落实“最多跑一次”和“全程网上办”事项清单，最大限度缩短办税时限、缩减办税资料、减少办税环节，提高办税效率；做好增值税发票领用服务工作，满足纳税人实际发票需求，严格按照评定程序和标准开展2019年度纳税信用等级评定工作，强化纳税信用结果应用，协调金融机构发放贷款21508.29万元，助力小微企业稳定健康发展。（董芝）

红寺堡区税务局干部走访全国人大代表马慧娟（左），宣传减税降费相关政策　（税务局提供）

金融 保险

JINRONG BAOXIAN

HONGSIBU NIANJIAN 2021

中国农业银行红寺堡支行

【概况】

2020年，中国农业银行红寺堡支行全年实现营业收入8080万元（首次突破8000万元）、拨备前利润6643万元、拨备后利润6031万元、净利润4518万元，同比分别增长16.03%、16.69%、10.24%、10.64%，均超额完成年度计划。存贷利差5.31%、存款付息率0.58%、贷款收息率5.9%。全年拨付防疫资金122笔1863万元，办理普惠退税1283笔628万元。央行降准、监管口径普惠贷款分别增加10888万元、2577万元，民营企业贷款增加2266万元，普惠、民营贷款增量、计划完成率位居系统内前列，且保持监管达标。

【存款业务】

2020年，中国农业银行红寺堡支行各项存款日均余额196555万元，较年初增加20466万元，增幅11.62%，完成年度计划的281.23%，位居分行第三位。其中，对公存款日均余额112696万元，较年初增加9604万元，增幅9.32%，完成年度计划的370.71%，位居分行第四位；个人存款日均余额83859万元，较年初增加10863万元，增幅14.88%，完成年度计划的231.12%，位居分行第五位。

【中间业务】

2020年，中国农业银行红寺堡支行实现中间业务收入1012万元（首次突破1000万元），同比增加114万元，计划完成率为110.03%，其中信用卡分期182万元，计划完成率116.67%，位居全区第一；代理保险42.45万元、贵金属业务32万元。

【贷款业务】

2020年，中国农业银行红寺堡支行各项贷款余额111398万元，首次突破11亿元，较年初增加15613万元，增幅16.3%，完成全年计划的229.6%。其中，个人贷款余额99018万元，较年初增加12332万元，增幅14.23%；法人贷款余额12371万元，较年初增加3273万元，增幅37.83%。

【脱贫攻坚】

2020年，中国农业银行红寺堡支行召开专题民主生活会，建立问题、责任、任务三张清单，制定整改措施32条，全部完成整改，问题整改率100%。累计发放农户贷款5706笔34739万元，较2019年多投放9528万元，农户贷款余额31643万元，较年初增加8310万元，增速35.62%，高于全行贷款平均增速19.32个百分点；累计发放扶贫小额贷款9366万元，完成地方政府年初下达投放计划的1.56倍；精准扶贫贷款余额10502万元，增加1098万元，增长7.62%。FAS系统建档行政村55个，农户信息建档1313户。累计建立“惠农通”服务点268个，布放电子机具总量268台，于11月末全部完成系统升级，上线聚合码445户，“惠农通”工程实现年交易量3.58万笔、交易金额23045万元。全行线下帮助挂牌督战贫困县（西吉县）销售农产品19.7万元，完成全年目标任务的109.44%；结合电商扶贫专场特卖活动，线上帮助贫困地区农户、企业实现销售特色农产品4.2万元。按月召开党委会、金融扶贫工作领导小组会，专题研究金融扶贫工作。班子成员每季度深入挂点村开展扶贫调研，各帮扶责任人每月深入太阳山小泉村入户帮扶慰问并进行政策宣传，解决建档立卡贫困户生产经营困难。累计开立村集体账户45户，覆盖红寺堡区70%的行政村。

【清收工作】

2020年，中国农业银行红寺堡支行不良信贷资产余额473.41万元，不良率为0.42%，控制在计划范围内。全行通过现金清收、诉讼清收、核销、证券化等手段，清收不良贷款本金404.05万元，其中现金清收258.7万元、核销31.97万元、证券化113.38万元。

【风险防范】

2020年，中国农业银行红寺堡支行实施案防三年计划，开展案件风险大排查、屡查屡犯问题、员工私购POS套现、《员工行为守则学习》等专项治理和警示教育，开展员工自查、互查、外部排查，揭示和整改风险隐患。推进“深化整治银行业市场乱象”、扶贫领域作风治理等重点领域专项排查，防范和打击非法集资、非法放贷、金融诈骗和扫黑除恶专项斗争、酒驾醉驾专项治理，常态化开展合规演讲比赛、知识竞赛、金融知识宣传活动、金融消费者权益保护专题培训，确保专项排查工作常态化巩固，取得实效。

【案防主体】

2020年，中国农业银行红寺堡支行定期开展尽职监督检查、常规业务日常监督，夯实管理基础。开展金库、自助设备加配钞、银企对账、对公账户、代理财政、代发工资、反洗钱、中间业务收费清理等专项自查十余次，实现印章线上审批用印管理、应收应付款及费用审批流程，加强预警信息核查、AI账户监测等工作，关键业务、重点环节风险防控能力强化。深化平安农行建设，开展安全生产集中检查整治和网点安全专项治理，按时开展防火、防爆、消防培训与演练，保持案件和重大责任事故“零发生”。

【扩户提质】

2020年，中国农业银行红寺堡支行积极拓展客户，营销机关事务服务中心等8个单位工会账户，新民街道办事处等5个单位基本户，团结村、红关村等45个村集体账户。依托农户贷款、代发工资等业务，微信、支付宝、云闪付等第三方绑卡，持续扩大借记卡发卡数量，累计发放I类、II类借记卡10087张，新增个人有效客户3960户、个人理财活跃客户1831户。

【线上业务】

2020年，中国农业银行红寺堡支行深度挖掘营销宝、北极星、金融小店、微信小程序等“非接触式”线上营销工具，累计开展线上营销 1.39 万人次，实现线上闭环销售 627 笔、金额 1.46 亿元。个人掌上银行注册客户数达 4.89 万户，净增有效客户 1.19 万户，同比增长 32.16%，计划完成率 132%；月活客户 2.35 万户，较年初增长 1.34 万户，同比增长 132.67%，计划完成率 153%。信用卡业务快速发展，净增有效信用卡 1491 张，计划完成率 128.45%；通过办理信用卡分期额 5334.29 万元，分期手续费 182 万元，信用卡消费交易额 5.36 亿元。累计发放各类“e 贷”2540 笔 14558 万元，其中“惠农 e 贷”余额 12997 万元，较年初净增 8471 万元，增幅 187.16%，完成全年计划的 272%；“教师 e 贷”授信超 1 亿元，发放 2169 万元，实现红寺堡区学校全覆盖目标。上线一中、二中、四中、政府机关、综合执法局、公安局、检察院、法院等单位“智慧食堂”项目，杨记手抓“智慧商圈”等互联网场景项目，红寺堡区人民医院“智慧医院”项目，办理缴费商户、市场版等聚合码 445 户，带动掌上银行 6000 余户。激活电子医保凭证 3600 余户。

【疫情防控】

2020 年，中国农业银行红寺堡支行坚持疫情防控期间金融服务不断档，做好应急预案，加强员工管理，为营业网点配备现金消毒柜，落实现金收支两条线管理，把疫情防控期间保障人民生命安全和身体健康作为头等大事来抓，全行网点营业率 100%。支行共划拨防疫专项经费 6.3 万元，采购消毒液、口罩、测温枪等 1.7 万余件；在做好自身防疫工作的同时，组织广大党员干部、群众向湖北抗疫工作捐款 1.63 万元，向红寺堡社区、疫情防控点捐赠防疫物资 0.55 万元。向抗疫重点单位红寺堡区人民医院授信 2000 万元，向 220 名医护人员预授信 3870 万元。向 31 户受疫情影响的小微企业发放贷款 2520 万元，落实收费减免、优惠利率等倾斜帮扶政策，减免各项收费近 100 万元，弥补普惠法人客户贷款短板。

（马丽薇）

宁夏银行红寺堡支行

【概况】

截至 2020 年底，宁夏银行红寺堡支行各项存款时点余额 80399 万元，较年初增加 22918 万元，其中个人存款 57823 万元，较年初新增 19633 万元；对公存款 22280 万元，较年初新增 4678 万元；储蓄存款 39346 万元，较年初新增 1721 万元。支行各项贷款余额 28823 万元，较年初增加 3528 万元。其中对公贷款增加 154 万元，个人贷款增加 3374 万元。支行利息收入共计 1507 万元。

【存款业务】

2020 年，宁夏银行红寺堡支行为应对疫情影响，支行宣传方式重心由线下转到线上，组建“宁夏银行红寺堡支行金融服务群”“宁夏银行信贷业务服务群”，班子带头对群内定期发布相关产品信息，员工轮值当群主，及时为群内客户解惑答疑。为活跃客户气氛，确定每月最后一个周五为支行金融服务群的线上活动日，通过发放红包、礼品秒杀等提高客户活跃度和参与度，支行为获奖客户定期兑换礼品，并及时反馈相关信息，取得客户的认可和宣传，2020 年群内成员达 500 人。

【贷款业务】

2020 年，宁夏银行红寺堡支行发放各类房屋按揭贷款 2829 万元，115 户。改变支行贷款结构，丰富业务品种，支行发放汽车按揭贷款 1431 万元，40 余户。

【银保协作】

2020 年，宁夏银行红寺堡支行加强与宁夏农业信贷担保有限责任公司、红寺堡区红兴担保有限公司协作，先后扶持一批专业合作社或当地农业产业化龙头企业，打造枸杞、葡萄、甘草、苜蓿等中药材、蔬菜种植、牛羊养殖等特色产业。2020 年，担保贷款余额 3710 万元，478 户。

【单位开户】

2020 年，宁夏银行红寺堡支行为做好财政类账户的拓展工作，开立红寺堡区农业农村局专户、红寺堡中医院基本户、红寺堡区民政局专户、红寺堡区农田水利建设服务中心的基本账户和专户以及地方国有企业吴忠市红寺堡区红丰农业开发有限公司专户。

【复工复产】

2020 年，宁夏银行红寺堡支行采用线上办公、弹性上班、错峰轮值制度，“一手抗疫情 一手抓业务”，全年为 280 余户小微企业、个体工商户办理开户业务，满足广大中小微企业的需求。

（王怡）

中国邮政储蓄银行红寺堡支行

【储蓄业务】

2020 年，中国邮政储蓄银行红寺堡支行个人储蓄存款余额 2.42 亿元，年时点净增 3122 万元，完成计划 1600 万元的 195.1%，年日均净增 2869 万元，完成计划 1000 万元的 286.9%。支行公司存款余额 3.86 亿元，年净增 9696 万元，完成年计划 5500 万元的 176.3%，年日均净增 9351 万元，完成年计划 2200 万元的 425%。支行实现收入 2895 万元，完成计划 2860 万元的 101%，实现利润 1498 万元，完成计划 1868 万元的 80.2%。

【贷款业务】

2020 年，中国邮政储蓄银行红寺堡支行各类贷款余额 5.43 亿元，其中个人经营性贷款结余 7672 笔，金额 4.53 亿元，年净增 10233 万元，完成计划 4000 万元的 255.83%。消费贷款结余 6886 笔，余额 6886 万元，年净增 5102 万元，完成计划 400 万元的 1275.5%。小企业贷款结余 7 笔，余额 2161.83 万元，年净增 683.39 万元，完成计划 150 万元的 455.59%。信用卡本年进件 3290 张，年发卡 1086 张。不良贷款金额 1232 万元，不良率 2.36%。

【客户维护】

2020 年，中国邮政储蓄银行红寺堡支行召开 2020 年旺季营销启动会议，对各项业务进行指标化解，明确任务，结合实际情况定制措施办法、奖励政策，动员全员参与其中，于每日晨、夕会通报、督导、跟进指标完成情况，确保各项业务顺利完成。通过提早准备，元旦 3 天实现储蓄净增 1000 万元。截至 1 月末，净增 2200 万元，提前完成全年计划目标。全年累计揽储活期资金超过千万元，办理信用卡 1086 张，销售保险 230 万元，销售理财 604 万元，引荐收单商户 71 户。

【信贷业务】

2020 年，中国邮政储蓄银行红寺堡支行继续做好脱贫攻坚工作，同红寺堡区扶贫办、农投公司、劳动就业局、妇联等单位继续加深合作力度，建立上中下三级联系模式，即“上”是区政府相关职能部门牵头，“中”乡镇干部协调对接，“下”村级干部具体协助落实的模式，加快推动扶贫贷款、就业贷款、妇女创业贷款等平台类贷款，扩大市场占有度。截至 2020 年 10 月末，支行经营性贷款累计净增超 1.02 亿元，其中 2020 年平台类贷款妇女创业放款 5211 万余元，全民创业贷款发放 4503 万元，扶贫贷款放款 1968.7 万元。制定消费类贷款奖励办法，利用积分激励全员行动，针对“邮薪贷”“优享贷”“公积金贷”等产品，加大宣传力度。组织员工走访营销多个机关事业单位，并对已经授信客户进行电话营销。疫情防控期间，借助“卫士贷”“天使贷”产品，主动走访疫情防控点、医院、公安等机构，发放全区首笔“卫士贷”和“天使贷”贷款，针对医生和警察营销 314 户，总授信额度达 1112.8 万元；针对教育系统大力宣传“园丁贷”，组织信贷、个金两条线联动，组成小队逐一对辖区所有高中、初中和小学全覆盖营销，全年营销“园丁贷”客户 258 户，总授信额度 4402.5 万元。

【风险防控】

2020 年，中国邮政储蓄银行红寺堡支行加强全行员工业务知识和规章制度的培训，定期组织学习《中国邮政储蓄银行员工违规行为处理办法》，让每位员工知悉制度，守牢风险防控底线，从制度执行到制度监督全流程贯彻到日常事务中去，做到有违必究、有违必惩。牢固树立疫情防控思想不放松，疫情防控期间，支行筹措防疫物资，组织对全行人员进行轨迹摸底和网点消毒工作。复工复产以后，严格执行戴口罩、登记、测温三步骤，每日做好备用金、ATM 机、网点等重点部位的消杀毒工作，确保网点未发生疫情风险。开展“信贷队伍大整顿、违规问题大起底”专项自查，按照要求针对存量信贷资产逐一展开自查自纠，集中全部信贷力量针对存量 4750 户贷款自查，对存在问题现查现改，并举一反三杜绝同类问题再犯。成立清收专项小组，每日分别由支行长、副行长带队分头上门催收，针对逾期贷款按照一户一建档原则，及时更进催收情况，诉讼 21 笔，诉讼金额 667 万元。

（马小娟）

红寺堡区农村信用合作社

【存贷款业务】

截至 2020 年底，红寺堡区农村信用合作社各项存款时点余额 22.60 亿元，较年初增加 1.97 亿元，增幅 9.55%。其中，个人存款时点余额 10.92 亿元，对公存款时点余额 11.68 亿元。各项贷款余额 14.98 亿元，较年初增长 2.63 亿元，增幅 21.30%。其中，涉农贷款 11.54 亿元，占比 77%。存款规模占该地区存款总量的 31.89%，贷款规模占该地区贷款总量的 38.59%。

【整存授信】

2020 年，红寺堡区农村信用合作社加大“三农”服务力度，支持实施乡村振兴战略，开展“整村授信”工程，各营业网点成立工作评定小组、授信评定小组。成立以网点负责人为组长，村两委成员、致富带头人、党员代表、群众代表等为成员的农户信用等级评定工作小组，以客户管理网格化为依托，以电子化业务操作为支撑，发挥辖区点多、面广、脸熟的优势，直接将办公地点搬到村部和农户家中，开展摸底调查工作，全面摸清农户生产经营情况和资金需求情况，并建立经济档案，全年采集农户信息 10194 户，授信金额 62687 万元，信用金额 42659 万元。

【金融扶贫】

2020 年，红寺堡区农村信用合作社按照脱贫不脱政策、脱贫不脱帮扶、脱贫不脱责任的总体要求，保持政策不变、力度不减，持续加大金融扶贫力度，决战决胜脱贫攻坚。截至年末，金融扶贫贷款余额 27339 万元、5852 户，贷款户数和余额分别占辖区金融机构的 55.60% 和 55.24%，彰显金融助力脱贫攻坚主力军作用。

【金融支持复工复产】

截至 2020 年底，红寺堡区农村信用合作社小微企业贷款余额 33366 万元，较年初增长 5911 万元。降低小微企业融资门槛，提高服务小微效率，对符合条件的小微企业和个体工商户采取信用方式发放贷款。全年发放小微企业信用贷款 2020 万元，较年初增长 2011 万元。

【内控管理】

2020 年，红寺堡区农村信用合作社根据业务发展需要和监管部门最新法规及要求，建立健全各项管理制度和业务操作规程，对原有的内控架构及制度进行梳理、补充完善。同时更好地规范业务标准，优化公司治理，确保各项工作、各个环节、各个岗位要求的制度化、规范化和标准化。

【农商行改制】

2020 年，红寺堡区农村信用合作社被宁夏银保监局列入第七批改制农商行名单，为推进改制农商行工作，成立筹建工作小组，并报黄河银行、自治区金融改革专项小组办公室批准。筹建工作小组在自治区金融改革专项小组，组织落实，推进改制农商行各项工作。

（牛瑞晗）

中国人保财险红寺堡支公司

【保费受理】

2020 年，中国人保财险红寺堡支公司全险种收口保费 5740 万元，增长 18.6%，增量保费 921 万元，全险种市场份额 55%。其中，车险保费 3400 万元，增长 21%，农险保费 1780 万元，增长 16%；商业非车保费 540 万元，增长 2%。

【理赔业务】

2020 年，中国人保财险红寺堡支公司农业保险赔款 1437.59 万元，车辆保险赔款 1278 万元。民生类业务赔款 97.3 万元，其中借款人意外险赔付 63.9 万元，“铁杆庄稼保”赔款 31.2 万元，公益性岗位赔款 1.4 万元，农机保险赔款 0.8 万元。

【保费增量】

2020 年，疫情防控期间，中国人保财险红寺堡支公司向捐赠各类防疫物资折合人民币 5.6 万余元。完成“政策性农险”“铁杆庄稼保”“公益性岗位”等项目竞标落地，政策性农险中标 4 个标段，份额 81%，同比提升 1.1%；“铁杆庄稼保”新增保费 95.48 万元，公益性岗位新增保费 30 万元。车险保费增量 609 万元，车商修理厂渠道增量 371 万元，新增营业性货车 230 万元，新增二手车店 2 家、修理厂 3 家。实现农险保费 195 万元，开办新型保险黄花菜价格指数，新增险种保费 275 万元。

（谢瑞峰）

中国人保财险红寺堡支公司员工会议　（人保财险提供）

农 业

NONGYE

综 述

【概况】

截至2020年底，红寺堡区葡萄种植面积10.8万亩，黄花菜种植面积8.02万亩，粮油播种面积31.09万亩，瓜菜总面积10.25万亩，多年生牧草留床面积7.2万亩，肉牛、滩羊、生猪、家禽饲养量年底分别达到12.5万头、96万只、3万头、130万羽，畜牧业总产值12亿元，较2019年分别增长8.7%、5.9%、3.8%、8.3%、14.3%。农业总产值18.22亿元，同比增长6.4%；农业增加值9.17亿元，增速4.9%；农村居民人均可支配收入达10925元，同比增长11.2%。

【产权制度改革】

2020年，红寺堡区完成65个村集体组织成员身份确认、股权量化、选举成立65个村集体股份经济合作社，赋码登记颁证65个，100%完成农村集体产权制度改革工作。确认村集体经济组织成员41587户164219人；对农村集体经营性资产进行股份量化，量化经营性净资产1.49亿元，界定成员股东164219人，量化股权总数31.61万股，其中集体股4.74万股、个人股26.87万股（劳龄股），发放股东股权证41651本；成立村集体股份经济合作社60个，通过合法程序选举产生社员代表、理事会、监事会、理事长、监事长，红寺堡区有49个村支书担任理事长，一肩两挑占76%；按照统一标准，为65个村集体经济组织制作悬挂门牌、制度上墙。

【集体经济】

2020年，红寺堡区开展14个村集体1400万元的村集体发展项目，完成2019年中央组织部及自治区财政1500万元扶持的15个村集体经济发展项目的验收工作。对2014年以来所有扶持项目进行4次全面督查，累计投入各类扶持壮大村集体经济项目2.16亿元，获得村集体收益3446.86万元，65个村集体经济收益全部达到10万元以上，其中26个村集体年收益10万~50万元、38个村集体实现年收益50万元以上、2个村（弘德村、同原村）集体实现年收益 100 万元以上。

【新型经营主体】

2020 年，红寺堡区制定下发《关于加强红寺堡区农民合作社管理核查管理备案的通知》，对农民专业合作社进行核查摸底，64 个行政村均有农民专业合作社。市场监管局注册农民专业合作社 804 家，在农业农村部门备案 316 家，其中正常运行 278 家，未运行注销 38 家；家庭农场 98 家。开展 2020 年国家、自治区、吴忠市级农民专业合作社、家庭农场（三星级）申报评定工作。申报国家级农民专业示范合作社 1 家，自治区级农民专业示范合作社 2 家，吴忠市级农民专业示范合作社 3 家；申报“四星级”示范家庭农场 2 家，“三星级”示范家庭农场 3 家。启动家庭农场培育计划，开展农民合作社规范提升行动，制定下发《关于开展 2020 年度红寺堡区级农民合作社示范社、示范家庭农场（二星级）申报评定的通知》文件，共评定 23 家红寺堡区级农民专业示范合作社、3 家“二星级”示范家庭农场；新增家庭农场 20 家、农民专业合作社 9 个。印发《2020 年红寺堡区农民合作社发展项目实施方案的通知》《2020 年家庭农场扶持发展项目实施方案的通知》，扶持合作社 28 家、家庭农场 5 家，扶持资金 256 万元。

【产业扶贫】

2020 年，红寺堡区为 65 个村投入中央财政专项扶贫资金 7300 万元，为建档立卡户发展特色优势种植养殖业每户给予 8000 元补助，涉及 9499 户建档立卡户，完成 5 个乡镇 62 个村 9574 户建档立卡户产业险购买，涉及资金 639.46 万元；完成 65 名致富带头人农业实用技术培训工作，对带动贫困户的 74 家合作社企业兑付补助资金 626 万元，带动建档立卡户 1123 户。边缘户产业到户补助项目补助资金 96.895 万元，涉及边缘户 206 户，按照每户不超过 5000 元的标准进行补助。

【农业投资项目】

2020 年，红寺堡区争取农业财政项目两批，其中第一批项目（11 大类 23 个项目），下达资金计划 7702.125 万元，包括中央财政资金 3635.325 万元，自治区财政资金 4066.8 万元；第二批项目 14 个，下达资金计划 1534 万元，包括中央财政资金 1396 万元，自治区财政资金 138 万元。闽宁协作发展资金项目 2 个，涉及资金 670 万元。中烟精准到户饲草料补贴扶贫项目完成饲草料补贴 420 万元，受益农户 600 户。

【农机管理】

2020 年，红寺堡区接收自治区农机总站下达的入户挂牌、检验、审验及培训任务分别是 80 台、1500 台、400 人和 850 人，实际完成入户挂牌 149 台，检验 1580 台，完成驾驶员审验 450 人，培训驾驶员 800 人次，分别完成入户挂牌、检验、审验及培训任务的 186%、105%、112%、94%。全年农机驾驶从业人员 1600 人，持证 925 人，持证率为 57.8%。2020 年，补贴购置各类农业机械 278 台，使用农机购置补贴资金 483.792 万元（中央补贴 468.472 万元、自治区补贴 15.32 万元）。机械总额 1728.701 万元，拉动农户自筹资金 1244.909 万元，直接受益农户 234 户。

【葡萄酒产业】

2020 年，红寺堡区新增种植酿酒葡萄面积 1506.14 亩，补助 1080942.4 元，注册成立吴忠市红寺堡区红丰农业开发有限公司，新建宁夏隆惠源酒庄有限公司、宁夏森兰酒庄有限公司 2 家酒庄，组织各酒庄参加国际国内各项赛事，获得布鲁塞尔国际葡萄酒大赛大金奖 1 枚，在宁夏银川国际葡萄酒大赛中获大金奖 1 枚、金奖 11 枚、银奖 15 枚，其他各类葡萄酒大赛金奖共 30 枚。完成葡萄种植技术培训 60 场次，培训 3000 人次。探索“企业 + 基地 + 农户”的合作模式，为西川村

537 户（建档立卡户 376 户）5200 亩土地发放流转费 517 元 / 亩；为同源村 694 户（建档立卡户 485 户）2450 亩土地发放土地流转费 530 元 / 亩。红寺堡区 10.8 万亩葡萄基地中企业种植 6.26 万亩，每年解决农民就业 56 万人次（每亩葡萄年用工 9 人次），农民年务工收入 5600 多万元（每人工日 100 元），带动建档立卡户 2300 余户。

【一村一年一事】

2020 年，红寺堡区制定《红寺堡区“一村一年一事”工作方案》，梳理 2020 年五乡镇需要办理的“一村一年一事”事项 57 项，其中自治区级办理事项 5 件、吴忠市办理事项 2 件、红寺堡区办理事项 24 件、乡镇办理事项 26 件。全年完成投资 9761.63 万元。

【“厕所革命”】

2020 年，红寺堡区建立红寺堡“123”农村户厕改造监管机制，推进农村户厕改造。累计投资 2300 万余元，完成改厕 6500 座，其中红寺堡镇 2097 座、太阳山镇 819 座、新庄集乡 1442 座、柳泉乡 1332 座、大河乡 810 座，全面完成 2019 年及 2020 年改厕任务，并通过吴忠市、自治区的考核验收。

【农业综合开发】

2020 年，红寺堡区新建大河乡香园村及新庄集乡杨柳村 175 座牛羊圈舍（牛舍 66 座，羊舍 109 座）；改扩建新庄集乡杨柳村 9.9 万立方米蓄水池；完成 1.3 千米道路硬化招标采购和实施工作；完成合作社晾晒场和库房建设工程招标采购工作；完成 2019 年农民和合作社培训招标工作，培训 650 人次；发放有机肥 5000 吨。

【优势作物】

2020 年，红寺堡区推广有机肥替代化肥、测土配方施肥、种子包衣、水肥一体化、绿色防控等优新技术，完成粮油播种面积 31.09 万亩，其中小麦 2.49 万亩、玉米 27 万亩、马铃薯 0.35 万亩、杂粮 0.86 万亩、油料作物 0.39 万亩。瓜菜总面积 10.25 万亩，其中露地瓜菜种植面积 1.91 万亩、设施瓜菜种植面积 3223 亩、黄花菜种植面积 8.02 万亩。培训农民 549 人，精准脱贫实用技术培训 100 人，培训科技示范主体 49 人，注册完成“红寺堡黄花菜”地理标志公用品牌，举办以“发展富硒黄花产业 助力乡村经济振兴”为主题的中国・宁夏吴忠第三届富硒黄花菜产业科技高峰论坛暨中国西部发展研究与促进会食品安全万里行活动。

【肉牛产业】

2020 年，红寺堡区按照“建立一个长效机制、打造两个基地、推广三个模式、健全四个体系”的“1234”发展思路，肉牛饲养量 12.5 万头，存栏 7.5 万头（能繁基础母牛存栏 4.9 万头），出栏 5 万头，新生犊牛 2 万头；培育飞地、壹加壹等千头以上肉牛养殖场 8 家，培育柳泉、博凯强等百头以上养殖合作社 10 家；新培育“50”（50 头）牛模式，家庭牧场 55 户，累计 80 户；建设肉牛改良点 14 个、改良肉牛 23390 头、良种化率 100%，千头以上肉牛养殖村 20 家。

【滩羊产业】

2020 年，红寺堡区按照建设 1 个基地、支持 1 个龙头企业、成立 1 个联盟、组建 1 支团队、建设 1 套体系、提升 1 批主体、培育一批“300”（300 只羊）户、年投资 1000 万元、人均增收 1000 元、总产值 10 亿元的十个“一”目标，建设自治区级红寺堡区滩羊产业良种繁育基地，培育滩羊基础母羊核心群 10 万只、滩羊重点村 23 家。其中，示范村 3 家，组建羊产业联合体 1 家；滩羊饲养量 96 万只，存栏 57.6 万只（其中能繁基础母羊存栏 34.5 万只），出栏 38.4 万只。

【特色养殖业】

2020 年，红寺堡区生猪饲养量达到 3.03 万头、出栏 2.08 万头、存栏 0.95 万头、能繁母猪 0.2077 万头；家禽饲养量 130.5 万羽，出栏 97.88 万羽、存栏 32.62 万羽；中蜂养殖 4725 箱；肉驴等马属动物饲养量 263 头，出栏 251 头、存栏 12 头；骆驼饲养量 320 峰，出栏 116 峰、存栏 204 峰。

【牧草产业】

2020 年，红寺堡区种植以紫花苜蓿为主的多年生优质牧草 0.3 万亩、留床面积达到 7.2 万亩、年产优质干草 5.8 万吨，种植草高粱等一年生青草 10.2 万亩（包括 5 万亩全株青贮玉米）、年产青干草 4 万吨，各类秸秆干草 49 万吨，秸秆青黄贮 39 万吨。秸秆综合利用率 100%。

（张本健）

林业

【森林覆盖率】

截至 2020 年底，红寺堡区累计投资 3818 万元，完成绿化任务 10.73 万亩，其中生态经济林 1.7 万亩、乔木补植补造 0.05 万亩、退化灌木林补植补造 0.95 万亩、封山育林 1 万亩、灌木林种植 0.5 万亩、未成林补植补造 0.3 万亩、退化草原生态修复 1.2 万亩、森林抚育（柠条平茬抚育）3 万亩、森林精准提升（补植补造）2 万亩、城区景观改造提升 0.03 万亩，完成计划任务的 122.91%。

【城区绿化】

2020 年，红寺堡区加快实施城区景观绿化改造工程，对罗山路、文化街、宝源大地酒庄西侧坡面、罗山路（定武高速收费站处）坡面等主干道路及景观节点进行提质增景改造，投资 665 万元，完成绿化 300 亩，改造提升街头游园 12 处。

种植文冠果修复生态环境　（农业农村局提供）

【经济林建设】

2020年，红寺堡区加强枸杞种植田间管理技术培训和指导服务工作，开展枸杞种植管理技术培训3次，指导服务苹果种植户20余户；完成枸杞绿色防控2万亩，建成鹏胜苹果标准化示范基地1处。

【森林资源管理】

2020年，红寺堡区制定《森林草原防火应急预案》，编制完成红寺堡区林草火险等级一张图，落实林草防火责任，组建43人组成的林草防火应急队伍，加强重点区域日常监管和防控工作，2020年未发生重大林草火灾事故。完成草原有害生物防治25万亩，林业有害生物防治450亩，林业有害生物成灾率低于5‰，无公害防治率88%以上；加强春季苗木检疫，完成苗木检疫233批次179.768万株，产地检疫97批次503.3万株，苗产地检疫率达100%。动用工程机械、出动车辆466辆次，排查并拆除野外羊圈及可能会被偷牧者使用的移民旧院落、废弃窑洞等466处，查处偷牧案件20起，罚款27131元；乡镇处理52起，赶羊下山入圈64495只。2020年，向自治区林草局申报办理建设工程使用林地手续项目16个，使用红寺堡区林地面积136.5565公顷。制定《关于开展非法压砂地专项整治三年行动实施方案（2020—2022年）》，推进红寺堡区鲁家窑生态环境专项整治，禁止滚新公路以东片区1.6万余亩压砂瓜地种植，收回慈善大道东侧压砂瓜土地4088亩，拆除违法建设的临时看护棚116座、蓄水池68个，清理压砂瓜地垃圾59处。

【督查验收】

2020年，红寺堡区自然资源局办结扫黑除恶问题线索21件，立案6件，处罚没款4.375万元。组织摸排行业乱点乱象问题线索26条，移交红寺堡区综合执法局依法查处。加强与公安分局、综合执法局等部门协作配合，协助调取证据200余件，支持相关部门案件侦办。成立包抓领导小组，开展自然资源领域信访矛盾纠纷化解工作，2020年共受理信访案件19件，办结17件，信访矛盾化解率89.5%。行政执法共立案19件，处行政罚没款90.4992万元，已缴纳86.1242万元。开展土地问题线索核查，打击违法行为。2020年，办理倒卖土地、改变土地用途等违法线索21件，立案处罚6件，罚没款4.375万元。加强林地草地日常巡护，2020年，开展林草资源巡查240余次，对1起改变林地用途违法行为进行立案查处，处罚没款5.063万元。发现未按建设工程规划许可证规定建设违法线索1条，移交综合执法局立案查处，处罚款10.9万元。坚持日常巡查、卫片核查和问题摸排相结合，推进行业问题专项整治。2020年，自然资源厅下达红寺堡区第一、二季度土地疑似违法图斑194个，其中红寺堡区管辖区域内133个疑似违法图斑通过外业核查、收集资料研判，确定违法图斑17个，移交各乡镇、相关部门落实整改，对违法行为依法查处。制定印发《吴忠市红寺堡区自然资源执法监察动态巡查工作制度》《红寺堡区自然资源局重大行政执法决定法制审核制度》《吴忠市红寺堡区自然资源局依法整治破坏自然资源违法行为问题线索举报奖励办法》，压紧压实行业监管责任。

【脱贫攻坚】

2020年，红寺堡区自然资源局在春季招标合同中规定中标企业必须使用本地苗木和优先使用建档立卡户苗木，解决建档立卡户苗木无销路、销售难等问题。按照《红寺堡区建档立卡贫困人口生态护林员选聘管理办法》，将符合条件的730名建档立卡户纳入生态护林员队伍，参与生态建设和资源保护，每名建档立卡户每年享受生态护林员补贴资金 1 万元，增加建档立卡户收入。筹集资金 8.76 万元，为 730 名生态护林员购买雇主责任险。2020 年，退耕还林补助资金 2499 万元，其中涉及建档立卡贫困户 1675 户 6970 人。按照国家补助标准，落实天然林资源保护工程中央财政森林生态效益补偿资金 160.4 万元，其中集体林地 1.45 万亩补偿资金 23 万元。为各乡镇扶贫项目供地 5 宗 17.8 亩。

（冯启新）

水 利

【水利工程建设】

2020 年，红寺堡区实施水利扶贫项目 32 个，投资 9840.18 万元。其中，涉农整合资金 26 个，批复总投资 7063.51 万元；专项资金项目 6 个，总投资 2776.67 万元。

【水量管理】

2020 年，红寺堡区将 2.21 亿立方米水指标分配到各乡（镇）、村、支口，使灌区各支口均衡受益，使有限的水资源发挥最大效益，完成灌溉任务。规范取用水行为，倒逼产业结构、产能结构、产品结构优化调整。实施深度节水控水行动，叫停用水量大的高耗能规划和建设项目，提升节水监管能力，提高各行业节水效能。开发建设农业水价综合改革管理系统，推进水权交易，交易水量 370 万立方米、226 万元，以水资源集约高效利用推动全区绿色发展、高质量发展，提高单方用水效益。

【防汛抗旱】

2020 年，红寺堡区水务局修订完善《红寺堡区防汛抢险应急预案》《红寺堡区抗旱预案》，执行领导带班，干部值班制度，值班人员 24 小时值班，做好各类信息收集处理、上报和传达工作，确保汛情信息及时传达。联合人武部、宁夏水利水电工程局等部门组织 100 余人进行山洪灾害应急现场模拟演练。投资 100 万元，新建 12 处视频监控站，与雨情监测预警平台衔接，适时监测山洪灾害，保障人民生命财产安全。投资 15 万元，维修长渣、十字湾水库，确保水库安全度汛。

【水土保持】

2020 年，红寺堡区水务局治理水土流失面积 38.13 平方千米，完成重点预防保护面积 41.33 平方千米；征收水土保持补偿费 205.89 万元；查处认定水利部及水利厅下发疑似违法违规扰动图斑 349 个。

【河长制】

2020 年，红寺堡区水务局落实河长制责任，开展巡河 3152 人次，印发河长交办令 4 期、河长督办单 16 期。开展“清水、畅河、净源”回头看专项行动，排查整改问题 26 个，恢复水域岸线 51.5 亩，清理建筑、生活垃圾 700 余吨。实施宁夏清水河综合治理工程红寺堡段治理项目，改善生态环境，推进红柳沟、苦水河等重点水土保持生态建设项目，提高水源涵养能力。

【农村饮水】

2020 年，红寺堡区水务局着力解决脱贫攻坚工作中农村饮水安全存在的困难和问题，确保农村饮水安全 4 项指标全部达标，印发《红寺堡区 2020 年农村人饮巩固提升方案》，落实农村饮水安全管理责任制；投资 3499.09 万元，实施农村饮水安全工程 11 个，对供水管道管径小、埋深浅的供水工程进行改造提升，提升供水保证率和水质达标率。

（马莉）

供水保障

【水源工程建设】

截至 2020 年底，红寺堡区有供水水源工程

水投公司组织工作人员开展防汛应急演练　（水投公司提供）

7 处，全部为集中式供水工程，供水覆盖率为 98.5%。人饮工程按水源分为 2 大类 7 处。以地下水为水源的供水工程有中宁恩和地下水为水源的西部供水工程、柳泉地下水为水源的中部供水工程。以扬黄灌溉水为水源的供水工程有新庄集农村饮水安全改造工程、周新供水工程、乌沙塘供水工程（西部农村饮水安全水源改造及扩建工程）、鲁家窑供水水源工程、马渠生态移民供水工程。中部供水工程水源地在柳泉，现运行水源井 8 眼，清水池 2 座，设计日供水量 12000 米 ^{3}/ 天；西部供水工程水源地在中宁恩和，建有水源井 2 眼、清水池 5 座（加压一、双井子、加压二各 1 座、红崖 2 座），设计日供水量 2400 米 ^{3}/ 天；鲁家窑供水水源工程由取水工程、水库工程和水厂工程三部分组成，建设水库 1 座，1500 立方米清水池 2 座，日供水量 5 万米 ^{3}/ 天（生态绿化及农业灌溉 3.4 万米 ^{3}/ 天，生活及工业 1.6 万米 ^{3}/ 天）；新庄集供水工程水源为新庄集五支干高口扬黄渠道水，建设净化水厂 1 座，10 万立方米蓄水池 1 座，100 立方米和 500 立方米清水池各 1 座，设计供水量 1700 米 ^{3}/ 天；周新供水工程水源为红寺堡四干渠七支渠道取水，建净化厂 1 座，6 万立方米蓄水池 1 座，4 万立方米蓄水池 1 座，500 立方米清水池 1 座，设计供水量 592 米 ^{3}/ 天；乌沙塘供水工程水源为红寺堡三干渠扬黄渠道取水，建净化水厂 1 座，取水泵站 1 座，300 立方米蓄水池 3 座，设计供水规模为 3159 米 ^{3}/ 天；马渠供水工程水源为新庄集五支干高口扬黄渠道水，建净化水厂 1 座，500 立方米蓄水池 1 座，设计供水规模为 693 米 ^{3}/ 天。

【基础设施建设】

2020 年，红寺堡区争取项目资金实施西部供水及周新人饮安全工程提升改造，区域供水保障能力和服务质量明显得到提升。实施银川都市圈城乡东线供水工程孙家滩国家级现代农业科技示范区应急水源工程净水厂工程，提高该地区居民和数十万头牲畜的饮水安全保障。拓展中水回用业务，主动参与中水回用管网敷设、中水厂设备调试等工作，依托中水价格优势，提升经营效益，同时节约水资源。协调推进红寺堡污水处理厂二期扩建项目，项目概算 3210 万元，截至 2020 年底，完成项目进度的 55%，项目完成后污水处理规模将达到 2 万吨 / 日。完善红寺堡区综合调度控制中心建设，实现生产数据和设备运行实时监控、远程操控及智慧应用，全面提升供水业务管控效率。

【安全生产】

2020 年，红寺堡区组织层层签订安全生产目标责任书 99 份，定期检查、考核，形成安全目标有计划、有落实、有检查、有考核的“闭环管理”。持续加强应急管理，开展应急标准化建设示范点创建工作，全年开展地震灾害、火灾、触电、有限空间、安全保卫、防洪度汛、消防和水质污染应急演练 9 场。开展“安全生产月”活动，通过举办知识竞赛、安全风险辨识、网络知识竞赛和应急演练等一系列活动，营造安全生产环境和文化氛围。

【提质增效】

2020 年，红寺堡区实施城区管网漏损控制信息化建设项目。随着该项目的深入实施，控漏减损效果明显，全年漏失水量较上年降低 25 万吨。细化目标，升级管理方式，将生产能耗指标管理与绩效考核体系结合，促使各运行单位在工艺调整、设备运行模式、设备检维修等方面勤下功夫，降低生产成本费用。

【政策支持】

2020 年，红寺堡区争取落实农村饮水工程维护基金和水价补贴；争取落实红寺堡区工业信息化和商务局规模以上企业奖补资金及技术改造综合奖补专项资金 108 万元。通过落实政策支持、拓展业务板块，企业的可持续发展能力得到全面提升，也为更好地服务地方经济建设奠定坚实的基础。

【优化服务】

2020 年，红寺堡区推进日常供水规范化管理，筹措资金实施标准化服务大厅建设，着力提升供水服务标准化、规范化水平；打造标准化水质检测实验室，使日常水质检测能力达到 37 项；推进“四到户”工程（抄表到户、收费到户、开票到户、维修到户），成立农网普查工作小组，全面摸清农村用水情况，确保管网有效监控，水量精准计量，服务能力持续提升。

【疫情防控】

2020 年，红寺堡区成立应对新型冠状病毒感染肺炎疫情防控工作领导小组，印发新型冠状病毒肺炎疫情防控工作实施细则，分解和细化各项防控管理措施。水投公司利用网络媒介、LED 显示屏、悬挂横幅等方式广泛宣传防疫知识，引导广大职工正确认识疫情、积极配合防控。通过采取按需配置上班人员，减少换班频次，降低人员流动，最大限度地保证职工生命安全和身体健康。制订公司新型冠状病毒疫情防控应急预案，坚持供水热线 24 小时在线服务，工程检修人员 24 小时待命抢修，确保疫情防控期间用水户用水无忧。捐赠消毒液等防疫物资驰援红寺堡区政府部门和社会各界，募集善款 2.56 万元，通过红十字会和宁夏青少年基金会捐赠到自治区对口帮扶的湖北襄阳市，助力湖北襄阳疫情防控工作。

（刘佳丽）

农田水利建设

【高标准农田】

2020 年，红寺堡区完成田间渠道维修改造项目 8 个，完成高效节水田间灌溉滴灌带（管）维修工程；完成 2019 年高标准农田续建项目 7 个，完成 2019 年沙草墩村西一支组盐渍化治理项目。

【农田整治】

2020 年，红寺堡区秸秆清收 15 万亩，机深翻 10 万亩，清理整修渠道 61 千米，田间道路整修 54.6 千米，增施有机肥 1 万亩，盐碱地改良 0.76 万亩，改善灌溉面积 4.38 万亩，水土流失治理 20 平方千米。

（张本健）

检验检疫

【农产品检测】

2020 年，红寺堡区对辖区内玉池、乌沙塘等种植生产基地、中小学生营养计划午餐蔬菜进行例行抽检。重点对辖区内韭菜、枸杞、黄花菜等农产品生产基地开展巡回检查 18 次，检查农产品生产基地 25 家。2020 年，抽取蔬菜样品做定量检测 32 批次，检测结果合格率为 100%。定性检测 1795 批次，合格 1795 批次。开具合格证企业 3 家，开具合格证 1178 张，附带合格证上市的农产品 63.595（吨）。

【投入品备案】

2020 年，红寺堡区种子、农（兽）药、化肥等农业投入品严格实行网上登记备案制度。全年登记备案准许在红寺堡区销售的玉米品种 82 个，驳回不予备案销售的 16 个。

【动物检疫】

2020 年，红寺堡区严把动物入场“查证验物”关，确保屠宰动物及动物产品质量安全。全区有屠宰场、牛羊肉加工场各 1 家，兽医实验室、产地检疫、产品检疫各 1 处，全年检疫动物 19.2886 万头（只、匹），出具产地检疫证 2947 张。其中，产地检疫 A 证 324 张，检疫动物 9.0394 万头（只、匹）；B 证 2623 张，检疫动物 10.2492 万头（只、匹）。

【动物防疫】

截至 2020 年底，红寺堡区共有兽医社会化服务组织 5 家，累计免疫牛口蹄疫 10.61 万头次、羊口蹄疫 98.02 万只次、小反刍兽疫 12.87 万只次、布鲁氏杆菌免疫羊 48.6 万只次、猪口蹄疫 1.97 万头次、猪瘟 2.2 万头次、高致病性禽流感 71.2 万羽次、犬包虫病驱虫 2.13 万条次，集中免疫密度 100%，免疫抗体合格率达到国家标准（70% 以上）；肉牛改良 14 家，肉牛良种化覆盖率、病死畜禽无害化处理率、动物免疫密度、动物产地及肉品检疫率等实现七个 100%。

（张本健）

特色产业

【枸杞产业】

自 1998 年开发建设之初，红寺堡区开始零星种植枸杞，随后历届区委、区政府逐渐加大产业结构调整力度，将枸杞产业纳入高效、节水的主导产业大力发展。截至 2020 年底，枸杞种植面积 5.6 万亩，年产值逾 1.4 亿元，每年采摘枸杞解决农户就业逾 3.7 万个工日，创造务工收入近千万元。2020 年，红寺堡区枸杞种植面积 2.5 万亩，其中 9 家企业种植枸杞 1.2 万亩左右，12 家合作社、30 家种植大户、800 余户散户种植枸杞 1.3 万亩左右。全区年产枸杞干果约 3700 吨，年产值 1.9 亿元。从业人数 8000 余人，其中企业采摘枸杞、修剪等田间管理每年解决农户就业逾 20 万个工日（相当于逾 600 个长期稳定的就业岗位），每年创造务工收入超过 2400 万元。主要种植品种为宁杞 7 号、9 号、10 号，良种覆盖率 92.74%；统防统治面积 13798 亩，统防统治率 55.19%；设施日制干量 464.93 吨，鲜果加工转化率 64.07%。引进红寺堡区百瑞源枸杞产业发展有限公司、宁夏古丝路枸杞种植有限公司、宁夏贺兰山地源中药材科技有限公司等种植加工销售企业，支持企业先后注册百瑞源、说杞、杞甸园、龙源圣果等商标。宁夏永进健康产业有限责任公司建设的以枸杞林下散养鸡模式的宁夏吴忠市红寺堡区弘德村枸杞林下经济示范基地，以及红寺堡区百瑞源公司计划建设的年加工 3000 吨枸杞原浆和 200 吨锁鲜改扩建项目等，延伸枸杞产业的附加价值，提高枸杞亩产量，达到提质增收效果。

（张金虎）

【黄花菜产业】

2014 年以后，红寺堡区将黄花菜产业作为脱贫富民、增收致富的主导产业、特色产业和绿色产业，强化政策引导、资金投入和市场培育，黄花菜产业迅速发展壮大，形成特色鲜明、优势突出、集中连片的黄花菜种植体系。截至 2020 年底，红寺堡区黄花菜种植面积 8.02 万亩，其中红寺堡镇 13231 亩、太阳山镇 25603 亩、大河乡 12880 亩、新庄集乡 13139 亩、柳泉乡 15347 亩。进入 3 年以上盛产期黄花菜 4.2 万亩，干黄花菜产量达到 1.1 万吨，综合产值达到 3.3 亿元，占全年农业总产值的 30.6%。发展黄花菜种植户 10011 户，其中建档立卡户 3190 户。引进猛子花、大金条、大乌嘴、马莲花等黄花菜品种 20 个（主要品种有大金条、大乌嘴、马莲花，占 90%），建成黄花菜标准化种植示范点 36 个，其中千亩以上标准化示范点 25 个。整合各类涉农资金 1.5 亿元，配套建设公共晾晒场 57 处 40 万平方米、冷库 61 座、烘干房 23 间，发放晾晒托盘 57 万个。打造黄花菜高效节水种植片区 3 万亩，引进贵州航天智慧农业有限公司、水发浩海集团有限公司等 5 家黄花菜加工销售企业，培育黄花菜专业合作社 27 家、家庭农场 66 家、种植大户 667 家，年加工黄花菜鲜菜能力达到 7.7 万吨。鼓励支持企业先后注册“兴茗萱”“翼依富硒”等 13 个有影响力的企业产品商标。2020 年，通过招商引进水发（宁夏）农业开发有限公司和贵州航天智慧农业有限公司，投入资金 1.95 亿元（统筹整合项目资金 6655.8 万元），建设黄花菜加工厂及黄花菜交易大数据中心，组建专业营销团队，开拓区内外销售市场，畅通线上线下销售渠道。同时依托大数据交易中心平台，采取“直销 + 新型电子商务 + 现代物流”相结合的营销模式，与全国各地建立稳定的购销网络。黄花菜亩均产干菜 200 千克以上，按照干菜平均价格 30 元 / 千克计算，亩均产值 6000 元，经济效益显著，在采摘期可增加劳务收入，带动红寺堡区人均收入提高。

（张本健）

【葡萄产业】

红寺堡区地处宁夏贺兰山东麓，日照时间长，昼夜温差大，是全国最大的移民区，与世界著名葡萄酒产地法国波尔多处于同一纬度，是国内少有的无污染农业生态区，是生产高质量酿酒葡萄的“黄金地带”。2007 年，红寺堡区开始发展葡萄产业，葡萄种植面积 10.6 万亩，注册葡萄酒企业 28 家，已建成酒庄（厂）18 家、投产 13 家，年加工能力达 3.5 万吨，年产成品酒 800 万瓶，产值达 4 亿元。

（陈腾腾）

【“红漠”公用品牌】

2020 年，红寺堡区打造产区公用品牌，以红寺堡区葡萄与葡萄酒协会为平台，酒庄企业自主自愿形成联盟，政府指导成立吴忠市红寺堡区红丰农业开发有限公司，注册产区公用品牌“红漠”，逐步引导、整合企业品牌，壮大发展产区公用品牌。

【宁夏罗山酒庄】

宁夏罗山酒庄有限公司成立于 2010 年，位于红寺堡区劳动街与扬黄路交会处。公司注册资金 3000 万元，总资产 4350 万元，固定资产 1280 万元。酒庄建设面积 22000 平方米，生产车间 3200 平方米，地下酒窖 2000 平方米，年加工葡萄酒能力 500 吨，葡萄种植基地 400 亩，是一家集有机葡萄种植、葡萄酒酿造、销售、餐饮、住宿及旅游观光为一体的综合性生态酒庄。注册葡萄酒品牌“罗山（罗山红、之恋、传奇、神韵、丁香花、霞多丽干白、小桃红、醉青春、罗山187）”9个品系。其中，“罗山传奇2013”获2016年亚洲葡萄酒大奖赛金奖、2017年柏林国际葡萄酒大奖赛金奖、2019年“一带一路”国际葡萄酒大赛金奖，“罗山神韵2014”获2016年亚洲葡萄酒大奖赛金奖、2018年柏林国际葡萄酒大奖赛（冬季赛）金奖，“罗山之恋2014”获2017年亚洲葡萄酒大赛金奖。截至2020年，酒庄获国际奖项15个、国内奖项11个。

【宁夏东方裕兴酒庄】

宁夏东方裕兴酒庄有限公司成立于2014年，位于红寺堡区肖家窑葡萄产业园。公司注册资金500万元，总资产9000万元，固定资产6000万元。酒庄建设面积6800平方米，生产车间600平方米，地下酒窖1500平方米，年加工葡萄酒能力400吨，葡萄种植基地600亩，是一家以旅游观光、有机葡萄种植、葡萄酒酿造及销售为一体的综合性企业。注册葡萄酒品牌“戈蕊红及宁裕8个品系（庄主、金樽、玉碗、夜光杯、金戈、紫韵、鸿运、桃红）”。其中，“戈蕊红金樽2017”获2018年贺兰山东麓国际葡萄酒博览会金奖，“戈蕊红金樽2015”获2019年“一带一路”国际葡萄酒大赛金奖，“戈蕊红夜光杯2016”“戈蕊红夜光杯2017”“戈蕊红金戈2017”获2019年第十届亚洲葡萄酒质量大赛金奖。截至2020年，酒庄获国际奖项65个、国内奖项3个。

【宁夏昱豪酒庄】

宁夏昱豪酒庄有限公司成立于2014年，位于红寺堡区肖家窑葡萄产业园。公司注册资金1000万元，总资产2500万元，固定资产2000万元。生产车间1500平方米，地下酒窖1200平方米，年加工葡萄酒能力500吨，有葡萄种植基地1600亩，是一家集旅游观光、有机葡萄种植、葡萄酒酿造及销售为一体的综合性企业。注册葡萄酒品牌“碟缘双玉及卡漫堡3个品系（铂金干红、金樽干红、红玉干红）”。

【宁夏红寺堡酒庄】

宁夏红寺堡酒庄有限公司成立于2014年，位于红寺堡区城北葡萄酒主题文化城紫光湖北。公司注册资金3000万元，总资产2亿元。酒庄文化产业园占地133亩，种植葡萄文化观光园占地

东方裕兴酒庄　（魏旭平 摄）

3097 亩，建成 14000 平方米产品会展、商务中心，3000 平方米的地下酒窖，600 平方米的酒庄发酵生产、灌装车间，是一家以农业设施建设、农业生态观光、葡萄酒酿造及销售为一体的综合性企业。注册葡萄酒品牌“红寺堡（紫丽赤霞珠干红、炫丽美乐干红、魔丽半甜红、赤霞珠干红、美乐干红、霞多丽干白、玫瑰香半甜桃红、半甜红、彩前 187ML 干红、半甜红、橡木桶干红 2015、橡木桶干红 2016）”12 个品系。其中，“红寺堡橡木桶 2015”获 2019 年第四届亚洲葡萄酒大赛金奖、2019 世界沙漠葡萄酒大赛金奖、2019 年中国优质葡萄酒大赛金奖。截至 2020 年底，酒庄获国际奖项 2 个、国内奖项 2 个。

【宁夏江源酒庄】

宁夏江源葡萄酒庄有限公司成立于 2015 年，位于红寺堡区肖家窑葡萄产业园。公司注册资金 1600 万元，总资产 5000 万元，固定资产 3500 万元。酒庄建设面积 6600 平方米，生产车间 1200 平方米，地下酒窖 1500 平方米，年加工葡萄酒能力 200 吨，葡萄种植基地 1800 亩，是一家以农业生态观光、有机葡萄种植、葡萄酒酿造及销售为一体的综合性企业。注册葡萄酒品牌“江源（金麓级、银麓级、福麓级、新干红、桃红）”5 个品系。其中，“江源金麓级赤霞珠 2017”获 2019 年“一带一路”国际葡萄酒大赛银奖。截至 2020 年底，酒庄获国际奖项 1 个。

【宁夏天得酒庄】

宁夏天得葡萄酒业有限公司成立于 2013 年，位于红寺堡区弘德工业园区经一路。公司注册资金 5000 万元，总资产 14000 万元，固定资产 5500 万元。酒庄建设面积 50 平方米，生产车间 12000 平方米，地下酒窖 3000 平方米，年加工葡萄酒能力 600 吨，葡萄种植基地 8000 亩，是一家以农业生态观光、有机葡萄种植、葡萄酒酿造及销售为一体的综合性企业。注册葡萄酒品牌“龙驿（龙驿赤霞珠混酿 2013、龙驿赤霞珠陶酿 2013、龙驿赤霞珠 2013、罗德朗尼赤霞珠 2015）”4 个品系。其中，“龙驿赤霞珠混酿粒选 2013”获 2018 年国际 WINE100 葡萄酒大赛金奖，“龙驿赤霞珠陶酿 2013”获 2017 年国际有机葡萄酒大赛金奖，“龙驿赤霞珠 2013”获 2016 年 Decanter 亚洲葡萄酒大赛金奖，“罗德朗尼赤霞珠 2015”获 2016 年有机葡萄酒大赛金奖。截至 2020 年，酒庄获国际奖项 36 个、国内奖项 27 个。

【宁夏汇达酒庄】

宁夏汇达阳光生态酒庄有限公司成立于 2013 年，位于红寺堡区城北滚新公路与定武高速交会东北角。公司注册资金 557.62 万元，总资产 14000 万元，固定资产 5500 万元。酒庄建设面积 14073 平方米，生产车间 2059 平方米，地下酒窖 2200 平方米，年加工葡萄酒能力 500 吨，葡萄种植基地 6400 亩，是一家以农业生态观光、有机葡萄种植、葡萄酒酿造及销售为一体的综合性企业。注册葡萄酒品牌“千红裕（钻石级、铂金级、黄金级、东一区、东二区、东三区、桃红）”7 个品系。其中，“千红裕赤霞珠钻石级 2013”获 2015 年贺兰山东麓国际葡萄酒博览会金奖，“千红裕赤霞珠铂金级 2014”获 2016 年第七届国际有机酒大赛葡萄酒类金奖，“千红裕赤霞珠黄金级 2017”获 2019 年第十届亚洲葡萄酒质量大赛金奖。截至 2020 年底，酒庄获国际奖项 32 个、国内奖项 10 个。

【宁夏臻麓酒庄】

宁夏臻麓酒庄成立于 2017 年，位于红寺堡区北海子湖西侧。公司注册资金 1000 万元，总资产 3600 万元，固定资产 3100 万元。总建筑面积 6800 平方米，生产车间 2880 平方米，地下酒窖 2000 平方米，年加工葡萄酒能力 500 吨，基地种植面积 1600 亩，是一家以农业生态观光、有机葡萄种植、葡萄酒酿造及销售为一体的综合性企业。注册葡萄酒品牌“鹏胜（九天、飞天、子爵、臻麓、国风、境界、桃红）”7个品系。其中，“鹏胜臻麓2012”分别获2017年亚洲葡萄酒大赛金奖、2018年柏林葡萄酒大赛金奖、2017年WINE100葡萄酒大赛金奖，“鹏胜子爵2013”获2018年布鲁塞尔大赛金奖、2018年柏林葡萄酒大赛金奖，2017年份酒在2018年获“一带一路”国际葡萄酒大赛金奖。截至2020年底，酒庄获国际奖项17个、国内奖项3个。

【宁夏罗兰马歌酒庄】

宁夏罗兰马歌农业科技有限公司成立于2014年，位于红寺堡区肖家窑葡萄产业园。公司注册资金50万元，总资产400万元，固定资产1200万元。酒庄建设面积5600平方米，生产车间2000平方米，地下酒窖800平方米，年加工葡萄酒能力500吨，葡萄种植基地800亩，是一家以农业设施建设、农业生态观光、有机葡萄种植、葡萄酒酿造及销售为一体的综合性企业。注册葡萄酒品牌“罗兰马歌橡木桶酒、庄园版、名片版、水墨画版、梅鹿辄混酿）”5个品系。其中，“罗兰马歌橡木桶2017”获2020年比利时布鲁塞尔国际葡萄酒大奖赛大金奖、中国优质酒挑战赛金奖。“罗兰马歌庄园版2016”获2018年亚洲葡萄酒质量大赛金奖、亚洲酒类大赏金奖，“罗兰马歌名片版2016”获2018年亚洲酒类大赏双金奖。截至2020年底，酒庄获国际奖项9个、国内奖项4个。

【宁夏红粉佳荣酒庄】

宁夏红粉佳荣酒庄有限公司成立于2014年，位于红寺堡区柳泉乡南部茅头墩（罗山北坡）。公司注册资金2000万元，总资产54000万元，固定资产4100万元。酒庄建设面积16600平方米，生产车间3000平方米，地下酒窖3000平方米，年加工葡萄酒能力1000吨，有葡萄种植基地1000亩，已种植酿酒葡萄5000亩，是一家旅游观光、有机葡萄种植、葡萄酒酿造及销售为一体的综合性企业。注册葡萄酒品牌“红粉佳荣（水滴、塞上爵品、醇霞、葡锦、清韵、紫光、漠尊、紫云华庭、沙漠之王、一带一路、白兰地、干白、桃红）”13个品系。其中，“红粉佳荣水滴2013”获2015年法国吉伯特国际红酒挑战赛金奖，“红粉佳荣干白2017”获2017年中国葡萄酒市场生肖金鸡奖金奖，“红粉佳荣干红2017”获2017年中国葡萄酒市场生肖金鸡奖金奖。截至2020年底，酒庄获国际奖项1个、国内奖项4个。

【宁夏康龙酒庄】

宁夏康龙酒业有限公司成立于2012年，位于弘德工业园区经一路2号。注册资金1058万元，总资产5000万元，固定资产5000万元。酒庄建设面积72亩，生产车间1500平方米，地下酒窖2100平方米，年加工葡萄酒能力300吨，是一家以农业设施建设、农业生态观光、葡萄酒酿造及销售为一体的综合性企业。注册葡萄酒品牌“康龙啸鹰（男爵蛇龙珠、骑士赤霞珠、霞多丽干白、小桃红、东方魅力黑比诺）”5个品系。其中，“康龙啸鹰骑士赤霞珠2014”获2018年第十届亚洲酒类大赛金奖，“康龙啸鹰男爵蛇龙珠”获2018年第十届亚洲酒类大赏金奖。截至2020年底，酒庄获国际奖项2个。

【宁夏兴宇酒庄】

宁夏兴宇酒庄有限公司成立于2016年，位于红寺堡区肖家窑葡萄产业园。注册资金1000万元，总资产2260万元。酒庄建筑面积2100平方米，生产车间620平方米，地下酒窖480平方米，年加工葡萄酒能力150吨，葡萄种植基地800亩，是一家集酿酒葡萄生产、加工、销售、旅游为一体的专业葡萄酒的生产企业。注册葡萄酒品牌“帝琦(脸谱、黑标、白标、赤霞珠桃红)”4个品系。

【宁夏诗裕酒庄】

宁夏诗裕酒庄有限公司成立于2018年，位于弘德工业园区经三路以西、纬二路以北。注册资金1500万元，总资产5000万元，固定资产1700万元。酒庄建筑面积60亩，生产车间3000平方米，地下酒窖1400平方米，年加工葡萄酒能力100吨，是一家集酿酒葡萄生产、加工、销售为一体的专业葡萄酒生产企业。注册葡萄酒品牌“诗裕(橡木桶赤霞珠、蛇龙珠、赤霞珠、桃红、尚品干红)”5个品系。其中，“蛇龙珠干红2019”在2019年获中国优质挑战赛新酒优胜奖。截至2020年底，酒庄获国内奖项1个。

【宁夏紫尚葡萄酿酒股份有限公司】

宁夏紫尚葡萄酿酒有限公司成立于2012年，占地面积为33000平方米，位于红寺堡区，是一家集种植、酿造、销售为一体的专业化葡萄酒企业，公司自有高端酿酒葡萄1000亩，优质酿酒葡萄10000亩，年生产能力10000吨，公司全套采用先进酿酒工艺和灌装设备,引进适宜当地土壤生长的优良葡萄树种，按照国际葡萄与葡萄酒组织(OIV)标准进行种植和生产。公司聘请全球知名专家,在葡萄园管理、葡萄采摘、葡萄处理及发酵、贮存等环节精心操控，守信真实原则，承诺始终保证优质品质，100%挑选使用优质葡萄来酿酒。酿酒师全过程监控，精心调配。

【宁夏中贺酒庄】

宁夏中贺葡萄酒业有限公司成立于2013年，位于红寺堡区弘德工业园区纬三路北。公司注册资金1000万元，总资产4730万元，固定资产1800万元。酒庄建设面积33000平方米，生产车间1900平方米，地下酒窖1200平方米，年加工葡萄酒能力2000吨，葡萄种植合作社有基地1200亩，是一家以有机葡萄种植、葡萄酒酿造及销售为一体的综合性企业。注册葡萄酒品牌“中贺(翠鸟有机干红、岩画赤霞珠、金奖蛇龙珠、白兰地、三不知葡萄蒸馏酒)”5个品系。其中，“中贺金奖蛇龙珠2014”获2014年第一届罗山杯盲品大赛金奖，“中贺岩画赤霞珠2012”获2015年第一届中国亲民葡萄酒大赛风格金奖，“中贺白兰地2014”获2018年亚洲酒类大赏冠军侍酒师评审金奖。截至2020年底，酒庄获国际奖项2个、国内奖项3个。

【宁夏明雨酒庄】

宁夏明雨酒庄有限公司成立于2014年，位于红寺堡区肖家窑葡萄产业园。注册资金600万元，总资产3600万元，固定资产1800万元。酒庄建设面积1970平方米，生产车间982平方米，地下酒窖580平方米，年加工葡萄酒能力300吨，葡萄种植基地440亩，是一家以农业设施建设、农业生态观光、葡萄酒酿造及销售为一体的综合性企业。现注册葡萄酒品牌“雨醇(限量级、珍藏级、甄选级、优选级、精选级)”5个品系。其中，“雨醇赤霞珠精选级2016”获2019年亚洲葡萄酒指南银奖。截至2020年底，酒庄获国际奖项1个。

（王青山）

工 业

GONGYE

HONG SI BU NIAN JIAN 2021

综 述

【项目引进】

2020年，红寺堡区重点招商项目45个，组织小分队赴北京、江苏、福建、内蒙古等地招商考察12次，在浙江宁波、广东东莞、陕西西安、重庆等地开展招商专场推介会8次。邀请江苏和富、山东水发等企业到红寺堡考察对接52次，对接洽谈企业47家，达成贵州億昇蘑菇菌棒种植加工等意向性项目38个，签约落地山东水发黄花菜加工及销售等项目12个，计划投资83.6亿元。推进卧龙电气风电、水发黄花菜鲜菜干菜加工及销售、盛信果酒生产等18个招商项目开工建设，实现到位资金48.61亿元，其中区外项目15个，到位资金36.81亿元。

【规模产值】

截至2020年底，红寺堡区（含红寺堡产业园）有22家规模以上企业，有13个，分别为新能源、电力供应、彩色印刷、葡萄酒加工、农副产品加工、食品制造、轻工纺织、水泥建材生产、石料开采、肉牛屠宰、塑料制品加工、自来水生产供应和热力生产供应。

【项目实施】

2020年，红寺堡区6家企业获评自治区“专精特新”企业，争取各类扶持工业经济发展资金2682.98万元，帮助企业减轻负担，为红寺堡区经济发展贡献力量。

【电商发展】

2020年，红寺堡区制定和出台《关于2020年推进农村电商筑梦计划的实施方案》，整合筑梦计划资金184万元，对15家电商企业、合作社、个体、农场及2名电商筑梦导师进行网络销售额、快递费用等方面的奖补，抓取农产品线上销售额2300万余元。开展短视频制作、直播带货等方面培训22期，参加1564人次，带动41人从事网络销售。举办电商活动4次，其中“赏三色风光 鉴漠上优品”活动拉动线上销售316万元，带动同城消费33万元，上传微视频240个，打造宣传视频6个，发掘短视频制作者16人。组织参加自治区活动3次，其中在自治区商务厅举办的“阅宁夏 鉴优品”系列活动中，红寺堡区“超人阿奇”获“宁夏新电商达人”称号。打造公共直播间9个，开展17余款农特产品70余场直播活动；引导西部罗山、罗山酒庄等10余家企业、合作社、个体户自主直播，组织红寺堡区企业参加“中通仓播”“只扶墙”等政府主办的直播活动15次，总销售额796万元。开发“鸿运之恋果蔬”“红寺堡优购”等线上程序，采取新零售模式，与社区社群形成联动，建立分销合作机制，“手机菜篮子”获得群众好评；鸿运果蔬线上销售10万单95万元，引领新零售电商发展。

【新能源产业】

截至2020年底，红寺堡区有新能源企业11家，其中规模以上企业7家（宁夏嘉泽新能源股份有限公司、宁夏大唐国际红寺堡新能源有限公司、宁夏中自新能源有限公司、吴忠市红寺堡区新科能源有限责任公司、中铝宁夏能源集团有限公司、宁夏银仪风力发电有限公司和宁夏红寺堡京能源深光伏发展有限公司），2020年全年规模以上新能源企业完成产值8.34亿元，占全区规模以上工业总产值的78%，成为拉动红寺堡区工业经济增长的主要引擎。

【纺织产业】

截至2020年底，红寺堡区有轻工纺织企业3家，分别是吴忠兴民纺织科技有限公司、宁夏汇川爱德服装有限公司、宁夏坤和服饰科技有限公司。其中，规模以上企业2家，即吴忠兴民纺织科技有限公司和宁夏坤和服饰有限公司，2020年完成产值1.648亿元。吴忠兴民纺织科技有限公司是红寺堡区最大的扶贫车间，带动红寺堡区200多名贫困人口就业，为红寺堡区“脱贫富民”作出贡献。

【农副食品加工产业】

截至2020年底，红寺堡区有规模以上农副产品加工企业3家，分别是宁夏红川农业科技有限公司、宁夏索米亚农业科技开发有限公司和宁夏加禾粮油食品有限公司，其中宁夏红川农业科技有限公司主要生产豆瓣酱，宁夏索米亚农业科技开发有限公司主要生产胡麻油、菜籽油，宁夏加禾粮油食品有限公司主要生产粮油。2020年，3家农副产品加工企业实现产值6044万元。

【物流配送】

2020年，红寺堡区建立电商孵化基地4个，村级电商服务站点53个，实现“区、乡、村”三级物流体系运营，依托各级电商公共服务中心，初步打通农产品上行“最先一千米”和工业品下行“最后一千米”。19家快递、物流公司全年实现营业额1327.5万元，单数605.5万件，平均每件2.19元。新增村级电商服务站点9家，将村站升级为“美团优选”“多多买菜”“鸿运优选”“京东便利购”等社区团购平台线下自提点，激活传统村站，既方便农村群众购物又刺激农村电商消费。建成电商物流分拣中心，极兔、中通、百世等7家快递企业完成53家村站快递全覆盖。

【信息化建设】

截至2020年底，红寺堡联通公司在大河乡、新庄集乡实现无线宽带全覆盖，覆盖率100%；红寺堡移动公司在65个行政村全部覆盖光纤网络，覆盖率为100%，宽带入户2.9万户；红寺堡电信公司4G网络覆盖65个行政村，覆盖率100%，宽带入户2.3万户。中国移动红寺堡分公司率先在红寺堡企事业单位和重要商业圈进行5G信号覆盖；宁夏联通和宁夏电信开展共建共享工作，吴忠5G网络共建共享工作组对吴忠主城区和各县城区共规划5G无线站点200个，立项批复170个，安装完成78个，开通77个。其中，中国电信股份有限公司红寺堡分公司2020年上半年开通5G基站4个，安装调测开通基站9个。

（李晓军）

电力供应

【电力业务】

截至2020年底，红寺堡区供电公司售电量完成12.78亿千瓦时，完成率同比上升7079.52万千瓦时，增长率5.86 %；平均销售电价完成326.30元/千瓦时，同比下降23.49元/千瓦时，增长率-6.72 %；销售收入累计完成4.3682亿元，同比下降451万元，增长率-1.02%。持续加大电能替代规模，实现电能替代量8767.4216万千瓦时，完成年度任务的125.25%。推进反窃查违和台区线损治理，违约用电及窃电累计查处户数28户，共追补电量73.777万千瓦时，补收电费及违约使用电费65.47万元。

【营销服务】

2020年，红寺堡区供电公司在2019年优化营商环境工作基础上，优化服务模式，全面落实"压缩办电环节""精简办电资料""压减办电时限"工作要求，按照《国网吴忠市红寺堡供电公司台区经理制》方案，定向向客户主动提供方便、快捷、优质的服务。

【电网建设】

2020年，红寺堡区供电公司及时调整修编配电网规划和建设方案，确保电网高质量发展目标与地区规划衔接。根据"十四五"规划报告建立工程项目清册，同步更新红寺堡2021—2025年远景年中压电气联络图。根据项目清册完成2021年新建和改造工程储备29项，完成29项工程可研报告评审工作。

【安全生产】

2020年，红寺堡区供电公司发现缺陷1171条，消除砼杆倾斜、防洪砌护、横担搭鸟窝，通道树木、绝缘处理等各类缺陷1060处，消缺率90.52%。开展配网不停电作业，全年进行225项不停电作业计划，配电带电作业化率75%，减少停电户数8139户，减少停电时户数21457户·时。

【扶贫工作】

2020年，红寺堡区供电公司有针对性地对大河河西、新庄集白墩、柳泉周新、周圈移民村等扶贫村进行农网升级改造7个项目，用于解决扶贫村动力接入问题。严格落实优化营商环境要求，结合红寺堡地方特点，储备变压器、动力表箱，确保农户在产业脱贫过程中动力安装申请早接快送，助力贫困户开展农业养殖，黄花菜、枸杞烘干，农产品加工类小企业等产业扶贫，为用电客户提供全面、优质的服务，实际解决客户用电需求，推动贫困户脱贫致富进程发展。

（马琪琪）

太阳山开发区红寺堡产业园

【概况】

截至2020年底，太阳山开发区红寺堡产业园有企业65家，其中规模以上企业10家，规模以下企业23家，在建设项目12家、停产停建企业20家。1—9月，太阳山开发区红寺堡产业园区完成工业总产值8.66亿元。

【招商引资】

2020年，太阳山开发区红寺堡产业园区落实

吴忠太阳山开发区红寺堡产业园 （杨治国 摄）

自治区、吴忠市招商引资工作会议精神，学习自治区《关于建设黄河流域生态保护和高质量发展先行区的实施意见》，围绕新能源、轻工制造、食品加工、印刷包装等产业，采取以商招商、线上线下联动方式，建立健全招商引资信息库，主动对接项目，先后赴安徽、北京、辽宁、上海、江苏、浙江、福建、河北、广东、陕西、湖南、山东等地考察对接项目。截至年底，洽谈招商项目 48 个，落地项目 13 个，落地资金 5.2 亿元。

【项目管理】

2020 年，太阳山开发区红寺堡产业园争取政府投资项目 4 个，投资 1.77 亿元，其中宁夏吴忠市红寺堡区黄花菜加工项目由红寺堡区政府和水发集团共同筹资建设；红寺堡区整合扶贫资金 4800 万元，对原中石油塑料制品厂项目进行改造，完成设备安装，进入调试阶段；红寺堡区政府成立红寺堡区红丰农业开发有限公司；汇达酒庄筹资 1500 万元对宁夏汇达酒庄有限责任公司园林式苹果深加工项目厂房进行改造，年加工 1200 吨葡萄酒，已建成投产；太阳山管委会筹资 183 万元对神华创业园水、电、暖管网进行维修改造；红寺堡区生活垃圾集中转运项目开工建设，项目总投资 3252 万元。2020 年，落地开工建设项目 13 个，宁夏盛信酒业有限公司年产 1000 吨水果白酒项目安装酿酒罐 40 个，已投产；宁夏弘润包装有限公司葡萄酒瓶软木塞加工及酒标项目完成厂房改造；湖南和锐镭射科技有限公司宁夏分公司镭射转移纸生产加工项目设备安装到位；开工水发浩海（吴忠）农业开发有限公司黄花菜加工项目；规划设计吴忠宁航新材料科技有限公司 15 万吨 VCI 防腐新材料项目、宁夏银泰粮油有限公司扩建项目；宁夏山水环卫设备有限公司垃圾桶制作项目设备安装到位；宁夏金霸塑业有限公司塑料制品项目投产；宁夏努尔麦食品有限公司麻辣条加工生产项目，投产运行。对荣廷纺织、庆云香业、白浪一期 3 个项目进行清理，盘活加禾粮油、玻璃制品、浩航门窗、康龙酒业 4 个项目。

（张金柱）

脱贫攻坚

TUOPIN GONGJIAN

综 述

【脱贫摘帽】

2020年，红寺堡区严把脱贫标准，逐户逐人落实政策，如期完成剩余369户1233人贫困人口脱贫。截至年底，有建档立卡户13965户55650人，实现现行标准下贫困村、贫困户全部脱贫出列，综合贫困发生率从2014年的33.46%下降到0。2020年，农村居民人均可支配收入达到10925元，增长11%。

【扶贫车间】

2020年，红寺堡区将扶贫车间建设作为推进就业扶贫、助力脱贫攻坚的重要抓手和平台，采取东西部协作帮建、招商引资新建、各类经济组织参与等多种形式，通过完善配套设施、新建、改造和租赁的方式，兴建扶贫车间。投入扶持资金2081.25万元，建成、认定扶贫车间14家，其中红寺堡镇6家、新庄集乡2家、太阳山镇1家、柳泉乡1家、大河乡2家、新民街道1家、园区1家。就近解决劳务务工925人，其中建档立卡劳动力350人。

【扶贫保险】

2020年，红寺堡区投入资金428.5万元，为52413名建档立卡贫困户和边缘易致贫户购买人身意外伤害保险，投入金额131万元，理赔意外、死亡、伤残理赔35笔，金额95.2万元，补偿医疗理赔303笔，理赔金额30.13万元；为52413名建档立卡户和边缘易致贫户购买大病补充医疗保险，投入金额235.86万元，理赔586笔，理赔金额232.65万元；为7288户建档立卡贫困户购买借款人意外伤害保险，投入金额61.66万元，赔付14笔，理赔金额75.85万元，赔付率123%。

【政策扶持】

2020年，红寺堡区紧盯目标标准，强化政策落实，补齐脱贫攻坚短板。发展“3+X”特色产业，发放产业到户补助7450万元；深入实施“四个一”带动工程，带动建档立卡户1123

户增收。出台系列就业奖补政策，鼓励劳动力外出务工，农村劳动力转移就业3.96万人（贫困劳动力1.7万人），其中自治区内就业3.39万人，自治区外就业0.57万人，实现劳务收入4.2亿元。开发农村公益性岗位1453个（贫困劳动力1222人，边缘户192人）。完成贫困劳动力培训2163人、农村实用技术培训100人。整合涉农扶贫资金4.8亿元，实施扶贫项目188个，已支付资金4.57亿元，资金支付率95.21%，补齐基础设施和公共服务短板。

（杨文波）

金融扶贫

【扶贫资金管理】

2020年，红寺堡区统筹小额贷款贴息、光伏电站等，严格负面清单管理，建立资金和各类扶贫资金47990万元，用于农村基础设施建设、产业发展、使用情况督查通报制度，资金全年支付率达到96.3%，保障年度脱贫攻坚目标任务完成。

【扶贫资金投放】

2020年，红寺堡区扶贫小额信贷余额达5.17亿元，贷款覆盖率89.2%；新增扶贫小额信贷9573户4.1亿元，任务完成率120.6%。通过审核消费扶贫企业26家、扶贫产品34个，线上线下销售农特产品达3.2亿元。深化闽宁扶贫协作，争取资金5500万元，确定产业合作、劳务协作等项目27个；深化企业对口帮扶，落实中烟精准到户扶贫项目实施方案，兑付中烟饲草料补贴698户209.2万元。

【扶贫贷款】

2020年，红寺堡区农村信用合作社按照脱贫不脱政策、脱贫不脱帮扶、脱贫不脱责任的总体要求，本着“扶上马送一程”的原则，保持政策不变、力度不减，持续加大金融扶贫力度，决战决胜脱贫攻坚。截至年末，金融扶贫贷款余额27339万元、5852户，贷款户数和余额分别占辖区金融机构的55.6%和55.24%。

（顾莉盼　牛瑞晗）

教育扶贫

【教育资助】

2020年2月10日，红寺堡区委、区政府、教育主管部门召开协调会，各网络运营商为1.5万余名学生家庭赠送流量包，为900余户家庭接入高速光纤网络，教育部门出台“十项措施”确保空中课堂收视全覆盖，积极防范新冠肺炎疫情导致已劝返学生辍学、贫困户学生因贫失学、学习困难学生厌学失学等风险。落实学前、义务教育、高中、中职等学段国家资助政策，全年为38450人次家庭经济困难学生发放各类资助金2143.94625万元。

【扶贫基金】

2020年，红寺堡区地方教育扶贫基金全年为8468人次家庭经济困难学生发放资助金1294.7万元；生源地助学贷款全年为3955名学生办理并发放助学贷款2601.84万元；为1892名受新冠肺炎疫情影响生活困难的初中、高中学生发放174万元生活补助。

（贺自高）

医疗扶贫

【扶贫保障体系】

2020年，红寺堡区大病集中救治803人，救治率100%，救治1169人次；慢病签约服务救治4449人，救治率100%，救治6405人次；重病兜底救治334人，救治率100%，救治543人次。组织乡村两级医务人员，对建档立卡大病患者进行排查。对因疫情影响未开展家庭医生随访服务的，组织简约团队，逐户开展随访服务。将受疫情影响，未能及时住院治疗的502名建档立卡贫困患者及时转诊到红寺堡区人民医院进行住院治疗。

【家庭医生签约服务】

2020年，红寺堡区成立工作专班，对家庭医生签约服务做统一要求，确立主要任务，由各乡镇卫生院院长带队，统一协调和组织实施工作。组建39个签约服务团队，制定工作流程，完成居民签约和服务。截至2020年底，普通人群签约率达45.1%，重点人群签约率达86.2%，建档立卡贫困人口达到应签尽签。要求家庭医生团队有计划有目标地到签约居民家里义诊、随访、督查、沟通，做好预约诊疗和双向转诊，真正做到签而有约。卫生和健康局不定期对家庭医生服务情况进行抽查、定期组织人员对项目开展情况进行督导评估，在卫生服务年度考核体现对家庭医生的服务质量和服务满意度进行参考评价。开展糖尿病并发症筛查3000人。对筛查出的患者，由基层签约团队重点进行规范化管理。

【宣传培训】

针对培训人员的基础情况，结合签约服务内容，突出重点，开展医学教育，提高签约团队整体服务水平。加大对建档立卡户宣传活动，累计发放健康扶贫政策宣传手册3万余份，健康扶贫“明白包”5万余个，通过报纸、微信平台等自媒体宣传健康扶贫2万余条。

【健康扶贫】

2020年，红寺堡区落实三级医院对口帮扶工作。持续深化京宁、闽宁、沪宁等1+X对口帮扶模式，红寺堡区人民医院与上海六院、北京友谊医院平谷医院、福建德化县医院、宁医大总院、吴忠市人民医院等建立长期对口帮扶关系。派出86名业务骨干赴上海六院、宁医大总院等优势医疗集团进修学习，先后邀请16批次191名专家开展义诊、讲座、蹲点示教等工作。成立红寺堡区胸痛中心、卒中中心和德化B超室。

（海金昌）

文化扶贫

【文化阵地】

2020年，红寺堡区选优配齐乡镇综合文化站、村综合文化服务中心管理人员，建立以文化干事、文化协管员为主，文艺爱好者和文化志愿者为辅的管理模式，壮大管理人员队伍，提高文化阵地的利用率，发挥村综合文化服务中心“建、管、用、育”的作用。续建兴旺村村级文化室，新庄集乡综合文化站布展装饰工程。按照《红寺堡区关于全面开展“四查四补”高质量打赢脱贫攻坚战的实施方案》文件精神，组织工作人员对街道办及各乡镇村公共文化服务、文化体育基础设施进行排查，为5家农民文化大院配备文化器材。

【文化形式】

2020年，红寺堡区创新文化下乡内容和方式，参与组织文化、科技、卫生“三下乡”活动，组织工作人员深入基层乡镇发放文化器材，开展文艺活动。

（蒋令萍）

交通 邮政 通信

JIAOTONG YOUZHENG TONGXIN

交通运输

【公路管养】

2020年，红寺堡区整合路政、运政、公路质量监督及道路运输安全生产职能，组建红寺堡区交通运输综合执法大队，明确职责，靠实责任。推行“路长制”，当好“路管家”，印发《吴忠市红寺堡区全面推行路长制工作方案》，进一步落实区、乡、村三级管养责任。

【农村公路建设】

2020年，红寺堡区扎实开展“四查四补”，排查短板弱项，实施农村公路涵洞隐患整治206处，行政村新建硬化路21千米，完善农村公交线路6条。

【交通扶贫】

2020年，红寺堡区开工建设G344线红寺堡过境段公路、综合客运站项目。起草编制《红寺堡区城乡建设“十四五”规划》和《红寺堡区综合交通体系建设“十四五”规划》。

【运政管理】

2020年，红寺堡区深化“放管服”改革，提高服务品质。进一步规范行政审批行为，简化办事流程，提升办事效率，优化营商环境，升级公交车辆4G动态监控，办理交通许可业务411件，审验营运车辆309件，审验从业资格证2283件。

（裴永军）

邮 政

【概况】

2020年，红寺堡区邮政公司业务收入完成777.04万元，完成年度计划735.2万元的105.7%，同比增长12.14%。其中，代理金融业务收入512.01万元，函件收入14.15万元，报刊收入50.85万元，集邮收入47.17万元，电商业务收入28.06万元。

【报刊业务】

2020年，红寺堡区邮政公司完成报刊收入50.85万元，以报刊补续订和图书销售为补充，拓展报刊图书零售市场。政务图书由单一转向全面，实现政务图书销售4.38万元，助推报刊收入完成46.47万元，同比增长13.98%。

【电商业务】

2020年，红寺堡区邮政公司通过“福至新春”“粽情端午”和“月满中秋”三大节日营销项目，结合线上线下日常销售，全年实现销售额28.06万元。

【寄递业务】

2020年，红寺堡区邮政公司成立寄递事业部营业部，增设揽投部1处。采取“众创众享”“准加盟”等形式，将城市段道和大河、新庄集、柳泉、太阳山等乡镇业务进行外包，优化自有人员补充到新建标快揽投部。增加2条混投段道、2条专揽段道。增配转运车辆1辆，投递三轮车3辆，安装皮带机1台，物流高速扫描设备1台，投递处理场地改造后达到475平方米。在各行政村新建自提点17个，自提点覆盖率52%，平均每两个相邻的行政村拥有一个自提点。

【金融业务】

截至2020年底，红寺堡区邮政公司代理金融业务收入512.01万元，同比增长14%，全年储蓄余额净增1600万元，发展云闪付1950户，手机银行2120户，微信绑卡2650户，期交保险365万元；理财保有量980万元。

（李伟）

电 信

【概况】

2020年，红寺堡区电信分公司全业务收入完成3119万元，完成年度预算的88%，与上年同期相比增长94万元，同比增长3%。公众条线全业务收入1922万元，完成年度预算97%；政企条线收入1197万元，完成年度预算78%。移动出账用户53453户，新增9181户，完成年度指标的77%。宽带出账用户22153户，新增3982户，完成年度指标的128%。智能家居产品新增5551部，其中天翼看家新增3450部，全屋Wi-Fi新增2101户。双线新增114条，净增79条，拍照双线用户保有94.49%，收入保有89.73%，天翼云发展152核，完成率25%。移动用户市场份额39.62%，电信宽带用户市场份额达到43%。

【通信保障】

2020年，红寺堡区电信分公司新装宽带4140户，新装ITV3552户，新装固话243户，新装摄像头2456户，新装全屋Wi-Fi953户。2020年，电信分公司新开互联网专线71条，新开STN专线24条，新开其他各类专线合计58条。新增4G站点49个，新增4G站址120个，新增5G站点23个，新增5G站址65个；3个小区升级为双千兆小区。更换破损井盖约140个，更换隐患水泥杆、木杆15根，皮线规范整治约800条，光缆规范整改约170条。新建小区FTTH接入1个，平安乡村FTTH建设12个村，政企各类专线建设接入31户。老旧设备退网下电11台，机房新增各类设备约30台。不达标用户光衰整治近1000户，有效提升用户网络感知；对12个模块局与24个城域网光交资源普查完成；完成红寺堡区内所有500户以上OLT双上联的打造。

【存量保有】

2020年，红寺堡区电信分公司严格落实全民4G升5G存量保有工作，按照区市公司派发清单下发至各划小（划出来片区，交由固定人员进行管理、装机、维护）维系人员，制定目标，按天通报，按周复盘，对未完成的划小进行原因分析，制定提升举措。各厅店线上统一进行4G升5G宣传，各划小单元按照分公司客服中心派发各类用户清单进行集中外呼签转，存量主管组织外呼人员学习维系政策，培训赋能。在移动及终端业务发展上，抓住5G换机窗口期，坚持以终端为引领，利用存费终端直降及橙分期政策，进行5G终端合约加载。对宽带续包、欠费回收工作进行常态化管理，及时通报。

【公众市场】

2020年，红寺堡区电信分公司通过“党建统领、党员先行、铁肩担当、誓保尊严”活动，统一营销主题，党员发挥带头作用前后端联动，配合划小单元上门走访，以智能家居融合业务发展为重点，带动移动、宽带、智能家居产品业务发展。城市区域通过低渗小区攻坚摘帽、融合扩群异网策反等营销攻坚活动，结合Wi-Fi检测、笔算营销，为用户省钱，提升用户感知。农村区域通过低渗重镇摘帽、平安乡村整村推进、智能家居应用加载等攻坚活动，有效提升移动及融合新增、存量用户保有。按照制定的周末炒店（利用市场活动聚集客流量，并以此提升当天销量）计划，开展营销中心围绕炒店活动，制订换机市场促销计划、高考学子促销计划、节日促销计划，全年根据不同节假日共炒店13场次，发展移动业务1000多户。

【政企市场】

2020年，红寺堡区电信分公司“暖春”行动，教育划小单元在自治区行业条线中获二等奖，抢盘1万元；二、三季度“升5G·拼经济”活动，日比拼40次自治区排名前三，周比拼3次排名前三，月比拼2次排名前三，抢盘2.9万元。按照区客服13号文件要求内容，三季度“互联网专线提速上云加固”攻坚行动，提速成功率90%以上，新增云专线20余条，自治区排名靠前；三四季度“商客+专业市场宽带”攻坚行动，日比拼多次自治区排名前五，月比拼7月、11月排名第一，9月、10月排名第二。8月中标太阳山公安图控项目，计130条电路，年收入43.68万元；6月实施政府办公楼Wi-Fi+双千兆万元礼包，一次性收入19.48万元，光纤每年收入6万元；8—10月，撬动公安局及水投公司STN专线21条，每年拉动收入20.16万元。疫情防控期间，为弘德隔离点开通98部包月宽带，每部80元/月，拉动收入9.4万元。4—5月，通过人民医院双千兆置换办理199元档5G套餐60户（全区首单），拉动全年收入增长10.8万元。通过企事业单位内购会和专业市场的多次走访，在人民医院、红太驾校、宁电投等客户单位办理酒店完美联盟（电信联合酒店等企业为职工办理的宽带电视业务）300余户，拉动全年收入10万余元。5—12月，开展欠费催缴专项活动3次，聚焦风险管控类、应收账款和当月欠费，明确分月的提升目标和考核规则，签订责任状，主抓开票、回款两个关键动作，按天上报、通报盯督，活动期收回416万元欠费，欠费压降82万元，当月欠费回收率提升至42.75%。

（倪正庭）

移　动

【概况】

吴忠移动红寺堡分公司于2004年9月16日正式成立，主要从事电信基础服务，业务涵盖无线、有线、终端、DICT项目。2020年，公司在职员工30人，公司下设5个部门、3个片区，自营1家营业厅，合作伙伴42家。

【市场运营】

2020年，吴忠移动红寺堡分公司无线客户规模达7.1万户，其中5G客户1000户，年营业收入约4千万元，新增市场份额占比49%，公司继续保持新增市场领先地位，家庭宽带客户达2.3万户。

【网络建设】

吴忠移动红寺堡分公司在红寺堡区建有5G基站11座，已覆盖城区党政军办公地、重要商圈及街道，现有4G基站283座，已实现城区及农村地区4G网络100%覆盖；公司在农村地区的FTTH建设及业务覆盖64个行政村，实现农村区域全覆盖。

（李旭）

联　通

【概况】

2020年，中国联通红寺堡分公司网络基站中，3G基站127个，4G基站157个，覆盖红寺堡区城区、居民区、各乡村，与电信共建共享5G基站开通42个。全员开展寻找网络盲区活动，及时发现问题及时调整网络，拆除设备将用于拆闲补忙站点。

【提速降费】

2020年，中国联通红寺堡分公司主要在移动业务方面、宽带方面、政企客户方面、服务方面积极落实上级公司各项提速降费政策。流量套餐打折销售，降幅40%，老用户开展流量及语音补齐活动，移网流量每G单价同比下降10.1%，宽带资费大幅下降，降低入网用户门槛，宽带免费提速。明示提速降费信息，扩大用户知晓率。

【服务提升】

2020年，中国联通红寺堡分公司为切实提升客户感知，制定《吴忠市分公司2020年服务攻坚方案》，细化考核细则、服务规范标准、星级评选等内容。落实开展各类活动，如深耕行动、破浪行动、争锋行动、巅峰挑战赛、营业厅内购会、客户体验日等，有效提升工作人员的销售积极性、服务主动性和销售技能。提升客户对网络、业务、宽带、服务等方面的使用感知，及时针对贬损用户进行回访修复，将客户反馈问题要求责任人在规定时限内及时与用户联系上门处理解决并反馈处理结果，形成闭环。通过开展总经理在线解答、总经理值班等活动，线上线下解决用户疑难问题；营业厅通过抖音、快手等公众号积极与用户互动，为用户提供方便快捷的服务，有效提升客户感知。设置“智慧生活”体验馆，将智能家居产品和5G网络为生活带来的智能体验呈现给用户，让用户感受5G互联网时代的智能和便捷。

（尹佳）

商贸流通

SHANGMAO LIUTONG

招商机制

【招商引资】

2020 年，红寺堡区实现社会消费品零售总额 15.99 亿元，同比下降 7%；新增亚银通宾馆、红海批发部 2 家企业。争取商贸项目资金 200 万元，主要建设红寺堡鲁家窑公共民生服务市场改造项目。制定《红寺堡区 2020 年消费扶贫行动方案》《红寺堡区 2020 年消费扶贫政策实施细则》，通过整合扶贫资金 500 万元，对在省外建店、销售、物流、宣传推介等方面给予政策扶持，支付补贴资金 472 万元，支付率达 95%。

【农业招商引资】

2020 年，红寺堡区组织葡萄酒企业、农副产品企业、枸杞和黄花菜企业以及合作社，填报扶贫产品统计库 40 家 83 款产品，审核公示 27 家 34 款产品，列入《全国扶贫产品目录》中，线上线下农特产品销售额达 1.2 亿元。

【招商项目】

2020 年，红寺堡区紧盯招商项目 45 个，明确主导产业和特色优势产业上下游目清单和招商地图，组织小分队赴北京、江苏、福建、内蒙古等地招商考察 12 次，在浙江宁波、广东东莞、陕西西安、重庆等地开展招商专场推介会 8 次。邀请江苏和富、山东水发等企业到红寺堡考察对接 52 次，对接洽谈企业 47 家，达成贵州億昇公司蘑菇菌棒种植加工等意向性项目 38 个，签约落地山东水发黄花菜加工及销售等项目 12 个，计划投资 83.6 亿元。推进卧龙电气风电、水发黄花菜鲜菜干菜加工及销售、盛信果酒生产等 18 个招商项目开工建设，实现到位资金 48.61 亿元，其中区外项目 15 个，到位资金 36.81 亿元。

（李晓军）

食品安全

【安全宣传】

2020 年，红寺堡区结合“3·15”消费者权益日、质量月等活动开展现场宣传 10 次，组织召开经营户月例会 12 次，以案说法，分析通报市场乱象，组织学习食品安全、药品安全法律法规，督促经营户守法经营。

【质量安全抽检】

2020 年，红寺堡区市场监督管理局完成国抽年度任务 81 批次、省抽年度任务 130 批次、评价性省抽年任务 100 批次、国抽风险监测转移支付抽检年度任务 25 批次、省级风险监测任务 26 批次，抽检食用农产品 240 批次、吴忠市级食品抽检 35 批次，自行监督抽检 150 批次，食品快速检测 1206 批次、餐饮具快速检测 545 批次，及时公示检测结果，以确保公众知晓率。对辖区 35 家食品生产企业、114 家食品加工小作坊按照风险监管频次开展日常监督检查、风险分级评定。检查葡萄酒企业 16 家、代用茶企业 3 家、桶装饮用水企业 3 家，抽检纯净水 11 批次。

（马辉宏）

粮油供销

【营养改善计划】

2020 年，红寺堡区粮食购销公司制定完善学生营养改善计划各项制度 28 个，公司和各加工点签订红寺堡区学生营养改善计划目标管理责任书，制定《红寺堡区学生营养改善计划食品安全应急预案》《红寺堡区学生营养改善计划食物中毒应急预案》，完成弘德工业园区加工点生进熟出通道。2020 年，为红寺堡区农村义务教育阶段 72 所学校 26185 名学生加工配送营养早餐，为 68 所学校 16013 名学生加工配送免费午餐。全年加工配送供应 174 天，累计加工配送营养早餐 4556190 份，免费午餐 2786262 份。

【应急储备粮】

2020 年，红寺堡区按照红寺堡区城乡居民 8

餐饮食品安全检查 （市场监督管理局提供）

万人，每人每天0.5千克基本口粮，每人每天0.05千克植物油，储备10天的应急成品粮油440吨，其中面粉200吨、大米200吨、植物油40吨。全年投资40.76万元，采购113220千克面粉，每千克3.60元；投资62124元，采购12525千克大米，每千克4.96元。

（魏耀礼）

烟草专卖

【卷烟销售】

2020年，红寺堡区烟草专卖局实现税利3484.2万元，同比减少1.11%。卷烟重点品牌销量占比97.86%，同比增幅4.53%，客户户均品牌宽度51个，同比减少1个。客户月均获利2143元，同比减少10.2%。

【市场监管】

2020年，红寺堡区烟草专卖局根据疫情防控需要，开展线上直播咨询、维权宣传、信息收集等活动，发挥互联网+监管优势，在辖区内张贴“禁止向未成年人出售卷烟、电子烟”警示标识，做到街道、乡镇、校园周边持证商户全覆盖。加强与公安侦查专业部门、技术情报部门的配合协作，深化情报导侦技术和手段运用，落地打击和向上追查相结合，深挖涉烟违法犯罪网络。以严查物流寄递运输环节为出发点，开展物流寄递行业跟班作业监管工作，全年出动市场检查430人次，查获各类涉烟违法案件94起，查获卷烟17.28万支，涉案金额17.83万元。其中，查获真烟案件35起，查获卷烟14.04万支，涉案金额14.22万元；查获假烟案件59起，查获卷烟3.24万支，涉案金额3.61万元。

【营销网络】

2020年，红寺堡区烟草专卖局实施“零包最大化改造工程”，将卷烟陈列提升分为“换、改、变”三种类型，免费为152户改造货柜，为零售客户节约费用3.25万元，区域零包主导推广面92.5%。开展线上客户互动，提供线下服务，实现由信息沟通向订单指导和信息采集转变，由单客户服务向营销活动和客户服务相结合转变。开展数据监控指导，选取典型案例，制作美篇抖音8篇进行客户宣传交流，建成现代终端占比25.5%。

（王天德）

城乡建设与环境保护

CHENGXIANG JIANSHE YU HUANJING BAOHU

城乡规划与建设

【基础设施建设】

2020年，红寺堡区开工建设基础设施项目18个，完成2019年城区污水管网工程等续建项目4个。2019年棚改安置区梧桐苑配套基础设施（文化街及幼儿园）工程等重点项目进展顺利。2020年，红寺堡区完成棚改拆迁历年遗留任务24户，拆迁面积1886平方米，补偿金额980万元。

【乡村建设】

2020年，红寺堡区完成危房改造181户，拨付补助资金425.5万元，确保新增危房动态清零。建设美丽乡村6个，完成投资3894万元。加大对环卫外包公司的督查力度，加大垃圾清理频次，改善农村人居环境，开展杨柳村“以户为主，户村结合”的农村垃圾分类试点，改造杨柳村垃圾中转站为垃圾分拣中心。

【新型城市建设】

2020年，红寺堡区组织环境大整治活动160余次，抽调2880余人次，出动环卫车辆640余车次，清理卫生死角1330余处，清理各类垃圾2660余吨，生活垃圾处理率达到97%。对城区果皮箱统一喷编号，精细化清洗，维修果皮箱160个；对城区550个破损的大垃圾箱进行除锈、喷漆、焊接；采购分类果皮箱230个，更换维修井盖106套、雨水箅子42套，设置停车场3处2100平方米，维修路灯867盏。

（裴永军）

住房保障与管理

【保障性住房】

2020年，红寺堡区调整公共租赁住房受理方式为随时申请，完成7批次保障房分配工作，保障304户家庭，保障人口1076人；清退不符合条件住户302户；催缴保障房租金153.6万元，收取押金88.4万元，改善租户居住环境。

【房地产管理】

2020年，红寺堡区完成鹏胜时代广场、G344

线红寺堡过境段、红寺堡区综合客运站3个项目，新建梧桐苑、铭门雅居、海龙湾、金水名都C区、罗山怡居5个房地产项目，为红寺堡区提供新增住宅36.66万平方米，建设完成智慧房产信息系统。

（裴永军）

住房公积金管理

【住房公积金归集】

2020年，红寺堡区住房公积金实缴单位121个，缴存5244人，新增缴存单位9个，新增缴存161人，6月30日结息369.55万元，归集余额29376.46万元，当年归集公积金12128.06万元，与2019年（8418.98万元）同比增长44.06%，完成年计划任务（8500万元）的142.68%。其中，红寺堡特岗教师补缴公积金全部到位，为红寺堡区1326名职工补缴金额2413.7164万元。

【住房公积金贷款】

2020年，吴忠市住房公积金管理中心红寺堡分中心为175户职工家庭发放住房公积金贷款5956.8万元（办理按揭贷款128笔，金额4668.2万元，异地贷款11笔，金额288.4万元，二手房36笔，金额1000.2万元），与2019年（4950.2万元）同比增长20.33%，完成年计划任务（3000万元）的198.56%，个贷率64.35%；为2458户职工发放住房公积金贷款，贷款余额17001.78万元，存量贷款笔数981户，贷款逾期率0.14‰，开具异地贷款缴存证明86份。

【住房公积金提取】

2020年，吴忠市住房公积金管理中心红寺堡分中心为购买自住住房、离退休、偿还贷款等职工办理住房公积金提取业务4732笔，提取金额7816.82万元，与2019年（5155.09万元）同比增长51.63%。

【住房公积金收益】

2020年，吴忠市住房公积金管理中心红寺堡分中心实现业务收入586.89万元，业务支出208.45万元，住房公积金增值收益387.44万元，分配给红寺堡区2020年廉租住房补充资金198.08万元。

【住房公积金服务】

2020年，吴忠市住房公积金管理中心红寺堡分中心实现网上业务大厅办理缴存业务的单位有94个。截至12月底，网上业务办理提取业务42笔，办理全国异地转移业务100笔，其中转入业务48笔，转出业务52笔。

（马鹏瑞）

城市供暖

【设备升级】

2020年，红寺堡区投入资金363.02万元，重点实施御泉新苑政府公寓楼供热设施改造，老旧小区改造（祥和小区支管、罗山花园阀门井、鹏胜小区立管、祥和小区支管立管改造），政府换热站翻修升级改造，东供热站院内硬化等项目。争取项目资金3700万元，完成东供热站80吨锅炉安装运行，基础设施得到完善。截至8月底，各供热站、换热站以及外网的夏季维修、检修工作全面完成。先后投入维修资金150.17万元，完成各类维修119次，其中一级网抢修32次，各小区抢修54次，锅炉房换热站维修33次。

【安全生产】

2020年，红寺堡区供暖公司在供热设备操作过程中，严格执行安全操作规程，完善安全生产标准化体系建设。采暖期开展安全生产大检查3

次，检查发现问题 68 个。针对安全检查中存在的问题，全力落实整改责任人、限期完成整改工作，对影响供暖不能及时整改问题，纳入夏季维修整改计划中，该采暖期未发生重特大安全生产事故。

【运营情况】

2020 年，红寺堡区集中供热应供面积 255.89 万平方米，集中供热共新增供热面积 24.21 万平方米。资金收入 6017.42 万元，资金支出 6525.2 万元。应收账款 290.43 万元，应付账款 1464.99 万元。

【节能减排】

2020 年，红寺堡区在环保设施建设和原料方面投入 505 万元，新建西区 40 吨脱硫塔 1 座、40 吨布袋除尘 1 套；新建东区 80 吨脱硝设备 1 套、脱硫塔 2 座。加大辅料投放力度和频次，投放尿素 299 吨、片碱 88 吨，保证全年供热运行过程中各项排放全部达标，无重大环境污染及事故发生。

（王俊华）

生态环境

【整改落实】

2020 年，红寺堡区全部办结中央环保督察“回头看”转办案 22 件 26 个问题，反馈问题整改事项 9 项，4 个共性问题立行立改并长期坚持，完成 5 个个性问题整改任务；完成 1 个水环境问题专项督查反馈意见整改销号。

【蓝天保卫战】

2020 年，红寺堡区推进实施东西区锅炉脱硝、除尘设备升级改造项目，落实建筑工地六个 100% 扬尘防控措施，逐步建立秸秆禁烧长效机制。加强生活面源污染管控，开展餐饮油烟污染治理。推进城区机械化清扫，城区机械化清扫率达到 80%。

【碧水保卫战】

2020 年，红寺堡区城区污水处理厂二期工程、沙泉水源地污水管网工程、永新村污水管网工程、弘德村同原村污水管网工程开工建设。完成农村卫生厕所改造 3000 座，累计完成 12629 座，卫生厕所普及率 27%。开展农村人居环境整治工程，农村生活垃圾无害化处理率 86%。加强沙泉饮用水和鲁家窑水库水源地水质监测，确保广大城乡居民喝上放心水（地表水Ⅲ类标准）。落实河长制责任，2020 年下发河长交办令 6 期、河长督办令 4 期、河长督办单 9 期，基本形成区、乡、村三级河长共抓落实机制。

【净土保卫战】

2020 年，红寺堡区对 3 家危险废物产生单位、12 家医疗废物产生单位及 5 家废弃危险化学品产生单位加强监管。配合自治区开展土壤污染状况调查工作。化肥、农药转化利用率达 40% 以上，农作物秸秆综合利用率达 100%，残膜回收利用率达 90% 以上，规模养殖场粪污处理设施配套率、资源化利用率均达 100%。2020 年，空气质量优良天数比例达 87%。

（张娟丽）

教育 体育

JIAOYU TIYU

教 育

【教育扶贫】

2020 年，红寺堡区各网络运营商为 1.5 万余名学生家庭赠送流量包，为 900 余户家庭接入高速光纤网络，教育部门出台“十项措施”确保空中课堂收视全覆盖，防范新冠肺炎疫情导致已劝返学生辍学、贫困户学生因贫失学、学习困难学生厌学失学等风险。落实学前、义务教育、高中、中职等学段国家资助政策，全年为家庭经济困难学生 38450 人次发放各类资助金 2143.94625 万元；地方教育扶贫基金全年为家庭经济困难学生 8468 人次发放资助金 1294.7 万元；生源地助学贷款全年为 3955 名学生办理并发放助学贷款 2601.84 万元；为 1892 名受新冠肺炎疫情影响生活困难的初中、高中学生发放 174 万元生活补助。

【基础建设】

2020 年，红寺堡区第五小学建成并开门办学，红寺堡区第六小学、红寺堡区第五中学、红寺堡区燕宝小学教学综合楼、第六幼儿园、第七幼儿园开工建设；委托吴忠市红源人力资源有限公司公开招聘幼儿园、中小学教师、校医 625 人；招聘高层次人才和事业编教师 200 人（包括 62 名硕士研究生）。

【思想政治教育】

2020 年，红寺堡区制定《红寺堡区关于创新中小学思想政治理论课和加强新时代中小学思想政治理论课教师队伍建设的实施方案》，确保思想政治理论课在全区教育教学体系中的重点建设地位；开展“新时代好少年”学习宣传活动、“传承红色基因”系列教育活动、中华经典诵读活动、学雷锋志愿服务活动、“劳动美”社会实践活动、“阳光成长”心理健康教育活动等，探索各学科的交融与促进作用，激发学生学习兴趣，实现教育质量再攀升。

【教师队伍管理】

2020 年，红寺堡区为解决教师不足的问题，争取教育厅、人社厅支持，招聘特岗教师 50 人、事业编教师 200 人、公费师范毕业生 35 人；采取地方政府购买服务方式招聘中小学(幼儿园)教师、校医 625 人。针对农村学校教师力量薄弱、学科性结构短缺的现状，继续实施城乡教师轮岗交流，交流校长 16 人、教师 43 人。在职称评定、评先选优、年终考核等方面始终把师德作为首位进行考核；对在教师队伍中出现的酒驾、赌博等行为进行严厉查处，教育行风得到明显转变。

【德育工作】

2020 年，红寺堡区落实立德树人根本任务，加强思想政治教育，常态化开展理想信念教育活动、新冠抗疫活动、“清明祭英烈”网上献花留言活动、新时代好少年评选活动、中华优秀传统文化传承活动、劳动教育志愿者服务活动等。利用纪念日、重大活动和重要时间节点，对全体学生进行传承红色基因的系列教育。文明办、教育局、团委、妇联和机关工委联合评选出杨佳、谢嘉璐、刘润琴、杨荣、海博文、金莉莉、黎嘉瑶、瞿荟韫、王晓娟、杨佳宁、田丰花、马亚珠、马小婷、马丽婷、孙雪 15 名红寺堡区“新时代好少年”，杨佳、杨荣、海博文被评为吴忠市第三届“新时代好少年”。

【学前教育】

2020 年，红寺堡区学前教育普惠发展，随着城区 1 所公办园、农村 6 所公办园开门办学，回收公建民办幼儿园 11 所办为公办园，全区有公办幼儿园 36 所、民办幼儿园 22 所，普惠性幼儿园覆盖率达 98.3%，学年三年毛入园率达到 83.2%。开展幼儿园园长及教师培训，开展学前创新素养教育、游戏化教学活动，防止“幼儿园小学化倾向”，提升学前教育水平，提高学前教育质量。

【义务教育】

2020 年，红寺堡区义务教育阶段小学有 77 所（含 11 个教学点）、初中 4 所、九年一贯制学校 1 所，有学生 35194 人（小学 23268 人、初中 11926 人），有教职工 1969 人。根据优质均衡发展学校资源配置，全年各项指标情况为：每百名学生拥有高于规定学历教师数小学、初中分别达 5.2 人、6 人；每百名学生拥有县级及以上骨干教师数小学、初中分别达 1.4 人、1.5 人；每百名学生拥有体育、艺术（美术、音乐）专任教师数小学、初中分别达 0.9 人、0.8 人；生均教学及辅助用房面积小学、初中分别达 6.2 平方米、5.7 平方米；生均体育运动场馆面积小学、初中分别达 17.5 平方米、12 平方米；生均教学仪器设备值小学、初中分别达 3496.27 元、4081.79 元，每百名学生拥有网络多媒体教室数小学、初中分别达 4.3 间、3 间。

【高中教育】

2020 年，红寺堡区推进普及高中教育工作顺利通过吴忠市、自治区评估验收，普通高中在校生 5202 人，职业技术学校在校生 1081 人。普通高中教学班 80 个，职业技术学校教学班 28 个。普通高中学校教职工 289 人、专任教师 289 人，职业技术学校教职工 53 人、专任教师 48 人。从组织领导、普及程度、教育经费、办学条件、师资水平、教育管理和质量六个方面进行评估，2020 年高中阶段毛入学率达到 94.04%，普通高中和中职学校招生比为 6.4∶3.6，普职在校生比为 6.3∶3.7；初中三年巩固率为 100%，初中毕业生升学率为 97%。2020 年，学业水平测试合格率均达 99.5% 以上。

【职业教育】

2020 年，红寺堡区职业中学新开设老年人康复与管理专业；满足家长和学生需要，逐步实现学生就近入学和不出远门就能学到技术的需求。学校招录 6 名免费师范生，通过红寺堡人才引进计划及教师招录引进硕士研究生 22 人，师资队伍不断壮大，专业水平提升。增加农村干部、农民工培训和学历提升的内容，修订完善《人才培养方案》。学校开设社团24个，涵盖所有专业门类。其中，电子商务专业参加第四届“奥派杯”商务技能蒙宁赛区选拔赛获得中职组一等奖，并代表内蒙古、宁夏赛区参加全国总决赛，并获得优秀组织单位奖；汽修专业、电子商务专业、计算机专业、现代设施与农业专业分别训练学生参加全区技能大赛选拔赛。组织现代设施与农业、学前教育、汽修等专业在校学生下田间、到学校、进工厂，进行职业体验。10月21日，2019级现代设施农业专业38名学生及专业教师前往宁夏葡萄酒与防沙治沙学院参观访学活动。学校加强校校合作、校企合作，争取与区内外多家知名企业开展合作，培养高素质的初、中级实用型人才。向区内、外优秀中高职学校学习先进经验，并力争与区内外优秀学校联合办学。引进宁夏农业学校、宁夏交通学校、宁夏工业学校、宁夏幼儿师范专科学校优秀教师到校指导课程教学，先后与宁夏职业技术学院、宁夏交通技师学校、福建德化职业技术学校等区外学校签订合作办学协议，建立联办模式和升入大学学习的培养机制。与宁夏荣光科技集团、共享集团、红寺堡区五福汽修等建立校企合作，外派教师11人前往共享集团、五菱汽车青岛分公司、江苏科森集团跟岗学习，与京东集团初步达成合作意向，建立京东班。学校完成2018级学生外出实习工作。

【成人教育】

2020年，红寺堡区电大开设专科专业6个、本科专业4个，新收学员93人，其中招收本科学员17人、专科学员76人，毕业学员48人。在教学组织方面，通过国家开放大学学习网，有效组织学员学习专业知识；利用移动端、云教室、有序组织网络考试2次、计算机基础知识考试2次；组织开展每学期入学考试、补修课考试、期末测试等，均取得较好的成绩。

【创新素养教育】

2020年，红寺堡区于8月参加第35届青少年科技创新大赛（吴忠赛区）选拔赛，获得优秀组织单位奖；鼓励学校参加第六届吴忠市青少年机器人竞赛，在机器人综合技能项目中，红寺堡第一中学、第三中学、第一小学等28名师生获得优异成绩。

【民办教育】

2020年，红寺堡区民办校外培训机构26家、民办幼儿园22所。为进一步规范校外培训机构办学行为，及时制定《吴忠市红寺堡区教育局关于校外培训机构全面整治工作方案》，始终把学生安全放在首要位置，全面加强校外培训机构安全、消防、卫生等方面的管理。疫情防控期间，及时下发《吴忠市红寺堡区校外培训机构暂停培训的紧急通知书》，联合市场监督分局、卫健局对校外培训机构进行评估，开班后严格实行疫情防控“零报告”“日报告”制度。4月，由教育局牵头，联合应急管理局、财政局、住建局、人社局等9家单位对辖区内民办校外培训机构和民办幼儿园开展年检工作；积极对接红寺堡区创城办，要求民办校外培训机构和幼儿园严格按照实地测评细则做好创建全国文明城市工作。

【体教融合】

2020年，红寺堡区按照“一校一品，一校多品”的思路，积极打造足球、篮球、乒乓球、鬼步舞等特色项目，红寺堡区第一中学和职业技术学校于11月创建全国篮球特色学校。11月16—19日，教育系统举办“红寺堡区2020年中小学生球类联赛”，17所中小学120支代表队近1200名运动员参加篮球、足球、羽毛球、乒乓球4个项目的比赛，各学校充分展示学校体育教学成果，也促进学校体育工作自纵深发展。

【美育】

2020年，红寺堡区将“重温红色经典”情景剧（课本剧）比赛展演活动作为中小学思想政治教育和习近平新时代中国特色社会主义思想进教材进课堂进师生头脑工作的重要内容之一，于12月22—25日举办中小学生“重温红色经典”情景剧、课本剧比赛展演活动，教育系统所有中小学幼儿园参加本次红色经典比赛。

【疫情防控】

2020年，红寺堡区教育局结合教育系统实际，建立“1331”返红寺堡区师生管控机制和“七个一”保障机制，“1331”即组织一轮精准摸排，全面起底；构建三级报告机制，强化沟通；严格三种人员分类，区别管控；建立一套师生台账，保证全体师生有序返回。“七个一”即筹备一批防疫物资，保障供给需要；组件一套专班专组，加强组织领导；制定一套预案方案和制度，规范有序开学；完善一套工作流程，明确各个环节；形成一套帮扶机制，密切医教合作；建立一套防控台账，全面掌握情况；成立一班督查组织，压实责任职责，确保开学后防控不留死角，无缝对接，措施到位，保障广大师生的生命健康安全。该措施被中国新闻网、今日头条等多家媒体宣传报道。为做好新冠疫情常态化防控，制定红寺堡区教育系统新冠肺炎疫情防控工作方案和预案，印发《进一步加强教育系统疫情防控工作的通知》，督促学校优化防控措施，认真做好疫情摸排和信息上报工作。通过致家长的一封信、主题班队会、宣传栏等多种方式教育引导广大师生树立“健康第一责任人”意识，养成良好的卫生习惯。

【教学教研】

2020年，红寺堡区完成《吴忠市红寺堡区教育局关于印发〈红寺堡区教育系统深化教育教学改革全面提高义务教育质量责任分工方案〉的通知》《吴忠市红寺堡区教育局关于印发〈红寺堡区“千师百课”思想政治课一体化教学教研活动实施方案〉的通知》，启动红寺堡区“千师百课”思想政治课一体化教学教研活动。进一步落实“三进”工作，不断加强思想政治和思想政治课教师队伍建设。与吴忠市教研共同体、银川二中、北塔中学和景博中学联合举办2020中高考模拟联考工作及中考模拟质量分析工作，中高考成绩位列全市前列。完成自治区教育政策课题3项、自治区基础教育教学课题23项，完成红寺堡区第二届基础教育教学课题21项。

【“互联网+教育”】

2020年，红寺堡区完成《吴忠市红寺堡区教育局关于印发〈吴忠市红寺堡区中小学教师信息技术应用能力提升工程2.0实施方案〉的通知》。针对疫情防控期间的教学教研工作，出台“十项措施”和“五项组合拳”教学教研指导意见，指导各学校、各工作室依据文件要求系统开展“空中课堂”“在线互动课堂”，开展在线互动教学283节，引入“美丽乡村公益课堂”，通过专递课堂形式，为红寺堡镇梨花小学等28所农村学校学生开设美术、音乐、舞蹈、晨读等网络课程1336节。

【师资培训】

2020年，红寺堡区组织完成针对教育局全体人员及全体校长实施的基础教育重大改革专题研修培训班，完成54名公办民办幼儿园初、高中校（园）长任职资格培训；完成校（园）长实施校长信息化领导力高研班、信息化2.0区校两级培训团队培训，培训校（园）长148人，培训区校两级信息化2.0培训者团队152人；通过13个国培项目，培训校（园）长、教师104人；通过18个区培项目，培训校（园）长、教师334人；完成54名项目化学习种子团队教师培训；完成中小学幼儿园教师国培线上全员培训和红寺堡区区校两级继续教育全员培训工作，培训教师2176人；完成483名临聘教师和200名新聘用事业编教师岗培训工作；开展“互联网+教育”应用能力培训，培训教师2310人；84所学校4万余名师生参与“国家网络安全宣传周”

活动，其中学生 36167 人，线上线下共发放和推送宣传资料 15000 余份。

【人才工作】

2020 年，红寺堡区依托教育系统人才工作室和小学、初中名师骨干人才工作室，成立 45 个红寺堡区城乡教学（教研）人才工作联盟，挂牌设立党员思想政治课名师工作室 3 个。培养认定 14 名吴忠市骨干教师，培养认定 163 名红寺堡区级骨干教师，选拔认定 13 名思想政治课名师培养对象，选拔培养 25 名学科带头人和 20 名红寺堡区乡村教学名师，选拔红寺堡区第二小学教师石海兵赴福建跟岗研修。

（王东君）

【教育督导改革】

2020 年，红寺堡区出台《红寺堡区深化新时代教育督导体制机制改革实施方案》，划分督学责任片区 5 个，配齐配强责任督学 32 人，加强对学校全方位的督导；加大“互联网 + 教育督导”及线下实地督导，提高教育督导的针对性和实效性。

（刘刚）

【学校食堂管理改革】

2020 年，红寺堡区按照自治区六部门要求，积极推进学校食堂改革，2020 年底所有学校食堂由学校自主经营，不再引入社会力量承包或委托经营。制定《红寺堡区中小学幼儿园食堂管理规定》《红寺堡区中小学幼儿园食堂管理考核细则》，对学校食堂信用、质量、安全进行事前、事中、事后全程规范化监管；制定《吴忠市红寺堡区临聘中小学幼儿园食堂操作人员、超市服务人员和管理人员工作方案》，委托第三方进行公开招聘食堂管理及从业人员；制定《吴忠市红寺堡区中小学幼儿园食堂大宗食品及原辅材料公开招标方案》，实行食堂粮、油、肉、蛋、蔬菜、调味品等大宗食品及原辅材料公开招标采购制度，新建、改建 24 所农村小学营养午餐加工食堂，全部实现“一校一食堂”供餐模式。

【校车管理改革】

2020 年，红寺堡区人民政府结合实际，建立实际的校车运营服务管理模式，推行校车服务运营服务专业化、集约化管理。公开采购符合国家标准化专业校车运营服务国有控股管理公司，将 17 辆校车运营管理、校车驾驶员派遣、校车维修、燃油等服务实行公司化集中管理，从源头上消除校车运营服务管理未严格按照属地原则加强校车运营交通安全监管工作，有效督促各幼儿园和有关监管部门依法履行校车运营服务安全监管职责。

（贺自高 马炜 魏留红 乔萍 海春涛 刘刚 张财）

体 育

【体育馆】

红寺堡体育馆坐落在红寺堡区青云湖畔，占地 16260 平方米，总建筑面积 9253 平方米，总投资 6000 多万元，观众座位 2021 个，设有篮球馆、乒乓球馆、羽毛球馆、健身房、国民体质监测室、运动员休息室等。体育馆以举办篮球、乒乓球、羽毛球比赛和群众健身为主，辅以承接各类社会公益文体活动，保障红寺堡区大型文体活动以及群众业余健身活动。2018 年 1 月 1 日起，体育馆启用电脑门禁收费系统，按照《红寺堡体育馆免费低收费标准》运行。2020 年，体育馆推进疫情防控工作和常态化低收费开放两不误。体育馆、乒乓球馆 2020 年接待 10 万余人次，进行平均每天开放时间不少于 11 小时，每天免费开放不少于 2 小时，国家法定节假日免费开放。受疫情防控影响，体育馆 2020 年开放 293 天。

【公共文体设施】

2020 年，红寺堡区创业社区、鹏盛社区、买河村多功能运动场建设验收并交付使用；3 千米健身步道建设完成；大河乡七人制足球场、弘德村十一人足球场建设完成；全面开展体质监测工作，全年完成 966 人的体质监测工作；红寺堡区中小学体育设施免费对外开放。

【群众体育】

2020 年，红寺堡区开展全民健身季、全民健身节等系列文体活动，主要内容有农民篮球争霸赛、拔河、跳绳、踢毽子、社火展演，11 个单位举办迎新春趣味职工运动会，2000 多人参加。举办 2020 年红寺堡区全民健身季暨新庄集乡杨柳村第十一届“小康杯”象棋比赛、2020 年红寺堡区广播体操网络视频大赛和 2020 年红寺堡区线上亲子体育活动、2020 年吴忠市红寺堡区锦标赛选拔赛暨第二届青少年项目技能挑战赛、2020 年红寺堡区第二届自行车公开赛、红寺堡区第三届运动会。组队参加“庆丰收・迎小康”全区农耕健身大赛，在同心锯木、晒场收谷、卖余粮比赛中分获第六名、第五名、第五名。244 人参加自治区青少年锦标赛，主要项目为田径、篮球、排球、足球、乒乓球、跆拳道、武术、象棋、自行车、射箭，夺得第一名 4 个、第二名 4 个、第三名 6 个、4~6 名 13 个。2020 年，全区开展各类体育活动 62 次，参加 16884 人次。

【青少年体育】

2020 年，红寺堡区体育部门组织专业技术人员在各学校运动会期间挖掘体育后备人才，并聘请专业教练员进行指导培训，强化青少年体育工作。2020 年，组织青少年参加自治区、吴忠市及红寺堡区举办的田径、篮球、排球、足球、乒乓球、跆拳道、武术、象棋、自行车、射箭等各类体育竞技比赛 10 余场次。

【体育产业】

2020 年，红寺堡区继续加快发展体育产业，促进体育消费。举办 2020 年红寺堡区第二届自行车公开赛，实现“体育搭台、文化旅游唱戏”，为红寺堡区乡村旅游、农家乐的发展提供契机，带动红寺堡区服务业、特色农产品销售。

（蒋令萍）

2020 年 11 月 17 日，红寺堡区 2020 年中小学生球类联赛举行　（文体局提供）

文化 科技

WENHUA KEJI

文 化

【移民文化人才培养】

2020年，红寺堡区作家在公开发行的报刊发表各类文学作品52篇（首），其中国家级刊物10篇（首），省级刊物31篇（首），市级刊物11篇（首）。马慧娟、张治乾、马生智、王学军等成长为区内外有一定影响力的作家，被誉为“拇指作家”的马慧娟继出版散文集《溪风絮语》《希望长在泥土里》《农闲笔记》后，2020年出版17万字的报告文学《走出黑眼湾》，其中散文《溪风絮语》入围第十二届少数民族骏马奖；张治乾年内在报刊公开发表小说、散文、电影剧本等近百万字。文化馆牵头组织文艺团队集体创作的小品有以脱贫攻坚为主题的《懒汉脱贫》，以创建国家文明城市为主题的《文明连着你我他》等小品8个，原创舞蹈6个，音乐快板《建设美丽新宁夏》参加“欢乐宁夏”全区巡演。涌现出王小军、叶秀霞、魏旭平等一批小品表演爱好者；农民书法家李忠勤用两年多时间，抄录完成书法作品《四书五经》，作品共92卷1564米（每卷长17米），捐赠吴忠博物馆永久收藏。

【公共文化服务】

2020年，红寺堡区完成文化惠民“送戏下乡”演出30场次，其中进乡镇、贫困村、移民村26场，进社区2场，进军营2场。演出覆盖红寺堡区各乡镇、村，每场演出新创作节目不少于5个，群众满意度达80%以上。完成文化惠民“戏曲进校园”演出10场次。利用“文化与自然遗产日”“中国农民丰收节”等节日，完成演出20余场次。

【非遗保护】

2020年，红寺堡区挖掘整理非遗新项目8个，申报非遗传承人4人。组织开展“文化和自然遗产日”宣传展示活动，在罗山商城举办非遗传承人作品展示，8名传承人参加，吸引观众2000多人，发放非遗宣传品1000余份，提高群众对非物质文化遗产的认识。在文化馆举办“非遗传承人抗疫作品展”，广泛征集抗疫期间非遗传承人及广大文化工作者相关题材作品500多件（幅），展出有代表性的作品120件（幅）。其中，书法、美术作品30幅，剪纸20幅，刺绣10幅，石头画34幅，草编30件。

【文化惠民】

2020年，红寺堡区根据群众需要举办针对性的培训。举办暑假“欢乐暑假”少儿免费系列培训班，开办书法、电子琴、剪纸、舞蹈4项培训内容，培训200人。先后举办3期人才支持计划舞蹈培训班、刺绣培训班，培训150人次，组织基层文化人才参加各级文化培训，通过培训提高基层文化人才的创作和表演能力。

【图书馆】

截至2020年，红寺堡图书馆有报刊21.3万余册，馆内同时可容纳1000余名读者阅读。馆内设办公室、图书馆理事会、采编室、流通部4个机构，设自习室、少儿阅览室、少儿体验室、老年（残疾人）阅览室、电子阅览室、晋江书苑、经典阅览室、期刊阅览室、晋江报告厅，设麦子摄影室、墨香斋书画工作室等功能室。内部功能室配设齐全，空间功能按照现代化、网络化、智能化、人性化理念布局，将数字图书馆与传统图书馆融为一体，实行“藏、查、借、阅、参、展”六位一体的服务理念，注重生态节能，绿色环保和移民文化元素融合，体现开放、时尚与典雅的设计理念。图书馆实施总分馆制建设，建有柳泉、玉池、香园、东方社区4个分馆，实现通借通还。成人和少儿电子阅览室有电脑40台，实行每人每天免证免费上机2小时。作为宁夏图书馆的分馆，采用DLibS图书管理系统，与宁夏图书馆实行“一卡通”，共享各类免费数字文献资源。同时，设有网络信息接点220个及免费Wi-Fi。读者服务部（阅享淘书吧）是黄河传媒集团与宁夏人民出版社在图书馆设立的读者服务基地。最新出版的宁夏地方文献和各类特色书籍在此展销，供读者阅读和选购，是一个小型的特色图书超市。为方便红寺堡回民中学4000余名师生借阅，最大化发挥图书馆的功能和作用，培养教职工和学生良好的阅读、写作、书法、绘画等兴趣习惯，增强教职工和学生的课外兴趣和文艺技能，图书馆面向师生零门槛、全面免费开放，是回中师生的课外阅读教学基地。馆内配备歌德电子书借阅机2台、读报机2台，提供电子图书3000种，有自助借还机1台、自助办证机1台，建立一个微信图书馆、一个门户网站。歌德电子书借阅机含有3000种电子书及100种刊物等资源。每月更新150册，免费下载正版精品、畅销电子图书，内容涉及小说传记、文学艺术、人生哲学、成功励志等12大类电子图书；读报机涉及文学、艺术、体育、经济等各类电子报纸、杂志，时时更新，方便读者下载和浏览。晋江书苑是福建省晋江市委、市政府援建红寺堡文化事业发展的典范之作，也是红寺堡区干部群众了解晋江文化的一个窗口。此书苑有图书3万余册，以文学、军事、哲学、宗教及晋江文化类书籍为主，可同时容纳80余人阅读。晋江报告厅是晋江援建项目，2015年3月投入使用。采用时尚素雅的装饰风格，设有白色环保会议桌、蓝色座椅，是集会议、报告、讲座、文艺演出等为一体的多功能厅。厅内可同时容纳300余人，截至2020年底，举办各种活动240余场次，参与9万余人次。经典阅览室以国学经典、中外名著、社会科学类等精装书籍为主，藏书1000余册。图书馆长期免费举办书画、诗词培训，力求打造书画、诗词学习中心。自2018年10月以来，开展周末（寒暑假）国学经典诵读亲子学习班，服务读者将近400人次。

红寺堡区图书馆少儿阅读体验区分为两部分，艺术互动体验空间和数字阅读资源平台，艺术互动体验空间包括AR动物世界体验区、少儿学习一体机和读者朗诵亭体验区，数字阅读资源平台包括读者教育考试平台和少儿亲子教育数字资源，全方位为孩子打造集趣味性、丰富性、创新性于一体的智能阅读学习空间。图书馆每周免费开放时长62小时，平均每日接待读者400余人。2020年，累计流通纸质图书46392册、电子图书8万余册，接待读者84256人次，开展“4·23”世界读书日以阅献礼、书香助力“战疫”等精彩线上活动2场次，开展端午节等传统文化活动、“你读书，我买单”、“庆六一·送图书进校园”、“书香红寺堡·悦读瞬间”原创摄影大赛等线下阅读推广活动5场次，活动参与1000人次。举办寒假国学班和“读写经典”毛笔书法高级班9场次，参加培训280人。

【文化馆】

红寺堡文化馆成立于2012年，系全额拨款公益性文化事业单位，现为国家二级文化馆。现馆建于2018年6月，位于人民街与康济路交叉口东南侧、第四小学西侧，总占地面积20017平方米，总建筑面积6689平方米，局部地下一层，地上3层。文化馆内部动静分区明确、空间构成紧凑、日照通风良好、契合周边自然环境；外形上像一个“鼎”，寓意“文化宝鼎”，外部石材以灰色为主色调，采用透空玻璃幕与石材结合，整个建筑给人以优雅、简洁、均衡、厚重之感。文化馆的主要职能是组织、指导、开展全区群众文化艺术活动，研究群众文化艺术，培训业余文艺骨干，实施免费开放，推进群众文化数字化信息化建设，组织文化志愿者开展文化惠民服务，保护和传承非物质文化遗产。文化馆实施总分馆制建设，有分馆5个、支馆69个，采取文化馆下派业务骨干担任分馆副馆长的形式，指导分馆及支馆开展业务工作。文化馆内设群文辅导中心、非遗保护中心、后勤管理中心、办公室等机构。文化馆内部各功能室齐全，群众文化活动用房使用面积达到总使用面积的80%以上，设有演艺厅、多功能活动大厅、舞蹈排练厅、展览厅、培训室、会议室、工作室等各种功能室31间，一楼内设中庭2个，建有休闲凉亭，内外环境和谐统一、整洁优雅。建馆以来，文化馆以全区群众文化活动的“组织中心、培训中心、创作编导中心和非物质文化遗产保护中心”为发展目标，组织策划开展系列群众文化活动，形成移民人才培养和魅力红寺堡广场文艺演出两大文化服务品牌，累计培养各类文化人才近2500名。针对特殊人群，文化馆常年开放相关活动室，免费开放项目10余个。2020年，开展送戏下乡、广场文化活动等各类文艺演出181场，培训青少年、基层文化人才400人次，开展书画、摄影、非遗等各类展览4次，参观1500余人次。

【宁夏移民博物馆】

宁夏移民博物馆始建于2009年，2013年9月正式开馆，位于红寺堡区文化西街，建筑面积9436.88平方米。博物馆外形整体采用中国传统西北民居砖墙拼花相融合的建筑元素，色彩以白、黄相间为主，白色马莲花造型，象征着红寺堡移民不畏艰难的创业精神，黄色体现黄土高原的气质。主题建筑分为三层，一层为办公区域；展厅设置在二、三层，分别为序厅、宁夏移民史刻、新时期宁夏新移民。第一展厅为序厅，充分体现黄河水引进亘古荒原后，移民安居乐业的大好局面；第二展厅为宁夏移民史刻，展示从秦汉开始至新中国成立前宁夏的移民开发史、民族迁徙史。第三展厅为新时期宁夏新移民，展示新中国成立后宁夏的移民状况，支边建设、三线建设、吊庄移民都是新时期宁夏移民的缩影，尤其是以红寺堡为主战场的宁夏扶贫扬黄移民谱写新时期宁夏移民的壮丽史诗。自开馆以来，宁夏移民博物馆先后被评为吴忠市首批党史教育基地和国防教育基地、爱国主义教育基地、宁夏社会科学普及基地、国家 AAA 级旅游景区。宁夏移民博物馆是展示国家“八七”扶贫攻坚和宁夏“双百”扶贫攻坚成果的标志性建筑，是一座展示宁夏历代移民文化和当今全国最大反映扬黄扶贫移民开发的综合性博物馆。2020 年，在“5·18”国际博物馆日和文化遗产宣传日、端午节、中秋节等节日开展主题宣传活动，先后举办礼仪培训班，提升博物馆服务队伍，开展展览“五进”（进学校、进社区、进军营、进乡村、进企业）活动，举办“我心中的博物馆”少儿绘画比赛活动、“文物宣讲进校园”活动 3 次，其中发放宣传资料 3000 多份，组织研学游活动 10 次，惠及青年学生 2.4 万人次，年接待观众量 10 万余人次。

（蒋令萍）

旅 游

【规划编制】

2020 年，红寺堡区为加强全域旅游创建工作的组织领导，建立健全全域旅游工作机制，成立工作领导小组，区委书记任组长，政府区长任第一副组长，四套班子分管领导任副组长，发改、财政、自然资源、住建交通、农业农村、水务、文化旅游等部门为成员，细化任务分工，明确责任落实，为扎实推进红寺堡区全域旅游工作提供强有力的组织保障。编制《红寺堡区文化旅游“十四五”发展规划》，初步形成文化旅游发展规划体系。

【旅游收入】

2020 年，红寺堡区有国家 AAA 级旅游景区 1 家（宁夏移民博物馆）、四星级农家乐 1 家（汇达酒庄）、三星级农家乐 2 家（罗山酒庄、中圈塘生态餐厅）、三星级旅游饭店 1 家（正达商务中心）、旅行社营业部 1 家（大自然旅行社），建成乡村旅游示范村 1 个、特色产业示范村 1 个。2020 年，红寺堡区接待游客 15.56 万人次，实现旅游综合收入 1456.6 万元。

【项目建设】

2020 年，红寺堡区为推进宁夏移民博物馆国家 AAAA 级旅游景区创建步伐，推进宁夏移民博物馆智慧旅游系统项目建设，投资 270 万元，主要建设智慧门禁、人脸识别、智能停车场、智慧旅游控制平台、户外音响广播系统等；完成监控、户外音箱广播、智慧门禁等安装。乡村旅游项目中永新村建设 3 处景门、青砖景观围栏、人行道硬化铺装、村道绿化亮化、标识标牌等，投资 290 万元。红寺堡葡萄小镇（紫光湖）游客服务中心项目，利用紫光湖现有山、湖、路、田等资源，以休闲观光、文化体验、生态养生等功能为出发点，整合周边酒庄、葡萄基地等资源，提升改造紫光湖设施，完善功能布局，打造一处 A 级旅游景区，主要建设旅游服务中心、游船码头、游步道、停车场等。大河乡游客服务中心项目位于龙兴村，主要建设旅游服务中心、乡村文化长廊、自行车观光道等。

【乡村旅游】

2020 年，红寺堡区结合乡村振兴战略，首批建成西川、永新等乡村旅游示范村，鼓励乡村民宿发展，改造乡村民宿 80 家。举办红寺堡区首届乡村旅游节、油桃采摘节、黄花观赏节、龙源甜瓜节等乡村旅游节庆活动，促进当地餐饮、住宿、农特产品销售等服务业发展。2020 年，红寺堡区乡村旅游接待1.27万人次，实现收入130.5万元。

【旅游宣传】

2020年，红寺堡区通过开展自行车公开赛、葡萄酒品鉴大赛、黄花菜高峰论坛等文旅推介活动，发挥声、屏、报的作用，利用多种方式开展文旅资源宣传，获得中国航空运动协会罗山飞行营地和全国科技体育航空航天训练活动基地2个文旅品牌，不断提升红寺堡知名度，“锦绣新灌区·魅力红寺堡”旅游品牌形象初步形成。

【旅游管理】

2020年，红寺堡区与各涉旅企业签订安全生产责任书，结合旅游行业实际，制定安全生产工作方案与突发公共卫生事件应急预案。在消费者权益保护日、中国旅游日等活动期间，组织境内涉旅企业开展行业安全生产宣传工作，集中宣传《中华人民共和国旅游法》《中华人民共和国安全生产法》等法律法规。同时，与疫情防控、扫黑除恶等工作结合，开展旅游行业大检查活动。2020年，开展5次安全大检查工作，出动执法人员40人次。

【旅游产业开发】

2020年，红寺堡区以“锦绣新灌区·魅力红寺堡”为形象定位，推进全域旅游，建成公共文化服务体系、文旅产业体系，打造移民文化品牌，以航空运动体验游为特色，做大做强红酒养生休闲游、智慧民宿亲子游、移民文化研学游，推进文化旅游产业高质量发展。以城北紫光湖为起点，连接红寺堡酒庄、鹏胜酒庄、鹏胜休闲农业园区、光伏电厂、弘德村、汇达酒庄（移民文化园）等地，打造完成北部一、二、三产业融合旅游线路。以宁夏移民博物馆为起点，连接永新民宿旅游村、红粉佳荣葡萄酒庄园、肖家窑葡萄基地、关口移民旧址、罗山飞行营地（自驾车营地）、马渠枸杞基地、西川特色产业示范村，打造完成东部环线及生态航空运动休闲体验游线路。以香园民俗文化村为起点，连接乌沙塘红梅杏基地、龙泉甜瓜基地、红三泵站、“1236”工程总指挥部遗址、百瑞园枸杞基地、马明手抓羊肉馆，打造完成西部扬黄泵站及美食体验游线路。

【合作交流】

2020年，红寺堡区创新景区经营体制，探索所有权、经营权、管理权相分离，推动资源整合、联动协作、抱团发展。加强招商引资力度，引进、培育和壮大市场主体，培育一批区域性骨干文化旅游企业，推进文化旅游市场化发展。坚持人才强文旅、科教兴文旅，加强与区内外知名院校合作，建立文化旅游人才高地，推进学术交流和智力支持。构建红寺堡文化旅游智库，完善人才培训体系和培训内容，提高从业人员的服务技能和服务水平。

（蒋令萍）

档案史志

【党史研究】

2020年，红寺堡区档案史志馆围绕“不忘初心、牢记使命”主题教育，联合区委办、书法家协会、柳树台村党支部开展“忆党史、守初心、担使命”庆祝建党99周年等活动。联合审批服务管理局、住房公积金管理分中心举行党的十九届四中全会精神宣讲报告会，为干部职工学习领会党的十九届四中全会精神提供学习方法和理论指导。在地情刊物《美丽红寺堡》设立党建党史专栏，激发各级党组织研究党史工作，2020年2期登载党建党史文章5篇。

【档案管理】

2020年，红寺堡区档案史志馆完善各类安全制度并督促落实，签订岗位安全承诺书及保密承诺书。完成档案馆安全风险评估工作，对梳理出的6处安全风险隐患点逐个进行整改。执行一周一小查，半月一大查，节假日前必查的安全检查制度，实行双人入库制度。年内，未发生任何档案实体和信息安全事故。

印发《关于做好新冠肺炎疫情防控专题档案资料的通知》，收集全区35个单位5个社区的疫情档案，包括文件、照片、实物、音频、视频等。整理疫情工作大事记及文艺作品、各大媒体宣传报道文章。指导应急管理局、林业局、人社局等单位整理文书档案。规范整理馆内印章、图书、报纸等档案。标注、整理已废止、修改及失效的文件170件。加强涉密文件安全管理，从馆藏档案中抽取近1000件涉密文件集中保管。整理馆藏电子档案、电子目录，并刻盘保存。接收寄存已撤销或合并单位财务档案。AB岗轮流坐班做好档案查询利用工作，截至2020年底，接待查档人151人，提供利用档案277件。

【家风建设】

2020年，红寺堡区档案史志馆联合区委办在黄羊滩村、玉池村开展“加强家风文化建设助推乡村振兴战略”家风建设活动，向50多家建档立卡户赠送家风家训学习包及家风书法作品。

【史志编研】

2020年，红寺堡区档案史志馆完成《红寺堡年鉴（2019）》出版工作，并向各单位发放600余册，被评为第七届全国地方志优秀成果（年鉴类）三等奖。完成《红寺堡年鉴（2020）》编纂工作。完成《美丽红寺堡》第7期、第8期出版工作，并向红寺堡区各单位发放1000余册。完成《宁夏年鉴（2020）》《吴忠年鉴（2020）》红寺堡内容报送工作；完成《吴忠市志》资料报送工作。印发《〈红寺堡口述移民史〉〈弘德村志〉编纂工作方案》，成立红寺堡区编纂工作领导小组，按步骤开展编纂工作。

【宣传利用】

2020年，红寺堡区档案史志馆在红寺堡区两会召开之时，按照红寺堡区委、区政府统一部署，将300余套《红寺堡年鉴（2020）》和《红寺堡移民史》送入两会现场，为人大代表和政协委员建言献策、参政议政提供理论依据。利用“5·18”地方志宣传日开展地方志“十进”工作，将《红寺堡移民史》《红寺堡史话》《红寺堡年鉴》《美丽红寺堡》等地情志（书）送到机关、企业、军营、社区、医院、农村及各级各类图书馆、讲习所、文化站和文化大院，赠送书籍2000余册，使红寺堡区广大移民群众了解当地的发展变化。

【《红寺堡抗“疫”日志》编纂】

2020年，红寺堡区档案史志馆印发《关于编纂〈红寺堡抗“疫”日志〉的通知》，征集疫情相关资料。组建编写组，召开多次协调、推进会。截至2020年底，国家层面的日志和红寺堡日志3月之前的基础资料按天全部整理完毕。

【《红寺堡移民史》发布会】

2020年9月25日，红寺堡区召开《红寺堡移民史》发布会，并现场发布《红寺堡移民史》纪录片。《红寺堡移民史》由商务印书馆出版发行，由宁夏社科院历史研究所原所长薛正昌研究员主笔，历时三年，通过实地调研南部山区的生态恢复情况，现场考察红寺堡移民旧址、历史遗迹，采访知情人士、查阅历史资料等方法，分为天下黄河富宁夏、红寺堡驻军与建制、

《红寺堡移民史》发布会　（档案史志馆提供）

黄河水滋润着荒原、易地移民创业、城市建设与乡村宜居、致富路上奔小康、教育卫生事业蓬勃发展、生态绿洲改变亘古荒原、文化多元融合创新等9章39节内容。以易地搬迁为主线，脱贫致富为主题，记述红寺堡地理环境、历史沿革、移民背景、产业发展，经济、政治、文化、社会、生态文明建设等内容。光明日报社、新华社、中新网等媒体对发布会进行报道，新华社客户端《宁夏首部县区级移民史发布》点击量过百万。发布会上，启动编纂《红寺堡口述移民史》《弘德村志》2部志书。

【《红寺堡年鉴（2019）》获评全国三等年鉴】

2020年12月，中国地方志指导小组、中国地方志学会印发第七届全国地方志优秀成果（年鉴类）评审活动通报表扬成果，《红寺堡年鉴（2019）》获得县级综合年鉴三等年鉴，《红寺堡年鉴》由红寺堡区地方志编纂委员会主编，红寺堡区地方志编纂委员会办公室（红寺堡区档案史志馆）承编，已连续公开出版6部。《红寺堡年鉴（2019）》紧扣2018年度红寺堡区社会经济各项事业发展情况，突出国家、自治区战略、政策，反映当地移民特点和时代特色，全书设27个部类700余条目50余万字，2020年5月由方志出版社出版。

【红色学堂】

红色学堂设在红寺堡区档案史志馆一楼，使用面积220平方米，于2019年9月底建成并投入使用，旨在为各单位提供党建党史活动平台。红色学堂内设置四个环节：唱红色歌曲、讲红色故事、诵红色经典、书红色精神，学堂内有党史书籍 1000 余册。2020 年，8 家单位 300 余人在此开展活动。

【西川村史馆】

西川村史馆（乡愁记忆馆）创办于 2018 年，位于红寺堡区新庄集乡西川特色产业示范村旅游服务区内，西川乡愁记忆馆占地面积 1000 余平方米，陈列有农耕（耙、犁、锄、耧等）、刺绣（十字绣、针线活、门帘等）、剪纸（窗花等）、生活用品（黑白电视机、录音机、嫁妆箱、石磨子、石碾子、蓑衣、火盆、水壶等）等各类展品 1000 余件，展示西海固移民艰苦奋斗、勤劳朴实的精神，同时为广大青少年了解农业发展进程，了解传统农业时代农民生活、生产状况提供平台。2020 年，5000 余人到记忆馆参观学习。

【弘德村史馆】

2020 年，红寺堡区在红寺堡镇弘德村建成弘德村史馆（党员干部教育基地），村史馆分为红寺堡大事记、移民搬迁、精准脱贫、刘克瑞家的故事、闽宁协作、好日子还在后头、民俗展示厅。2020 年，接待 1 万余人参观学习。

（陈腾腾）

融媒体

【新闻宣传】

2020 年，红寺堡区融媒体中心，通过人员、机构整合，对服务区委和区政府的时政新闻栏目《红寺堡新闻》、服务百姓的民生类栏目《走向我们的小康生活，决战决胜脱贫攻坚》等重新进行定位包装，节目内容不断丰富，提升新闻舆论的传播力、引导力、影响力、公信力。围绕中央、自治区、吴忠市以及红寺堡区委和政府中心工作开设《万众一心 阻击疫情》《创城进行时》《创城曝光台》《扫黑除恶》等 20 多个专题专栏。新冠肺炎疫情突发后，红寺堡区融媒体中心第一时间投入疫情防控，围绕强信心暖人心聚民心，统筹把握疫情舆情民情，播发电视新闻稿件 1580 条，新媒体稿件 6400 余条，为疫情防控和经济社会发展营造良好氛围。加强与中央、自治区、吴忠市主流媒体联络，聚焦大报大台大网，加强选题策划，精心设置议题，加大推介力度。在自治区、吴忠市上级媒体播发新闻稿件 240 余条，有 4 条浏览量突破“百万 +”次，1 条点击量达“80 万 +”次。

【项目建设】

2020 年，红寺堡区融媒体中心完成太阳山镇发射塔项目，解决该区域群众收看广播电视难问题。完成大河乡广播电视发射塔项目。完成红寺堡区广播电视制播能力提升项目，更新采编播设备，实现广播电视及新媒体业务数字化目标。完成红寺堡区融媒体中心建设任务并投入使用。推进县级应急广播体系建设并投入使用。

【机构融合】

2020 年，红寺堡区为加快推进融媒体中心建设，贯彻落实《中共中央宣传部等关于加强县级融媒体中心建设的意见》自治区党委办公厅、人民政府办公厅印发的《关于全区媒体融合发展改革的意见》等文件精神，组建成立红寺堡区融媒体中心，加挂红寺堡区广播影视服务中心牌子，为区委直属正科级公益一类事业单位，归口区委宣传部领导，核定事业编制 12 人，设立 7 个内设机构。2020 年，红寺堡区整体划转原广播电视服务中心 14 名社会购买服务人员，通过公开招聘方式面向社会招聘8个岗位14名专业技术人员。

【媒体宣传】

2020年，红寺堡区融媒体中心开通“红寺堡视线”微信公众号、微博、今日头条、抖音、快手、企鹅号、微视等新媒体平台，以小、快、灵的方式贴近群众做新闻。其中，“红寺堡视线”微信公众号粉丝量达3.5万人。按照媒体融合发展思路，融媒体中心借助自治区吴忠市融媒体云计算、数据库、大数据分析等技术，实现“一次采集、多种生成、多元传播”的融合发展目标，提升红寺堡区主流媒体的公信力、影响力和传播力。

【产业发展】

2020年，红寺堡区融媒体中心坚持政企分离原则，注册成立红寺堡区新起点影视文化传媒有限公司，实行市场化运作，主要开展专题片拍摄、视频制作、无人机航拍、媒体广告、活动策划组织等业务，打通线上线下，强化为民服务功能，丰富群众文化生活。截至2020年底，创收11万元。

（柳成良）

科技服务

【科技队伍】

2020年，红寺堡区以个人申请与受扶单位、组织推荐相结合的方法，对科技特派员队伍进行扩充。通过各乡（镇）、有关部门、企业的摸底、推荐，新聘任科技特派员13人，共有科技特派员104人，其中法人科技特派员50人。组织实施黄花菜绿色优质高效种植技术示范、聚能1号新品种丹参的试种及示范等科技特派员专项行动项目14个，涉及项目资金90万元。

【科技培训】

2020年，红寺堡区由科技特派员、科技扶贫指导员、科技人才组成的科技人才队伍，采取线上线下结合的方式，重点结合贫困村葡萄、枸杞、黄花菜、肉牛等产业种植养殖技术进行培训指导，提升农民生产水平和技能素质，举办线下培训15期、现场技术指导230余次、线上技术指导62次，惠及5600余人次。举办科技人才培训班2期150余人，组织广大科技人才赴青铜峡市峡口畜牧科技示范园、宁夏景田木业公司、吴忠国家农业科技园区观摩肉牛肉羊养殖及设施林果、农业物联网应用技术等，使广大科技人才拓展眼界，了解新技术、新品种的示范应用情况。科技扶贫工作被《科技日报》、宁夏卫视、宁夏经济频道、吴忠电视台等报道13次。宁夏公共频道对9名科技扶贫指导员深入基层开展科技助脱贫工作进行专题报道；宁夏经济频道都市阳光栏目以《把科学根植在脱贫攻坚路上的播种人》为题，播报大河乡乌沙塘村经济果林扶贫产业；邀请红寺堡区电视台制作《科技人才风采展》宣传片5期，展示优秀科技扶贫指导员、科技特派员人才等科技人才在科技服务、技术指导、科学普及等工作中的风采。

【科技项目】

2020年，红寺堡区组织申报各类科技项目31个，争取资金888.26万元，包括建设红寺堡区农业科技示范展示区1个，实施红寺堡区枸杞种植与科学养殖技术推广等科技扶贫指导员项目3个、酿酒葡萄生物有机肥种植技术示范等科技特派员创业行动项目14个、科技人才专项1个、红寺堡区黄花菜高效栽培技术研究与示范推广项目1个、企业创新后补助项目8个。

【科技创新】

2020 年，红寺堡区结合实际，在农业种植方面，选取新品种试种，运用新技术管理，通过新技术、新品种的引进，探索适合红寺堡区的产业和技术，力促科技成果转化，促使农民增收，脱贫致富。在富阳工贸集团红寺堡农林科技有限公司实施玉露香梨新品种科技示范基地建设项目，建设面积 100 亩。

【其他培训】

2020 年，红寺堡区通过专题培训、跟踪辅导等方式及时宣传、解读各级各类科技创新创业政策，确保企业切实享受企业科技创新后补助、研发费用加计扣除等优惠政策。紧紧围绕全区重点产业的发展，结合科技项目，组织企业参加自治区科技型中小企业、自治区农业高新技术企业、国家高新技术企业等科技型企业申报认定、科技项目申报、成果转化、规范财务管理、研发费用归集等方面的业务培训，组织企业参加自治区、吴忠市各类培训 8 次。在红寺堡、太阳山开展红寺堡区 R&D 投入经费统计与科技创新政策解读培训班 2 次，培训 100 人次。组织工作人员、聘请第三方服务机构进行实地走访、现场辅导，使企业掌握优惠政策、熟练申报项目，提升科技创新能力。

（罗亮 张玲）

气象工作

【基础建设】

红寺堡区气象站于 2018 年 4 月 10 日正式业务运行。辖区内有区域自动气象站 20 个（6 要素站 4 个，4 要素站 2 个，2 要素站 14 个），农业小气候站 5 个；建设土壤水分站 1 个，测风塔 6 座；组建 175 人的气象应急联系人、气象协理员、气象信息员队伍。

【气候监测】

2020 年，红寺堡区平均气温为 10.8℃，年最高气温 36.2℃，出现在 7 月 7 日，最低气温 −21.7℃，出现在 12 月 30 日；年降水量为 254.9 毫米，较常年（251 毫米）偏多 3.9 毫米；年平均气压为 867.5 百帕，最高气压为 916.2 百帕，出现在 7 月 13 日，最低气压为 816.6 百帕，出现在 7 月 13 日；平均湿度为 48%，最小相对湿度为 2%，出现在 4 月 24 日；平均风速为 2.2 米/秒。年内主要降水天气集中在 8 月和 9 月，其中 8 月月累计降水量 120.8 毫米，9 月月累计降水量 40.9 毫米，8 月 4 日，太阳山镇买河村最大累计降水量达到 103.6 毫米。2020 年，气候条件总体对马铃薯、小麦和玉米生长比较有利，对枸杞生长不利。年内植被长势整体较好，属于偏好年份。

【气象业务】

2020 年，红寺堡区气象站撰写完成《红寺堡区应急预案》，完善汛期工作职责、规章制度、业务流程及应急预案等。向地方党委、政府及各部门提供《气象信息专报》64 期、《酿酒葡萄气象服务专题》10 期，发布气象预警及雨情信息 132 条，服务对象 33655 人次。完成辖区内部门联系人和气象信息员的更新，对气象信息员及驻村扶贫干部进行培训，培训 251 人。向地方党委、政府汇报气象工作 5 次，地方主要领导在《气象信息专报》批示 5 次。气象站职工马强在 2020 年全区气象业务竞赛中获三等奖。

（杨慧诚）

医疗 卫生

YI LIAO　WEISHENG

医疗改革

【一体化建设】

2020年，红寺堡区卫生健康局与财政部门联合印发《红寺堡区2020年基本公共卫生服务项目实施方案》，明确服务项目内容，完善以服务数量、质量及满意度等为主的效能考评制度。拨付基层基本公共卫生服务项目经费1403万元，对所有专业公共卫生机构和基层医疗卫生单位开展技术指导及项目培训各1轮次。

【家庭医生签约服务】

2020年，红寺堡区普通人群家庭医生签约服务覆盖率达45.1%，重点人群签约覆盖率达86.2%，建档立卡户做到应签尽签。

【一站式服务】

2020年，红寺堡区继续推动医保支付方式改革，跨省异地就医结算、"先住院、后付费"和省内"一站式"结算全面推行，医院实施临床路径管理。2020年，24名上级医院专家到红寺堡区开展为期半年至一年的门诊、查房、讲座及业务指导等工作；同时，选派28名优秀业务骨干赴上海市第六人民医院、福建德化医院等医疗机构进修学习。总诊疗50.29万人次，其中基层诊疗量25.22万人次；公立医院药占比23.55%，百元医疗收入占比21.93%，公立医院医疗服务收入占比31.91%，县域内住院率89.27%，政策范围内门诊实际报销比64%，政策范围内住院实际报销比76%，县域内基层门急诊人次数占总诊疗人次数的50.2%。

【监督管理】

2020年，红寺堡区在人民医院等部分医疗机构规范设置综合监管科，严格履行主体责任，实行自我监督管理工作；建立由卫生健康部门牵头，市场监管、医保等部门共同参与的日常联合执法工作机制；在各医疗机构放射科、医疗废物暂存点、中心供应室、治疗室等高风险区安装摄像头，卫生主管部门可在线"实时监督"。2020年，完成结案21件，罚款金额3.55万元，没收违法所得4800元，全部按要求在规定的时间内在国家卫生计生监督信息报告系统中进行报告。2020年，双随机任务完成70家，其中监督完成63家、任务关闭7家，未完成1家，完成率90%，完结率98.57%。按照自治区尘肺病防治攻坚行动方案要求，对辖区煤矿、水泥厂等55家企业进行监督检查，针对存在的问题，现场下达监督意见书并跟踪督促整改到位。对自治区反馈辖区宁夏青铜峡水泥股份有限公司太阳山分公司存在的粉尘浓度超标问题，紧盯其整改并聘请第三方公司检测评估粉尘浓度合格。

（海金昌）

疾病预防

【疾病监控】

截至2020年底，红寺堡区建立居民电子健康档案20.19万份，建档率99.69%；传染病报告率100%，“十二苗”（乙肝疫苗、卡介苗、无细胞百白破疫苗、脊髓灰质炎疫苗、麻风腮联合疫苗、流脑A群疫苗、流脑A+C群疫苗、乙脑疫苗、甲肝疫苗、钩端螺旋体疫苗、流行性出血热疫苗、炭疽疫苗）接种率均在99%以上；早孕建册率98.01%，产后访视率99.65%，新生儿访视率92.5%，0~6岁儿童健康管理率84%，视力检测率80.91%；高血压患者规范管理率92.9%；糖尿病患者规范管理率91.8%；重性精神病患者规范管理率69.1%。

【慢性病防控体系】

2020年，红寺堡区卫生健康局持续开展前期引进的糖尿病基层管理项目，跟踪实施糖尿病患者并发症监测和健康管理工作，累计对辖区2700名糖尿病患者进行免费检查和健康随访。

【疫情防控】

2020年，红寺堡区卫生健康局对标疫情防控要求，抓好“防、控、治、保、常”关键环节，形成联防联控、群防群控工作机制。先后召开部署、分析研判等会议30余场次，研究制定各类疫情防控相关文件30份，各医疗机构均设置预检分诊点，人民医院设置发热门诊，并改造标准化的核酸实验室。人民医院传染病楼开工建设。指导全区各中小学校如期开学，保障全区运动会等大型活动顺利开展。截至2020年底，红寺堡区连续321天无新增确诊病例、无症状感染者报告，实现患者零死亡、医护人员零感染；确诊4例病例及境外输入病例1例，全部治愈出院且后期健康随访正常；集中隔离医学观察1641人全部解除集中医学观察；人民医院发热门诊就诊发热病人2259人次、留观治疗86人次，核酸检测7081份，做到应检尽检。

（海金昌）

公共卫生

【公共卫生服务】

2020年，红寺堡区按照《宁夏医疗保障经办政务服务事项清单》，落实“先诊疗后付费”，实行“一站式结算、一窗口办理、一单制结算”，优化服务窗口，简化办事流程，缩短办理周期，做到只进一扇门，让群众少跑路。

【基层医疗卫生服务】

2020年，红寺堡区城乡居民基本医疗保险总收入11496万元，总支出7444万元，期末滚存结余29200万元；职工医疗保险总收入4523万元，总支出1565万元，期末滚存结余17033万元。通过开展“打击欺诈骗保 维护基金安全”活动宣传月，借助“智能审核系统”，采取以实地稽核为主、日常稽核及专项稽核（市级交叉互查、自治区交叉复检）等方式，加大对医保基金的稽核监控力度。2020年，检查协议医疗机构159家，其中公立医疗机构107家（含村卫生室 99 家）、民营医疗机构 6 家、定点药店 43 家。查出违规使用医保基金 73.1 万元，全部追回。

【待遇享受】

2020 年，红寺堡区医疗保障局受理审核职工基本医疗费用 32 人次，其中基本统筹支付 21.36 万元，大额统筹支付 9.87 万元，公务员医疗补助 6622.42 元；职工生育待遇费用报销 202 人次，支付待遇费用 174.57 万元；城乡居民医疗待遇报销 513 人次，其中基本医疗统筹支付 339.31 万元，财政补助支付 10.81 万元；享受医疗救助 173 人次，医疗救助支付 48.75 万元，深度贫困补助（财政兜底）支付 53.12 万元；职工生育“一站式服务”（“一站式服务”主要包括职工生育保险参保人员及配偶，在全区生育保险定点医疗机构住院分娩的，可在分娩医院或任意一家生育保险定点医疗机构“一窗口办理”生育保险津贴、男职工一次性护理补助金、一次性生育补助金、产前检查费等生育保险待遇申领事项；参保地经办机构将符合规定的生育保险待遇“一单制结算”支付到参保人员申领的社保卡银行账户或指定银行账户）79 人，支付金额 785646.99 元。

【疫情防控】

2020 年，红寺堡区医疗保障局落实落细国家医疗保障局“两个确保”（确保患者不因费用问题得不到及时救治，确保定点医疗机构不因医保总额预算管理规定影响救治）工作要求，向红寺堡区人民医院预拨医保基金 300 万元。落实新冠肺炎确诊及疑似患者执行特殊医疗保障政策和门诊大病长期处方制度、职工医疗保险（生育保险）延期办理等政策，将救治所需药品、检测试剂、诊疗项目等纳入医保基金支付范围，对所有疫病患者发生的医疗费用，个人零支付；落实阶段性减征企业职工基本医疗保险政策，对符合减征资格的 99 家企业减征费用 73 万元，助力企业有序复工复产。优化经办管理服务，落实“不见面办”“及时办”“延期办”“即时办”“放心办”“全力办”六项便民服务措施，方便用人单位和参保人办理医保业务。

（买丰林）

医疗保障

【参保情况】

2020 年，红寺堡区城镇职工基本医疗保险参保人数为 8698 人，较上年末增加 1634 人，同比增幅 23.1%，完成自治区下达参保目标 6500 人的 133.82%。参保人员中在职 8432 人，较上年末增加 1612 人，同比增幅 23.64%；退休 266 人，较上年末增加 22 人，同比增幅 9.02%；在职退休比 31.69∶1。

【基金收支】

2020 年，红寺堡区城镇职工基金总收入 6279 万元，较上年同比增长 2068 万元，增幅 49.11%。统筹基金收入 4778 万元，较上年同比增长 1864 万元，增幅 63.97%；个人账户收入 1501 万元，较上年同比增长 204 万元，增幅 15.73%。基金总支出 2215 万元，较上年末增长 600 万元，同比增幅 37.15%；统筹基金支出 1016 万元，较上年末增长 468 万元，同比增幅 85.40%；个人账户支出 1199 万元，较上年末增长 132 万元，同比增幅 12.37%。截至 2020 年底，基金总结余 4064 万元，较上年末增长 1468 万元，同比增幅 56.55%；其中，统筹基金结余 3672 万元，较上年末增长 1396 万元，同比增幅 59.0%；个人账户结余 302 万元，较上年末增长 72 万元，同比增幅 31.3%。

【待遇享受】

2020 年，红寺堡区城镇职工普通门诊就诊

45057 人次，较上年末增加 352 人次，同比增幅 0.79%；门诊总费用 456 万元，较上年末减少 24 万元，同比降幅 5%；门诊统筹支付 103 万元，较上年末减少 3 万元，同比降幅 2.83%，支出基本平衡。门诊大病就诊 3113 人次，较上年末增加 547 人次，同比增幅 21.32%；门诊大病总费用 132 万元，较上年末增加 5 万元，同比增幅 3.94%。2020 年，门诊大病统筹支付 73 万元，较上年末减少 3 万元，同比降幅 3.95%。住院 667 人次，较上年末增加 84 人次，同比增幅 14.41%；住院总费用 521 万元，较上年末增加 82 万元，同比增幅 18.68%。生育保险参保人员 8430 人，较上年末增加 1764 人，同比增幅 26.46%；其中，女性参保 4602 人，较上年末增加 1228 人，同比增幅 36.44%；生育医疗待遇享受 294 人次，较上年末增加 27 人次，同比增幅 10.11%；津贴待遇享受 238 人次，较上年末下降 26 人次，同比降幅 9.85%；二孩政策放开后，女职工生育人数连续五年在 260~300 人，增幅趋于稳定；津贴支出 320 万元，较上年末增加 126 万元，同比增幅 64.95%；医疗费用支出 70 万元，较上年末增加 14 万元，同比增幅 25%。

【职工大额医疗保险】

2020 年，红寺堡区职工大额医疗保险总收入 124 万元，其中大额保险费收入 123 万元，利息收入 1 万元；总支出 87 万元，其中住院支出 76 万元，门诊支出 11 万元；当年结余 37 万元，期末滚存结余 241 万元。

【公务员医疗保险】

2020 年，红寺堡区公务员医疗保险总收入 245 万元，其中公务员医疗保险费收入 244 万元，利息收入 1 万元；总支出 89 万元，其中医疗补助支出 3 万元，其他支出 86 万元；当年结余 156 万元，期末滚存结余 156 万元。

【城乡居民医疗救助资金】

2020 年，红寺堡区医疗救助总收入 3679 万元，其中财政安排 3657 万元，利息收入 22 万元；总支出 4001 万元，其中参保资助支出 1549 万元，住院救助支出 1840 万元，门诊救助支出 612 万元。期末滚存结余 5301 万元。

（买丰林）

医务工作者为安全生产月咨询人员进行义诊　（卫生局提供）

乡镇概览

XIANGZHEN GAI LAN

红寺堡镇

【概况】

红寺堡镇作为红寺堡区人民政府驻地，是红寺堡区政治、经济、文化、交通中心。行政区域面积567平方千米，耕地面积13.97万亩。下辖梨花、河水、兴旺、团结、红关、红海、光彩、玉池、弘德、同原、朝阳、上源、中圈塘、东源14个行政村。辖区内常住人口为14127户57197人，回族人口45081人，占总人口的78.82%。下派鲁家窑工作组、团结村综合发展工作组、上源村工作组，主要负责脱贫攻坚、综合治理及平安建设、环境卫生整治等工作。2020年，在红寺堡区委、区政府的正确领导下，在各业务部门的大力支持下，红寺堡镇聚焦疫情防控和脱贫攻坚"两场战役"，狠抓产业升级、民生保障、综合治理，生态环境、精神文明、基础设施等重点工作，以"脱贫攻坚、增收富民"为统揽，落实"三大战略"，统筹推进稳增长、促改革、调结构、惠民生、防风险等重点工作。农村居民人均可支配收入为11394元，较2019年增长12.6%。

【特色产业】

2020年，红寺堡镇坚持"3+X"产业发展思路，大力实施产业扶贫政策和高效节水特色农业发展战略。籽粒玉米压减1.449万亩，兑付资金34.947万元。镇形成以中圈塘、上源、和兴村为主的2700亩"紫色"葡萄产业带，以光彩村为主的8000亩"红色"枸杞产业带，以团结、弘德、东源、朝阳、玉池村为主的10575亩"绿色"牧草产业带，以红关、梨花村为主的4000亩"黄色"甘草产业带，以兴旺、河水村为主的3500亩经果林产业区，特色产业种植规模稳步扩大。

【草畜产业】

2020年，红寺堡镇牛、羊、猪、家禽饲养量分别达到1.7万头、14.9万只、0.46万头、16.36万羽。畜牧业产值8190万元，较2019年同期增长30%。成立弘德实业有限公司，统筹经营"傲娇哞"等本土品牌。同时，充分发挥"两个带头人"（农村党组织带头人和致富带头人）作用，创立

"农户 + 合作社 + 基地 + 服务企业 + 金融机构"的新型规模化养殖模式，推动肉牛养殖"出村入园"。组建养殖专业合作社 15 个，成立联合社 1 个，规模化养殖肉牛，带动 520 户农户年增收 2 万元以上（其中建档立卡户 424 户）。

【劳务产业】

2020 年，红寺堡镇按照"企业化解为先、外部输出为主、自主输出兜底"的劳务输出原则，鼓励群众在扶贫车间实现就近就业，通过劳务经纪人带动劳务输出，实现转移劳动力就业 10901 人，劳务收入 1.3 亿元。

【脱贫攻坚】

2020 年，红寺堡镇完成剩余 109 户 388 人未脱贫建档立卡人口的脱贫退出，贫困发生率下降为 0。开展"三类人员"（未脱贫户、脱贫不稳定户、边缘户）动态监测，制作脱贫攻坚作战图，对红寺堡镇 15 个行政村 217 户三类人员安排"1+4"（包村处级领导、包村乡镇领导、帮扶责任人、村干部或驻村干部、网格员）工作专班进行帮扶，利用 236 名网格员紧盯"三保障"（义务教育、基本医疗、安全住房有保障）、"三精准"、"三落实"（责任、政策、工作落实）定期监测预警，发现问题即增即报即改，建立"五套工作台账"（"三类人群"帮扶工作台账、"四查四补"和挂牌作战工作台账、脱贫攻坚"回头看"工作台账、历年各级各类反馈问题整改台账、监测预警和动态帮扶工作台账），落实"六项帮扶措施"［产业扶持、稳岗就业、教育扶贫、分散集中供养、签订赡养（抚养）协议、综合社会保障兜底］，对三类人群吃透户情、摸清风险，因户施策，确保有效预防。撬动金融扶贫，推进教育扶贫，实施产业扶贫，开展就业扶贫，坚持兜底保障，稳抓政策落实，落实小额贷款贴息、雨露计划、中烟项目等资金 2200.32 万元。

【基础建设】

2020 年，红寺堡镇批复实施项目 51 个，在红海、朝阳等村实施巷道整修及场地硬化建设，提升改造河水村高效节水面积 0.14 万亩，完成加固维修同原村 430 座大拱棚，建设弘德村黄花菜购销一体化项目、朝阳村黄花菜晾晒场项目，提升黄花菜产业综合效益。

【环境整治】

2020 年，红寺堡镇拆除违建瓜棚 134 处、蓄水池 110 座。开展农村乱占耕地建房摸排工作，完成外业图斑核查 3182 个，完成摸排总数的 100%。依法依规开展农村"房地一体"确权登记，累计颁发不动产证书 2606 本。完成 G344 线公路建设项目征地补偿工作，累计发放征地补偿资金 338.3342 万元。推进人居环境整治提升，完成农村卫生厕所改造 3294 户。落实河长巡河责任制，推进"携手清四乱，保护母亲河"乱占、乱采、乱堆、乱建专项整治工作，整治乱堆问题 15 处，整治乱建问题 2 处，围垦还林面积 60 余亩，种植文冠树 1 万余株。拆除野外私搭羊圈 63 处，查处偷牧行为 20 起，罚款 9400 元，赶羊下山 13230 只；巩固退耕还林还草成效，发放退耕还林项目资金 494.66 万元；发挥生态护林员作用，管护林带 5100 亩、草原 10 万亩，生态管护助力脱贫攻坚，发放护林员工资 168 万元。落实安全生产责任制，抓实抓细安全防范工作，开展安全生产整治三年行动，定期摸排群众住房、用水用电取暖风险隐患，从根本上消除事故隐患，守住安全生产底线，维护人民群众生命财产安全。

【社会保障】

2020 年，红寺堡镇养老保险参保率达 95%，医保缴费目标 5.3 万人，完成 96.5%，居红寺堡区第一。开展低保专项治理，新增低保 262 户 331 人，清退 470 户 628 人；加大单双老户、残疾人、大病群体保障力度，发放各类救助金 3052 户 235.08 万元。落实各项特殊人群保障政策，对 1940 名持证残疾人进行分类、分批的核查鉴定，发放残疾人辅助器具 102 件，发放残疾人补贴 11 批 463.872 万元。建成退伍军人服务站，完成悬挂光荣牌工作。开发农村公益性岗位 433 人，开办各类实用技术、劳动技能培训班 7 场次，受益群众 380 人。

【社会管理】

2020 年，红寺堡镇成立农村“网格化”服务管理工作领导小组，在 15 个村分别设立村级综合治理中心，配备网格员 236 名，服务脱贫攻坚、乡村振兴、平安建设、信访工作等，率先在弘德、玉池开展数字化智能管理试点工作，发挥地网工程全覆盖优势，实现“数据多跑路，群众少跑路”。“55124”（五步工作法、五联记录表、一份村级组织议事清单、两级监督和乡镇、县区、地市、自治区四级联动督查）治理模式激发村民自治活力。根据村组巷道布局“划片切块”，推选村民代表，将决策、管理、落实、监督融为一体，实现由“为民做主”到“由民做主”、由“制度民主”到“程序民主”的根本转变。创建“自治区社区戒毒康复示范点”“吴忠市禁毒示范乡镇”。贯彻党的民族宗教政策，坚持依法管理宗教事务，关停、取缔未批先建清真寺，合坊并寺 20 座。

【计划生育】

2020 年，红寺堡镇出生 513 人，其中男孩 258 人、女孩 255 人；办理生育服务单 390 人，其中一孩 159 人，二孩 226 人，三孩 5 人。共有独生子女 72 人，领取独生子女保健费 22 人。全镇有“少生快富”544 户，奖励扶助 42 人发放资金 5.04 万元，提前奖扶 89 人，发放资金 10.68 万元，特别扶助 6 人，发放资金 4.32 万元。新申报计划生育奖励扶助 2 人，特别扶助 2 人，“少生快富”户 2 户。对 112 人计划生育提前奖扶家庭进行年审，在年审中共退出 23 人，其中 1 人死亡、3 人再生育、18 人移民搬迁、1 人年满 60 岁转为奖励扶助。对 43 人奖励扶助家庭进行年审，年审中共退出 1 人（死亡），并完成年审表册。

【廉政建设】

2020 年，红寺堡镇落实党风廉政建设责任制，每半年组织召开党风廉政建设工作会议，每季度听取党风廉政建设工作报告，讲廉政党课 2 次。组织召开脱贫攻坚专项巡察“回头看”反馈问题整改专题党委会 2 次，24 条反馈问题全部整改完成。纠治“四风”，共查办问题线索 13 件，立案审查案件 5 起，给予党纪处分 5 人，警示约谈干部 18 人次，诫勉谈话 1 人次。

【基层党建】

2020 年，红寺堡镇培育“两个带头人”205 人，完成弘德、玉池、中圈塘、红海、光彩 5 个村“一肩挑”任务。对 2 个软弱涣散村党组织和 2 个薄弱村党组织进行整顿提升。抓干部队伍管理，实行镇干部例会制度、村干部“月月清”制度，落实驻村工作队季度考核及座谈会制度，提升业务水平，夯实服务能力。严把发展党员入口关，储备积极分子 96 人，发展接收党员 18 人。高质量完成基层党组织支部委员会换届选举工作。农村基层党组织的结构得到优化，干部素质提高。以示范村创建工作为契机，创建弘德村中圈塘村 2 个示范点示范带动红寺堡镇所有基层组织建设。依托弘德村党支部成立鲁家窑联合党工委，下辖 7 个党支部，形成“互带互动、优势互补、共同发展”的基层党建工作新格局，按照“农业绿、工业蓝、三产红”的发展思路，提高党的建设水平，统筹经济文化等协调发展。

【精神文明建设】

2020年，红寺堡镇组织召开专题党委会研究意识形态工作4次，开展风险点分析排查研判4次，打好意识形态工作主动战。深入学习贯彻习近平新时代中国特色社会主义思想、党的十九届五中全会精神以及习近平总书记视察宁夏重要讲话精神。运用“学习强国”“宁夏干部网络教育学院”等学习平台，不断提高镇村干部的理论素养，确保各项工作保持正确的政治方向。

【农民运动会】

2020年，红寺堡镇开展“我们的节日”“冬闲人不闲”“文化三下乡”“第三届农民篮球争霸赛”“月满中秋话家风”“读书月”“我身边的好人”等主题文化活动及各类趣味活动100余场。

【党校教育】

红寺堡镇中圈塘党校位于红寺堡镇中圈塘村，2018年10月建成并投入使用，校园占地面积6亩，建筑面积432平方米，教学楼、图书资料信息中心、学员餐厅、宾馆等硬件设施可同时容纳120名学员学习。镇党委副书记杜丽丽兼任校长，镇组织委员杨明芳任专职副校长，校领导班子成员3人，有讲师8人，其中专职教研人员3人、教授1人、副教授及高级讲师2人、全国人大代表1人。中圈塘党校突出办班培训主业主责，以深化教学改革为着力点，以党员干部理论武装和党性教育为核心，不断加大干部培训力度，充分发挥党校职能。

【乡村旅游】

2020年，红寺堡镇充分发挥乡村旅游产业优势，打造中圈塘村乡村旅游脱贫试点，争取各类项目支持，建成村庄旅游休闲公园1处，新建党校、“求实思源”图书馆，配套文化大院、健身器材、篮球场等；有生态餐厅1家、宾馆1家、旅游驿站1处。交通便利，旅游资源丰富，中圈塘村向东可到达肖家窑万亩葡萄基地、葡萄酒庄和国家级保护区罗山，向西为千年古刹弘佛寺。形成由“生态餐厅+葡萄产业带+葡萄酒庄”组成的“如意形”餐饮布局，由“文化大院+葡萄采摘园+休闲娱乐”组成的“观光式”乡村体验带。

【乡村驿站】

2020年，红寺堡镇中圈塘乡村驿站建成集购物、休闲、服务为一体，为乡村旅游提供特色产品销售、旅游指南、便民等服务，主打红寺堡葡萄酒，玉池村“巧媳妇”手工编织合作社的拖鞋、纸盒、花瓶等手工编织品。

【农民讲习所】

截至2020年底，红寺堡镇有“新时代农民讲习所”15个。以文化名人马慧娟为代表，组建泥土书香社，吸纳挖掘乡土文化人才，在各村组织开展“书香之家”推荐评选、泥土书香读书社读书交流等活动。整合镇村两级干部职工、驻村第一书记、“两个带头人”、“乡村文化能人”、“土专家”、“田秀才”、帮扶责任人等成立红寺堡镇新时代农民讲习队。按照“有场地、有标识、有师资、有制度”的“四有”标准，依托各村党员活动室、村级综合文化活动服务中心等场所，各村建立的“新时代农民讲习所”，按月开展集中讲习活动，逐步实现制度化、规范化、常态化管理。

（王尊乐）

【朝阳村】

朝阳村地处红寺堡区东，于1999年开发建设，含村民小组9个，常住人口1320户5613人。2014年识别为贫困村，先后投入扶贫资金7863.98万元（到户补贴1650.24万元，基础设施建设6213.74万元），2017年脱贫出列。驻村工作队有3人。2018年，村人均收入8760元；

2019 年人均收入 10050 元，村集体经济收入 19.8 万元。有标准化村卫生室 3 所，配备持有乡村医生资质的村医 3 人；全村建档立卡贫困户实现基本医疗保险全覆盖，养老保险应缴尽缴。截至 2020 年底，大病集中救治 24 人，慢性病签约 103 人，重病兜底 3 人；家庭医生签约服务 1941 人。有全日制小学 2 所，在校学生 550 名；标准化幼儿园 2 所，在校幼儿 148 名；在校中高职以上学生 70 名，享受教育扶贫政策 51 人 8.5 万元；全村义务教育阶段无辍学学生。累计完成危房改造 408 户，户户有安全住房。自来水全部入室，户户有安全饮水。主要支柱产业为种植、养殖、劳务输出。村有耕地 1.53 万亩，种植黄花菜 1950.6 亩、玉米 11301 亩、其他种植 2049.4 亩；有种植合作社 1 家，解决村民就近务工 200 人次。有养殖合作社 3 家，入社农户 20 户；养殖户 889 户（肉牛养殖户 655 户，羊养殖户 234 户），肉牛存栏 5260 余头，羊存栏 11320 余只，2020 年养殖业收入 7250.0 万元。全村劳动力 2230 人（持有职业技能资格证 150 人），2020 年外出务工 1520 余人次，劳务收入达 1520 万元。累计硬化道路 46 千米，铺设生产路 68 千米，日运行通村公交 10 班次。所有农户通照明电，52 户农户通动力电。通信信号、4G 网络实现全村覆盖。有村级文化舞台 1 座，文化广场 300 平方米。

【兴旺村】

兴旺村临近红寺堡镇城西 2 千米处，村民自 1999 年由海原县搬迁而来，辖区面积 5.6 平方千米。耕地面积 6100 亩，其中 90% 以上为沙地。村有经济果木林 2500 亩，其中产生效益的有 1000 亩，小麦 221 亩、黄花菜 480 亩、玉米 1500 亩、庭院经济 185 亩等。2020 年，兴旺村有 5 个村民小组，常住人口 628 户 2450 人，其中自发移民 236 户 924 人，建档立卡户 99 户 392 人全部脱贫，边缘户 2 户 10 人，低保户 133 户 201 人，持残疾证 46 人，其中重度残疾 21 人，高龄津贴补助 7 人，特困供养人员 3 人。村两委班子 5 人，党员 42 人，积极分子 5 人，预备党员 1 人。全村有致富带头人 6 人，村民代表 30 人；学校 1 所，卫生室 1 座，清真寺 2 座，扶贫车间 1 座，村组道路 22 千米（全部硬化）。2020 年，村人均收入达 1.2 万元。全村养牛 103 户 628 头，养羊 168 户 3355 只，养殖大户 7 户。全村劳动力 1266 人，其中就近打临工 859 人，常年外出务工 107 人，农村公益性岗位 47 人，护林员 12 人，扶贫工厂务工人员 40 人，全年务工创收 1100 万余元。

【弘德村】

弘德村距红寺堡城区以东 8 千米处，是“十二五”生态移民村，2012 年由同心县和原州区的 5 个乡镇 27 个行政村移民搬迁而至。截至 2020 年底，弘德村辖 6 个片区，常住人口 1522 户 6444 人。党员有 123 人（预备党员 1 人、女性党员 14 人）。该村 2014 年被确定为建档立卡贫困村，2019 年脱贫出列。2020 年，农民人均可支配收入 8435 元。建成村级小学、幼儿园、卫生院各 1 所，建成党群活动室、民生服务室、文化活动室、图书室、电子阅览室，村庄道路全部硬化，广播电视以及互联网进村入户，商业网点、金融代办点、公交车等便民设施齐备。依托周边的汇达葡萄种植基地、汉森葡萄种植基地、宁夏富阳工贸公司饲草基地、宁夏永进健康产业园、杞煌光伏农业基地、彦瑞硒甜瓜种植基地等农业企业和红寺堡产业园内兴民纺织、东方盛达管业等工业企业，年内稳定就业 2300 余人，实现创收 4600 多万元，其中农业企业务工占比 39%（50 岁以上男性及全年龄段女性），建筑工地务工占比 34%（以 50 岁以下男性为主），工业园区务工占比 21%（50 岁以下且有一定文化程度的人员）。建成 3300 平方米扶贫车间 1 座，引进宁夏瓦尔登实业有限公司生产礼品盒、瓦楞纸箱等包装品，帮助60余名留守老人及妇女稳定就业。家庭分散养殖户有724户，牛存栏981头、羊存栏8690只；推行养殖“出村入园”，成立15家养殖专业合作社，并组建联合社，入驻“飞地”养殖园区发展集中养殖，带动520户（建档立卡户435户）养殖肉牛1874头，户均增收2万元以上，逐步实现养殖业向规模化、集约化发展。全村6646亩土地全部集中流转，发展紫花苜蓿、葡萄、枸杞、青贮玉米、硒甜瓜种植，土地流转费亩均530元/年，年土地流转费收益352万元；110户群众承包汉森公司、汇达公司葡萄地2460.28亩，户均承包22亩、年收入达2.2万元以上。

【东源村】

东源村地处红寺堡区东南，位于罗山西北脚下，距红寺堡镇10千米。2002年由海原县、彭阳县等县区搬迁而至，属旱改水搬迁移民，是一个回族群众聚居村，含村民小组10个，常住人口738户3009人，有土地7607亩。其中，建档立卡户114户493人，低保户117户197人，残疾人18户22人。村内有完全小学1所，教师22人，学生365人；民办幼儿园1所，入学儿童110人；村级卫生室1所；便民服务站1处。种植有玉米、枸杞、黄花菜，养殖以黄牛养殖和绵羊育肥为主，全村黄牛存栏量2000头，羊存栏量6000余只，村民年人均纯收入9825元。村集体经济收入12万元。2020年，养殖业收入约800万元，全村有劳动力1900余人（持有职业技能资格证1200人）。2020年，外出务工超过540人次，劳务收入达1080万元。累计硬化道路14.7千米，铺设生产路10千米，日运行通村公交4班次。所有农户通照明电，10户农户通动力电。通信信号、4G网络实现全村覆盖。有村级文化舞台1座，文化广场1000平方米。

【玉池村】

玉池村位于红寺堡区东南，盐兴公路南侧，距城区12千米，是2000年从泾源县搬迁的移民村，有土地面积4.8平方千米，耕地面积5942亩，辖5个村民小组，全村常住人口有460户1751人。其中，建档立卡户80户312人，已全部脱贫。村有低保户146户248人，残疾人25户26人；党员28人，其中男性21人、女性7人，党员致富带头人3人，自来水全部入户，2020年全村人均纯收入9500元。主要产业为养殖业，全村肉羊存栏4000余只，肉牛存栏2800余头，平均每户养殖6头。种植业以玉米为主，其中玉米2800余亩，青贮玉米2000余亩；特色种植970余亩，其中枸杞270余亩，现有苗木400余亩，黄花菜300余亩。村内建有公办小学1所、私办幼儿园1所，卫生室1所。全村先后成立养殖专业合作社2个，分别是吴忠市红寺堡区富众养殖专业合作社和吴忠市红寺堡区誉驰养殖专业合作社；苗木专业合作社1个，为吴忠市红寺堡区红果缘种植专业合作社。2017年，村镇投资90余万元建成红寺堡区第一家扶贫工厂，40余人进厂务工，实现人均年增收3万余元。

【团结村】

团结村地处红寺堡城区西南1千米，于1999年由原同心县新庄集乡张台村等15个行政村搬迁而来。截至2020年底，村民代表127人，村民小组4个，全村3965户常住人口15661人。2014年，识别为贫困村，现有建档立卡户634户2323人，于2020年全部脱贫，边缘易致贫21户89人。有残疾人262人，享受残疾津贴127人；低保户781户1214人；60岁以上享受养老金586人，享受高龄津贴39人；开发公益性岗位110个，护林员17人。现有中共党员167人，村两委班子成员11人，驻村工作队3人。2020年，人均收入1.26

万元，村集体经济收入 36.2 万元。现有标准化村卫生室 4 所，配备持有乡村医生资质的村医 6 人；全村建档立卡贫困户实现基本医疗保险全覆盖，养老保险应缴尽缴。截至 2020 年，大病集中救治 66 人，慢性病签约 453 人，重病兜底 5 人；家庭医生签约服务 3562 人。享受教育扶贫政策 102 人 29 万元，全村义务教育阶段无辍学学生。累计完成危房改造 835 户，户户有安全住房。自来水全部入户，户户有安全饮水。主要产业为种植、养殖、劳务输出，现有耕地 2.46 万亩、种植玉米 2.28 万亩，其中青贮玉米 2000 亩、甘草 808 亩、黄花菜 180 亩、油葵 524 亩、枸杞 26 亩、其他 100 亩；有甘草种植加工合作社及其他种植合作社 32 家，解决村民就近务工 780 人次；牛存栏 1750 头，羊存栏 3.9 万只；养殖合作社 19 家，入社农户 102 户，养殖户 1157 户（肉牛养殖户 175 户，羊养殖户 980 户）。2020 年，养殖业收入 1100 万元。全村劳动力 6464 人（持有职业技能资格证 980 人），外出务工超过 6880 人次，劳务收入 1.05 亿元。2014—2020 年，村级道路硬化 62.1 千米，铺设砂砾路 8.58 千米；修建村级综合文化活动中心 1 处，占地 160 平方米；文化舞台广场 1 处，占地 500 平方米；建设村级光伏扶贫电站 1 座；建设小学 2 所，占地 2.45 万平方米，在校学生 1226 人；幼儿园 3 所，占地 3996 平方米，在校幼儿 633 人；在校中高职以上学生 258 人。建设村部屋顶光伏；主干道路配备垃圾箱 496 个，专人负责清理。实现村组路网、宽带网络、通信信号、广播电视、动力电全覆盖，安全饮水普及率达 100%。

【光彩村】

光彩村位于盐兴路北，距城区 5 千米处，由自治区统战部、区工商联于 1999 年 8 月组织从西吉县扶贫搬迁而至，下辖光彩、兴盛和绿科 3 个组，共 861 户，常住户 591 户 2629 人。其中，光彩组 188 户 903 人，兴盛组 196 户 896 人，绿科组 207 户 830 人。总耕地面积 10150 亩，林地 150 亩。光彩村现有党支部 1 个，村干部 5 人，党员 43 人，女党员 6 人。建档立卡户 75 户，散养五保户 1 户 2 人，孤儿 1 人，高龄补贴人员 5 人，领取养老金人员 86 人。村有全日制小学 1 所，适龄儿童入学率达 100%，村级卫生室 3 所，村级组织活动阵地 200 平方米。全村以枸杞种植为主产业，发展养殖业。2018 年，全村人均收入 8662 元。2020 年，全村人均收入 9617 元。2018 年，危房改造 19 户，其中改造建档立卡户 7 户；2019 年，鉴定危房 7 户，建档立卡户 4 户。2020 年，村级完成烘干房建设，促进光彩村集体经济收入，完成全村自来水改造工程 591 户。针对该村土地沙化和盐渍化严重现状，大力调整产业结构，扩大枸杞种植，引进枸杞新品种——宁杞 7 号。光彩村枸杞年产收入 1800 万元，带动劳动务工（采摘枸杞）收入 60 万元，全村养殖黄牛 550 只，年纯收入 165 万元。全村务工人数 1520 人，工资性收入达到 273 万元，其他转移性收入救助、低保、高龄补贴、农牧补贴等 120 万元。农民家庭二、三产业净收入 21 万多元，养老保险和医疗保险购买率达到 100%。自来水入户率达到 100%，有沼气池 180 座，村庄道路硬化完成 85% 以上。育树苗圃和枸杞苗圃 589 亩。村养畜存栏有羊 1120 只、牛 550 头、猪 80 头。种植养殖合作社成立 8 家，养牛大户 15 家，养殖量达到 150 头。

【河水村】

河水村于 1999 年由宁夏彭阳县搬迁至红寺堡，位于红寺堡城区以西 2 千米处，行政区域面积 6.7 平方千米，现有耕地 5300 亩。常住人口 367 户 1664 人，其中本村户籍 250 户 1140 人，自发移民 117 户 524 人，全村共有村民小组 6 个，村两委班子成员 5 人，党员 28 人，其中女性党员 8 人，35 岁以下党员 10 人，高中以上学历党员

12 人。低保户 66 户 100 人，重度残疾 17 人，60 岁以上领取养老金 74 人，享受高龄津贴 8 人。村有学校 1 所，卫生室 1 个，文化活动室、文化图书室、电子阅览室齐全，2020 年人均收入 1.02 万元。河水村有劳动力 655 人，其中长期外出务工 460 人，年创收入 360 万元，闲散劳动力 195 人，通过季节性打零工、聘用公益性岗位和扶贫工厂员工，年创收入 50 万元。黄花菜种植和黄牛养殖为该村种植养殖产业，种植黄花菜 1562 亩，牛存栏 486 头。2019 年，实施美丽村庄建设项目，投入专项资金 78 万元，整合配套地方项目资金 400 多万元，分别是储水池配套水利项目、路肩硬化财政项目、黄花菜晾晒场涉农整合项目等，提升村基本设施和公共服务水平，着力改善村容村貌和人居环境。全村建档立卡户有 87 户 333 人。

【同原村】

同原村距红寺堡城区 8 千米处、弘德村以南，是“十二五”生态移民村，2013 年由同心县和原州区的 5 个乡镇 27 个行政村移民搬迁而至（分别为同心县预旺镇，原州区官厅镇、张易镇、开城镇、炭山乡）。截至 2020 年底，同原村辖 5 个片区，总人口 788 户 3388 人，常住人口 665 户 2934 人，全村共有党员 50 人，预备党员 1 人，女性党员 2 人。建档立卡户 469 户 2088 人，有低保户 506 户 846 人、残疾 92 人、享受残疾津贴 56 人、60 岁以上享受养老金 105 人、享受高龄津贴 17 人、孤儿 2 人、五保 1 人。2014 年被确定为建档立卡贫困村，2019 年脱贫出列。2020 年，农民人均可支配收入 9740 元。同原村社区服务功能不断完善，建成村级幼儿园、小学、卫生院各 1 所，群众就医就学不出村；民生服务室、文化活动室、图书室、电子阅览室建成并投入使用；自来水、广播电视以及互联网进村入户。商业网点、金融代办点、公交车等便民设施齐备、村内商贸市场不断扩大，饭店、商店、药店等民生服务点一应俱全，方便群众生活。依托周边的汇达葡萄种植基地、汉森葡萄种植基地、宁夏富阳工贸公司饲草基地、宁夏永进健康产业园、杞煌光伏农业基地、甜瓜种植基地等农业企业和红寺堡产业园内兴民纺织、东方盛达管业等工业企业，年内稳定就业 1200 余人，实现创收 2400 多万元。引进东腾服饰有限责任公司，建成扶贫车间 1 座，帮助 20 余名妇女就近稳定就业。在中国烟草公司饲草料补贴和建档立卡户产业补贴政策的支持下，同原村养殖产业快速发展，养殖产业分为家庭分散养殖和园区集中养殖。全村家庭分散养殖户有 311 户，养殖肉牛、基础母牛 554 头，肉羊、基础母羊 4420 只。全村 4 个肉牛养殖专业合作社与弘德村合作社组建养殖合作联社，运用“农户 + 合作社 + 企业”的肉牛养殖模式，在养殖园区集中养殖，带动养殖户 106 户（建档立卡户 97 户）养殖肉牛 1070 头。2019 年、2020 年，同原村养殖户享受中国烟草公司饲草料补贴分别为 76.3 万元、84 万元，促进农户的养殖意愿、提高养殖收入，逐步实现养殖业向规模化、集约化发展。全村 3354 亩土地和 469 座种植大棚全部集中流转，发展紫花苜蓿、葡萄、枸杞、青贮玉米、硒甜瓜种植。推动种植反租倒包，110 户群众通过反租倒包承包汉森公司、汇达公司葡萄地 2460.28 亩，户均承包 22 亩、年收入达 2.2 万元以上。

【红海村】

红海村距红寺堡城区 1 千米处，是 2000 年由同心县新庄集乡搬迁而至，含村民小组 7 个，常住人口 868 户 3087 人。2014 年，识别为贫困村，先后投入扶贫资金 3442.12 万元（到户补贴 1615.61 万元，基础设施建设 1826.51 万元），2015 年脱贫出列。村有建档立卡贫困户 170 户 541 人，低保户 186 户 295 人；残疾 248 人，其中享受两项残疾津贴 110 人；享受生活补贴 61 人；享受护理补贴 5 人；60 岁以上享受养老金 288 人，享受高龄津贴15人；开发公益性岗位56个。村有中共党员112名，村两委班子成员7人，驻村工作队3人。截至2020年，人均收入1.45万元，村集体经济收入17.5万元。现有标准化村卫生室2所，配备持有乡村医生资质的村医2人；全村建档立卡贫困户实现基本医疗保险全覆盖，养老保险应缴尽缴。截至2020年，大病集中救治5人。慢性病签约32人，重病兜底1人；家庭医生签约服务556人。教育保障方面，现有全日制小学建设中；标准化幼儿园2所；建档立卡在校中高职学生21人，享受教育扶贫政策42人5.75万元；全村义务教育阶段无辍学学生。户户有安全住房。自来水全部入户，户户有安全饮水。主要产业为种植、养殖、劳务输出。现有耕地9400余亩，种植玉米7600余亩、枸杞600亩、黄花800亩、甘草400多亩；现有种植合作社1家，解决村民就近务工600人次。养殖以羊、猪、鸡为主，养殖户700户。其中，肉牛养殖3户；羊养殖130户(100只以上的15户)，羊存栏1.8万只；猪养殖160户（10只以上的8户）。大型鸡场5个，存栏30000只以上。2020年，养殖业收入9000万元。全村劳动力有1736人（持有职业技能资格证559人），2020年外出务工超过1000人次，劳务收入2500万余元。累计硬化道路12.6千米，铺设生产路21千米。所有农户通照明电，18户农户通动力电。通信信号、4G网络实现全村覆盖。现有村级文化舞台1座，文化广场600平方米。

【上源村】

上源村地处红寺堡城区东南10千米处，是2002年由固原市原州区张易镇、沙沟乡、火石寨、偏城乡、白崖乡等5个乡镇搬迁而至，全村3个村民小组划分为7个片区，实行网格化管理；上源村2014年识别为非贫困村，2019年脱贫退出。2020年，人均收入10246元，2020年底村集体经济收入5万元。常住人口613户2751人，户籍人口546户2225人（6~15周岁340人，60周岁及以上157人，80周岁及以上19人）；建档立卡户30户125人，边缘户6户24人；享受最低生活保障259户352人，特困供养2人，事实无人抚养儿童3人，残疾人76人；基本医疗保险参保1513人，基本养老保险参保983人。全村共有学校2所（幼儿园1所，小学1所），图书室1间，村卫生室1所，配备有合格的乡村医生或执业（助理）医师，有村级综合服务设施、助农金融服务点、金融流动服务站和垃圾集中处理清运点。全村通客车、通硬化路、通动力电，实现自来水到户，通信、宽带、广播电视信号全覆盖。主要产业为种植、养殖、劳务输出。村现有耕地6500多亩，主要种植玉米、酿酒葡萄、黄花菜，其中玉米5700亩、黄花菜97亩、葡萄670亩；养殖主要为黄牛养殖和绵羊，其中黄牛存栏1264头、绵羊5094只；村民自发外出务工715人，主要在银川、红寺堡及上源村周边。其中，红寺堡区兴民纺织厂务工18人，3个月以上的14人，工资最高的能达到3700元/月；肖家窑万亩葡萄园务工94人，日工资90元/人。

【梨花村】

梨花村地处红寺堡区城区西南10千米处，有7个村民小组，689户2900人，建档立卡户58户232人。村现有党员58人、预备党员1人、后备干部8人，村两委成员6人。2018年人均收入9159元，2019年村人均收入10166元，村集体经济收入18.9万元。2020年，争取到扶持壮大村集体资金100万元。2019年，进行自来水改造，先后为建档立卡户马小明、杨国宝等10余家进行入户改造；对非建档立卡户40余户进行入户管道及保温井改造，确保农户用水安全，且保障农户冬季用水。现有标准化村卫生室2所，配备持有乡村医生资质的村医4人；全村建档立卡贫困户实现基本医疗保险全覆盖，养老保险应缴尽缴。截至2020

年底，大病集中救治 7 人，慢性病签约 146 人（建档立卡户 33 人）；家庭医生签约服务 812 人。产业以种植业和养殖业为主，其中种植玉米 8500 亩、小麦 2100 亩，另种植甘草 450 亩。养殖业情况分别为：养羊户 431 户，存栏 1.1 万只；养牛户 100 户，牛存栏 568 头；养家禽户 9 户，鸡等家禽 2.1 万羽。劳务输出 319 户，共 556 人。劳务输出主要方向为临工行业，主要是从事建筑行业，平均日工资每人 150 元。全村道路硬化 100%，累计硬化道路 38 千米，铺设生产路 60 千米。所有农户通照明电，85 户农户通动力电。通信信号、4G 网络实现全村覆盖。

【中圈塘村】

中圈塘村于 2001 年开发建设，所有移民都来自红寺堡区新庄集乡的 6 个自然村。全村现有村民小组 4 个，常住人口 591 户 2143 人。2014 年识别为贫困村后，政府先后投入扶贫资金 3379.56 万元（到户补贴 531.16 万元，基础设施建设 2878.40 万元），2017 年脱贫出列。全村有建档立卡贫困户 42 户 140 人。全村现有低保户 233 户 334 人；残疾人 160 户 171 人（享受残疾津贴 79 人）；60 岁以上享受养老金的 247 人，享受高龄津贴的 21 人；开发公益性岗位 24 个。村有中共党员 54 人，村两委班子成员 6 人。2020 年全村人均收入超过 1.2 万元，村集体经济收入 10 万元。村有标准化卫生室 1 所，配备持有乡村医生资质的村医 1 人；全村建档立卡户、边缘户、监测户实现基本医疗保险全覆盖，养老保险应缴尽缴。截至 2020 年，大病集中救治 38 人，慢性病签约 10 人，重病兜底 10 人；家庭医生签约服务 976 人。教育保障方面，全村义务教育阶段无辍学学生。现有全日制小学 1 所，在校学生 123 人，教职员工 11 人；标准化幼儿园 1 所，在校幼儿 27 人，教职员工 3 人；在校大专以上学生 56 人，享受教育扶贫政策 4 人。安全住房方面，2014 年后，累计完成危房改造 57 户，实现户户有安全住房。安全饮水方面，实现自来水家家通、100% 入户，水的质量达到国家安全饮用标准。主要产业有种植、养殖两大类，全村现有耕地 7900 亩，其中种植葡萄 1500 多亩、黄花菜 2100 多亩、枸杞 150 多亩、核桃 140 多亩，玉米、树苗及其他杂粮等 4000 多亩；2019 年，全村出售葡萄收入 700 多万元、黄花菜收入 1100 多万元、经果林和玉米等杂粮收入 210 多万元、枸杞收入 50 多万元、出售生猪收入 250 多万元、肉牛收入 9 万多元、羊收入 117 万多元。全村现有劳动力 820 人，2019 年外出务工 126 人次，劳务收入 120 多万元。截至 2020 年，修建 7900 多亩农田的灌溉与排水设施（主要是农渠和毛渠）；硬化乡村道路 34.6 千米，日运行通村公交 6 班次；更换自来水管道 13.74 千米、建配套建筑物 90 座；铺设生产路 36 千米，铺设面包砖 23224 平方米；建黄花菜晾晒场、烘干房、冷库及其附属设施 1 座；建村庄旅游休闲公园、村旅游生态餐厅、旅游驿站、村垃圾填埋场各 1 处；建幼儿园 1 所；改造农家乐民宿 11 户；安装太阳能路灯 250 盏；建村文化大院 1 处；安装体育健身器材 6 套；建村党校和图书馆 1 座，藏书 5 万多册。全村实现巷道硬化率 100%、自来水入户覆盖率 100%、安全住房覆盖率 100%、生活用电覆盖率 100%、4G 网络信号覆盖率 100%、广播电视覆盖率 100%、宽带覆盖率 90%。

【红关村】

红关村于 2000 年开发建设，含村民小组 5 个，截至 2020 年底，常住人口 738 户 2536 人，户籍人口 804 户 2604 人（6~15 周岁 307 人，60 周岁及以上 268 人，80 周岁及以上 26 人）。现有建档立卡贫困户 123 户 418 人（已脱贫 114 户 390 人，未脱贫 9 户 28 人）。享受最低生活保障 174 户 230 人，特困供养 2 人，事实无人抚养儿童 2 人，残疾人 171 人，基本医疗保险参保 2422 人，基本养老保险参保 1243 人，共有公益性岗位 38 个，全部为建档立卡户。村两委班子成员 7 人。2020 年底，村集体经济收入 15 万元，全村实现整体脱贫摘帽。土地总面积 9520.32 亩，其中玉米种植面积 6090.32 亩、甘草种植面积 1000 亩、枸杞种植面积 195 亩、黄花菜种植面积 337 亩、苗木种植面积 218 亩、青贮玉米 1250 亩。现有羊存栏 11882 只，猪 1014 头，鸡 2 万羽。全村劳动力 1225 人，2020 年外出务工 525 人次。

（王尊乐）

太阳山镇

【概况】

太阳山镇东与盐池县接壤，西与柳泉乡为邻，南接同心县，北连灵武市，有红寺堡区“东大门”之称。镇政府驻地太阳山开发区，距红寺堡城区 55 千米，行政区划面积 1080 平方千米，辖买河、田原、红星、周圈、周新、巴庄、小泉、塘坊梁、潘河、兴民、白塔水 11 个行政村 40 个村民小组，截至 2020 年底，常住人口 3779 户 13058 人。太阳山镇耕地面积 90159 亩，其中旱耕地 42339 亩、水浇地 47820 亩。产业发展以种植业和养殖业为主，其中养殖肉牛 0.3 万头、滩羊 9.3 万只、生猪 0.25 万头，家禽 4.4 万羽。紫花苜蓿 0.17 万亩（巴庄村旱改水，1.1 万亩苜蓿已铲除）、经果林 917 亩、冬小麦 9052 亩。

【特色产业】

2020 年，太阳山镇围绕“中国富硒黄花菜明星产区”这一金字招牌，综合运用宣传引导、政策支持、品牌建设等方式，着力打造产业富民示范区。黄花菜逐渐成为太阳山镇增收致富支柱产业之一。截至 2020 年底，太阳山镇鲜菜产量 23540 吨，干菜总产量 3621 吨，年均总产值约 18100 万元，人均黄花菜产值超过 10000 元。

（李小如）

【草畜产业】

2020 年，太阳山镇共有草原面积 620284.6 亩，种植苜蓿 1000 亩，养殖滩羊 8.2 万只、肉牛 2643 头，养殖专业合作社 22 个。2020 年，兑付秸秆青贮、青贮池补贴资金 15.523 万元，见犊补母资金 36.1 万元，滩羊选育资金 103.43 万元，草原生态补偿奖励 404.2394 万元。

（赫小娅）

【劳务产业】

2020 年，红寺堡区太阳山镇依托太阳山工业园区优势，对接周边企业了解用工信息，并通过公示栏、微信群、“巍峨太阳山”公众号等媒体平台发布用工信息，引导各村充分发挥劳务经纪人作用，组建务工团队，集中规模组织劳动力外出务工就业。2020 年，组织转移劳动力 3997 人次，实现劳务收入 4300 万元。

（周英　马荣茂）

【脱贫攻坚】

2020 年，红寺堡区太阳山镇开展“四查四补”工作。组织干部走访常住户 4033 户，其中建档立卡 1063 户、边缘户 42 户、非建档立卡 2928 户，排查到户类问题 253 条，村类问题 26 条，全部解决；按照建档立卡识别退出标准和程序，坚持“应纳尽纳、应退尽退”的原则，及时查漏补缺和更新数据，切实做到扶贫对象精准化管理，新增边缘户 11 户 49 人，调出 7 户 28 人。太阳山镇共开展两批次到户产业补助项目，验收建档立卡户 725 户涉及资金 558.25 万元，边缘户 27 户涉及资金 12.52 万元。引导种植养殖户购买产业保险 1289 户投入补贴资金 249.72 万元，提高农户抵御风险能力。投入 131.126 万元对 9 家黄花菜合作社进行鲜菜收购价格补贴，鼓励合作社收购黄花菜，切实保障黄花菜菜农收益。同时，用活用好小额信贷和生态扶贫，为太阳山镇建档立卡贷款 1582 户次，贷款贴息三批次 2152 笔，贴息金额 109.56 万元，借款人意外伤害保险参保 1582 户次；设立护林员工作岗位 140 个，以退耕还林土地管护为重点，协助开展封山禁牧工作，并及时进行调整，让有能力、负责任的贫困群众在家门口就业，实现稳定增收脱贫。

（宋小玉）

【基础建设】

2020 年，红寺堡区太阳山镇新建及整修农田灌溉渠系 25 千米，完成 45.86 千米村道硬化、480 盏路灯安装、3 千米村庄巷道面包砖及花岗岩道牙铺设、1300 台太阳能热水器发放与 5.5 万棵苗木栽植。争取实施买韦公路 14.1 千米升级改造项目，涉及资金 1842.5 万元（包括自治区扶贫资金 200 万元），完成路基和桥梁工程，投入使用。

（李磊）

【环境整治】

2020 年，太阳山镇对辖区河道沿线垃圾漂浮、违规围垦、滥采乱挖等现象大力整改，严肃处理。累计出动执法车辆 500 余次，组织保洁员 400 人次，动用机械 120 工时，清除垃圾 300 余吨，清退违规围垦农田 192.6 亩，拆除侵占河道砖厂 1 座，下发停工整改通知书 1 份，河道环境得到改善，滥采乱挖现象消除。太阳山镇共栽植经果树 1.5 万株、绿化树木 1.2 万株。确定专人对公共场所实行卫生责任包片、包段，定期集中整治环境，清理制止垃圾乱倒、柴草乱放、占道乱建等现象，对侵占村组和生产道路的现象进行清理整顿，拓宽整修生产道路 25 千米。

（吴彦静）

【社会保障】

2020 年，太阳山镇有残疾人 529 人，发放困难残疾人生活补贴 159040 元，重度残疾人护理补贴 134730 元，发放辅助器具 48 件（护理床、

2020 年 4 月 17 日，太阳山镇组织志愿者植树造林　（太阳山镇提供）

轮椅、坐便椅等）。镇有低保户 879 户 1264 人，发放低保金额 192.95 万元。截至 2020 年底，受理新增低保户、低收入困难人员 17 人次，受理高龄津贴 93 人次，发放津贴 12.16 万元。受理临时救助 165 人次，救助特困人员 18 户 30 人，发放津贴 4.065 万元。

（刘采燕　张会娟）

【社会管理】

2020 年，太阳山镇向群众发放宣传彩页 800 余份，刷写标语 45 条，发布动态信息 29 条，由太阳山镇综合治理办牵头，联合派出所、司法所、国土所对矛盾纠纷核实，采取现场取证、翻阅档案、询问证人的方式，化解矛盾纠纷，化解率 100%。太阳山镇领导、干部共接访群众 20 批次 85 人，全部予以口头或书面答复。

（汤涛涛）

【计划生育】

2020 年，太阳山镇出生 141 人，出生率 10.3‰，自然增长率 7.0‰，死亡率 3.3‰。

（丁梅花　马宁）

【党风廉政建设】

2020 年，太阳山镇党委全年共召开党委会 31 次（其中 5 次专题党委会），研究重大问题决策、重大项目投资决策和大额资金使用相关事宜 23 次，严格执行“领导干部有关事项报告制度”，报告个人重大事项 4 件。受理各类问题线索 10 件，其中上级转办 8 件，太阳山公安分局移交 1 件，镇纪委受理 1 件。初步核实 10 件，其中初核了结 8 件、立案 2 件。始终坚持日常监督，常抓不懈，对镇村两级“四风”问题和违反中央八项规定精神开展监督检查，下发廉政提醒，全年对 11 个行政村开展各类督查 10 余次，发现问题 16 条，同时要求各村对督查发现的问题立行立改，营造“不敢腐”“不能腐”“不想腐”的浓厚氛围。

（李玲玉）

【基层党建】

2020 年，太阳山镇党委下设党支部 13 个，有党员 305 人，其中机关党员 19 人、农村党员 286 人。太阳山镇始终把基层党建作为各项工作的突破口，探索“432”党建工作模式（“4”即定期召开党建工作例会、定期研究重点工作、定期查找薄弱环节、定期跟踪督查落实的“四定期”党建工作法；“3”即加强村两委班子成员、驻村工作队、农村党员“三支队伍”；“2”即创办“巍峨太阳山”公众号，创新党建载体“两个平台”），在党员管理、产业发展、民族宗教、安全维稳等工作中政治敏锐性强、工作力度大，基层党建工作标准化、规范化程度高。

（张慧琼）

【精神文明建设】

2020 年，太阳山镇加大文明村创建力度，在巩固已创建乡村文明成果的基础上，通过健全文明乡村建设机构，配备专职工作人员，制定创建规划，开展群众欢迎的各种创建活动，将周圈村打造为太阳山镇文明乡村示范点。推进公民思想道德建设，开展社会主义核心价值观的学习教育活动，成立太阳山镇太阳花志愿服务团队，开展扶贫济困、环境整治、法律政策宣传、服务引导等志愿活动。强化未成年人思想道德建设，利用宣传进校园活动，强化法制教育、理想信念教育、爱国主义教育，关注留守儿童的思想动态，开展校内外道德实践活动。策划“我们的节日”“太阳山镇黄花文化艺术节”“太阳山镇首届先锋模范人物评选及‘家乡美’乡村歌手大赛”等系列文艺惠民演出活动。在各村树立宣传栏、设立善行义举榜、建设文化长廊、刷写移风易俗宣传标语，开展“最美太阳山人”“我们身边的好人”“星级文明户”“最美家庭”等活动，发掘先进典型人物，坚持用身边事教育身边人，涌现出周圈村宋存子、周新村张涛等一批先进典型人物。

（茹金红）

【农民运动会】

2020年，太阳山镇按照“一村一活动、一月一个村”的思路，11个行政村根据各村实际，组织开展篮球、拔河、广场舞、厨艺比拼、黄花菜采摘比赛、老人讲故事、歌唱比赛等趣味活动，达到每村有活动、村村活动不一样的效果。

（张芸芸）

【农民讲习所】

2020年，太阳山镇11个行政村均建立新时代文明实践站。结合新时代文明实践站建设要求，太阳山镇完善办公设施、远教站点、文娱设备等基础设施，结合主题党日、党的十九大及民族宗教工作精神宣讲活动，把讲习所建成党员经常性教育的基地、党员志愿者发挥作用的舞台、联系群众的纽带、教育群众的阵地、服务群众的窗口。2020年，开展50余次讲习活动，1200余名群众从中受益。

（苏佩琦）

【旅游乡村建设】

2020年，太阳山镇申请实施白塔水村乡村旅游项目。白塔水村位于太阳山镇北侧。由于天然风力作用，形成特有的沙漠、草原及湖泊。大草原也是风电、光电项目示范基地。自2010年开发建设以来，由于其独特的地域优势和自然光照条件，12家企业落户并建成风力和光伏发电站，初步形成现代工业风能与草原、湖泊相辉映的独特生态观光地。

（张芸芸）

【巴庄村】

巴庄村含村民小组4个，常住人口479户1501人。2014年识别为贫困村，先后投入扶贫资金4026.4万元（到户补贴1388万元，基础设施建设2638.4万元），2017年脱贫出列。村有建档立卡贫困户153户407人，全部脱贫，贫困发生率为0。有低保户152户191人；残疾人116人，享受残疾津贴74人；60岁以上享受养老金212人，享受高龄津贴13人；开发公益性岗位47个。有中共党员35人，村两委班子成员6人，驻村工作队3人。2019年，人均纯收入9830.6元，村集体经济收入5万元。有标准化村卫生室1所，配备持有乡村医生资质的村医1人；全村建档立卡贫困户实现基本医疗保险全覆盖，养老保险应缴尽缴；大病集中救治11人，慢性病签约134人，家庭医生签约服务274户730人。有小学2所，在校学生14人；在校中高职以上学生35人，享受教育扶贫政策21人6.3万元；义务教育阶段无辍学学生。完成危房改造39户，户户有安全住房。自来水全部入室，户户有安全饮水。主要产业为种植、养殖、劳务输出。现有耕地2.3万亩，种植冬小麦4000余亩，杂粮4000余亩，种植紫花苜蓿1.2万余亩；有种植合作社1家，解决村民就近务工50多人次。有养殖合作社1家，入社农户10户；养殖户165户，羊存栏3万余只，2020年养殖业收入900万元左右。全村有劳动力1170人，2020年外出务工超过700人次，劳务收入1350万元。硬化道路36千米，铺设生产路4.5千米。所有农户通照明电，通信信号、4G网络实现全村覆盖。有村级文化舞台1座，文化广场500平方米。

【白塔水村】

白塔水村含村民小组2个，一组是2009年从灵武区域调整至红寺堡区太阳山镇，二组是2009年从盐池区域调整至红寺堡区太阳山镇，草原面积50万亩。总户数264户973人，常住人口221

户 822 人。有建档立卡贫困户 23 户 65 人，其中脱贫 22 户 62 人，未脱贫 1 户 3 人，贫困发生率 0.33%。村有低保户 37 户 47 人，边缘户 4 户 19 人，监测户 3 户 14 人，残疾人户数 23 户 26 人，享受残疾津贴 11 人；60 岁以上享受养老金 106 人，享受高龄津贴 4 人；开发公益性岗位 20 个。有中共党员 37 人，村两委班子成员 5 人。2020 年，人均收入 9856 元，村集体经济收入 6 万元。有标准化村卫生室 2 所，配备持有乡村医生资质的村医 2 人；全村建档立卡贫困户实现基本医疗保险全覆盖，养老保险应缴尽缴。大病集中救治 2 人，慢性病签约 93 人，家庭医生签约服务 158 户 446 人。在校中高职以上学生 29 人，享受教育扶贫政策 1 人 3000 元；义务教育阶段无辍学学生。2014—2020 年，完成危房改造 12 户，户户有安全住房。自来水全部入室，户户有安全饮水。主要产业为种植、养殖。有耕地 8700 亩，种植黄花菜 860 亩，种植玉米 4078 亩，杂粮 3672 亩。有养殖合作社 3 家，家庭牧场 1 家，入社农户 8 户；养殖户 42 户（肉牛养殖户 2 户，羊养殖户 40 户），肉牛存栏 150 余头，羊存栏 2 万余只，2019 年养殖业收入 600 余万元。全村有劳动力 468 人，2020 年外出务工 42 人次，劳务收入达 126 万元。硬化道路 13 千米。所有农户通照明电，24 户农户通动力电。通信信号、4G 网络实现全村覆盖。有村级文化舞台 1 座，文化广场 800 平方米。

【红星村】

太阳山镇红星村于 2002 年开发建设。现辖 2 个村民小组，常住人口 270 户 853 人，位于买韦公路两侧。2014 年识别为贫困村，各级政府先后投入扶贫资金 1804 万元（到户补贴 389 万元，基础设施建设 1415 万元），2017 年脱贫出列。村有建档立卡贫困户 81 户 219 人（已脱贫 77 户 205 人，未脱贫 4 户 14 人），贫困发生率 1.64%。现有低保户 110 户 140 人；残疾人 23 人，享受残疾津贴 11 人；60 岁以上享受养老金 88 人，享受高龄津贴 6 人；开发公益性岗位 29 个。现有中共党员 16 人，村两委班子成员 5 人，驻村工作队 3 人。2020 年，人均收入 8990 元，村集体经济收入 5 万元。有标准化村卫生室 1 所，配备持有乡村医生资质的村医 1 人；全村建档立卡贫困户实现基本医疗保险全覆盖，养老保险应缴尽缴。截至 2020 年底，大病集中救治 1 人，慢性病签约 2 人；家庭医生签约服务 285 户 875 人。有全日制小学 1 所，在校学生 152 人；标准化幼儿园 1 所，新建未招生；在校中高职以上学生 25 人，享受教育扶贫政策 7 人 2.8 万元；全村义务教育阶段无辍学学生。完成危房改造 38 户，户户有安全住房。自来水全部入室，户户有安全饮水。主要产业为种植、养殖。现有耕地 5874 亩，种植玉米 2800 余亩，黄花菜 3000 余亩；有种植合作社 2 家，解决村民就近务工 380 人次。有养殖合作社 1 家，入社农户 5 户；养殖户 120 户（肉牛养殖户 7 户，羊养殖户 113 户），肉牛存栏 70 余头，羊存栏 6000 余只，2020 年养殖业收入 125 万元。全村有劳动力 597 人（持有职业技能资格证 25 人），2020 年外出务工超过 120 人次，劳务收入达 100 万元。累计硬化道路 12 千米，铺设生产路 4 千米，日运行通村公交 3 班次。所有农户通照明电，通信信号、4G 网络实现全村覆盖。现有村级文化舞台 1 座，文化广场 300 平方米。

【买河村】

买河村于 2006 年开发建设，有村民小组 2 个，常住人口 256 户 879 人。2014 年识别为贫困村，先后投入扶贫资金 5172 万元，2017 年脱贫出列。有建档立卡贫困户 101 户 334 人，贫困发生率 0.1%。现有低保户 99 户 149 人；残疾人 24 人，享受残疾津贴 8 人；60 岁以上享受养老金 66 人，享受高龄津贴 3 人；有公益性岗位 28 个。有中共党员 30 人，村两委班子成员 6 人，驻村工作队 3 人。有标准化村卫生室 1 所，配备持有乡村医生资质的村医 1 人；建档立卡贫困户实现基本医疗保险全覆盖，养老保险应缴尽缴；截至 2020 年底，大病救治 4 人，慢性病 90 人，家庭医生签约服务 101 户 335 人，实现建档立卡户全覆盖。现有全日制小学（李敬中小学）1 所，在校学生 154 人，教师 13 人；标准化幼儿园 1 所，在校幼儿 20 人；在校中高职以上学生 26 人，享受教育扶贫政策 26 人 3.9 万元；义务教育阶段无辍学学生。完成危房改造 27 户，户户有安全住房。自来水全部入室或做保温井，户户有安全饮水。主要产业为种植、养殖、劳务输出。有耕地 7000 亩，种植玉米 5000 余亩，黄花菜 1100 余亩。有 4 家种植养殖合作社，入社农户 117 户（肉牛养殖户 20 户，羊养殖户 97 户），肉牛存栏 70 余头，羊存栏 2500 余只。村有劳动力 500 人，2020 年外出务工约 300 人次。2020 年全村总收入 777 万元，人均收入 7089 元。硬化道路 11.2 千米，铺设生产路 33 千米，配套太阳能路灯 162 盏，完成买韦公路买河村段建设，公交车能通往红寺堡区及周边城镇，日运行通村公交 4 班次。所有农户通照明电，2 户农户通动力电，通信信号、4G 网络实现全村覆盖。有村级文化舞台 1 座，文化广场 500 平方米。2019 年，村开展空心房整治行动，拆除空心房 43 座。

【潘河村】

潘河村于 1994 年开发建设，含村民小组 8 个，常住人口 332 户 1125 人。有建档立卡贫困户 65 户 190 人，贫困发生率 0.71%。有低保户 73 户 106 人；残疾人 59 人，享受残疾津贴 38 人；有中共党员 41 人，村两委班子成员 5 人，2020 年人均收入 9000 元，村集体经济收入 14 万元。村有标准化村卫生室 1 所，配备持有乡村医生资质的村医 1 人。全村建档立卡贫困户实现基本医疗保险全覆盖，养老保险应缴尽缴。截至 2020 年底，大病集中救治 6 人，慢性病签约 113 人，家庭医生签约服务 1209 人。有教学点 1 所，在校学生 20 人；2020 年完成危房改造 7 户，户户有安全住房。自来水全部入室，户户有安全饮水。主要产业为种植、养殖、劳务输出。有耕地 1700 亩，种植玉米 4500 余亩，杂粮 5000 余亩，黄花菜 2300 余亩；现有种植养殖合作社 22 家，解决村民就近务工 600 人次。养殖户有 83 户（肉牛养殖户 3 户，羊养殖户 80 户），肉牛存栏 22 头，羊存栏 6000 余只，2019 年养殖业收入 120 万元。劳动力有 800 人，截至 2020 年底外出务工超过 1000 人次，劳务收入达 300 万元。累计硬化道路 26 千米，铺设生产路 35 千米，所有农户通照明电，10 余户农户通动力电。通信信号、4G 网络实现全村覆盖。有村级文化舞台 1 座，文化广场 1300 平方米。

【塘坊梁村】

塘坊梁村位于太阳山镇南 10 千米处，东靠潘河村，西靠韦州镇旧庄村，南靠同心县韦一村，北靠太阳山镇巴庄村，有塘坊梁、丁家圈、红沙窝 3 个组，常住人口 305 户 1084 人，为非重点贫困村。村有建档立卡户 38 户 131 人（已脱贫 35 户 121 人，未脱贫 3 户 10 人，），低保户 41 户 57 人，残疾人 62 户 71 人，其中享受残疾津贴 35 人。村内自来水全部入户。无幼儿园，无驻村工作队。村党支部、村委会、村监会、妇联等组织机构健全，共有中共党员 23 人（积极分子 2 人），并能定期召开集体会议。先后获吴忠市红寺堡区先进党组织、平安村庄、五个好党支部等称号。有标准化村卫生室 1 所，配备持有乡村医生资质的村医 1 名；建档立卡贫困户实现基本医疗保险全覆盖，养老保险应缴尽缴。截至 2020 年底，大病集中救治 2 人，慢性病签约 113 人，家庭医生签约服务 122 户 248 人。有全日制小学 1 所。完成危房改造 13 户（2014—2020 年），户户有安全住房。

自来水全部入室，户户有安全饮水。主要产业为种植、养殖、劳务输出。有耕地9600亩，种植玉米3200余亩、小麦2200亩，现有种植合作社1家，养殖合作社3家，解决村民就近务工530人（次）。养殖户29户（肉牛养殖户5户，羊养殖户24户），肉牛存栏90余头，羊存栏4800余只。养殖户收入稳定增长。2014—2020年，硬化村道巷道24.2千米，方便农户出行，所有农户通照明电，通信信号、4G网络实现全村覆盖。

【田原村】

田原村位于罗山东麓、买韦公路沿线，距离红寺堡城区32千米，距离太阳山镇25千米，于2006年移民开发建设，面积15平方千米，耕地面积7428亩；常住户202户856人。2014年识别为贫困村，2017年确定为深度贫困村，先后投入扶贫资金4464.42万元（到户补贴737.98万元，基础设施建设3726.44万元），2018年脱贫出列。村有建档立卡户59户226人（已脱贫57户221人，未脱贫2户5人），贫困发生率降至0.58%；低保户65户115人，残疾11人，享受残疾津贴6人，60岁以上享受养老金37人，单双老户7户8人，开发公益性岗位32个。全村分3个村民小组，村两委班子成员6人，党员7人，驻村工作队3人。截至2020年底，村集体经济收入15万元，人均可支配收入8500元。有标准化村卫生室1所，配备持有乡村医生资质的村医1人，建档立卡贫困户实现基本医疗保险全覆盖，养老保险应缴尽缴。截至2020年底，慢性病签约102人，家庭医生签约服务146户738人。有小学1所，在校学生23人；标准化幼儿园1所，在校幼儿34人；在校中高职以上学生36人，享受教育扶贫政策21人5.1万元；全村义务教育阶段无辍学学生。完成危房改造104户，户户有安全住房。自来水全部入室，户户有安全饮水。支柱产业为黄花菜特色种植、黄牛养殖和制衣扶贫车间。种植黄花菜2704亩，人均达3亩；黄牛存栏1150头，人均1.3头；扶贫车间培训制衣、熨烫技术工84人，就业收入128万元。有5家种植养殖合作社，1个村集体合作社。全村劳动力326人（持有职业技能资格证155人），2020年外出务工126人次，劳务收入190万元。硬化、亮化、绿化村组道路11.8千米，拓宽铺砂石路生产路40千米，日运行通村公交10班（次）。所有农户电、通信、网络实现全村覆盖。有村级文化舞台1座，建成老年人饭桌、图书室、电子阅览室、党员活动中心和便民服务中心等配套设施。

【小泉村】

小泉村于2004年开发建设，含村民小组6个，常住人口537户1722人。村为太阳山镇非重点贫困村，有建档立卡贫困户125户269人（已脱贫122户260人，未脱贫3户9人），贫困发生率0.52%。有低保户167户223人；残疾人97人，享受残疾津贴48人；60岁以上享受养老金193人，享受高龄津贴11人；开发公益性岗位36个。村有中共党员36人，村两委班子成员7人，2020年人均收入13200元，村集体经济收入64万元。2019年，先后投入扶贫资金3142万元，（到户补贴169.4万元，基础设施建设862.22万元）。有标准化村卫生室1所，配备持有乡村医生资质的村医1人；全村建档立卡贫困户实现基本医疗保险全覆盖，养老保险应缴尽缴。截至2020年底，大病集中救治20人，慢性病签约126人，重病兜底20人；家庭医生签约服务128户263人。有全日制小学1所，在校学生31人；标准化幼儿园1所，在校幼儿16人；在校中高职以上学生4人，享受教育扶贫政策8人0.24万元；义务教育阶段无辍学学生。累计完成危房改造50户，户户有安全住房。自来水全部入室，户户有安全饮水。主要产业为种植、养殖、劳务输出。有耕地14678亩，种植玉米4153亩，杂粮1000余亩，牧草500余亩；

有2家种植合作社，解决村民就近务工380人(次)。养殖户29户(肉牛养殖户9户，羊养殖户20户)，肉牛存栏180余头，羊存栏5000余只，2019年养殖业收入2.3万元。全村有劳动力360余人(持有职业技能资格证23人)，2020年外出务工超过150人次，劳务收入360万元。累计硬化道路13千米，铺设生产路10千米，日运行通村公交4班次。所有农户通照明电，通信信号、4G网络实现全村覆盖。有村级文化舞台1座，文化广场40平方米。

【兴民村】

兴民村位于红寺堡区东部，距太阳山镇政府驻地13千米，原属盐池县管辖，2010年6月划入红寺堡区。2014年识别为贫困村，2016年脱贫出列，全村有农户272户867人，建档立卡贫困户35户109人。全村耕地面积5593.2亩，其中水浇地4200亩，旱耕地1393.2亩，黄花菜种植基本实现水浇地全覆盖，成立5个黄花菜农民专业合作社。养殖滩羊1280只、猪97头、家禽2010只。村内硬化道路23.24千米，有全日制小学1所，村级卫生室1个，村级组织活动阵地350平方米，村内自来水全部入户，移动、联通、电信等通信网络、电视网络覆盖率100%。村党支部、村委会、村监会、妇联等组织机构健全，并能定期召开集体会议。有标准化村卫生室1所，配备持有乡村医生资质的村医1人；全村建档立卡贫困户实现基本医疗保险全覆盖，养老保险应缴尽缴。截至2020年底，大病集中救治1人，慢性病签约9人，重病兜底3人；家庭医生签约服务203户707人。有全日制小学1所，在校学生36人，在校中高职以上学生4人，享受教育扶贫政策2人，全村义务教育阶段无辍学学生。累计完成危房改造13户，户户有安全住房。自来水全部入室，户户有安全饮水。主要产业为种植、养殖、劳务输出。现有耕地5593.2亩，种植玉米、杂粮200余亩，退耕还林633.6亩；有4家种植合作社，解决村民就近务工600人次。有1家养殖合作社，牛存栏3头，羊存栏1300余只。累计硬化道路23.24千米，铺设生产路6千米，所有农户生活生产用电全覆盖。通信信号、4G网络实现全村覆盖。现有村级文化舞台1座，文化广场350平方米。

【周圈村】

周圈村位于红寺堡镇以东39千米处，太阳山镇以西23千米，距同心县韦州镇15千米，为引黄灌区。该村2006年集中建设开发，下辖就地旱改水周圈村民小组和生态搬迁西吉村民小组，有常住人口339户1248人，耕地面积7500亩，全部为水浇地。2014年识别为贫困村，先后投入扶贫资金8742.2万元(到户补贴777.3万元，基础设施建设6838.5万元)，2018年脱贫出列。建档立卡户共116户457人(已脱贫111户433人，未脱贫5户24人)，贫困发生率由2014年的15.7%下降至1.92%。低保户129户235人，残疾人31户32人，其中一、二级12户13人；60岁以上享受养老金102人，享受高龄津贴12人；开发公益性岗位35个、护林员13人。有中共党员19人，村两委班子成员7人，驻村工作队3人。2020年人均收入7240元，村集体经济收入23.5万元。有标准化村卫生室1所，配备持有乡村医生资质的村医1人；全村建档立卡贫困户实现基本医疗保险全覆盖，养老保险应缴尽缴。截至2020年底，大病集中救治8人，慢性病签约111人，重病兜底2人；家庭医生签约服务320户933人。周圈村小学生大部分在就近的裕华一小、裕华二小就读，在校学生130人；标准化幼儿园1所，在校幼儿43人；在校中高职以上学生46人；义务教育阶段无辍学学生。累计完成危房改造61户，户户有安全住房。自来水全部入室，户户有安全饮水。累计硬化道路14.3千米，铺设生产路33千米，日运行通村公交4

班（次）。所有农户通照明电，8 户农户通动力电。通信信号、4G 网络实现全村覆盖。有村级文化舞台 1 座，文化广场 500 平方米。

【周新村】

周新村于 2006 年开发建设，有村民小组 5 个，全村常住人口 556 户 2093 人。2014 年识别为贫困村，2017 年脱贫出列。有建档立卡户 267 户 929 人（已脱贫 262 户 918 人，未脱贫 5 户 11 人），贫困发生率降至 0.53%。有低保户 263 户 446 人；残疾人 66 户 72 人，享受残疾津贴 39 人；开发公益性岗位 61 个。有中共党员 26 人，村两委班子成员 7 人，驻村工作队 3 人。截至 2020 年底，人均收入 8500 元，村集体经济收入 5.5 万元。有标准化村卫生室 1 所，配备持有乡村医生资质的村医 1 人；全村建档立卡贫困户实现基本医疗保险全覆盖，养老保险应缴尽缴；家庭医生签约服务 528 户 1951 人。有全日制小学 1 所，在校学生 128 人；在建标准化幼儿园 1 所；在校中高职以上学生 50 人，享受教育扶贫政策 23 人 6.9 万元；全村义务教育阶段无辍学学生。累计完成危房改造 93 户，户户有安全住房。安全饮水方面，自来水全部入室，户户有安全饮水。主要产业为种植、养殖、劳务输出。有耕地 7342.68 亩，种植黄花菜 5010 余亩，玉米 2300 余亩；有 2 家种植合作社，解决村民就近务工 200 人（次）。有 2 家养殖合作社；养殖户 382 户（肉牛养殖户 230 户，羊养殖户 350 户），牛存栏 460 余头，羊存栏 9000 余只，2020 年养殖业收入 450 万元。全村有劳动力 800 人（持有职业技能资格证 280 人），2020 年外出务工超过 800 人（次），劳务收入 800 万元。2014 年以来，先后投入扶贫资金 7615.8 万元（到户补贴 1599.6 万元，基础设施建设 6016.2 万元）；累计硬化道路 26 千米，铺设生产路 18.5 千米，日运行通村公交 4 班次。所有农户通照明电，60 户农户通动力电。通信信号、4G 网络实现全村覆盖。有村级文化舞台 1 座，文化广场 580 平方米。

大河乡

【概况】

大河乡位于红寺堡区西南部，南与同心县接壤，西与中宁县为邻，乡政府驻地大河村，距离红寺堡城区 12 千米，304 省道、恩红公路、红九路贯穿全乡，交通便利。大河乡辖红崖、大河、河西村、龙泉、龙兴、龙源、麻黄沟、平岭子、石坡子、石炭沟、乌沙塘、香园、开元 13 个行政村，行政区域面积 560.6 平方千米，耕地面积 104930 亩，户籍人口 7291 户 27656 人，常住人口 7420 户 29603 人。

【特色产业】

2020 年，大河乡在龙源、石坡子村种植枸杞 3783 亩；龙兴、红崖村等村种植黄花菜 8930 亩；龙兴、乌沙塘村种植经果林 1700 亩、文冠果 1100 亩；龙泉、大河村种植中药材 2000 亩；龙源、龙泉、乌沙塘村发展设施农业 1500 亩，实现特色产业规模化种植，构建企业增效、基地壮大、农民增收的“三赢”局面。

【草畜产业】

2020 年，大河乡打造石炭沟、河西村 2 个千亩紫花苜蓿种植基地，种植优质牧草 3480 亩。示范带动龙源、龙兴、平岭子、开元、大河、河西等村发展滩羊、肉牛、家禽养殖，实现全乡肉牛存栏 1.28 万头、滩羊存栏 11.4 万只、家禽存栏 20 万羽。

【劳务产业】

2020 年，大河乡建档立卡户 2728 人，赴闽务工就业 27 人。兑付 938 户外出务工奖补 208.3 万余元，发放 58 名区域转移就业交通补贴 6.2 万元，40 名就近务工人员补贴 8 万元，中小微企业吸纳就业补贴资金 8 万元。

【脱贫攻坚】

2020 年，大河乡完成验收养殖产业、草原奖补、耕地保护等项目 10206 户，兑付资金 2177 万元。乡对接各大银行，为 755 户建档立卡户贷款 3225.2 万元，完成小额贷款贴息 243.39 万元，实现建档立卡户“应贷尽贷”。实施动态监测，对全乡 45 户未脱贫户、42 户脱贫不稳定户和 85 户边缘户施行精细化管理，所有风险点全部消除。实现贫困家庭子女 100% 就学，建档立卡及“边缘户”基本医疗保险参保率达到 100%。

【基础建设】

2020 年，大河乡改造 810 户农村卫生厕所，巩固提升“十二五”生态移民村龙源村产业发展设施，完成生产基地建设、枸杞种植基地巩固提升、烘干设备采购及场地硬化等项目。完成龙兴村黄花菜烘干设备采购和石坡子枸杞、石炭沟黄花菜烘干房建设。改善农业基础设施，完成河西村、龙源村田间生产路工程和 2020 年高效节水滴灌带更换。完成 2020 年巩固提升示范村、闽宁示范村香园村庄综合整治提升工程、石炭沟搬迁安置工程给排水配套项目。以高标准农田建设为重点，打造 231.6 亩经果林基地和 2233 亩龙源村高效节水示范区 2 个精品点，沟道整治 205 亩，宽幅林带整修 1921 亩、修枝抚育 3.9 万株、涂红刷白 6 万株，路肩整修 31 千米。

【环境整治】

2020 年，大河乡大力开展“清河行动”，实施辖区内沟道河道修复、内涝治理、河道绿化项目，推动河西村生产桥、龙源市场污水处理厂项目建设。推进国土绿化行动，完成年度造林任务 1650 亩，实施乡村景观绿化美化提升工程，加快绿色通道、绿色河道、绿色村庄建设，整村推进庭院经济林建设。

【社会保障】

2020 年，大河乡新增低保 98 户 124 人，清退不符合低保资格条件 426 户 571 人，对 962 户因病、因灾等各种特殊情况使基本生活出现暂时困难的家庭，给予临时救助资金 131 万余元。分类施策，对 14 户鉴定为 D 级的危房进行改造。提高农村养老服务水平，推进 6 个建成的村级老年饭桌常态化运营。完成全国示范性标杆型退役军人服务站所创建工作，扎实推进军人三群体帮扶工作。

【社会管理】

2020 年，大河乡开展“红袖标”义务巡防工作，形成三级网格化服务管理机制，政策宣传、收集社情民意、化解矛盾纠纷 38 起，处理信访、上访案件 7 件次。坚持防控工作“一盘棋”思想，以基层党员、先进典型、网格员、公益性岗位为主要力量，联合乡派出所、执法大队、卫生院按照“依法防控、分类施策”原则，推进疫情防控常态化。

【廉政建设】

2020 年，大河乡深入学习贯彻习近平总书记关于进一步纠正“四风”、加强作风建设重要批示，执行中央八项规定，从严整治形式主义、官僚主义等突出问题。压紧压实管党治党政治责任，班子成员带头落实“一岗双责”，党委会议研究部署党风廉政建设工作 2 次。巩固扶贫领域腐败和作风问题专项治理成果，提高惠民政策透明度。收到问题线索 11 件，初核了结 3 件，给予党籍处分 3 人，对疫情防控期间工作不力的 4 名村干部给予谈话提醒。

（马银霞）

【基层党建】

2020年，大河乡落实党委书记、村支书抓党建“四个清单”和述职评议考核制度，开展扫黑除恶专项斗争，按照“一村一策”要求整顿软弱涣散村党组织1个、薄弱村党组织2个，开展村两委班子换届摸排工作，调整现职村干部6人。开展“两个带头人”工程，培养后备力量40人、优秀人才32人，培育致富带头人81人。支持14名村干部实施学历提升计划；持续推进“三大三强”行动，完成村党组织书记、村委会主任、集体经济合作负责人“一肩挑”4个。做到党员教育管理工作，严把关口、严格标准，重点从致富带头人、外出务工经商返乡人员、退伍军人中发展党员，发展党员15人。

【精神文明建设】

2020年，大河乡制作发放疫情防控宣传公告3万余份，疫情防控宣传车1辆，疫情防控卡点公告牌17个，购置安装疫情防控喇叭26个。全年在红寺堡区人民政府网发表信息、公示等200余篇，“五彩大河美丽乡村”发布、转发各类信息1256篇，疫情防控内容475篇，并在微信公众号设置扫黑除恶、学习强国、壮丽七十年、十九届五中全会精神、传播文明引领风尚、核心价值观讲坛、万众一心阻击疫情、脱贫攻坚等3个专题15个模块，常态化运行客服功能，安排专人回复群众留言。推进抓党建促脱贫，助力乡村振兴、脱贫攻坚示范户和产业助脱贫的采访推广工作，先后发掘“疫情最美人物”2人、“我们身边的战‘疫’模范”个人20人，先进集体4个、“我们的脱贫故事典型人物”2人，采访推广28次。大河乡在吴忠市级文明单位的基础上，2020年申报为自治区级文明乡镇。弘扬社会新风正气，推进喜事新办、丧事简办、破除封建迷信，疫情防控期间，10余个家庭积极响应国家号召丧事简办。各村结合4月主题党日“初心不变志愿行·践行使命护百姓”活动挖掘疫情防控先进典型36人，制作疫情防控“感谢卡”1655张，为疫情防控期间捐款捐物的党员、干部和群众表示感谢。结合红寺堡区妇联、团委、大河乡机关、龙

2020年7月8日，红寺堡区大河乡新时代文明实践活动——大河乡机关党支部“服务产业促发展、助力脱贫添光彩”主题党日活动暨红寺堡区第一届农民工枸杞采摘技能竞赛举行　（大河乡提供）

泉村党支部5月主题党日活动，开展“最美家庭”“最美庭院”评选表彰活动，弘扬爱岗敬业、孝老爱亲等系列道德教育实践活动。为全乡13个行政村重新修订“一约四会”“善行义举榜”等宣传栏，巩固“一约四会”“善行义举榜”全覆盖，督促“一约四会”发挥作用。

【红崖村】

红崖村位于大河乡政府西侧，恩红公路临村而过，距离大河乡政府10千米，距红寺堡城区20千米。自2001年开发建设以来，主要安置隆德、海原两县的移民群众，现由白路和红崖2个村民小组组成。于2014年被自治区确定为重点贫困村，2016年脱贫出列。全村有常住人口524户2127人，其中脱贫户234户932人，占常住人口的43.8%。低保户40户62人，残疾人44户48人，领取养老金115人。全村有水浇地7260亩，人均耕地面积3亩。在基层党建方面，按照乡党委关于做好换届选举工作要求，完成村党支部和村民委员会换届选举，现有村干部6人（村党支部书记兼主任1人，支部副书记1人，支委1人，村委3人）、党员27人、入党积极分子1人。民革宁夏区委会派驻村工作队3人，驻村第一书记1人，工作队员2人。产业发展方面以肉牛肉羊养殖以及黄花菜、玉米种植为主。种植黄花菜2300亩，种植玉米3100亩，小麦700亩，苜蓿1030亩。农户肉牛存栏1081头，肉羊存栏5918只，从事种植养殖和务工收入的农户家庭超过300户，2020年全村人均可支配收入1.1万元。在项目建设方面，从自治区水利厅争取资金建成应急抗旱水源工程，协调红寺堡区农开办投资1100万元实施高效节水项目，发展黄花菜产业，并配套建设黄花菜晾晒场和烘干房建设项目。在人居和生态环境建设方面，充分整合各方力量，发动群众积极清扫各家庭前院后环境卫生；调动公益性岗位人员逐条逐巷进行村庄道路整治。

【大河村】

大河乡大河村位于乡政府驻地，距离乡政府1.3千米，距离红寺堡区10千米。大河村1998与1999年由西吉、彭阳两县居民经1236工程搬迁至此，于2013年底被自治区确定为重点贫困村，2017年脱贫出列。全村有常住人口1250户4888人，其中脱贫户211户846人，占全村常住人口的17.5%，未脱贫3户11人。全村残疾户有74户74人，享受最低生活保障107户144人，领取养老金183人。全村有水浇地10047亩，人均耕地2亩。大河村现有村干部6人，全村有正式党员59人、预备党员2人。种植玉米6000亩、黄花菜1200多亩、小麦套种菟丝子约1000亩、枸杞约500亩；大力发展养殖产业，全村肉牛存栏1832头，羊存栏18471只，猪71头，鸡226羽；有种植养殖收入的家庭800余户，有务工收入的家庭460余户。截至2020年底，人均纯收入9600元。在红寺堡区委组织部的帮扶下，争取涉农整合项目资金100万元。

【河西村】

河西村位于大河乡政府西侧，距离大河乡政府10千米，距红寺堡城区20千米。村民以2001年海原县李俊乡水磨湾水库淹没区搬迁移民构成为主，后期部分海源、西吉等地农民自发迁徙到此地居住。2014年被自治区确定为重点贫困村，2017年脱贫出列。全村有常住农户488户2075人，其中脱贫户149户630人，全村有残疾人23人；享受低保待遇户69户129人，领取养老金136人。全村有水浇地6600亩，人均耕地2.9亩。河西村有村干部5人（村党支部书记兼主任1人，支部副书记1人，支委1人，村委2人）、党员16人、入党积极分子5人。红寺堡区人力资源和社会保障局派驻村工作队3人，驻村第一书记1人，工作队员2人。产业以肉牛肉羊养殖以及黄花菜、玉米种植为主。种植玉米5200亩、小麦500亩，新增紫花苜蓿种植700亩、黄花菜50亩，其他种植约150亩；全村肉牛存栏达到1500头以上，肉羊存栏4500只以上，有养殖收入的超过300户，有务工收入的家庭超过450户。截至2020年底，全村人均纯收入10750元。

【龙泉村】

龙泉村位于红寺堡区西部，红九公路南侧，距离红寺堡城区20千米，是2002年开发建设的移民村，以海原县、西吉县移民为主。全村有常住人口753户3099人，其中脱贫户251户1024人，占全村常住人口的33%。残疾人89人，低保户153户228人。龙泉村有村干部6人。红寺堡区发展改革局、自然资源局选派3名干部长期驻村帮扶，其中驻村第一书记1人、工作队员2人。全村有水浇地9961亩，人均耕地面积3.2亩。种植玉米6526亩、小麦套种中药材1735亩、硒甜瓜500亩、黄花菜190亩、紫花苜蓿480亩、枸杞390亩、巴旦木140亩。全村牛存栏1416头、羊存栏6955只、猪存栏325头、蜜蜂163箱，有养殖收入的超过500户，有务工收入的家庭超过670户。实现九年义务教育阶段实现零辍学，脱贫户基本医疗保险参保率达100%，健康扶贫政策惠及脱贫户和全村有重特大病患者群体。全村路网实现“全覆盖”，落实专项扶贫资金整修生产道路110千米，硬化村组道路29.7千米；太阳能路灯遍布全村；自来水户户通，安全饮水普及率达100%，水质和供水保证率均达到国家标准；宽带网络实现、通信信号、广播电视实现“全覆盖”；幼儿园入园学生139人，小学生428人。村党群活动中心、民生服务中心、文体活动室、图书室、电子阅览室、党员活动中心和留守儿童中心等场地设施配套齐全，各项基础设施日趋完善，成为村民日常活动、学习和宣传政策的阵地。村建有标准化卫生室2所，各项设备配置齐全，常年有2名专职医生坐诊，按照国家基本药物目录配备常用药达100种以上，全村大病、慢性病患者和脱贫户实现家庭医生签约全覆盖，实现小病不出村、大病可预防。依托村民养殖、种植经验优势，将硒甜瓜、枸杞、优质牧草特色种植产业作为龙泉村的主导增收产业，制定《龙泉村特色产业发展实施方案》，加大政策引导和种植养殖技术培训，了解种植效益和发展前景，激发村民种植硒甜瓜、枸杞、优质牧草的积极性。鼓励群众发展黄牛养殖，落实种植养殖业贷款800多万元，以种植养殖为主的特色产业对农民增收的贡献率达50%以上。全村整修生产道路45千米，硬化村组道路29.7千米；2016年以来完成危房危窑改造172户，解决危房危窑户和无房户住房保障问题；推进综合文化服务中心建设，新建村民生服务中心、标准化卫生室，实现村级通客车，逐步规范村委会建设和运行程序，提升公共服务水平；实施美丽村庄建设项目，加大村庄绿化美化力度，发挥公益性保洁作用，实施村庄巷道环境卫生整治，逐步改善人居环境质量。

【龙兴村】

龙兴村位于大河乡政府南侧，盐兴公路北侧，距离大河乡政府4千米，距红寺堡城区19千米，2003年就地旱改水搬迁的纯回族移民村。全村有常住人口535户2083人，其中脱贫户217户847人，占全村常住人口的40.66%。全村残疾人有76人，享受最低生活保障105户154人。全村有水浇地10928亩，人均耕地5.25亩。龙兴村现有村干部6人，党员28人。种植玉米5800亩、小麦500亩、黄花菜3200亩，其他产业种植150亩；大力发展养殖产业，全村肉牛存栏达到600头以上，羊存栏2.9万只以上。有种植养殖收入的家庭300余户，有务工收入的家庭150余户。截至2020年底，人均纯收入 9700 元。争取项目资金，建设龙兴村专业养殖场。

【龙源村】

龙源村位于大河乡政府西侧，恩红公路穿村而过，距离大河乡政府 10 千米，距红寺堡城区 22 千米，距大河高速出入口 5 千米，交通便利。龙源村是“十二五”生态移民村，是 2013 年从固原原州区和同心县 7 个乡镇易地移民扶贫搬迁安置到此，于 2014 年被自治区确定为深度贫困村，2019 年实现整村脱贫出列，2020 年贫困户全部脱贫。全村现有常住人口 483 户 2150 人，其中脱贫户 317 户 1409 人，全村残疾户有 97 户 117 人，享受最低生活保障 251 户 408 人。全村有土地 3373 亩。龙源村有村干部 6 人（村党支部书记 1 人，主任 1 人，支委 2 人，村委 2 人）、中共党员 32 人（预备党员 2 人）、入党积极分子 5 人。全村种植枸杞 2233 亩、青贮玉米 750 亩、日光大拱棚 450 座 243 亩，经果林种植核桃 80 亩；建有牛（羊）养殖圈棚 214 座，全村肉牛存栏达到 1040 头以上，羊存栏 6400 只以上，建有扶贫养殖园区 1 处，入园优质滩羊 2120 只，68 户单双老户等加入养殖合作社，通过分红实现增收；有务工收入的家庭 460 余户，2020 年人均纯收入 9600 元。

【麻黄沟村】

麻黄沟村位于大河乡政府西侧，恩红公路穿村而过，距离大河乡政府 5 千米，距红寺堡城区 17 千米，京藏高速横穿全村，并设置大河高速出口，交通便利。麻黄沟村是 1998 年由中宁县和海原县两地易地移民扶贫搬迁安置到此的生态移民村，于 2014 年被自治区确定为重点贫困村，2017 年脱贫出列。全村有常住人口 501 户 1993 人，其中脱贫户 139 户 601 人，占全村常住人口的 30.16%。全村残疾户有 32 户 33 人，享受最低生活保障 77 户 125 人。全村有水浇地 5003 亩，人均耕地达 2.51 亩。麻黄沟现有村干部 5 人（村党支部书记兼主任 1 人，支部副书记 1 人，支委 1 人，村委 2 人），中共党员 34 人。种植玉米 2300 亩、小麦 1053 亩，经果林种植核桃 500 亩、黄花菜 150 亩，其他产业种植 150 亩；大力发展养殖产业，全村肉牛存栏达到 500 头以上，羊存栏 7000 只以上。有种植养殖收入的家庭 300 余户，有务工收入的家庭 460 余户，2020 年人均纯收入 9600 元。在红寺堡区人武部的帮扶下，争取涉农整合项目资金 100 万元，建设麻黄沟村精饲料加工厂。

【平岭子村】

平岭子村位于大河乡政府西侧，盐兴公路北侧，距离大河乡政府 30 千米，距红寺堡城区 38 千米，村民以 1993 年同心县纪家乡整村搬迁为主。全村有水浇地 8000 亩，退牧还草 97300 亩，退耕还林 7304 亩，常住居民 626 户 2356 人，其中脱贫户 157 户 509 人，占全村常住人口的 21.6%。全村残疾人有 76 人，低保户 91 户 140 人，领取养老金 153 人。平岭子村有村干部 6 人（村党支部书记 1 人，主任 1 人，支委 2 人，村委 2 人）、中共党员 16 人、预备党员 1 人、入党积极分子 9 人。全村种植玉米 7500 亩；大力发展养殖产业，建有牛（羊）养殖圈棚 420 座，全村肉牛存栏达到 800 头以上，羊存栏 4.3 万只以上。

【石坡子村】

石坡子村位于大河乡政府西侧，距离大河乡政府 30 千米，距红寺堡城区 35 千米，交通便利，是 1995 年从固原原州区、海原、同心县七个乡镇易地搬迁安置到此，于 2014 年被自治区确定为深度贫困村，2018 年实现整村脱贫出列，2020 年贫困户全部脱贫退出。全村有常住人口 362 户 1385 人，其中脱贫户 158 户 619 人，全村残疾户有 37 户 38 人，享受最低生活保障 34 户 43 人。单双老户 16 户 25 人（单老 7 户 7 人，双老户 9 户 18 人），全村有土地 3392.47 亩。石坡子村有村干部 5 人（村党支部书记兼村主任 1 人，支委 2 人，村委 2 人）、中共党员 11 人、入党积极分子 4 人、发展对象 1 人、交入党申请书 2 人。全村种植枸杞 200 亩，经果林种植 150 亩；建有牛（羊）养殖圈棚 290 座，全村肉牛存栏 812 头，羊存栏 4539 只。全村有务工收入的家庭 200 余户，2020 年人均纯收入 8500 元。

【石炭沟村】

石炭沟村位于红寺堡城区以西 50 千米处，地处于宁夏中部干旱带，属典型的温带大陆性气候，常年干旱少雨，昼夜温差大，多年平均降水量 250 毫米左右，平均海拔高度 1240 米~1450 米，G344 线穿村而过延绵 10 千米，西、南与同心县相接，北邻平岭子村。全村有效耕地面积为 14149.5 亩，人均耕地面积为 4.8 亩，其中 2600 多亩已经得到盐渍化吸漏管处理，3850.5 亩因供水不足而未耕种。种植单一，以玉米为主，耗水量较大。石炭沟村有 5 个村民小组，总户数 811 户 2941 人，常住人口 801 户 2899 人，其中 60 岁及以上 182 人，占 6.28%；青壮劳力 1724 人，占 59.5%；16 岁以下 1035 人，占 35.7%；外出流动人员 670 人，占全村人口 23.1%，主要流向银川、吴忠、宁东，从事行业主要为经商和务工。现有村干部 7 人（村党支部书记 1 人，主任 1 人，支委 2 人，村委 4 人，1 人交叉任职）、党员 36 人、入党积极分子 1 人。村级组织活动场所建于村部，有健身器材、篮球场、文化室、图书馆等。种植玉米 13499.5 亩，每亩效益 545 元，总收入 736 万元，占农民纯收入的 37%；牛羊养殖总收入突破 300 万元；劳务总收入达到 600 万元。新发展产业有黄花菜、洗车业、餐饮业、修理业等，兴建扶贫产业园 1 处，建设规模化养殖园区 5 处。村有各类专业合作社 17 家。

【乌沙塘村】

乌沙塘村位于大河乡西南，距红寺堡城区 19 千米，是 2008 年 10 月从隆德和原州区搬迁安置的移民村，形成固原居民点和隆德居民点，2017 年列入深度贫困村，2018 年全村脱贫销号。先后被评为吴忠市先进基层党组织，红寺堡区特色产业示范村、移风易俗先进村、五星级党组织。全村有 345 户 1337 人，常住户 227 户 962 人，脱贫户 187 户 790 人，享受政策 164 户 790 人。低保户 88 户 129 人，残疾人 43 人。全村共有水浇地 3520 亩，人均耕地面积 2.6 亩。乌沙塘村有村干部 5 人（村党支部书记兼主任 1 人，支部副书记 1 人，支委 1 人，村委 2 人）、党员 15 人、入党积极分子 11 人。红寺堡区农业农村局派驻村工作队 2 人，驻村第一书记 1 人，工作队员 1 人。产业以肉牛、肉羊、鸡养殖红梅杏和文冠果种植为主。种植红梅杏 1200 亩、文冠果 500 亩；农户肉牛存栏 82 头，肉羊存栏 1516 只，肉鸡存栏 1.25 万只。从事种植养殖和务工收入的农户家庭超过 80 户。截至 2020 年底，全村人均可支配收入 1.2 万元。

【香园村】

香园村位于大河乡东南方向，盐兴公路穿村而过，距离大河乡政府 5.5 千米，距红寺堡城区 8.7 千米，地理位置优越，交通便利。香园村属回汉杂居村，是 1998 年由隆德县和同心县两地易地移民扶贫搬迁安置到此的生态移民村，于 2014 年被自治区确定为贫困村，2018 年脱贫出列。全村有常住人口 598 户 2261 人，其中汉族 312 户 1259 人，回族 286 户 1002 人。脱贫户 142 户 557 人，占全村常住人口的 25%。残疾户有 52 户 55 人，单双老户10户22人，享受最低生活保障96户131人。全村耕地5777亩，林地43940亩，退耕还林面积4832.94亩。香园村现有村干部6人，（村党支部书记1人，支部委员2人，村主任1人，村委会委员2人），中共党员68人。种植玉米4800亩、小麦400亩，经果林种植400亩，其他产业种植150亩；大力发展养殖产业，现全村肉牛存栏602头，羊存栏9000只。通过种植养殖增加收入的家庭480余户，通过务工增加收入的家庭310余户，2020年村民人均纯收入1.03万元。

【开元村】

开元村地处红寺堡以西，位于恩红公路和盐兴公路之间，距离大河乡政府3千米，距红寺堡城区10千米，大碱公路横穿而过，是固原、泾源县于1998年首批搬迁至红寺堡区的回汉杂居村。全村有常住人口407户1565人，全村残疾人41人，享受最低生活保障134户192人，建档立卡户171户726人，领取养老金125人。全村有水浇地4860亩，人均耕地3.1亩。开元村有村干部5人（村党支部书记兼主任1人，支部副书记1人，支委1人，村委2人），党员40人。种植玉米4300亩、小麦400亩，经果林种植枸杞50亩、黄花菜60亩，其他产业种植50亩；大力发展养殖产业，现全村肉牛存栏达到1480头以上，羊存栏3000只以上。有种植养殖收入的家庭317户，有务工收入的家庭200余户，2020年人均纯收入达9800元。积极争取农牧局项目支持，成立黄牛养殖专业合作社，建成养殖园区，引导养殖户“出村入园”，发展产业和人居环境提升整治之间的矛盾。实施美丽乡村建设项目，完善基础设施巷道硬化、亮化、绿化。

（马银霞）

新庄集乡

【概况】

红寺堡区新庄集乡于1999年由同心县划归原红寺堡开发区管辖，2001年更名为白墩乡，2005年更名为南川乡，2011年经自治区人民政府批准，恢复为新庄集乡，并于2014年1月23日正式挂牌。全乡行政区域面积663平方千米，现辖16个行政村，共有人口14628户64280人（包括马渠生态移民安置区新集村和红川村移民3331户1.4万人），常住人口4.66万人，主要为海原、西吉、隆德、泾源、彭阳、同心、原州区等县区移民。2020年，农村居民人均可支配收入10040元，比2019年增长10.2%。

【特色产业】

2020年，新庄集乡以“农业增效、农民增收、群众脱贫”为目标，立足全乡实际，打造“一村一品”，形成以酿酒葡萄、枸杞、苜蓿、黄花菜和瓜果等为主导的特色种植业，以肉牛、肉羊为主的特色养殖业。大力发展高效节水农业，面积达到4.3万亩。调整特色优势产业7.31万亩以上，其中种植枸杞2.6万亩、葡萄1万亩、黄花菜1.5万亩、苜蓿1.76万亩、富士苹果0.43万亩、中药材（黄芪）0.43万亩，杨柳村被评为自治区十大产业示范村。全乡肉牛存栏1.9万头、肉羊存栏15.2万只、家禽饲养量47万羽。

【脱贫攻坚】

2020年，新庄集乡扎实开展“四查四补”工作，解决“查损补失、查漏补缺、查短补齐、查弱补强”四个方面940条问题；乡党委、乡政府主要负责人包抓新集、红川、南源3个挂牌督战村作战工作，建立问题整改清单和台账，7个方面60条问题全部整改完成。整改完成中央脱贫攻坚专项巡视自查4

2020 年 7 月 22 日，黄花菜种植户采摘黄花鲜菜　（新庄集乡提供）

个方面 10 条问题，2017—2019 年国家脱贫攻坚成效考核反馈 23 个方面 75 条问题以及 2018 年以来其他各级各类督查检查反馈问题 110 条。严格落实“1+4”帮扶机制，建立 132 户未脱贫户“一户一策”帮扶方案，并建立监测户、边缘户动态预警监测机制；办理小额扶贫贷款 1717 户 7917.84 万元，累计贴息 442.79 万元；将因病致贫的建档立卡贫困人口全部录入自治区健康扶贫信息系统，开展牛羊疫病防治、果树培育、黄花菜病虫害防治、工程机械操作、家政服务、手工品制作等技能培训 1600 多人次。严格落实产业到户补助、教育扶贫基金、雨露计划、光伏公益性岗位、外出务工奖补等扶持政策，实现全乡监测户 55 户 249 人和边缘户 73 户 314 人致贫返贫风险全部消除。完成脱贫攻坚普查验收，实现全乡所有贫困人口“两不愁三保障”全面达标，贫困人口全部脱贫，贫困发生率由 24.4% 降至 0。

【基础设施建设】

2020 年，新庄集乡秋冬季农田建设整治面积 5 万亩，打造示范区 2 个，投资概算 497 万元，投工投劳 6 万个工日，完成厕所改造 1445 座。

【环境整治】

2020 年，新庄集乡全面开展“五清一绿一改”和农村人居环境改善四季行动，整修田间生产路 30 千米；完成滚新路沿线 36 千米 16 万株苗木的修枝抚育和涂红刷白；投入 100 万元，完成康庄村南角湾组美丽村庄续建项目；投入 66 万元，实施南角湾、杨柳村春季绿化造林 330 亩，种植各类苗木 2.3 万余株，绿化面积持续增加，生态效益明显提高。

【计划生育】

2020 年，新庄集乡出生 422 人，死亡 216 人，新婚 168 人，怀孕 209 人。育龄已婚 6472 人，未婚 2026 人。全年办理一孩生育证 115 人、二孩生育证 148 人、三孩生育证 4 人。

【党风廉政建设】

2020 年，新庄集乡落实全面从严治党“第一责任人”职责，约谈主体责任落实不力党支部书记 2 人、村两委班子 3 次。开展监督检查 6 次，调整不胜任不称职村干部 2 人，约谈 16 人次，上报履职不到位帮扶责任人 3 人。聚焦违反中央八项规定精神问题及“四风”隐形变异问题，免职 1 人违规操办婚宴的村党支部书记。加强疫情防控监督检查，查处在疫情防控工作中存在的形式主义、官僚主义，不作为、慢作为、乱作为等行为，问责处理村干部 11 人。深化运用监督执纪“四种形态”，加大执纪审查力度，着力惩治群众身边的腐败。处置问题线索 14 件，其中初核了结 7 件，立案 7 件，给予党纪处分 7 件 7 人次，收缴违纪资金 1.38 万元。开展廉政教育警示周活动，组织乡村两级党员干部 100 余人参观学习青云湖廉政长廊、法院廉政警示教育基地，传达学习典型案例通报 20 余次，筑牢防腐拒变防线。

【基层党建】

2020 年，新庄集乡开展意识形态工作专项督查 2 次，对全乡 16 个行政村、10 个站所风险点进行排查。在乡党委会、党建专题推进会研究党建工作 13 次，16 个村党支部书记轮训实现全覆盖。围绕学习宣传贯彻习近平总书记视察宁夏重要讲话精神，党的十九大和十九届三中、四中、五中全会，全国两会精神，开展学习研讨 22 次、讲专题党课 24 场次、专题宣讲 5 场次，多角度、多形式传播党的声音。实行“学习强国”通报和均分末位支部约谈制度。全乡 16 个村基层阵地功能基本完善，打造新庄集乡党员干部培训教育基地、红阳党建广场等。组织村支部书记和第一书记赴同心、利通区等地学习观摩集体经济发展、村级事务管理发展等。

【集体经济】

2020 年，新庄集乡精品富硒农业小镇综合市场项目已完成土方工程；争取中组部发展壮大村集体资金 400 万元，村集体经济预计均超过 4 万元；实施脱贫攻坚项目 10 个，投入资金 1691 万元，项目全部完工，累计支付资金 1448.44 万元。

【民生保障】

2020 年，新庄集乡持续推进民生事业，低保扩面新增 92 户 139 人，清理整顿 580 户 868 人，现有低保 3742 户 5763 人，累计发放救助资金 17828.1 万元；发放高龄津贴 539 人 140.0545 万元，临时救助资金 673 户 95.4 万元，68 名孤儿救助金 43.28 万元；建档立卡人员实现医疗保险、扶贫保

2020 年 7 月 1 日，新庄集乡党委、乡政府组织开展“牢记嘱托感党恩 阳光健步跟党走”主题党日活动　（新庄集乡提供）

100%参保，为贫困户筑牢保障墙。

【劳务输出】

2020年，新庄集乡全面提升劳务产业，在红阳村、杨柳村、南源村、西源等村开展钢筋工、烩小吃、家具清洁等技能培训7场次，完成技能培训294人；落实农村公益性岗位360个；全乡实现劳动力就业转移10799人，创收16.6063亿元，实现点对点输送外出务工贫困劳动力40人；兑付建档立卡户外出务工奖补资金498.2万元，超额完成225万元任务，切实解决贫困剩余劳动力外出就业难题。

【文体活动】

2020年，新庄集乡开展新年文艺表演、广场舞大赛、社火表演等文体活动，组织篮球爱好者参加红寺堡区农民篮球争霸赛，举办“小康杯”象棋比赛，“牢记嘱托感党恩 阳光健步跟党走”等活动，传统文化根植群众内心深处。

【志愿活动】

2020年，新庄集乡成立乡级新时代文明实践所、杨柳村、红川村新时代文明实践站、乡级特色志愿服务队7个、村级志愿服务队20个，实现服务平台志愿者注册568人，结合疫情防控、全国文明城市创建等工作，积极开展“杜绝舌尖上的浪费”“烟头不落地”“防疫有我，爱卫同行”“学雷锋志愿服务”“七彩假期·相伴成长——暑假儿童小课堂”“雷锋饺子计划”“干群聚力结同心·植树造林尽义务”等活动。

【河长制工作】

2020年，新庄集乡压实河长制责任，乡村两级河长完成巡河2100余次，对巡河发现的问题及时整治，动用机械107台班，清理垃圾1400余吨，对辖区内的兰家圈子沟、苦豆子台沟、细腰子沟、独圪瘩沟等沟道沿线的垃圾乱堆等“四乱”问题集中清理整治。

【法治政府建设】

2020年，新庄集乡加大普法工作力度，深化法治宣传教育，强化公正执法，做好制度与法律法规的衔接，做到执法公平公正公开；加大乡村两级政务公开力度，增加涉农惠农政策透明度，从源头上减少矛盾问题的产生。

【抗击新冠疫情】

2020年，新庄集乡全力抗击新冠肺炎疫情，各村成立疫情防控临时党支部16个，全乡设置检查点35个，累计发动基层党员、志愿者300余人，排查返红人员1673人，3例确诊病例均治愈出院。落实疫情防控常态化措施，组织企业复工复产，保障人民群众生命安全，对因疫情感染、隔离观察等生活陷入困难的贫困群众以及孤寡老人、留守儿童、残疾人等特殊困难群体92户360人，发放救助金10.18万元。

【新时代文明实践】

2020年，新庄集乡开展“我身边的战‘疫’模范”“乡村振兴带头人”等专题系列评选活动，涌现出王航弟、高许许、王克银等一批先进模范人物，形成“头雁效应”；深挖典型，向区、市推选“移风易俗先进村”1个、“优秀红白理事会”1个、“先进示范户”2户；开展“最美庭院”评选活动3次，向吴忠市、自治区推选“最美庭院”2户；开展“好婆婆好媳妇”评选活动3次，新农村新面貌新风尚逐步形成。

（王考强）

【白墩村】

白墩村距离红寺堡城区5千米，是2000年搬迁自西吉县23个乡镇的纯汉族移民村，是新庄集乡政府驻地，有全日制小学1所，幼儿园1所，村级卫生室2个。全村人口602户2660人，其中自发移民417户1671人，占全村总人口的62.8%，自发移民中有97%来自宁南部山区的彭阳、西吉等县，有3%来自甘肃庄浪、靖远等周边省区，已有288户将户口迁入该村。白墩村是2017年的脱贫销号村，共有建档立卡贫困户155户。全村有耕地5246.81亩，2017年实施国土整治项目后，将3683.9亩土地按照第一年300元/亩、逐年增加50元/亩，最高到500元/亩的标准，集体流转给新疆设计院作为实验基地，种植黄芪2550亩、温棚设施农业9亩，其他谷物类380亩。白墩村以枸杞、苹果等经果林种植，肉牛、肉羊养殖和劳务输出为主，2018年农民人均可支配收入7408元。截至2020年底，种植枸杞333亩、苹果811亩，羊存栏2800余只，牛存栏50余头；劳务输出占农民年均收入的50%以上，户均劳务输出1人以上。全村巷道基本实现硬化，村庄内亮化、绿化、环卫设施等基础设施得到明显改观。

【东川村】

东川村于2003年开发建设，含3个村民小组，常住人口720户3850人。2014年识别为贫困村，建档立卡户101户309人，低保户83户132人，残疾人86人，享受残疾津贴47人，60岁以上享受养老金196人，享受高龄津贴9人，开发公益性岗位38个。有中共党员44人，村两委班子成员5人，驻村工作队3人。2020年，人均可支配收入10167元。东川村主要产业为种植业、养殖业和劳务输出。村有耕地9300亩，种植黄花菜5300余亩、玉米2320余亩、枸杞700亩、葡萄30亩、中药材950余亩。有1家种植合作社，解决村民就近务工510人。有5家养殖合作社，入社农户25户；养殖户141户（肉牛养殖户5户，羊养殖户125户，养鸡11户），肉牛存栏285头，羊存栏29650只，2020年养殖业收入900万元。全村有劳动力1200人（持有职业技能资格证者231人），2020年外出务工超过1100人，劳务收入达1500万元。

【红川村】

红川村是2014年由原州区、同心县移民搬迁组成，有7个村民小组，常住人口1165户4945人，建档立卡户857户3607人全部脱贫。享受低保483户849人、残疾人166人、养老津贴582人、高龄津贴45人，开发公益性岗位43个，中共党员67人，村两委组织机构健全，村两委班子成员8人。2020年，农民人均纯收入9000元，村集体经济收入8.92万元。红川村主要产业为养殖业、种植业和劳务输出。养殖业方面，发展生态肉牛、滩羊产业，全村养牛210户1500头，户均7头；养羊300户1万余只，户均30只以上。种植业方面，种植富硒枸杞5754亩，年产鲜果385吨，产值达1500万元，劳务费超500万元；种植萝卜6800亩，年产萝卜干3400吨，产值达2000万元，劳务费超800万元。劳务输出方面，依托枸杞、萝卜就近输出劳动力约800人，年人均务工收入超1万元；依托扶贫车间为留守妇女劳动力年人均增收1.5万元；依托劳务经纪人转移就业1100人，创收达2000万元。

【红阳村】

红阳村位于新庄集乡西南，距乡政府驻地15千米，是2003年由泾源、彭阳两县生态移民搬迁的回汉族杂居村，总面积64平方千米，其中耕地面积1.06万亩，有7个村民小组，全村常住人口总户数959户4016人，不常住人口13户42人，残疾人120人，享受低保294户666人，特困供养人员4户6人。全村有建档立卡户218户895人，截至2020年底，全村218户建档立卡户全部实现稳定脱贫。有党员77人、村干部7人、驻村工作队3人，村集体经济收入12.9万元。红阳村发展肉牛（羊）养殖、黄花菜种植和劳务输出三大产业。新（改）建标准化养殖棚舍200座，举办标准化肉牛养殖技术培训班4期，肉牛养殖量由2016年的1450头翻番扩大到2020年的2948头，肉羊养殖增加至4600只；黄花菜绿色种植技术培训班4期，黄花菜种植面积1000亩，苜蓿1000亩。举办厨师、技工、挖掘机、种（养）植等各类技能培训班5期，培育劳务经纪组织2个，劳务经纪人5人，常年劳务输出1000余人，务工收入实现3000万元以上。全村建档立卡户218户，全部脱贫，全村人均可支配收入由2016年的4600元增加到2019年的9458元。2020年，红阳村被红寺堡区委评为“五星级基层党组织”。

【洪沟滩村】

洪沟滩村是2005年由原新庄集就地移民搬迁组建，分9个村民小组，常住人口937户3497人，享受低保328户510人，高龄津贴30人，残疾津贴83人。有建档立卡户382户1193人，全部脱贫，全村开发利用土地15102.6亩，其中种植玉米8700余亩、黄花菜360亩、枸杞1600亩、小麦502亩、荞麦730亩、小杂粮2160亩、甘草270亩、苹果780亩等；牛存栏441头，羊存栏5万只；外出务工人员1000余人，务工增收2000万元，人均纯收入1.08万元。洪沟滩村争取项目资金200万元，投资入股宁夏壹加壹农牧有限公司，宁夏壹加壹农牧有限公司以一部分资产做抵押，保证200万元投入资金安全，合同期满将200万元归还洪沟滩村委会，该村将资金发展肉牛养殖，带动建档立卡户105户400人。

【菊花台村】

菊花台村搬迁隆德县移民群众，有3个村民小组。全村共有耕地3247.43亩，316户1267人，有常住人口252户1051人（建档立卡贫困户148户592人，低保户99户149人；残疾人118人；60岁以上老人178人）。全村共有中共党员56人，村两委班子成员5人。开发公益性岗位33个，预计2019年村集体经济收入11.4万元（其中村级互助资金9.8万元，雪洋服装厂分红1.6万元）。2011年9月，该村建成新庄集乡菊花台残疾人照料中心，有残疾人34人。2019年底，全村群众稳定实现“两不愁三保障”。建有标准化村卫生室1所，配备村医1人；建有标准化幼儿园1所，在校幼儿145人；完成危房改造136户。累计硬化道路6.5千米，铺设生产路13千米，日运行通村公交6班（次），实现供电、自来水、通信信号、4G网络全村覆盖。现有村级文化舞台1座，文化广场500平方米。该村产业以种植养殖和劳务输出为主。全村共有耕地3200亩，有种植养殖合作社各1家，肉牛存栏72头，羊存栏300余只。全村劳动力720人（持有职业技能资格证220人），劳务收入达600万元。

【康庄村】

康庄村是2001年自西吉、同心和海原三县搬迁的移民村，有4个村民小组，常住人口888户3719人，开发耕地面积11938.93亩，其中种植玉米4888.93亩、黄花菜1500亩、苹果2300亩、枸杞2250亩、优质牧草1000亩；肉牛存栏2368头，肉羊存栏4959只；外出务工人员稳定超过1000人次，劳务创收达3000万元。截至2020年底，全村共有非建档立卡户584户2457人，建档立卡户304户1262人，脱贫298户1235人，未脱贫6户27人，贫困发生率0.73%。

【柳树台村】

柳树台村是2004年开发建设，由泾源、彭阳两县移民搬迁组成，有4个村民小组。常住人口292户1275人，2019年建档立卡户92户390人，全部脱贫。享受低保122户166人、残疾津贴19

人、养老津贴100人、高龄津贴10人，开发公益性岗位27个，发展党员29人，村两委组织机构健全，村两委班子成员5人；2020年农民人均纯收入10400元，村集体经济收入9.5万元。全村通信网络全覆盖；建成村级民生服务中心1个、文化舞台1座、文化活动中心1处、村民健身场地1处，主要支柱产业为劳务输出、种植、养殖。有耕地4724.87亩，种植苜蓿400亩、黄花菜150亩、枸杞88亩，其余土地种植玉米，提供肉牛饲料来源。肉牛存栏1500余头，年出栏约600头；羊存栏3700只，成立3个种植养殖合作社，年劳务输出98人，实现劳务创收210余万元。

【南源村】

南源村不是贫困村，2004年由泾源县、西吉、同心县搬迁而成移民村，有3个村民组，全村人口992户4227人（建档立卡户384户1573人，脱贫366户1517人，未脱贫19户57人，贫困发生率下降到1.35%）。该村收入以务工为主，种植养殖为辅。全村耕地1.02万亩，种植玉米7100亩，树木育苗1000亩，黄花菜600亩，枸杞300亩，杂粮200亩，青贮饲料1000亩。发展养殖452户，牛存栏1243头、羊存栏3792只、生猪存栏217头。该村常年固定劳务输出900余人，短期务工输出600余人，2019年劳务收入3000余万元。

【沙草墩村】

沙草墩村位于新庄集乡西北角，主要搬迁海原县、隆德县移民，耕地12951亩。有4个村民小组，常住人口1234户5072人（自发移民232户997人），建档立卡户345户1430人（全部脱贫）。低保户237户315人，享受高龄津贴27人、养老金385人、残疾津贴113人。村两委班子成员7人，党员60人，2019年评为四星级党组织。沙草墩村属非贫困村，村集体收入14万元，2020年人均纯收入10029元。有标准化村卫生室3所，配备持有乡村医生资质的村医3人；全村建档立卡贫困户实现基本医疗保险全覆盖，家庭医生签约服务345户1430人。现有全日制小学4所，在校学生501人；在校中高职以上学生40人，享教育扶贫基金111人15.05万元；全村义务教育阶段无辍学学生。累计完成危房改造180户，户户有安全住房。自来水全部入室，户户有安全饮水。产业以种植黄花菜、养殖、运输、劳务输出为主。截至2020年底，种植黄花菜2000亩、枸杞100亩，发展庭院经济864亩；羊存栏9500只，牛存栏2200头。2020年，实现黄花菜收入600余万元，枸杞收入40余万元；从事运输业54人，收入270万元；外出务工1000人，劳务收入达2250万元，占总收入的70%以上。硬化村庄道路84千米，安装路灯46座。2019年铺设生产路22千米，日运行通村公交3班（次）。所有农户通照明电，53户农户通动力电。通信信号、4G网络实现全村覆盖。有村级文化舞台1座，文化广场2800平方米。

【西源村】

西源村于2006年开发建设，由西吉县移民搬迁组成，有1个村民小组，属非贫困村。常住人口274户1307人，2020年建档立卡户94户408人全部脱贫。村有享受低保108户152人、残疾津贴20人、养老津贴169人、高龄津贴24人，开发公益性岗位26个。发展党员2人，村两委班子成员5人；村集体经济收入14万元。全村通信网络全覆盖；建成村级民生服务中心1个、文化舞台1座、文化活动中心1处、村民健身场地1处，主要支柱产业为劳务输出、种植、养殖。有耕地3844.29亩，种植黄花菜15亩，枸杞180亩；牛存栏230头，羊存栏1800只；年劳务输出200人，实现劳务创收300余万元。

【向阳村】

向阳村是2004年从宁夏彭阳县生态移民搬迁

而至，位于红寺堡区东南端，距新庄集乡人民政府19千米，乡村道路全部硬化，常住194户865人，非常住19户86人，空挂户16户59人。全村土地面积4360亩，土地确权2320亩（包括林带面积120亩），种植黄花菜约80亩、牧草500亩，就业200人。村中共党员12人，其中女党性员1人。

【新集村】

新集村位于红寺堡区南35千米处，属十二五生态移民村，2014年从固原市原州区、同心县移民搬迁建设的移民村。户籍人口1106户4926人，其中常住户520户2284人，全村有建档立卡贫困户427户1851人，享受低保474户665人、养老金461人、高龄54人、五保4人、残疾171人。2019年全村退出贫困村序列，2020年贫困户全部脱贫。村党支部现有党员36人，其中女党员3人。2020年，居民人均可支配收入为9100元。新集村主要产业为养殖业和劳务输出。全村养殖肉牛存栏300头，其中基础母牛660头，羊存栏5300只，有养殖合作社及劳务经纪人5人，每年劳务输出700人。

【杨柳村】

杨柳村于2004年开发建设，由隆德县移民搬迁组成，有2个村民小组，是贫困村，2017年脱贫出列。村有全日制小学2所，幼儿园2所，村级卫生室3个。村有户籍人口1297户5898人，常住人口1028户4404人，建档立卡户343户1426人全部脱贫。有单老户12户12人、双老户7户14人、残疾人64户75人、分散供养人员5人、享受低保265户382人、享受养老保险金593人、享受高龄津贴44人。开发公益性岗位59个，村有中共党员90人，村两委班子成员7人，驻村工作队3人。2020年，全村人均可支配收入13680元，村集体经济收入37.58万元。杨柳村主要产业为种植业、养殖业和劳务输出。有耕地11324.34亩，发展酿酒葡萄5160亩、枸杞1300亩、杂粮3064.34亩、中药材300亩、黄花菜200亩，玫瑰100亩、经果林1000亩，日光温室40座；牛存栏600头，羊存栏6000只，生猪存栏300头；成立3个合作社，年劳务输出1500人，年劳务增收4000余万元。

【中川村】

中川村自2002年开发建设，累计开发耕地6300亩，安置移民715户2707人，其中常住人口564户2218人。有建档立卡户140户513人全部脱贫，低保194户313人，孤儿10人，享受残疾津贴47人，享受高龄津贴17人。中川村是红寺堡区2017年的脱贫销号村；2017年全村危房改造80户，2018年危房改造35户，2019年危房改造22户。全村所有农户自来水全部装到家里，且水质均达到国家安全标准。三大支柱产业为种植、养殖、劳务输出，全村有养殖户382户，其中养牛150户，牛存栏约1000头，养羊232户，羊存栏1.7万只左右，杂粮1000余亩，每年劳务输出约1000人次。截至2020年底，全村人均收入9700余元。

【新台村】

新台村是2004年由同心县新庄集搬迁而至，2014年识别为贫困村，2017年脱贫出列。有村民小组3个，常住人口415户1578人，其中自发移民106户446人。全村有建档立卡贫困户200户712人。2014—2019年，累计投入扶贫资金2619.34万元。村有中共党员23人，村两委班子成员7人，驻村工作队3人。2020年人均收入9583元。有标准化村卫生室1所，配备持有乡村医生资质的村医1人。全村建档立卡贫困户实现基本医疗保险全覆盖，养老保险应缴尽缴。截至2020年底，完成家庭医生签约服务185户。有全日制小学1所，在校学生172人；标准化幼儿园

1所，在校幼儿25人；在校中高职以上学生27人，全部享受教育扶贫政策；全村义务教育阶段无辍学学生。2020年，危房改造30户，户户有安全住房。自来水全部入户，户户有安全饮水。主要支柱产业为种植、养殖、劳务输出。全村有耕地5300亩，种植紫花苜蓿4800余亩，玉米及其他农作物200亩，中药材30余亩；肉牛存栏1000余头，羊存栏近万只，2020年养殖业收入50万元。全村有劳动力917人（持有职业技能资格证147人），2020年外出务工超过1000人（次），务工收入占户均收入30%以上。硬化道路3.21千米，铺设生产路20千米，日运行通村公交5班（次）。所有农户通照明电，18户农户通动力电。通信信号、4G网络实现全村覆盖。现有村级文化舞台1座，文化活动室200平方米，设立图书室、电子阅览室各1处，供村民查阅资料。

（王考强）

柳泉乡

【概况】

柳泉乡地处红寺堡区东部，东邻太阳山镇，南靠大罗山，西连红寺堡镇，北接利通区，行政区划面积约600平方千米，下辖甜水河、柳泉、沙泉、永新、红塔、豹子滩、黄羊滩、水套、羊坊滩9个行政村，移民主要来自海原、西吉、隆德、泾源、彭阳、同心等县。盐兴公路、定武高速和太中银（太原—中卫—银川）铁路贯通东西，罗山大道连接南北，交通便利。柳泉乡有常住人口6710户26467人。全乡有耕地7.1万亩，肉牛饲养量1.66万头，滩羊饲养量12万只。2020年，柳泉乡实现地区生产总值4.6亿元、农民人均可支配收入11196元。柳泉乡有完全小学12所，教学点1所，在校教师207人，在校学生2541人。有乡级医疗卫生机构1个，医护人员32人，有村级卫生室17个，村级医生22人。

【特色产业】

2020年，全乡肉牛、肉羊饲养量分别达到2万头和12万只；累计种植黄花菜1.12万亩、枸杞3629亩、葡萄7700亩、中药材1040亩、优质牧草1.26万亩；全乡粮食作物播种面积6.05万亩，其中小麦0.08万亩、玉米5.79万亩、马铃薯0.07万亩、杂粮0.11万亩；油料及其他经济作物2.97万亩。

【草畜产业】

2020年，柳泉乡按照政府主导、龙头带动、乡村联动、农户劳动的原则重点发展以肉牛、滩羊、饲草为主的草畜产业。2020年，种植优质牧草1.2万亩，肉牛、肉羊饲养量分别达到2万头和12万只。柳泉乡成立以9个村支部书记为成员的柳泉肉牛养殖专业合作社，以“支部+联合社+企业+农户”的壮大村集体经济新模式运行，借助宁夏壹加壹农牧股份有限公司技术优势和柳泉村肉牛养殖场的资源优势，整合村集体经济资金1045万元，打造柳泉乡肉牛养殖联合体。截至2020年底，肉牛入栏600余头。

【劳务产业】

2020年疫情防控期间，柳泉乡充分发挥红寺堡区外出务工人员线上审批服务职能，为932人返岗复工提供服务，有序组织人员返岗复工。做好农民工返岗复工“点对点”服务，分3批输送96人外出转移就业，其中建档立卡贫困劳动力32人。积极动员1992人购买“铁杆庄稼保”，完成就业局下达目标任务的73.78%。积极推动农村劳动力转移就业5675人，完成就业局下达年度目标任务的105.1%，实现劳务创收3919.2万元。开发公益性岗位248个，其中农村公益性岗位245个，发放岗位补贴275.53万元，开发城镇公益性岗位3个，发放岗位补贴2.96万元，有效缓解建档立卡贫困户就业困难。摸清城乡劳动力职业技能培训对象，完成永新村中式面点培训45人，完成率100%；严把精准脱贫技能培训入口审核，完成羊坊滩村精准脱贫技能培训任务48人，完成率100%；鼓励建档立卡贫困劳动力考驾照，增加就业渠道，2020年驾驶员培训143人，完成兑付资金47.5万元。

【脱贫攻坚】

2020年，柳泉乡现有常住人口6710户26467人，建档立卡户1912户7787人。2020年，地区生产总值4.6亿元，农民人均纯收入11196元。2020年，1912户7787人建档立卡户现已全部脱贫。2020年，兑付扶贫小额信贷贴息资金1288户315.58万元、驾驶证技能培训补贴资金275人93.3万元、教育扶贫基金469人64.2万元、雨露计划247人次37.05万元、扶贫到户补助1482户1151.86万元。累计发放光伏扶贫资金255.609万元，解决建档立卡77户77人就业问题。以“四查四补”、清查摸底为抓手，巩固脱贫攻坚成果。自3月14日全面开展脱贫攻坚“四查四补”工作以来，走访6662户，排查出到村问题6条，到户问题268条，已全部解决。将2020年脱贫攻坚大普查、自治区第六巡视组、红寺堡区脱贫攻坚专项巡察等整改作为工作重中之重，坚持边查边改补短板，及时召开整改工作会议，梳理问题清单，制定整改方案、整改台账，对涉及问题逐项整改销号，现已全部整改到位。同时，对往年巡视巡察整改工作进行“回头看”，完善补充资料和整改措施，对现有脱贫攻坚工作责任到人，查漏补缺，确保在脱贫攻坚收官之年，高质量完成各级脱贫攻坚反馈问题的整改。

【基础设施建设】

2020年，柳泉乡统筹各类项目资金，实施各类涉农扶贫资金建设项目25个，涉及资金3728.09万元；其他建设资金项目6个，涉及项目资金约500万元。其中，红寺堡区统筹整合涉农扶贫资金项目8个843万元。进行村庄综合治理示范村3个，采购黄花菜托盘3.5万个，新建农副产品晾晒场及附属设施1处，完成硬化道路1500米；完成羊坊滩等村渠道维修12千米及配套建筑物等。争取中央财政专项扶贫资金项目3个324万元，对柳泉村、豹子滩村、水套村3.84千米村庄道路进行硬化。争取红寺堡区2020年闽宁对口扶贫协作资金项目5个896万元。新建农产品展销中心1处，建筑面积1380平方米。完成闽宁示范村村庄综合整治提升工程2个，在村庄巷道内进行铺设面包砖、维修损坏路面、硬化断头路等。实施完成豹子滩村枸杞、黄花菜晾晒场1处。争取国家烟草专卖局定点帮扶资金项目2个450万元。铺设人行道11030.3平方米、砌筑树池3160个，建设青砖小花园围墙12106.2米，在柳泉乡肉牛养殖专业合作社建设挡风抑尘墙320米，采购日粮机等设备各1台。争取美丽村庄建设项目1个100万元。在永新村村庄内巷道两侧种植景观树，树池铺设鹅卵石，配套民宿改造户花箱、门头灯带40套，安装太阳能路灯160杆。争取小城镇建设专项资金项目1个199.09万元。对G338线乡政府至永新村道路两侧进行绿化7.8万平方米，新建生态停车场934平方米。申报整合部门项目资金2个565万元。实施道路硬化0.7千米，完成人饮巩固提升工程1个，完成甜水河等村田间渠道修改造工程28千米，配套节制闸124座，生产桥107座；完成新泉组村庄污水管网工程，配备排污管网及污水泵站。争取永新村民宿旅游项目资金3个351万元。对永新村外墙及院落围墙刷真石漆8670.4平方米，安装太阳能路灯204杆，改造民宿门头及凉亭40户。争取其他建设资金项目6个投资约500万元。对柳泉村村部进行维修改造，新建应急物资储备中心1处，新建牛场精料库1座，对沙泉小城镇基础设施进行完善，新建党员活动服务中心1处。

【环境整治】

2020年，柳泉乡召开农村人居环境整治工作动员会和推进会，传达学习红寺堡区农村人居环境整治工作会议精神，制定印发《柳泉乡2020年人居环境综合整治实施方案》，将工作任务分解到每个人身上。指导各村成立农村人居环境整治工作组，建立健全工作机制，对农村人居环境整治工作开展情况进行专项督查，并就发现的问题限期要求整改，使工作有序进行。实行“一把手”负责制，将人居环境工作纳入各村年终考核中，要求各村严格落实五项职责（目标责任制、考核制、督查制、问责制、奖惩制）。乡政府与各行政村签订柳泉乡农村人居环境综合整治工作责任书，各村对各自承担的工作任务制定切实可行的工作方案和年度工作计划，分解指标，明确责任、任务，完成时限，确保各项指标落到实处，各项工作任务圆满完成。利用广播、横幅、宣传彩页、村级喇叭、微信平台等多种方式进行宣传，增强村民卫生意识，推动人居环境宣传和组织发动工作。

【社会保障】

2020年，柳泉乡所有人员全部缴纳医疗保险，参保率100%。推动全乡低保动态管理和专项治理，按照低保专项治理“四个一批”工作要求，保障扩面58户71人，清退低保资格557户707人，调整低保档次517户799人，减退23户23人，兜底保障35户99人。截至2020年底，全乡发放临时救助资金、孤儿津贴、高龄补贴、养老资金等2034人次294.75万元。为帮助群众就业，先后组织237人参加面点、驾驶及种植养殖业等专题培训班。完成就地就近就业补助项目申请14人，兑付资金4.6万元，推进就业务工奖补项目和交通补贴资金共三批次1023户262.2万元。累计招募公益性岗位人员248人，发放岗位补贴278.49万元，缓解建档立卡贫困户就业困难。

【社会管理】

2020年，柳泉乡按照《红寺堡区以“135”为抓手加快推进县域社会治理现代化任务分工方案》的要求，制定《柳泉乡县域社会治理现代化试点工作实施方案》，围绕县域社会治理的目标任务，推动社会治理和服务重心向基层下移，发挥“综合治理中心+7”运行模式的优势，对重大事项进行综合协调、统一办理、集中处置，共受理分流案件17起，办理信访事项4件，有效化解各类矛盾纠纷43件；加快推进“三联五治”社会治理新模式，构建支部联治、村组联治、网格联治的“三级联治”网格治理格局，打造柳泉、永新综合治理中心，创新开展柳泉村积分超市，提高网格员工作积极性。推动扫黑除恶专项斗争学习常态化，每月至少开展1次专题学习，传达习近平总书记重要指示批示精神和相关会议精神，并将学习内容纳入党委中心组理论学习和各村党支部主题学习，2020年累计开展专题学习14次；通过“两微一端”等集中宣传。2020年，累计推送扫黑除恶专项斗争相关内容49条，借助第五个全民国家安全教育日，开展集中宣讲活动13场。

【计划生育】

2020年，柳泉乡重点对新婚、怀孕、死亡、新生儿动态化管理统计月报、季报、年报，为分析预测人口变动趋势和人口发展提供数据支持。开展人口全员信息系统培训3次，业务培训6次。实行微信平台申请一孩、二孩生育服务登记办理，三孩再生育申报制。按照“简政放权、便民、利民”原则，优化办事流程、简化办理手续，改进生育服务管理，加强乡村两级计生干部业务能力，提高服务水平。继续严格申报审查“三项制度”和独生子女父母光荣证的工作，掌握计划生育家庭变故，把相关惠民政策积极向计生家庭靠拢，深化幸福家庭创建和广泛开展关爱女孩活动。

【党风廉政建设】

2020年，柳泉乡党委书记与班子成员、各村党支部负责人签订党风廉政建设主体责任书，分管领导和各站所签订"一岗双责"责任书。班子成员与分管站所扛起政治责任，落实"两个责任"，2020年各站所结合自身工作梳理廉政风险点32个，制定措施44个，班子成员结合分管工作，梳理廉政风险点33个，制定措施41个。2020年，约谈乡村干部20人，收到问题线索2件，初核了结2件。开展扶贫领域腐败和作风问题专项治理，乡党委定期召开专题会议研究脱贫攻坚工作3次，制定《柳泉乡"廉政警示教育周"实施方案》。为拓宽扶贫项目监督覆盖面，增强公示效果，通过乡村两级公示栏、"清风柳泉"微信公众号、红寺堡区人民政府门户网站等，广泛收集问题线索，引导广大群众参与腐败监督。2020年，在微信公众号公示涉农资金5条，在门户网站公示2条。

【基层党建】

2020年，柳泉乡撰写专题调研报告1篇、讲专题党课2次，举办专题培训班2期300余人；组织班子成员开展专题调研1次，提交调研报告10篇，讲授专题党课10次；围绕党性教育、廉政教育、村集体经济发展、村级治理等，组织村两委班子、驻村工作队到弘德党员教育基地、青云湖警示教育基地、飞地养殖园区、板桥洼渠村、上桥牛家大院等先进地区进行观摩学习。围绕党建引领基层治理示范点创建、"两个重要文件"及村两委换届选举等重点工作，先后召开党委会35次，研究党建事务119项；督查指导党建工作4次，发放党建问题清单31份。在疫情防控一线成立临时党支部9个，设立党员先锋岗22个，动员460名党员参与防疫工作，组织党员捐款45252元。争取自治区自然资源厅帮扶资金、区委组织部项目资金100余万元，对柳泉、永新等3个村级活动场所进行维修改造。对18名村党组织书记后备人才、45名村级优秀人才实行"一对一"人才培养联系机制，完成11名党员发展指标任务，全覆盖保障支部书记住房公积金、年度体检，2名"一肩三挑"书记享受1.5倍任职补贴，为66名村干部、17名村级事务管理公益性岗位购买人身意外伤害险，鼓励27名村干部参加继续教育能力提升计划，组织村干部参加区内外各类培训36人次。截至2020年底，9个村党组织完成换届任务，选举产生村支部书记9人、副书记7人、支部委员13人。

【精神文明建设】

2020年，柳泉乡提高微信公众号"魅力柳泉"的传播力、引导力、影响力、公信力。2020年，共创建移风易俗示范户2户、优秀红白理事会1个、移风易俗示范村1个、自治区级"最美家庭"1户，发放农村妇女创业担保贷款205户1318万元。

【农民运动会】

2020年，柳泉乡将红寺堡区各类文艺团队和柳泉乡体育、秦腔、广场舞文艺团队等各类乡村文艺人才结合起来，通过开展"三下乡"文艺节目表演及送春联活动、庆"三八"趣味运动会、"送戏下乡"戏曲表演、"我们的节日——端午节"主题系列活动、"包粽子、送粽子"、"移风易俗"、柳泉乡庆祝建党99周年支部主题党日暨第二届黄花菜采摘节等各项活动。

（罗峰虎）

【旅游乡村建设】

2020年，柳泉乡村民参与民宿旅游、发展产业热情高涨，吸引入社村民64户。永新村千亩枸杞种植基地示范园、玫瑰花精品园区、千头肉牛养殖基地等初具规模。编制《红寺堡区柳泉乡永新村总体规划图》和乡村旅游发展规划、旅游管理等相关制度，组建永新村智慧民宿旅游合作社。通过村民大会，制订《村规民约》《星级文明户创建标准》《最美庭院创建标准》等，规范村民言行，引导村民争做“四有”新人；通过群众民主推荐，村两委及村民代表综合考评，评选表彰和奖励“最美家庭”“移风易俗示范户”“最美庭院”和“好婆媳”评选活动；结合民宿旅游打造永新村自治区级民族团结进步创建示范单位，营造民族团结和谐氛围；推进综合治理，推行“三包”责任制，并对“三包”工作进行奖罚。

【豹子滩村】

豹子滩村位于红寺堡城区以东25千米处，南距盐兴公路3千米，北和利通区的孙家滩村相接，辖豹子滩、西泉2个组，1999年由西吉、彭阳县两县搬迁移民组成。有常住人口617户2578人。2020年，人均可支配收入11404元，村集体经济收入39.5万元。全村有标准化村卫生室2所，配备持有乡村医生资质的村医2人，全日制小学1所，标准化幼儿园1所。有耕地9578.12亩，种植枸杞820亩、黄花菜2600亩、经果林260亩，肉牛存栏1061余头、羊存栏8890只。

【红塔村】

红塔村位于柳泉乡以东5千米处，距红寺堡区20千米，西邻永新村东与豹子滩村接壤。红塔村于1998年开发建设，是西吉县移民搬迁点，由原东泉村与红塔村合并而成，现有红塔37支、东泉36支、东泉35支3个村民小组。全村共有常住人口714户3019人。全村有耕地面积11621亩，主要支柱产业为种植业、养殖业和劳务输出。全村种植玉米6300亩（青贮玉米2000亩）、枸杞170亩、经果林260亩、黄花菜750亩，养殖肉牛1621头、羊3890只。2020年，人均可支配收入10919元，村集体经济收入达12万元。

【黄羊滩村】

黄羊滩村位于红寺堡区东北26千米处，柳泉乡东北8千米处，毗邻省道304线，交通便利。

永新村民宿旅游体验园　（柳泉乡提供）

移民主要是1999年从海原、固原、同心三县搬迁而至，现分为黄羊滩、红崖湾、蒿川3个村民小组，有常住人口850户3192人。2020年，黄羊滩村两委贯彻落实柳泉乡党委、政府决策部署，以脱贫攻坚为统揽，推进各项工作，促进全村经济社会健康快速发展，2020年人均可支配收入10834元，2020年村集体经济收入达12万元。全村村组道路硬化全覆盖，自来水、宽带、通信信号全覆盖。有农村小学2所，建有标准化的卫生室2个和配备2名村医。村综合文化服务中心100平方米，硬化活动小广场600平方米，文化舞台120平方米，安装健身器材等设施，为村民休闲娱乐提供好场所。2020年，黄羊滩村党支部紧紧围绕“三大三强”行动和“两个带头人”工程，支部书记先后带动农户种植枸杞526亩、经果林1030亩、牧草1487亩、小麦800亩。全村牛存栏3750头，羊6870只。

【柳泉村】

柳泉村移民主要来自海原、泾源两县，全村辖2个村民小组，常住人口1061户4085人。耕地总面积12037亩，牛存栏4970头，羊存栏4650只，农民收入来源以传统种植业和劳务输出为主，以养殖业为辅。2020年，人均可支配收入11128元，村集体经济收入50.5万元。依托村致富带头人成立的土地股份专业合作社，探索“支部+合作社+农户”的经营模式发展黄花菜种植产业。流转112户近1000亩土地用于种植黄花菜，并带动周边农户自主种植黄花菜2000亩。2020年，吸引周边2100余人次的劳动力参与黄花菜采摘，为当地群众增收约11万元。

【沙泉村】

沙泉村位于红寺堡城区以东15千米处，辖沙泉组、甘泉组、彭阳组3个村民小组，移民主要来自同心、隆德、彭阳三县。全村有常住人口735户3005人。有中心小学1所，村级卫生室2所，幼儿园1所，小型文化场地1个。沙泉村群众收入以种植业（黄花菜、红梅杏、玉米）、养殖业（肉牛、滩羊）、劳务输出和商贸服务业为主。2020年，种植黄花菜1100亩、经果林910亩，全村羊存栏13200只，牛存栏548头。2020年，人均可支配收入11296元，村集体经济收入达92.6万元。

【水套村】

水套村于1999年由同心县韦州镇划归红寺堡区管理，有常住人口565户2005人。2020年，人均可支配收入11112元，村集体经济收入达86.15万元。全村主要支柱产业为种植、养殖、劳务输出。有耕地11026亩，种植玉米4776亩、杂粮500亩、经果林880亩、青贮饲料3000余亩，全村养殖户315户，肉牛存栏1034头，羊存栏6.85万只。有村级小学1所、幼儿园1所、卫生室2所，公共交通、饮用水、信息网络等全面得到保障。村庄道路硬化率100%，农田生产路砂石铺设全面覆盖。

【甜水河村】

甜水河村位于红寺堡区东北10千米，柳泉乡政府西南3.5千米处，区域面积31.75平方千米，毗邻省道304线。该村属移民村，1999年从泾源、隆德两县搬迁而至，现有甜水河、旧城2个村民小组，常住人口720户2889人，耕地面积9560亩。2016年底脱贫销号，2020年人均可支配收入达11301元，村集体收入达到43.5万元。甜水河村有黄花菜850亩、葡萄500亩、枸杞1214亩，牛存栏1510头、羊存栏5629只。

【羊坊滩村】

羊坊滩村位于红寺堡镇向东30千米处，全村辖面积约7平方千米。2000年，搬迁自西吉和海原两县移民，辖羊坊滩组和福田组2个村民小组，有常住人口460户1826人，属2018年脱贫销号村。2020年，人均可支配收入10371元，村集体经济收入40.5万元。有标准化村卫生室1所，配备持有乡村医生资质的村医1人。全日制小学1所，标准化幼儿园1所。全村主要产业为黄花菜种植、养殖、劳务输出。有耕地7120.04亩，种植黄花菜约960亩、经果林600亩、牧草1190亩，肉牛存栏2190头，羊存栏5070只。

【永新村】

永新村位于柳泉乡政府以东1千米处，主要搬迁自海原、西吉两县移民，属纯回族村。该村下辖永泉、新泉2个村民小组，常住人口988户3868人。有小学2所，幼儿园1所，村卫生室2所，文化活动广场1处，村庄道路硬化率达到100%。2020年，人均可支配收入11087元，村集体经济收入达39.5万元。截至2020年底，永新村智慧民宿接待游客6000余人次，创收达60余万元。提升服务水平，整合闽宁、中烟及各类项目资金2000余万元建设农产品展销服务中心、停车场、文化体育长廊等，促进永新民宿及服务功能提档升级，使旅游扶贫产业成为永新村的“造血式”支柱产业，全面打造中烟定点帮扶示范村。

（罗峰虎）

街道 社区

JIEDAO　　SHEQU

新民街道

【概况】

新民街道办事处于 2014 年成立，成立初期，新民街道与红寺堡镇合署办公。2020 年 3 月，与红寺堡镇人民政府分设，独立运行，暂在创业社区办公，位于友爱巷与团结街交会处向南 50 米。行政区域面积 14.8 平方千米，辖振兴、创业、罗山、鹏胜、东方、绿苑、博大 7 个社区（14 个平房小区，24 个居民小区），户籍人口 34337 人，常住人口 52300 人，街道党工委下辖 9 个基层党支部（8 个社区党支部、1 个机关党支部），直管党员 207 人。辖区大型企业 18 家，学校 14 家。2020 年城镇居民人均可支配收入 24774 元。街道办内设“两办三中心”，分别为党政办、党建办、综合治理中心、民生服务中心、宣传文化体育服务中心。街道办事处机关机构编制核定数为 25 人，行政编制 12 人（现有空编 2 人），领导职数 5 人，事业编制 13 人（现有空编 3 人）。

（靳银银）

【基础设施建设】

2020 年，红寺堡区新民街道组织实施教师新村小区等 9 个民生改善保障项目，项目资金概算 558 万元，主要改善老旧小区墙皮脱落、下水设施老化、路面不平整等各类问题。社区 5 个小区绿化面积 2.4 万平方米、硬化面积 2.6 万平方米、增补车位 440 个、楼顶防水 12 栋、粉刷墙面及楼道 1.1 万平方米。通过报备业主委员会，在罗山花园、鼎盛花园等小区将不易种植的空地铺设草坪砖转变为停车位，增设超过 500 个停车位。

【基层治理】

2020 年，红寺堡区新民街道有一级网格长 6 人，二级网格员 36 人，三级网格员 68 人，四级网格协理员 290 人。处置各类矛盾纠纷、案件 80 余起。2020 年，自联合党委落实以来，54 个联合党委单位为街道、社区工作提供帮扶资金和物资 120 余万元，在党建、创城、综治、阵地建设等方面都给予社区帮助。2020 年，各社区与物业、业主委员会、居民代表等人士共同商讨事项超过

新民街道“大工委”2020 年第一次会议　（新民街道办提供）

70 余项，解决鼎盛花园改造、祥和家园换选物业等小区事项，同时改善小区脏乱差的局面；2020 年，新民街道投入 35 万元成立创业社区垃圾清运和鹏胜社区化粪池清理劳务公司。建立 7 个社区警务室，以警务区为网格、社区为单位、居民小区为小组，组建“平安义巡”群防群治队伍，形成党政领导、派出所指导、社区主抓的多元共管、联防联控的群防群治工作机制。

【小区管理】

2020 年，红寺堡区新民街道在辖区内 22 个居民小区安装门禁系统，积极吸引社会力量履行社会责任，引进宁夏阿里电子公司投资 150 万元为各小区免费安装智能充电桩，为小区居民普及智能充电桩工作模式，进一步规范引导小区居民合理停车、安全充电。辖区建设有 280 个充电桩，能同时满足 2800 辆电动车充电，杜绝在小区内飞线充电安全隐患，解决小区居民电动车充电难的问题。

【文明城市建设】

2020 年，红寺堡区新民街道及各社区在辖区内绿化不足的小区重新整治布局，投入约 9.7 万元，在鼎盛花园、盛世佳苑、御泉新苑等 14 个小区内闲置空地周边栽植约 3.6 万株柳树和槐树，推进平房小区环境综合整治，种植柳树 4.7 万余株、松树 2500 余株、国槐 5000 余株。对城区 900 多亩的棚改闲置空地进行腾退整治，集中清理空地内的垃圾，在空地的主干道两旁进行绿化，种植超过 1.2 万株柳树和槐树，改变原有空地倾倒垃圾、违规种菜、乱堆杂物等脏乱差形象。街道为小区购买更换新垃圾桶 685 个，配备灭火器 1033 个，擦洗垃圾桶 1050 个，更换所有垃圾桶上破损的分类标识；购买新式垃圾清运车 4 辆，及时清运没有物业的小区生活垃圾，清理垃圾 14 吨。各社区在社区阵地和小区内更新和制作宣传牌 1924 个，制作社会主义核心价值观景观小品 8 个，喷绘超 1000 平方米。

【社会保障】

2020 年，新增低保 68 户 95 人，清退低保 259 户 360 人，全年发放低保金 683 万余元。2020 年，发放各类临时救助 428 户 81.88 万元。开展“两险”收缴工作，城区共有养老保险享受待遇人员

600 余人，新增缴纳基本医疗保险 3200 余人，办理新增居民养老保险 32 人。2020 年，为残疾人、孤儿、高龄、特困供养人员等发放各类补贴惠及 606 人。截至 2020 年底，有低保对象 586 户 1011 人，孤儿 2 人，困境儿童 24 人，分散供养五保户 11 人。

【社会事务】

2020 年，红寺堡区新民街道申报国家级民族团结示范社区 1 个、自治区级民族团结示范社区 1 个、吴忠市级民族团结示范社区 2 个。2020 年，街道积极开展捐资助学活动，共资助学生 54 人，资助金额 8.7 万元。2020 年，新民街道辖区出生 548 人。

【文化活动】

2020 年，红寺堡区新民街道组织 100 余人参加红寺堡第三届运动会；开展“不忘初心、牢记使命”演讲比赛 1 次，借助乡土文化艺术团开展“送文化，进小区”演出活动；开展端午、中秋、清明、重阳等传统主题活动 50 余场次，活动参与群众 1500 余人次。五四青年节、抗震减灾等纪念日，开展优秀志愿者表彰、抗疫先进人物事迹宣讲 5 次。在辖区进行爱国卫生、社会治安综合治理、防灾减灾、应急避险、消防安全、反邪教平安建设等集中宣传活动 50 余次。 振兴社区、东方社区获得“优秀红白理事会”称号，获得移风易俗先进个人 2 人，最美家庭 2 户。

【志愿活动】

2020 年，红寺堡区新民街道开展关爱弱势群体主题志愿者活动 100 余次，组织 350 余名返乡大学生志愿者、党员志愿者开展疫情防控志愿服务活动；开展卫生清理活动 1000 余次；开展“烟头不落地，环境更美丽”的志愿服务活动 800 余次；对小区楼道窗户内杂物、小广告清理及乱停乱放、飞线充电的整治 168 次；利用家长学校开展组织学习疫情防控先进典型、文明交通安全、文明上网、“扫黄打非”知识等 85 次。各社区开办社区“四点半课堂”为辖区学生免费提供辅导家庭作业、心理健康、安全教育、文明礼仪、法律知识、消防知识、爱国主义教育等 2000 余次服务。

【安全生产】

2020 年，红寺堡区新民街道将安全生产工作作为开展所有工作的前提，在清明、端午、国庆等节假日期间，开展安全生产大检查，同时组织开展消防安全培训，培训 200 余人次。深入开展辖区老旧房屋安全排查整治工作。排查出危险住房 432 户，存在裂缝的住房 30 户，新民小区拆除危险建筑 120 座。拆除“飞线”150 余个，通过教育、拖车等方法对 56 名占用消防通道人员进行重点整治，开展安全生产宣传活动，活动期间发放宣传资料 5000 余份，发放宣传用品 2000 余个，接受群众咨询 1000 余人次。组织各社区对汛期隐患进行排查，重点检查预防洪涝和塌方等自然灾害；对辖区各行业领域泡沫彩钢板建筑进行全面排查，整治火灾隐患。预备防汛器材柴油排涝排污水泵 3 台、抽水泵用水管 1000 米、雨衣 10 套、雨靴 10 双、铁锹 20 把、防水强光灯 5 只、编织袋 300 个、雨伞 15 把、警戒警示灯具 6 套、警戒绳 3200 米、对讲机 10 个、220 伏 8 千瓦柴油发电机 1 台、手持喇叭 6 个，安全帽 35 顶。

【疫情防控】

2020 年，红寺堡区新民街道防控疫情阻击战开展以来，街道、社区全体干部包括党员、群众志愿者组成的 1500 余人始终坚持在抗疫前线。2020 年，在疫情宣传方面共投入资金 9 万余元，在物资保障方面投入 74 万余元。来自各方面的财物捐助折合人民币 3 万余元。疫情防控期间，树立“战疫模范”个人18人，先进集体3个。复工复产以来，以党建引领探索“夜间经济”发展新模式，以博大和振兴社区为试点，搭建122个摊位，安置建档立卡户15户，让下岗职工、困难家庭、大学生等300余人再次就业。

（马月梅）

博大社区

【概况】

博大社区成立于2019年12月，社区位于红寺堡城区南端、东起扬黄路，南至纬一路，西起罗山路，北至团结街，社区阵地面积553平方米，辖区总面积1.45平方千米，滚新公路盐兴公路分别横穿辖区东南西北；辖区设圣悦人邸小区、博大商业广场、欣荣市场、牛羊市场、朝阳小区、蘑菇棚片区6个网格区，（住宅小区1个，平房小区5个）；辖区有大型商业广场1处，幼儿园1所，宗教场所1处。

【民生保障】

截至2020年底，社区有低保户42户67人，80岁以上高龄老人3人、清理清退不符合条件低保户3户4人；新增低保2户3人；受理办结临时生活救助2批次42人，其中大病大额救助1人。全年争取上级各类慰问15户15人；社区享受80岁以上高龄补贴3人，受理申请廉租房1批次3户。完成全面医保催缴2000余人，转接医保关系500余人。

【社会综治】

博大社区走访入户500余户，统计流动人口、婚育妇女、摸排彩钢房屋等，摸排出34户，潜在危险彩钢房1户，已督促完成整改。开展法制学习，发放各类普法宣传单1000份，针对辖区圣悦名邸小区内车辆乱停乱放、占用消防通道、私拉电线充电、防护栏搁置物等存在安全隐患突出情况，社区组织开展整治机动车辆违停40余台，清理摆放电动车、自行车300余辆次、完成小区居民清理高空防护栏杂物160户，平时做好辖区内特殊人群和社区矫正人员定期走访回访工作，及时掌握解决特殊人群和社区矫正人员生活中存在的困难问题。截至2020年底，博大社区调处解决各类矛盾纠纷10余起。

【“双创”工作】

2020年，博大社区以全国卫生城市、全国文明城市创建为依托。全年发动网格员入户宣传460余户次，制作公益宣传展板49块，内容涉及社会主义核心价值观、关爱未成年人、垃圾分类、文明健康有你有我、精神文明创建、学雷锋志愿服务等。依托社区积分超市、图书室、未成年人文体活动室、中老年人文体活动室、道德讲堂、心理咨询室、大讲堂、家长学校、四点半课堂等硬件资源，组织辖区居民经常性开展未成年思想道德建设教育、好家风好家教培训、未成年健康上网心理辅导等活动；2020年，博大社区服务围绕“创城”工作大局，开展环境志愿服务活动100多次、开展文明交通劝导150余人次、开展捡烟头兑换礼品活动，90余人次参与，全年兑换礼品价值折合人民币1.2万元。

【疫情防控】

2020年，博大社区为进一步做好疫情防控统筹推进为民服务各项工作，开展入户走访、为隔离户递送生活物资、提供救助服务、配合门口卡点进行值班测温登记等工作。疫情防控期间，党员干部排查高危人群1000余人次、为隔离人群递送生活用品，上门服务300余户。

（王彦斌）

创业社区

【概况】

创业社区成立于2003年11月，管辖总面积1.1平方千米，社区阵地建设面积1300平方米，阵地建设内设有便民服务站、志愿者服务站、党员活动室、党群服务站（小区）、日间照料中心、棋牌室、心理咨询室和儿童之家等各类功能室。社区下辖建兴小区、圣丰花园、教师新村、罗山怡居（在建项目）4个居民小区，林苑小区、环卫小区、小康北村3个平房小区。现有常住居民2815户8475人。结合社区实际建立“社区—小区—楼栋（网格协管员）”3级网格架构，将辖区分为7个网格，社区书记担任一级网格长，社区干部担任二级网格员，楼栋长担任三级网格协管员。现有7个网格员，25个网格协管员。

【民生保障】

2020年，创业社区有低保户57户98人，已取消低保3户7人，调整低保5户，申请临时救助二批54人，现享受高龄津贴4人，困境儿童5人，残疾人118人，其中重度（一、二级）残疾49人，三、四级残疾69人；养老认证全年常态化；设立社区医疗保障缴费点，居民缴费更及时更便捷。通过电话沟通、小区网格群提醒、入户宣传、小区广播等形式积极宣传催缴医疗保险，发放宣传页3000余份。

【社会综治】

2020年，创业社区成立矛盾纠纷排查化解领导小区，加大矛盾纠纷排查化解的力度，做到及时发现，及时调解，在哪里发生就消化在哪里，排查化解矛盾纠纷10余起。排查安全生产和消防安全隐患因素，对辖区消防器材进行一月一次检查，对于不合格的消防器材及时要求相关负责人进行更换维修。在辖区日常巡查时，重点排查安全生产和消防安全隐患，争取做到发现一起解决一起，解决不了的及时上报街道协调处理，处理占用应急车道、不按规定停车、私拉电线等问题50余起。通过电子屏、微信群、制作宣传展板、张贴宣传海报、发放宣传彩页等方式全面宣传消防安全、安全生产、禁毒、禁赌、扫黄打非、平安建设等知识，引导居民知法、懂法、守法、用法。

【“双创”工作】

2020年，创业社区通过多次组织小区物业公司、业主委员会召开创城部署会议及小区环境卫生整治会议，使各小区物业对小区卫生环境有更高的重视。制作各种创城宣传大型展板105个，公益广告142块，彩绘600平方米，开展小区环境卫生整治活动及不定期组织志愿者进小区开展志愿者环境整治100余次，利用节假日和志愿者活动对辖区内楼道堆放的垃圾和非机动车辆进行清理20余次。入户宣传860户，发放宣传册2000多册，开展创城知识宣传活动8次。对辖区内老旧小区墙皮脱落问题进行粉刷，对教师新村老旧楼栋进行粉刷、改造下水、更换落水管、新建车棚，对建兴小区门口两侧墙面进行粉刷及彩绘。对圣丰花园部分路面进行维修、硬化。

【疫情防控】

2020年，疫情突发后，创业社区第一时间成立新冠肺炎疫情防控工作领导小组。建立3支战疫志愿队、3个战疫临时党支部、3处党员先锋岗、17名党员，98名社会战疫力量构筑群策群力的抗疫防火墙。拉网式排查25栋楼栋，共894户。组建的3支“代购小分队”为居民跑腿代购共150余次。

【妇联工作】

2020年，创业社区共开展8次家校共建活动，并邀请专家、全国人大代表、优秀心理咨询老师等为辖区家长、孩子授课，假期组织开展“七彩假期”活动，为辖区 23 名学生辅导功课、进行心理健康辅导等。10 月底，社区响应红寺堡区妇联工作开展基层妇联干部“六必访”登记活动，对困难家庭、空巢老人及留守妇女儿童家庭、有婚姻家庭矛盾纠纷、有暴力问题家庭、生产经营遇到困难的创业女性必访。

【集体经济】

2020 年，创业社区成立家政服务公司，购买 3 辆垃圾清运车，承接红寺堡 12 个小区的垃圾清运工作；充分利用社区资源搭建仓库，赚取出租费，增加社区集体经济收入。

【退役军人】

2020 年，创业社区为本社区退役军人提供政策咨询、做好帮扶解困等服务，提供政策咨询，为 60 岁以上退役军人申请办理生活补助 1 人，为退役军人及时联系推送就业创业信息。

（马秀荣）

东方社区

【概况】

东方社区成立于 2014 年 10 月，辖区总面积 2.4 平方千米。社区有东方世纪城和瀚海明珠 2 个居民小区，有常住居民 1370 户，4900 余人。有社区工作人员 9 人，直管党员 27 人，在职党员 108 人。社区建筑面积 1050 平方米，阵地内设有便民服务站、志愿者服务站、党员活动室、日间照料中心、棋牌室、心理咨询室和儿童之家等各类功能室。

（杨芳）

【民生保障】

2020 年，东方社区摸排辖区内困难居民，掌握低保对象信息，全程实行动态化管理，坚持落实 14322 台账，民主评议和全程公示。2020 年，东方社区有低保户 88 户 168 人，新增低保户 7 户 10 人；大病救助 3 人，冬春救助 15 人，疫情救助 17 人，“夹心层”（指游离在保障与市场之外的无能力购房群体）救助 10 户。开展残疾人康复服务 48 人次，服务 90 人次。

（张金海）

【社会综治】

2020 年，东方社区开展宣传教育工作，以讲座、宣传栏、宣传彩页的形式，开展各项普法工作、发放宣传彩页 3000 余份、普法宣传品 500 余份。

（郭霞）

【“双创”工作】

2020 年，东方社区成立以社区党支部书记为组长，社区干部为成员的创卫工作领导小组。组织志愿者开展环境整治志愿服务活动 120 余次（2000 余人次），捡烟头兑换礼品 60 人次，兑换烟头 8 万余个。采取综合性消杀措施和突击杀灭“四害”，在各小区内放置灭鼠毒饵盒 40 余个，确保各项防范措施到位。

（郭晓燕）

【疫情防控】

2020 年，东方社区部署疫情防控工作。组织召开疫情防控专题会议，根据辖区实际情况，安排社区工作人员到小区门口值班值守。充分发挥社区网格员、党员、志愿者等力量，对辖区居民进行全面摸排，重点摸排外来务工、求学人员等，详细登记外来人员信息，摸排外省返红寺堡区人员 210 余人，管控婚丧嫁娶等聚集性活动 10 余起，境外及外省返红寺堡区居家监测人员 3 人。建立外围药店感冒药品购买登记台账，及时掌握辖区内居民情况；对于重点监测人群，安排专人密切关注，跟踪监测体温，及时记录归档。

（雷瑞）

东方社区开展"6·5"世界环境日活动 （新民街道办东方社区提供）

【文化宣传】

2020年，东方社区组织辖区居民及消防队开展"庆六一亲子活动""端午警民联谊包粽子""庆中秋 迎国庆""过春节文艺演出"等节日活动。整合社区文化资源，组建东方文化艺术团，参与文艺演出5次。组织辖区学生150人，参观科技模型展品、科普展品5次，参与阅读活动3次。社区开展科普、普法、国防、思想道德教育等文化宣传活动10余次。

（雷瑞）

【社会保障】

2020年，东方社区受理申请廉租房4批20户，全部上报审批完结，为辖区内住房困难群众解决住房保障问题。在医疗保险缴费时间段内，设立社区缴费点。社区通过电话提醒、入户宣传、小区广播等形式宣传催缴医疗保险，发放宣传页2000余份。常年不定时为辖区内60周岁以上享受养老补贴人员进行养老认证。

（张晓春）

罗山社区

【概况】

罗山社区成立于2014年10月，辖区面积4平方千米，下辖罗山花园、祥和佳苑、鼎盛花园、国税小区、罗山福邸、盛世佳园、光明小区、龙泽苑8个居民小区（在建小区1个，老旧小区1个）。辖区内有中学4所（初中2所、高中1所、职中1所），小学2所，幼儿园1所，卫生室1所，宾馆3家，商业街2条，商业网点262个。总人口3660户11688人；社区有直管党员45人，在职中共党员170人，联合党委共驻共建单位9个。

【民生保障】

2020年，罗山社区对辖区享受城市低保家庭进行全面入户调查，认真核查低保对象的家庭详细情况，对25户新申请城市低保对象进行入户核查，对已享受城镇低保待遇的家庭进行全面核查；为辖区89户困难群众申报临时性救助。协助区残联对辖区内的183名残疾人再次进行入户调查、残疾鉴定、核实，对"人情证""关系证"经调查核实清楚后给予清理。

【社会综治】

2020 年，罗山社区坚持“打防结合，预防为主，干群结合，依靠群众”的综合治理方针，落实综合治理目标管理责任制和党支部书记负责制，成立工作领导小组，研究和分析当前社区综合治理工作形势，落实社区治安防范措施。2020 年，调处各类信访案件 43 起、重大矛盾纠纷 3 起。

【“双创”工作】

2020 年，罗山社区制作创城宣传展板 900 多块、悬挂横幅 50 余条、发放创城宣传彩页 3000 多份；利用微信群、QQ 群、微信公众号等媒体平台发布创城知识 50 条；入户宣传走访 2100 多户，发放创城宣传品 7000 多份，组织开展志愿者活动 50 余次；做好社区环境卫生综合整治和老旧小区改造、绿化、亮化工程，协助物业公司对各小区梳理出的问题进行整改。针对小区停车位少、绿化差、路面坑洼不平的实际问题，督促物业发挥职能作用加强投入，改造小区环境和完善基础设施。2020 年，辖区 5 个小区物业投入 50 余万元新增绿化面积 2.4 万平方米、硬化面积 2.6 万平方米、增补车位 440 个、处理楼顶防水 12 栋、粉刷墙面及楼道 1.1 万平方米。根据辖区实际情况，划分责任区域，每一位社区干部认领一个责任小区，认真做好辖区环境整治、文明引导、宣传教育等工作，对标创建全国文明城市考核指标体系，对居民小区的卫生死角、生活污水等进行清理，提高小区主要道路的打扫频次，确保社区和小区内环境干净整洁。

【疫情防控】

2020 年，罗山社区成立社区防疫工作领导小组，逐项落实工作责任，细化分工，明确任务，对外做到上下联动，步调一致，对内做到职责明晰、配合密切。通过社区电子屏、宣传栏滚动播放、悬挂宣传条幅等多种方式，做好疫情防控基本知识的宣传和普及。针对辖区实际，组成 6 个排查组对辖区住户开展地毯式排查并建立档案，加大值班值守力度，落实管控措施，做到外防输入内防反弹。引导广大党员和群众充分发挥一方有难八方支援的互助精神，加入疫情防控志愿者队伍，为抗击疫情主动捐款捐物奉献爱心，共同努力打赢疫情防控战，保护辖区居民的人身安全。

【社会保障】

2020 年，罗山社区开展 60 岁以上人员的养老保险认证工作，掌握享受养老保险的人员信息，对享受养老保险人员实行动态化管理，完成对 212 名 60 岁以上人员的认证。

（马慧霞 张瑛）

鹏胜社区

【概况】

鹏胜社区成立于 2014 年 10 月，办公地点在鹏胜花园东门口，办公面积 500 平方米。社区管辖面积 1.7 平方千米，下辖综合市场、建材市场、团结商业广场、时代商业广场、鹏胜花园 5 个网格。辖区有常住居民 1976 户 6097 人。鹏胜社区党支部现有直管党员 18 人（预备党员 1 人），在职党员 103 人。

（马琰）

【民生保障】

2020 年，鹏胜社区坚持把低保工作作为“民心工程”来抓好落实，全面排摸辖区内困难居民，及时掌握低保对象信息，坚持全程实行民主评议和“三榜公示”制。2020 年，有低保户 55 户 88 人，新增低保 8 人。大病救助 8 人，“今冬明春”救

鹏胜社区开展防灾减灾活动　（新民街道办鹏胜社区提供）

助 85 人，疫情救助 24 人，“夹心层”救助 38 户。开展残疾人康复服务 18 次，服务 42 人次。

（张晓蕊）

【社会综治】

2020 年，鹏胜社区形成以社区书记为总负责人，相关干部为包案人的综合治理工作体系将辖区划分为 8 个网格，明确网格员 8 人，实现片区专人精准负责，实施每天 2 次“有事报事，无事报正常”的工作方法。联合鹏胜警务室，做到信息共享、纠纷共调，及时化解辖区矛盾，2020 年调解纠纷共 22 起，其中自主调解 2 起，联合警务室调解 20 起。开展各项普法、安全教育 6 次，拆除辖区违建 1 处。

（张桓志）

【志愿活动】

2020 年，鹏胜社区志愿者注册人数 242 人，服务工时 19655.5 小时，开展各类志愿服务 2100 余人次。主要通过志愿者带头开展清理鹏胜花园小区小广告、窗外杂物、卫生死角，进行安全知识讲座、为辖区特殊群体服务。创建文明城市宣传等志愿服务活动。

【文化宣传】

2020 年，鹏胜社区现有文化活动室 200 平方米，利用辖区各类资源开展主题讲座 6 次，参与人数超过 500 人。社区开展以“我们的节日”为主题的文化活动 5 次，参与人数超过 1000 人。社区开展“践行核心价值观 共建和谐社区”主题活动 1 次，参与 300 人次。

（田颖）

振兴社区

【概况】

振兴社区成立于 2005 年 3 月，处于金水广场南侧；社区服务阵地面积约 9500 平方米，管辖面积 2.2 平方千米，下辖金翠苑 1 个平房小区和恒馨园、金翠园、金翠园别墅小区、御泉明珠 4 个楼房小区，划分为 9 个网格；辖区内有 2 家医院、1 家幼儿园、清真寺 1 个、商业网点 286 个；辖区有常住居民 1850 余户 5568 人，其中低保对象 39 户 70 人；社区党支部有直管党员 26 人（预备党员1人），在职党员84人，设立功能型党小组4个。

【民生保障】

2020年，振兴社区组织全体干部集中开展辖区民意征集大走访活动，走访居民1100余户，征集民意问题30余条，针对存在的问题，研究制定问题整改清单，统筹协调资金20万余元。为辖区生活困难的居民生活方面及时给予临时救助、办理申请低保救助，振兴社区共争取各类民政救助资金近5万元，救助大病、残疾、特困等符合救助条件家庭60多户。核查清退不符合政策要求享受城市低保家庭共24户32人、新增符合条件申请城市低保家庭共4户6人。为解决辖区60周岁以上空巢老人生活困难、精神空虚的实际问题，于2020年6月正式开放日间照料中心，为辖区60岁周以上空巢老人提供便利就餐服务、给予生活照顾。

【“双创”工作】

2020年，振兴社区制定《振兴社区创建全国文明城市》实施方案，组织小区物业公司、业主委员会多次召开创城部署会议及小区环境卫生整治会议。组织志愿者开展小区环境卫生整治活动60余次，利用节假日和志愿者活动对辖区内楼道堆放的垃圾和非机动车辆进行清理10余次，开展辖区非机动车辆整治引导志愿者活动10余次。

（蔺书娟）

紫苑社区

【概况】

紫苑位于红寺堡区城区东侧，于2020年12月批准成立，占地1.2平方千米，辖区1013户，回族人口占62%。紫苑社区划分为4个网格，每个网格配备多名网格员，实行保洁及服务管理。

【民生保障】

2020年，紫苑社区有低保户4户，享受临时救助政策的居民有6户，在节假日期间，走访慰问辖区困难群众、空巢老人，并为他们送去生活日用品。紫苑社区依托网格化管理模式，先后对辖区人口进行3次集中摸排，建立居民信息库，完善居民信息档案。集中核查后，每月开展集中入户，及时更新居民信息，完善居民信息库。

【社会综治】

2020年，紫苑社区统筹整合社会资源、组织动员社会力量参与矛盾纠纷调解，提高就地化解矛盾风险能力，完善“社区警务室”、社区志愿巡防队，确保“小事不出综合治理部门，大事不出社区，难事不出公安”，强化“三不出”工作目标。社区注重加强网格化队伍建设，实行网格化、精细化管理，分为四个网格，各网格通过入户建立微信群，提高预警能力。

【疫情防控】

2020年，紫苑社区第一时间成立新冠肺炎疫情防控领导工作小组，下设4个网格，建立防控责任体系，设置3个登记点。严格落实属地责任，对社区进出人员实行“绿色健康码”“行程码”亮码通行。出动宣传车2辆，张贴温馨提示60余份、公告50余份、宣传海报80余张，悬挂宣传横幅15条，通过循环播放疫情防控公告，加强防控宣传。社区干部上下一心，快速投入，信息摸排、数据上报、封路封区、帐篷值班、党员带头、居民参与，通过入户和网格微信群、线上和线下每日宣传疫情防控政策和形势。

【人居环境】

2020年，紫苑社区对片区生活垃圾进行清理，对清理后的土地进行全面平整，使空闲土地达到种植及绿化条件，植树7000余株。社区积极协调相关部门，为社区居民建立集中供水点1处，建造公厕5所，组建长期保洁队伍，每天巡查监督生活垃圾日产日清，确保新民小区环境卫生干净整洁。同时按需配备铁艺垃圾桶200个，购置清运垃圾车（三轮车）1辆，电动三轮车3辆，完善社区基础设施，改善人居环境。

（朱冠儒）

绿苑社区

【概况】

绿苑社区成立于2019年12月，处于红寺堡区城区西南，辖区面积1.6平方千米，管辖利通尚书城、书香庭院、书香雅苑、馨雅苑、人和雅苑、御泉新苑、和平小区及盐兴西路商铺。办公场所面积490平方米。社区有直管党员31人，工作人员9人，设立11个网格。辖区有常住居民3097户9804人，低保对象53户88人，商业网点280家，各类企事业单位8家，清真寺1家。

【民生保障】

2020年，绿苑社区网格员深入走访调查，摸底掌握辖区人口基本情况，做到“底子清，情况明”，主动对接困难群众。截至2020年底，社区有低保户59户97人，残障人士71人、80岁以上高龄老人5人、困境儿童7人；清理清退不符合条件低保户7户7人；新申请通过低保14户；受理办结临时生活救助申请51人，其中大病救助3人、吴忠市慰问特困群众8人。节日期间，慰问退伍军人、困难群众党员15人，受理申请廉租房4批17户。社区通过电话提醒、入户宣传、小区广播等形式积极宣传催缴医疗保险，发放宣传页3000余份。

【社会综治】

社区组织工作人员深入辖区走访入户239户，排查出危险住房6户，潜在危险住房8户。对小区内占用消防通道、私拉电线充电、乱堆乱放等开展集中整治100余次，杜绝安全事故的发生。基于社区居民小区多、人口结构复杂的特点，社区联合街道司法所、社区警务室成立信访矛盾纠纷工作领导小组，实时掌握小区业主反映的问题，同时依托社区警务室的建立，相互协作配合，处理解决各类矛盾纠纷10余起。

【“双创”工作】

2020年，绿苑社区为成功创建文明城市，巩固全国卫生城市创建成果，打造图书阅览室、老年人活动室、道德讲堂、未成年人心理咨询室、儿童之家、家长学校和“四点半”课堂等功能室，通过开展各类文化活动，激发居民参与热情，满足辖区居民的文化需求。通过主题活动、志愿服务、入户走访、发放宣传彩页等方式，借助电话提醒、微信宣传、小区广播等载体宣传社会主义核心价值观，讲解党和政府方针政策，社区在各小区制作公益广告展板420块、宣传栏20个、宣传横幅20余条、景观小品2个、灯箱牌150个，发放宣传彩页1万余份，开展各类知识讲座10余场次，发放模拟调查问卷1750余户，通过8个居民微信群经常性推送创城宣传知识。

【疫情防控】

2020年，绿苑社区始终紧绷疫情防控这根弦，根据上级部门的统一部署，落实疫情防控责任，坚持小区门口值守，广泛发动辖区居民，准确摸排外来人口，特别是疫情中高风险地区到红寺堡区人员，做好人员信息登记，按照要求做好人员管理。同时，加大疫情防控知识宣传，通过值勤人员讲解、微信群推送疫情防控信息、悬挂横幅、张贴海报等方式向居民宣传戴口罩、不聚集、讲卫生的良好健康习惯，做好社区疫情防控，为居民安全健康保驾护航。

【组织建设】

2020年，绿苑社区通过2次公开考试选拔，招聘社区工作者，充实社区工作队伍。在两委换届选举工作中，由社区党员居民选举产生社区两委成员9人。社区将管辖区域划分为11个网格，实行网格化管理，形成支部书记担任社区网格长的社区三级网格管理体系。按照分工分级认真落实网格管理职责，对各网格区域内的治安、消防、安全生产、民情民意、环境整治等，加大排查力度，做好登记调处，做到“事事有回音、件件有着落、凡事有交代”。完善业主委员会监督机制，2020年以来，社区牵头成立各小区业主委员会，监督物业服务企业做好各项服务。依托网格化管理，让居民日常办事不出小区，形成“事事有人管”的自我互助格局。建立服务重心向小区延伸，连通街道、社区、小区三级集约化便民服务机制，落实日常事务“立刻办、直接办、现场办”。

（杨恒生）

荣 誉

RONGYU

先进人物

寇启芳

【全国劳动模范寇启芳】

寇启芳，女，1967年出生，宁夏天源农牧业综合开发有限公司董事长，吴忠市红寺堡区大正畜禽生产技术服务专业合作社理事长，助理畜牧师。1987年，寇启芳从农校毕业后被分配到一家国营单位，成为一名农业技术工作者。1996年，单位改制，寇启芳成了下岗职工。2003年5月，寇启芳在吴忠市红寺堡区创办红寺堡区天源农牧业科技开发有限公司。企业与西北农林科技大学、国家绒毛用羊产业技术体系下设单位合作，开展“分子聚合培育滩羊新品种（系）技术研究与示范”“营养调控生产高档（大理石花纹）滩羊肉等关键技术研究”，并取得重大突破，使滩羊胴体羊肉价格平均每千克达到168元，经济效益显著。寇启芳通过建立养殖户档案，创建“科技联户”服务模式，服务周边畜禽养殖场（户）500多家，大幅度拓展了业务范围。她将自己的养殖技术、创业经验带到基层，积极向广大贫困户和养殖户普及示范推广滩羊“双高双优一防”，即“高效养殖、高频繁殖、优质优价、疫病防治”的技术，带领更多的人走向创业致富的道路。2015—2020年，先后带动3150多户贫困户和滩羊养殖户，经她指导服务的贫困户和养殖户养殖水平和经济效益均得到大幅度提高，饲养1只繁殖母羊的收入由不足100元增加到近

200元，累计新增纯收入1.4亿多元，使一大批贫困人口走上脱贫致富之路。2020年11月24日，寇启芳被党中央、国务院授予2020年“全国劳动模范”称号。

【全国脱贫攻坚先进个人吕振中】

吕振中，自2017年担任扶贫办党组书记、主任以来，不辞艰辛，做部门、帮扶干部及贫困户之间的沟通桥梁和联系纽带。他奔波奋战在脱贫一线，主动放弃周末和节假日，走遍乡村和贫困家庭，了解群众生产生活条件，听取群众心声，为改变群众的生产生活条件出主意、找方法。2020年，他因积劳成疾，被诊断出心脏病和膝盖半月板损伤，正值脱贫攻坚普查的关键时期，他架着双拐坚守在脱贫攻坚第一线，“白+黑”和“5+2”式的工作，最终协调配合完成脱贫攻坚普查各项工作；为了因户施策、精准扶持，他把床搬到办公室，经常挑灯夜战、通宵达旦学习理论、研究政策，带领全体干部苦干实干，制定方案、创建制度、细化措施，探索推行网格化管理和脱贫攻坚“556”工作模式，和全区上下一道合力攻坚，为贫困群众铺就了一条脱贫致富的康庄大道。各村基层组织健全且均有稳定村集体经济收入，贫困村面貌、贫困群众生产生活条件显著改善。2021年，吕振中被评为“全国脱贫攻坚先进个人”。

吕振中

白占玉

【全国脱贫攻坚先进个人白占玉】

2018年1月，白占玉带着组织“不脱贫、不撤兵”的重托，担任鲁家窑扶贫工作组组长。三年来，他扎根移民村，用真情实意访民意解民忧，务实苦干谋产业促发展，两村党建水平显著增强，基层治理明显提高，基础设施有效改善，村风民风彻底好转，产业格局不断优化，农民收入大幅提高，集体经济快速壮大。2019年底，两村高质量脱贫出列，1669户建档立卡贫困户全部脱贫。

王文元

【自治区劳动模范王文元】

王文元，1975年1月出生，2001年8月加入中国共产党，现任新庄集乡杨柳村党支部书记兼村委会主任。自2003年被村民推选为杨柳村村委会主任后，主动放弃自己经营的“五福”汽修厂，充分发挥个人特长，牵头成立杨柳村劳务专业合作社，并与宁夏天得葡萄种植有限公司签订了土地流转合同。他率先推广“支部+企业+合作社+农户”的产业发展模式，在新庄集乡杨柳村西川组建立创业示范酿酒葡萄种植基地，带领全村村民共同创业，其典型经验在全区进行了交流和推广。他曾获得红寺堡区“优秀共产党员”、红寺堡区第一届“十大杰出创业青年”、红寺堡区葡萄产业带头人、红寺堡区“民族团结先进个人”、吴忠市“先进生产者”等称号，并获自治区“五一劳动奖章”。王文元被授予2020年自治区“劳动模范”称号。

2020年度 红寺堡区机关事业单位考核优秀等次人员名单

公务员及参照公务员法管理事业单位工作人员

纪委监委（含区委巡察办）
刘　艳　张宏昌　买　博　闫　圆
武兴平　田兴龙　李金凤　黄培成

区委办　李玉平　张　昊

区委组织部　杨元沛　高正武　王晓红

区委宣传部　陈　乾

区委统战部　华　婧

区委政法委　周仁科

区委政策研究室　杜丽丽

区委网信办　姚一凡

区人大常委会机关　马秉刚

区政府办　马应龙　赵锦鹏

区政协机关　马彩军

区发展和改革局　马丽娜

区教育局　冯进海

区科学技术局　黑　燕

区工业信息化和商务局　马秀玲　李晓军

区民政局　马宗成

区司法局　丁　花　王　娟　黄　兴

区财政局　赵文伯

区人力资源和社会保障局
刘彦斌　石佩琦　金文昊

区自然资源局　张进宝　杨　虎

区住房城乡建设和交通局　袁江明

区水务局　王俊彬

区农业农村局　李　吉

区文化旅游体育广电局　李妍蔼

区卫生健康局　郑淑萍　高爱国

区退役军人事务局　付方玉

区审计局　毛晓东

区统计局　马晓梅

区扶贫开发办公室　冶长斌

区综合执法局　马兴国

区医疗保障局　李　虎

区审批服务局　马志莲

区工会　马奋山

团区委　丁　华

区残联　王全民

新民街道办　马金平　马月梅

红寺堡镇　郑慧玲　马晓文　王尊乐　苟安泰
白　娟　李　娜　赵和璧（挂职）

太阳山镇　田英选　王燕华

大河乡　李　德　马小龙　马　丽　王晓勇
李　扬（挂职）

新庄集乡　锁金银　海万吉　杨旭虎
郭治云　潘海鹰（挂职）

柳泉乡　马杰君　金丽梅　王　勇　马德福
张　磊

人民法院　刘媛春　杨倩男　李禹扬　马东才
李文科　武　鹏　刘亚科　马　宁
张唯栋　冯建军

人民检察院　杨丽红　马　蓉　金小白　马　涛

事业单位工作人员及机关工勤人员

（一）考核优秀等次人员名单

区委办 费文义

纪委监委 曹建民

组织部所属事业单位 刘矿洲 李 强

法院 任史红

吴忠市公安局红寺堡区分局

李海磊 王成勋 李世晓 马 平 王立鹤 王建林

民政局所属事业单位 马永伟

财政局所属事业单位

顾莉盼 宗晓玲 马 惠 倪慧霞 吕振宁

自然资源局所属事业单位

张永红 李 东 王世东 田育蓉 马显功

住房城乡建设和交通局所属事业单位

马青福 马 宁 段小红 海生平 赵海凤 周鹏鸿 潘 鹏 施慧龙 王维栋 刘 炷 王 乐 武耀明 马玉良 周志强 李 燕

水务局所属事业单位

王 涛 景 琴 王志东 马 莉 李伟勃

农业农村局所属事业单位

马国栋 王万峰 赵小刚 海 梅 李成玉 王 锐 王 斌 马志俊 霍小龙 马 科 刘豆宁

文化体育旅游局所属事业单位

马宏志 马广录 王丽萍

应急管理局所属事业单位 魏娟宁

综合执法局

何 苗 丁雅茹 马 明 马凤霞 路向琴

医疗保障局 黑晓燕 李富强

社会保险事业服务中心 计宗旗

政务服务中心 马元芳 马娅梅

机关事务服务中心 何 君

融媒体中心 王丽婷

档案史志馆 李晓娟

卫生健康局所属事业单位

张 涛 罗晓兰 温丽仙 刘冬阳 李志鹏 马万堂 马六九 顾莉琴 田小东 赵明明 周存新 秦吉荣 张 龙 成亚南 蒋小平 吕瑞娟 马宏秀 赵 婷 牛 娟 丁利国 马德才 买志宏 陈兰芝 张颖慧 拜小凤 李 娅 祁国森 禹小芳 田英霞 张效庆 刘学谦 康改平 姬秀龙 李 瑾 马秀花 马小红 马晓莉 吴建梅 张凤春 王 勇 丁巧萍 杜巧芸 庞万宝 叶建忠 马小芳 马龙胜 王 蓉 杨文学 刘 娟 徐丽娜 周红霞 马少芳

姬金霞 田晓花 王 艳 邓 丽
余志梅 单长婧 赫彩萍 王凯丽

教育局所属事业单位

葸天英 潘金合 姜海斌 马 琼
咸克伟 马 斌 魏留红 苏小宁
陈 瑞 贺小玲 马志会 张小平
刘清涓 惠生奇 刘 艳 马 靓
尚万富 张爱萍 张焕东 张克卿
安巧娥 刘小霞 马慧娥 何斯玛
李文春 李晓成 马艳霞 张小燕
刘会琴 年 谱 杨进平 张佳玉
王 成 丁娟梨 马金兰 陆文琴
赵彩霞 王晓龙 王艳芳 杨 婷
锁爱霞 马 丽 马晓燕 马 昕
梁凤玲 马灵军 焦丽琴 李慧妹
马玉虎 张玉生 兰海云 崔 正
田 静 海贵莲 冯华丽 王晓静
陈爱霞 谢婷婷 蔡 娟 张嘉炜
党晓斌 丁茹燕 海元梅 韩玉平
黑希霞 纪玉兰 李 明 柳玉琴
罗彩虹 马生仁 苏 斌 王金林
吴建军 徐润梅 谢晓杰 田学梅
丁志政 孟慧军 杨 沐 吕春梅
汪海玲 罗永花 杨昕炜 马瑞玲
田硕果 高军明 杨云云 李晓梅
吴国强 史 荣 剡文芳 李清燕
拓佰丽 杨艳萍 马 茹 白 冰
马耀晨 陈 强 纪学平 姬全禧
张志燕 蔡菊玲 徐 芳 刘永海
梁 蓉 罗 睿 杨 芳 周国良

马继花 赵 媛 齐文芳 张彩芸
浦浩鹏 丁 辉 杨凤文 杨媛媛
柳静然 马永龙 李 龙 黎小强
朱世明 孙 静 周金林 谢宝玲
杨 其 杨志娟 白俊兰 丁雪琴
石海兵 马爱琴 马骞晶 马莲霞
马学军 马 燕 马昭君 马自萍
王玉静 于 娟 孟彦旭 王学珍
任雪芬 曹 燕 李娟霞 屈鹏远
万 庭 殷 玲 陈三选 海怀礼
刘 斌 马宝利 李 莉 张海荣
李晓东 海耀春 毛晓玲 马天宏
田立峰 蔺小龙 宁林平 安小平
马凤霞 李连香 杨 倩 杨启林
穆雪雷 杨 成 李 箐 马建辉
李瑞锋 杨贝娜 金 芮 任转英
马晓宵 张亚宁 王维宏 马生杰
伍平芳 王海红 马英选 李 瑞
马晓燕 于 飞 王会侠 马晓琴
刘禳禳 李志新 马彦霞 马 军
咸海燕 海 丽 张 鑫 张玉英
田艳艳 李秀琴 王丽艳 徐晓慧
罗成福 马灵雁 祁 涛 王 维
张 翔 张前军 冯军龙 张彩花
张 丽 李银巧 张 芳 王建新
安 瑞 海 霞 段军淑 何玉红
康国卓 刘彩玲 马冰洁 马彩花
马梨花 杨佰英 韩 峰 张 蕾
李正晟 马丽娜 张雪莹 马 娟
巩红玉 张永利 杜兴成 余春苗

杨 敏 刘慧芳 李淑娟 姚海洋
陈俊玲 李 静 张少力 韩建国
田晓倩 马玉祥 张春燕 于媛媛
杨秀娥 谢国宏 李成梅 母养省
张全国 张旭升 李丽丽 石 千
余 涛 苏永娟 张潇励 李嫚璞
王 春 王占奇 李中学 王绍唐
马永清 田凤福 金丽娟 李艳荣
魏永芝 李红艳 马 娟 张永萍
马兴武 焦世玺 马启忠 张怀亮
刘享男 白 静 王海娟 胡 静
李 婷 马虎奇 马晓英 毛富强
太耀武 万瑞妮 王 花 王小莉
杨玉珍 张涛涛 张晓霞 马建学
张有贵 杜军亮 慕彦强 李芳芳
韩 琴 吴秋香 李海虎 淑 梅
王 峰 张晓荣 丁玉林 陈静萍
高有良 李润梅 马新明 马俊文
韩 卉 吴 娟 马国秀 马建兰
海 鸿 杨 梅 丁玉娟 郭鸿飞
马秀珍 马爱喜 姬爱霞 马 琴
孙立军 朱雷霞 程 婧 程永锋
伏建新 甘继龙 胡 娜 户瑞良
贾正龙 李瑞霞 李小双 李 英
李永萍 梁艳玲 梁晓丽 刘莉莉
马德秀 马 娟 马克虎 马巧红
马兴瑞 李 梦 马泽明 沈菊菊
撒彦斌 宋玉萍 王 露 王向红
王晓琴 吴 升 雅金琴 杨亚宗
张 慧 张旭斌 赵 静 周丽蓉

朱小龙 朱培斯 马继平 马晓燕

红寺堡镇

陈 成 马志文 杨 倬 王巧玲

太阳山镇

张晓良 白 亮 邵金鹏

大河乡

尤喜多 王 芳 杨兆卿 马 娇

新庄集乡

杨 鹏 马旭龙 苏 佳 慕学强

柳泉乡

罗峰虎 戴小娟 田玉莲 王生晓

新民街道办

张 晴

（二）抽调人员考核优秀等次名单

政府办抽调 李建华 贾晓东

发展和改革局抽调 马耀琴

扶贫办抽调 赵彩艳

2020年度 红寺堡区机关事业单位考核优秀等次人员名单

红寺堡区2020年劳动模范和先进工作者

一、红寺堡区劳动模范名单

徐志成　新民街道罗山社区党支部书记
任　军　红寺堡镇弘德村党支部书记
苏永志　太阳山镇买河村村委会主任
马伏才　新庄集乡中川村党支部书记
吴星叶　柳泉乡豹子滩村村委会主任
吕吉德　鹏胜建设工程公司总经理
刘全祖　宁夏东方裕兴酒庄有限公司董事长
李进刚　大河乡金牛养殖合作社理事长
马书峰　柳泉肉牛养殖专业合作社副理事
马银山　柳泉乡永新村牛羊饲料加工厂厂长
闫　录　红寺堡镇亿太养殖合作社理事长
王永明　新庄集乡沙草墩村土地股份合作社理事长
王航弟　新庄集乡祥祥家庭农场合伙人
伏聚鹏　大河乡鹏翔养殖场场长
戴华月　宁夏信速达物流有限公司店长
夏烜智　红寺堡区灵龙数码快印室负责人
郭　倩　康美消毒有限公司质检员
马小燕　中国石油大河加油站经理
王金元　弘德包装材料公司印刷车间主任
虎宁儿　兴民纺织科技有限公司职工
雷瑞刚　红寺堡区供暖公司东供热站站长
李　霞　汇达阳光生态酒庄职工
李金强　兴民纺织科技有限公司总经理
冯成鹏　邮储银行红寺堡区支行信贷部主任
黑　龙　宁夏水投红寺堡水务有限公司职工
徐新红　红寺堡华联超市总经理
何齐银　残疾人综合服务中心副理事

二、红寺堡区先进工作者名单

赵　宁　区委办公室四级主任科员
杨建华　区委组织部工会主席
杨万里　区委统战部副部长
张　洁　区政府办公室四级主任科员
顾莉盼　财政局办公室主任
马兴国　综合执法局新民街道教导员
丁　华　团区委办公室主任
何　君　机关事务服务中心办公室主任
杨　磊　市政和环卫服务中心主任
马月梅　新民街道办公室主任
海博洋　红寺堡镇国土所所长
李　虎　太阳山镇镇长助理
马银霞　大河乡党政办主任
马　霞　新庄集乡组织干事
王生晓　柳泉乡水利站站长
刘亚科　人民法院审管办主任
马宏武　人民检察院第一检察业务部负责人
张　萍　红寺堡司法所所长
密桂龙　妇幼保健计划生育服务中心医师
马礼堂　红寺堡镇卫生院副院长
张　孝　第一中学年级组长
锁红霞　第三中学党建办主任

红寺堡区连续三年（2018—2020）考核优秀等次公务员

区纪委监委：张宏昌
区委组织部：杨元沛
区政府办：杨　民
区政协机关：马彩军
区农业农村局：李　吉
区就业创业和人才服务中心：金文昊
红寺堡镇：马晓文
太阳山镇：田英选　王燕华
新庄集乡：锁金银
柳泉乡：金丽梅
人民法院：刘亚科　马　宁　冯建军
人民检察院：杨丽红

红寺堡区 2020 年度优秀共产党员

靳银银　红寺堡区新民街道党政办干事
张　权　红寺堡区新民街道绿苑社区党支部副书记
蔺书娟　红寺堡区新民街道振兴社区党支部副书记
杨淑慧　红寺堡区新民街道东方社区党支部副书记
刘慧霞　红寺堡区新民街道创业社区党支部委员
卢佳旭　红寺堡区新民街道新民小区工作组党支部副书记
李　旭　红寺堡区宁夏亿丰建设工程有限公司技术员
买晓玲　红寺堡区新民街道罗山社区党支部委员
田会龙　红寺堡区红寺堡镇朝阳村驻村第一书记
李正鹏　红寺堡区红寺堡镇东源村党支部书记
马　霞　红寺堡区红寺堡镇梨花村党支部委员
王瑞虎　红寺堡区红寺堡镇上源村党员
马平贤　红寺堡区红寺堡镇同原村党支部书记
马伟全　红寺堡区红寺堡镇团结村党支部副书记
王丽娜　红寺堡区红寺堡镇兴旺村党支部书记
马大吾　红寺堡区红寺堡镇玉池村党员
马晓伟　红寺堡区红寺堡镇中圈塘村二组 C 区网格长
赵和璧　红寺堡区红寺堡镇党委副书记

王　强　红寺堡区红寺堡镇人民政府农业综合服务中心主任
王尊乐　红寺堡区红寺堡镇人民政府党建干事
马东海　红寺堡区太阳山镇党委委员、武装部部长
苏　荣　红寺堡区太阳山镇人民政府党建干事
李海云　红寺堡区太阳山镇买河村党支部书记
苏厚财　红寺堡区太阳山镇红星村党支部书记
苏小军　红寺堡区太阳山镇周圈村委会副主任
苏　芬　红寺堡区太阳山镇周新村妇联主任
张　涛　红寺堡区太阳山镇巴庄村党支部书记
辛立明　红寺堡区太阳山镇潘河村党支部委员
周建荣　红寺堡区太阳山镇兴民村党支部副书记
孙凯力　红寺堡区太阳山镇塘坊梁村党员
马焱垚　红寺堡区大河乡河西村党员
张明奎　红寺堡区大河乡龙泉村党支部书记
史军民　红寺堡区大河乡麻黄沟村党支部书记
康鸿泉　红寺堡区大河乡大河村党员
罗成祥　红寺堡区大河乡龙源村党员
杜存福　红寺堡区大河乡乌沙塘村党员
马彦华　红寺堡区大河乡石炭沟村党支部委员
吴红年　红寺堡区大河乡红崖村党支部委员
马小龙　红寺堡区大河乡党委委员、组织委员
马　丽　红寺堡区大河乡人民政府扶贫办主任
郭治云　红寺堡区新庄集乡向阳村党支部副书记
马文珍　红寺堡区新庄集乡西源村党支部书记
贺　毅　红寺堡区新庄集乡新台村党支部书记
袁　婧　红寺堡区新庄集乡新集村党支部委员
马志瑞　红寺堡区新庄集乡柳树台村党支部书记
魏世和　红寺堡区新庄集乡白墩村驻村第一书记
邵建新　红寺堡区新庄集乡杨柳村委会委员
李亚玲　红寺堡区新庄集乡南源村党务工作者
闫兴明　红寺堡区新庄集乡洪沟滩村党支部书记
马军贵　红寺堡区新庄集乡红阳村党支部书记
熊志宗　红寺堡区新庄集乡东川村党支部副书记
马旭升　红寺堡区新庄集乡人民政府安监干事
刘　菲　红寺堡区新庄集乡机关党支部书记

李克伟　红寺堡区新庄集乡人民政府危房干事
禹毅晗　红寺堡区司法局新庄集司法所副所长
苏桂萍　红寺堡区柳泉乡水套村妇联主任
马新香　红寺堡区柳泉乡甜水河村妇联主任
海生林　红寺堡区柳泉乡豹子滩村党支部书记
康　鹏　红寺堡区柳泉乡党委委员
李　军　红寺堡区柳泉乡沙泉村驻村第一书记
李　武　红寺堡区柳泉乡黄羊滩村委会副主任
魏东财　红寺堡区柳泉乡羊坊滩村党支部书记
罗峰虎　红寺堡区柳泉乡人民政府党政办主任
和耀龙　吴忠市公安局红寺堡区分局指挥中心主任
马文瑞　吴忠市公安局红寺堡区分局政工监督室指导员
李　明　吴忠市公安局红寺堡区分局治安管理大队内勤
杨百虎　吴忠市公安局红寺堡区分局大河派出所副所长
冯　麟　吴忠市公安局红寺堡区分局刑事侦查大队科员
苏　斌　吴忠市公安局红寺堡区分局交通管理大队四级警长
于　龙　吴忠市公安局红寺堡区分局红寺堡派出所副所长
张怀远　吴忠市公安局红寺堡区分局柳泉派出所社区警务人员
马玉波　吴忠市公安局红寺堡区分局禁毒办警务人员
周金林　吴忠市公安局红寺堡区分局红寺堡派出所警务人员
田彦才　红寺堡区第一中学教师
王　帆　红寺堡区第一中学教师
马　睿　红寺堡区第三中学教师
张泽龙　红寺堡区第四中学办公室副主任
张智渊　红寺堡区回民中学教师
宁林平　红寺堡区红寺堡镇中心学校党支部专职副书记
丁玉才　红寺堡区大河中心学校党支部书记、校长
王　旺　红寺堡区新庄集双台小学教师
李怀银　红寺堡区柳泉乡中心学校党务工作者
马俊文　红寺堡区教育局党建干事
路雯娟　宁夏壹加壹农牧股份有限公司人力资源部经理
杨瑜源　宁夏鹏胜建设工程有限责任公司会计
常方圆　宁夏常红文化旅游开发有限公司党支部书记
符正勇　宁夏富阳工贸集团红寺堡农林科技有限公司副总经理
李　智　红寺堡区大众出租有限责任公司办公室主任

马广智　红寺堡区融媒体中心副主任
杨　桦　红寺堡区人民政府办公室党组成员、副主任
李文科　红寺堡区人民法院综合审判庭庭长
李思扬　国家税务总局红寺堡区税务局党委书记、局长
杨　成　红寺堡区委政法委办公室主任
王宪广　红寺堡区住房城乡建设和交通局村镇办副主任
闫　圆　红寺堡区纪委监委党风政风监督室主任
马秀玲　红寺堡区工业信息化和商务局办公室主任
罗晓兰　红寺堡区卫生健康局党务工作者
买向东　红寺堡区人民医院放射科主任
闫兴福　红寺堡区红寺堡镇卫生院院长

2020年度红寺堡区获县级及以上表彰的先进个人一览表

表2

姓　名	所在单位	奖　项	颁奖单位	获奖时间
寇启芳	宁夏天源农牧业综合开发有限公司	2020年全国劳动模范	党中央、国务院	2020年11月
苏　斌	红寺堡区团委	第四届“中国青年好网民”	共青团中央	2020年9月
任稼瑜	红寺堡区团委	2020年度“全国优秀少先队员”	共青团中央、教育部、全国少工委	2020年12月
马桂芹	宁夏弘德包装材料有限公司	自治区劳动模范		2021年1月
王文元	红寺堡区新庄集乡杨柳村	自治区劳动模范		2021年1月
王忠强	红寺堡区委副书记、代区长	宁夏回族自治区脱贫攻坚先进个人		2021年
陈雪松	红寺堡区委常委、组织部部长	宁夏回族自治区脱贫攻坚先进个人		2021年
张致强	红寺堡区人民政府副区长	宁夏回族自治区脱贫攻坚先进个人		2021年
田进明	红寺堡区太阳山镇人民政府副镇长	宁夏回族自治区脱贫攻坚先进个人		2021年
马金贵	红寺堡区柳泉乡人民政府人大主席	宁夏回族自治区脱贫攻坚先进个人		2021年
王立琴	红寺堡区大河乡人民政府乡长助理	宁夏回族自治区脱贫攻坚先进个人		2021年
冶长斌	红寺堡区扶贫开发办公室副主任	宁夏回族自治区脱贫攻坚先进个人		2021年

续表 2

姓 名	所在单位	奖 项	颁奖单位	获奖时间
赵文伯	红寺堡区财政局副局长	宁夏回族自治区脱贫攻坚先进个人		2021 年
马宗成	红寺堡区民政局副局长	宁夏回族自治区脱贫攻坚先进个人		2021 年
张 涛	红寺堡区卫生健康局办公室主任	宁夏回族自治区脱贫攻坚先进个人		2021 年
单 亮	宁夏回族自治区委员会机要局派驻红寺堡区新庄集乡新台村第一书记	宁夏回族自治区脱贫攻坚先进个人		2021 年
李 勇	吴忠市市场监督管理局派驻红寺堡区红寺堡镇同原村第一书记	宁夏回族自治区脱贫攻坚先进个人		2021 年
惠文仓	自治区人大办公厅派驻红寺堡区太阳山镇田原村第一书记	宁夏回族自治区脱贫攻坚先进个人		2021 年
吕吉德	红寺堡区团委	宁夏青年五四奖章	共青团宁夏回族自治区委员会	2020 年 4 月
顾莉盼 郑 楠 杨曼琦	红寺堡区团委	全区优秀共青团员	共青团宁夏回族自治区委员会	2020 年 4 月
何 静 王忠元 贺丽萍 马彩香 田 艳 臧娟阳 何 静 黑小花 刘静静 李晓玉 王 宁	红寺堡区团委	2019—2020 年度“宁夏大学生志愿服务西部计划优秀志愿者”	自治区西部计划项目办	2020 年 8 月
陆秉权	红寺堡区太阳山镇潘河村	全区抗击新冠肺炎疫情先进个人	宁夏回族自治区党委宣传部、自治区文明办	2020 年 9 月
杜丽丽	红寺堡区委政策研究室	自治区五一巾帼标兵	宁夏回族自治区总工会女职工委员会	2020 年 3 月
		吴忠市第二届“石榴籽杯”民族团结征文评选活动二等奖	中共吴忠市委统战部、吴忠市文学艺术界联合会	2020 年 11 月

2020 年红寺堡区“新时代好少年”

杨　佳　红寺堡区第二中学
谢嘉璐　红寺堡区第三中学
刘润琴　红寺堡区第二小学
杨　荣　红寺堡区第一中学
海博文　红寺堡区第三小学
瞿荟榅　红寺堡镇中心小学
王晓娟　红寺堡镇回民小学
黎嘉瑶　柳泉中心小学
金莉莉　柳泉乡买河小学
杨佳宁　大河第一小学
田丰花　大河第九小学
马亚珠　新庄集乡康庄小学
马小婷　新庄集乡马渠小学
马丽婷　太阳山裕华第二小学
孙　雪　太阳山九年一贯制学校

2020 年度 先进集体

红寺堡区获县级及以上表彰的先进集体一览表

表 3

获奖单位	奖　项	颁奖单位	颁奖时间
住房城乡建设和交通局	2020 年全国脱贫攻坚先进集体		
红寺堡区公安分局	全国公安机关执法示范单位	公安部	2020 年 6 月
红寺堡区第一中学 红寺堡区职业技术学校	2020 年全国青少年篮球传统特色学校	教育部	2020 年 10 月
红寺堡科技局	科普大篷车项目“明星车队”	中国科协科普部	2020 年 11 月
红寺堡区	信访工作“三无”县（市、区）	国家信访局	2020 年 4 月
红寺堡区税务局 红寺堡区扬水管理处	第六届全国文明单位	中央文明办	2020 年 10 月
吴忠市红寺堡区人民法院	全国文明单位	中央精神文明建设指导委员会	2020 年 11 月
红寺堡区新民街道东方社区	第八批全国民族团结进步示范单位	国家事务民族委员会	2020 年 12 月
红寺堡区税务局	全国模范职工之家	中华全国总工会	2020 年 11 月

续表 3

获奖单位	奖　项	颁奖单位	颁奖时间
红寺堡区	吴忠市红寺堡区“135 基层社会治理”项目入选 2020 年民生示范工程	中国民生发展论坛组委会	2020 年 12 月
红寺堡区富硒黄花菜产业联合会	全国科技助力精准扶贫 2019 年度工作先进团体	全国科技助力精准扶贫工程领导小组办公室	2020 年 4 月
红寺堡区职业技术中学	2019—2020 全国节约型公共机构示范单位	国家机关事务管理局	2020 年 12 月
红寺堡科技局	2020 年全国科普日活动优秀组织单位	中国科协办公厅	2020 年 12 月
红寺堡区柳泉乡永新村 大河乡香园村	第二批国家森林乡村	国家林业和草原局	2020 年 1 月
红寺堡区疾控中心	2020 年全民营养周活动创新示范单位（疾控中心）	中国营养学会全民营养周办公室	2020 年 8 月
红寺堡区疾控中心	全区抗击新冠肺炎疫情先进基层党组织	自治区党委	2020 年 9 月
红寺堡区人民医院	全区抗击新冠肺炎疫情先进集体	自治区党委、自治区人民政府	2020 年 9 月
红寺堡区综合执法局	全区抗击新冠肺炎疫情先进集体	中共宁夏回族自治区委员会　宁夏回族自治区人民政府	2020 年 9 月
红寺堡区新民街道振兴社区	全区抗击新冠肺炎疫情先进集体	中共宁夏回族自治区委员会　宁夏回族自治区人民政府	2020 年 9 月
红寺堡区人民政府	2019 年度全区安全生产工作先进集体	自治区安委会	2020 年 4 月
红寺堡区太阳山镇	第四次全国经济普查自治区级先进集体	宁夏回族自治区第四次全国经济普查领导小组	2020 年 3 月
红寺堡区	自治区平安县（区）	中共宁夏回族自治区政法委员会	2020 年 4 月
红寺堡区大河乡 红寺堡区柳泉乡永新村	第十八批自治区文明村镇	自治区精神文明建设指导委员会	2020 年 4 月
宁夏罗山国家级自然保护区管理局	第十八批自治区文明单位	自治区精神文明建设指导委员会	2020 年 4 月
红寺堡区委宣传部	2020 宁夏首届学习强国达人挑战赛优秀组织奖	自治区党委宣传部	2020 年 10 月
红寺堡区	自治区卫生县城（区）	自治区爱国卫生运动委员会	2020 年 12 月

续表 3

获奖单位	奖　项	颁奖单位	颁奖时间
红寺堡区代表队	“青春无毒、健康成长”2020 年全区青少年禁毒知识竞赛二等奖	自治区禁毒委员会办公室 自治区教育厅	2020 年 11 月
红寺堡区第一中学 红寺堡区第三中学	自治区毒品预防教育示范学校	宁夏回族自治区禁毒委员会	2020 年 7 月
红寺堡区　红寺堡火车站	2019 年度全区“平安铁路示范市、县（区）”与“平安火车站（站区）”	宁夏铁路护路工作领导小组	2020 年 10 月
红寺堡区人社局	宁夏回族自治区转移就业示范县	自治区就业工作领导小组	2020 年 3 月
红寺堡区护路办 红寺堡区交通局	2019 年度全区铁路护路联防工作先进集体	宁夏铁路护路工作领导小组	2020 年 10 月
中共宁夏罗山国家级自然保护区管理局委员会	四星级基层党组织	中共宁夏回族自治区直机关工委	2020 年 6 月
红寺堡区公安分局大河派出所	集体三等功	自治区公安厅	2020 年 1 月
红寺堡区公安分局刑侦大队	疫情防控阻击战成绩突出集体	自治区公安厅	2020 年 2 月
红寺堡区公安分局	全区公安情报指挥业务情报研判预警比武竞赛“优秀奖”	自治区公安厅	2020 年 8 月
红寺堡区人民法院工会委员会	自治区模范职工之家示范点	宁夏回族自治区总工会	2020 年 12 月
红寺堡区人民法院执行局	集体二等功	自治区高级人民法院	2020 年 2 月
红寺堡区教育局	第五届全国学生“学宪法 讲宪法”活动宁夏赛区杰出组织单位奖	宁夏回族自治区教育厅办公室	2020 年 11 月
红寺堡区税务局	第十二届宁夏青年五四奖章	共青团宁夏回族自治区委员会	2020 年 4 月
红寺堡区第三中学团委	2017-2019 年度全区五四红旗团委	共青团宁夏回族自治区委员会	2020 年 4 月
红寺堡区大河乡龙源村团支部 新民街道创业社区团支部	2017-2019 年度全区五四红旗团支部	共青团宁夏回族自治区委员会	2020 年 4 月
红寺堡区自然资源局	先进单位（专项工作）	自治区自然资源厅	2020 年 1 月
红寺堡区妇联	自治区三八红旗集体	宁夏回族自治区妇女联合会	2020 年 3 月
红寺堡区新民街道创业社区	自治区家庭工作先进集体	宁夏回族自治区妇女联合会	2020
红寺堡区教育局	2019 年度教育工作奋进奖	自治区教育厅 自治区教育督导委员会	2020 年 7 月
红寺堡区工商局	2019 年度全区工业稳增长工作先进单位	宁夏制造强区领导小组	2020 年 1 月

续表 3

获奖单位	奖 项	颁奖单位	颁奖时间
红寺堡区工商局	2019 年度全区工业技术改造工作先进单位	宁夏制造强区领导小组	2020 年 1 月
红寺堡区工商局	2019 年自治区招商引资超额完成指导性目标任务	宁夏回族自治区招商引资项目推进考核办公室	2020 年 2 月
红寺堡区档案史志馆	《红寺堡区年鉴（2019）》评为县级年鉴一等奖	自治区地方志编审委员会办公室	2020 年 9 月
红寺堡区档案史志馆	2020 年度全区地方志工作考评中获得县级优秀一等	宁夏回族自治区地方志编审委员会	2020 年 12 月
红寺堡区柳泉乡永新村	2019 年度“人口老龄化国情区情下基层”暨“老年健康西部行”项目最佳组织单位	宁夏回族自治区老龄健康服务中心	2020 年 6 月
红寺堡区人民武装部 红寺堡区新民街道创业社区 红寺堡太阳山镇兴民村	第十批自治区民族团结示范单位	自治区民族事务委员会	2020 年 11 月
红寺堡区新民街道创业社区 红寺堡区柳泉乡	自治区扫黄打非基层示范点	自治区“扫黄打非”工作领导小组办公室	2020
红寺堡区	宁夏第七届社会体育指导员广场舞交流大赛优胜奖	自治区体育局	2020 年 10 月
红寺堡区文体局	第三届农民篮球争霸赛决赛优胜奖	自治区体育局	2020 年 10 月
红寺堡区公安分局治安大队 新庄集乡扶贫办	吴忠市 2018—2019 年度“青年文明号”	吴忠市创建青年文明号活动领导小组	2020 年 3 月
红寺堡区新民街道创业社区	吴忠市民族团结示范社区	吴忠市统战部	2020
红寺堡区教育局	2019 年度全市禁毒工作先进集体	吴忠市禁毒工作委员会	2020 年 8 月
红寺堡区太阳山镇	2019 年度全市禁毒工作先进集体	吴忠市禁毒工作委员会	2020 年 8 月
红寺堡区公安分局	2019 年度全市禁毒工作先进集体	吴忠市禁毒工作委员会	2020 年 8 月
红寺堡区公安分局	疫情防控集体三等功	吴忠市公安局	2020 年 9 月
红寺堡区公安分局交警大队	集体三等功	吴忠市公安局	2020 年 11 月
红寺堡区人民法院	先进集体	吴忠市中级人民法院	2020 年 3 月
红寺堡区教育局 红寺堡区科技局 红寺堡区第一小学 红寺堡镇中心小学 红寺堡区大河第九小学	第 35 届宁夏青少年科技创新大赛（吴忠赛区）选拔赛科技教育创新优秀学校（优秀组织单位）	吴忠市科学技术协会 吴忠市教育局 吴忠市科技局 吴忠市生态环境局 共青团吴忠市委员会	2020 年 10 月

续表 3

获奖单位	奖　项	颁奖单位	颁奖时间
红寺堡区总工会	全市集体协商指导员技能大赛三等奖	吴忠市总工会	2020 年 8 月
红寺堡区总工会	全市工会劳动争议调解员技能大赛三等奖	吴忠市总工会	2020 年 8 月
红寺堡区总工会	2020 年“伊利杯”吴忠市职工篮球赛道德风尚奖	吴忠市总工会 吴忠市文化旅游体育广电局	2020 年 9 月
吴忠市红寺堡区人民法院党支部	四星级党组织	中共吴忠市红寺堡区委员会	2020 年 3 月
吴忠市红寺堡区人民法院政治部	青年文明号	中共吴忠市红寺堡区委员会	2020 年 4 月
吴忠市红寺堡区人民法院	吴忠市红寺堡区第三届运动会第九套广播体操比赛第六名	中共吴忠市红寺堡区委员会 吴忠市红寺堡区人民政府	2020 年 9 月
吴忠市红寺堡区人民法院	吴忠市红寺堡区第三届运动会男子足球比赛第四名	中共吴忠市红寺堡区委员会 吴忠市红寺堡区人民政府	2020 年 9 月
教育局　新庄集中心学校 大河乡中心小学 红寺堡区第一中学 红寺堡区第二中学	吴忠市教育系统先进基层党组织	中共吴忠市教育工作委员会	2020 年 7 月
红寺堡区第二小学	2020 年吴忠市青少年运动会篮球比赛（女子乙组）一等奖	吴忠市文化旅游体育广电局 吴忠市教育局	2020 年 8 月
红寺堡镇中心学校 红寺堡区第三中学 新庄集中心学校 红寺堡区第三小学 红寺堡区太阳山中心小学	吴忠市少先队辅导员技能大赛优秀组织奖	共青团吴忠市委员会 吴忠市教育局	2020 年 10 月
红寺堡区委宣传部	吴忠市学习贯彻习近平总书记视察宁夏重要讲话精神暨“学习强国”学习平台达人挑战赛优秀组织奖	吴忠市委宣传部	2020 年 8 月
红寺堡区新庄集乡	“中国体育彩票杯”红寺堡区第三届农民篮球争霸赛一等奖	红寺堡区人民政府	2020 年 1 月
红寺堡区新庄集乡	吴忠市第四次全国经济普查先进集体	吴忠市第四次全国经济普查领导小组	2020 年 3 月
红寺堡区新庄集乡	征兵工作先进单位	中共红寺堡区委员会 红寺堡区人民政府 红寺堡区人民武装部	2020 年 4 月

续表 3

获奖单位	奖　项	颁奖单位	颁奖时间
红寺堡区新庄集乡	“创新创业促发展·清廉家风度佳节”暨红寺堡区第二届妇女创业大赛包粽子比赛三等奖	吴忠市红寺堡区第二届妇女创业大赛组委会	2020 年 6 月
红寺堡区新庄集乡	2019 年度全区禁毒工作综合考评二等奖	吴忠市红寺堡区禁毒委员会	2020 年 7 月
红寺堡区新庄集乡	吴忠市红寺堡区第三届运动会拔河比赛第五名	中共吴忠市红寺堡区委员会 红寺堡区人民政府	2020 年 9 月
红寺堡区新庄集乡	吴忠市红寺堡区第三届运动会男子篮球比赛第二名	中共吴忠市红寺堡区委员会 红寺堡区人民政府	2020 年 9 月
白墩村电商服务站	红寺堡区电商示范村站	吴忠市红寺堡区工业信息化和商务局	2020 年 11 月

红寺堡区获县级及以上表彰的先进集体

中共红寺堡区新民街道博大社区支部委员会
中共红寺堡区新民街道罗山社区支部委员会
中共红寺堡区新民街道绿苑社区支部委员会
中共红寺堡区红寺堡镇红海村支部委员会
中共红寺堡区红寺堡镇弘德村支部委员会
中共红寺堡区红寺堡镇和兴村支部委员会
中共红寺堡区红寺堡镇红关村支部委员会
中共红寺堡区太阳山镇田原村支部委员会
中共红寺堡区太阳山镇小泉村支部委员会
中共红寺堡区太阳山镇白塔水村支部委员会
中共红寺堡区大河乡委员会
中共红寺堡区大河乡开元村支部委员会
中共红寺堡区大河乡龙兴村支部委员会
中共红寺堡区新庄集乡委员会
中共红寺堡区新庄集乡中川村支部委员会
中共红寺堡区新庄集乡沙草墩村支部委员会
中共红寺堡区新庄集乡红川村支部委员会
中共红寺堡区新庄集乡菊花台村支部委员会
中共红寺堡区柳泉乡委员会
中共红寺堡区柳泉乡红塔村支部委员会
中共红寺堡区柳泉乡柳泉村支部委员会
中共红寺堡区柳泉乡永新村支部委员会
中共吴忠市公安局红寺堡区分局委员会
中共吴忠市公安局红寺堡区分局机关支部委员会
中共吴忠市公安局红寺堡区分局新庄集派出所支部
中共红寺堡区第四小学支部委员会
中共红寺堡区红寺堡镇中心学校支部委员会
中共红寺堡区人力资源和社会保障局支部委员会
中共红寺堡区综合执法局支部委员会
中共红寺堡区扶贫开发办公室支部委员会
中共红寺堡区疾病预防控制中心支部委员会
中共红寺堡区南原汽车运输公司支部委员会
中共红寺堡区残疾人综合服务中心支部委员会

红寺堡区移风易俗先进村镇（街道社区）、红白理事会、先进示范户

一、红寺堡镇
先进村镇：红寺堡镇
优秀红白理事会：梨花村
先进示范户：黑希强　马继元

二、太阳山镇
先进村镇：塘坊梁村
优秀红白理事会：塘坊梁村
先进示范户：苏爱萍　张文燕

三、新庄集乡
先进村镇：红川村
优秀红白理事会：红川村
先进示范户：海成军　马云华

四、大河乡
先进村镇：龙泉村
优秀红白理事会：大河村
先进示范户：丁学林　马彦东

五、柳泉乡
先进村镇：永新村
优秀红白理事会：甜水河村
先进示范户：李进东　姚文佩

六、新民街道
先进社区：东方社区
优秀红白理事会：振兴社区
先进示范户：杜向辉　尹忠义

附　录

FU LU

HONGSIBU NIANJIAN 2021

2020年红寺堡区处级领导干部

中共红寺堡区委员会

书　记：丁建成（回族）

副书记：谭兴玲（2020年12月离职）

宋　喜

周永根（挂职）

常　委：李海龙（回族）

陈雪松

杨志东（2020年8月离职）

高长祯

梁吉鸿（2020年8月离职）

赖有为（挂职）

马学峰（回族，2020年4月离职）

王忠强

马金鑫（回族）

马青松（回族，2020年4月任职）

苏达志（回族，2020年8月任职）

张瑞峰（2020年9月任职）

红寺堡区人大常委会

主　任：和永奎

副主任：叶　夏（2020年5月离职）

关保智

杨进才（回族）

王葆青（女）

伍洪亮（回族，2020年5月任职）

红寺堡区人民政府

区　长：谭兴玲（女，2020年12月离职）

副区长：赖有为（挂职）

马学峰（回族，2020年4月离职）

苏达志（回族，2020年8月离职）

尚自刚（农工党）

张致强（2019年11月任职）

王　亮（挂职，2019年11月任职）

谢彦林（2020年4月离职）

杨　平（回族，2020年4月任职）

王忠强（2020 年 5 月任职）

张保岐（2020 年 8 月任职）

政协红寺堡区委员会

主　席：蔺保飞

副主席：买廷东（回族）

宋立忠

张致强（2019 年 11 月离职）

杨金花（女，回族，2020 年 1 月任职）

红寺堡区人民法院

院　长：郭　勤（2019 年 12 月离职）

刘建宁（2019 年 12 月任职）

红寺堡区人民检察院

检察长：王俊成（回族，2020 年 1 月离职）

叶建平（2020 年 1 月任职）

红寺堡区第七次全国人口普查公报[1]（第一号）

—— 红寺堡区人口情况

红寺堡区统计局

红寺堡区第七次全国人口普查领导小组办公室

2021 年 6 月 10 日

根据第七次全国人口普查结果，现将 2020 年 11 月 1 日零时，红寺堡区人口基本情况公布如下：

一、常住人口

全区常住人口[2]为 197604 人。

二、人口增长

全区常住人口与 2010 年第六次全国人口普查的 165016 人相比，增加 32588 人，增长 19.75%，年平均增长率为 1.82%。

图 1-1　第五次、第六次、第七次人口普查常住人口及年均增长率

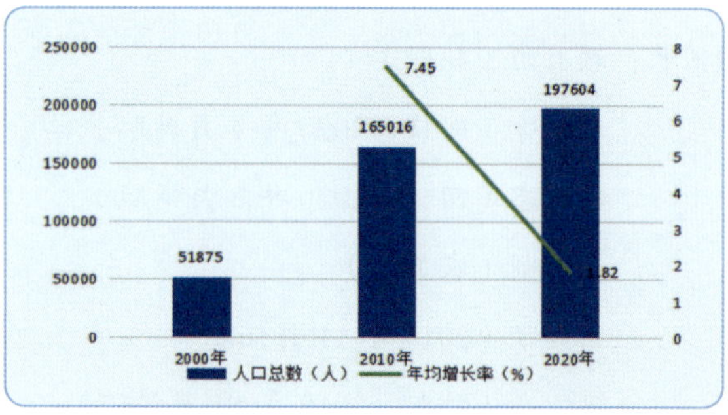

三、户别人口

全区共有家庭户[3]56661 户，集体户 2768 户，家庭户人口为 187607 人，集体户人口为 9997 人。平均每个家庭户的人口为 3.31 人，比 2010 年第六次全国人口普查减少 0.71 人。

四、民族人口

全区常住人口中，汉族人口为 69506 人，占 35.17%；各少数民族人口为 128098 人，占 64.83%，其中回族人口为 127812 人，占 64.68%。与 2010 年第六次全国人口普查相比，汉族人口增加 4877 人，增长 7.55%；各少数民族人口增加 27711 人，增长 27.60%，其中回族人口增加 27625 人，增长 27.57%。

注释：

[1] 本公报数据均为初步汇总数据。

[2] 常住人口包括：居住在本乡镇街道且户口在本乡镇街道或户口待定的人；居住在本乡镇街道且离开户口登记地所在的乡镇街道半年以上的人；户口在本乡镇街道且外出不满半年或在境外工作学习的人。全区常住人口包括六个乡镇（街道）及一个工业园区。

[3] 家庭户是指以家庭成员关系为主、居住一处共同生活的人组成的户。

红寺堡区第七次全国人口普查公报[1]（第二号）

—— 乡镇人口情况

红寺堡区统计局
红寺堡区第七次全国人口普查领导小组办公室
2021 年 6 月 10 日

根据第七次全国人口普查结果，现将 2020 年 11 月 1 日零时，红寺堡区各乡镇（街道）及工业园区的常住人口[2]有关数据公布如下：

一、乡镇及工业园区常住人口

分乡镇（街道）及工业园区[3]看，新民街道人口为 49956 人，占全区常住人口的 25.28%；红寺堡镇人口为 49721 人，占全区常住人口的 25.16%；太阳山镇人口为 14431 人，占全区常住人口的 7.30%；大河乡人口为 24925 人，占全区常住人口的 12.61%；新庄集乡人口为 33685 人，占全区常住人口的 17.05%；柳泉乡人口为 24622 人，占全区常住人口的 12.46%；工业园区人口为 264 人，占全区常住人口的 0.14%。

表 2-1 各乡镇及工业园区常住人口

单位：人、%

地区	人口数	比 重[4]	
		2020 年	2010 年
红寺堡区	197604	100.00	100.00
新民街道	49956	25.28	21.40[5]
红寺堡镇	49721	25.16	22.13
太阳山镇	14431	7.30	6.92
柳泉乡	24622	12.46	15.42[6]
大河乡	24925	12.61	15.28
新庄集乡	33685	17.05	18.64[7]
工业园区	264	0.13	0.21

二、乡镇及工业园区人口变化

各乡镇（街道）中，常住人口比重与 2010 年第六次全国人口普查相比，新民街道人口所占比重上升 3.88 个百分点，红寺堡镇人口所占比重上升 3.03 个百分点，太阳山镇人口所占比重上升 0.38 个百分点，柳泉乡人口所占比重下降 2.96 个百分点，大河乡人口所占比重下降 2.67 个百分点，新庄集乡人口所占比重下降 1.59 个百分点，工业园区人口所占比重下降 0.07 个百分点。

与 2010 年第六次全国人口普查相比，各乡镇（街道）中，常住人口增加的乡镇（街道）依次为：新民街道、红寺堡镇、太阳山镇、新庄集乡，分别增加 14638 人、13202 人、3013 人、2925 人；常住人口减少的乡镇（街道）依次为：柳泉乡、大河乡，分别减少 818 人、288 人；工业园区常住人口减少 84 人。

注释：

[1] 本公报数据均为初步汇总数据，部分数据因四舍五入存在总计与分项合计不相等的情况。

[2] 常住人口包括：居住在本乡镇街道且户口在本乡镇街道或户口待定的人；居住在本乡镇街道且离开户口登记地所在的乡镇街道半年以上的人；户口在本乡镇街道且外出不满半年或在境外工作学习的人。

[3] 全区包括：新民街道、红寺堡镇、太阳山镇、柳泉乡、大河乡、新庄集乡、工业园区。

[4] 指各乡镇（街道）及工业园区的常住人口占全区常住人口的比重。

[5] 2010 年第六次全国人口普查时新民街道常住人口含在红寺堡镇的常住人口内，根据行政区划新民街道 2010 年包括创业、振兴两个社区，常住人口占全区人口比重的 21. 40。

[6] 2010 年第六次全国人口普查时柳泉乡的常住人口含在太阳山镇的常住人口内，根据行政区划

柳泉乡2010年包括甜水河、柳泉、沙泉、永新、红塔、豹子滩、黄羊滩、水套8个行政村，常住人口占全区人口比重的15.42，利同村、利原村的常住人口在红寺堡镇统计。因行政区划调整2020年第七次全国人口普查时利同村、利原村的常住人口在柳泉乡统计，为便于同口径对比，根据行政区划柳泉乡2020年包括甜水河、柳泉、沙泉、永新、红塔、豹子滩、黄羊滩、水套、利同、利原10个行政村，因此将利同村、利原村2010年常住人口数移至柳泉乡计算。

[7] 因行政区划调整原南川乡更名为新庄集乡，管辖区域没有变更。

红寺堡区第七次全国人口普查公报[1]（第三号）

——人口性别构成情况

红寺堡区统计局
红寺堡区第七次全国人口普查领导小组办公室
2021年6月10日

根据第七次全国人口普查结果，现将2020年11月1日零时，红寺堡区人口性别构成情况公布如下：

一、全区人口性别构成

全区常住人口中，男性人口为100959人，占51.09%；女性人口为96645人，占48.91%。常住人口性别比（以女性为100，男性对女性的比例）为104.46，与2010年第六次全国人口普查常住人口性别比105.81相比，下降1.35个百分点。

图3-1 第五次、第六次、第七次人口普查常住人口及年均增长率

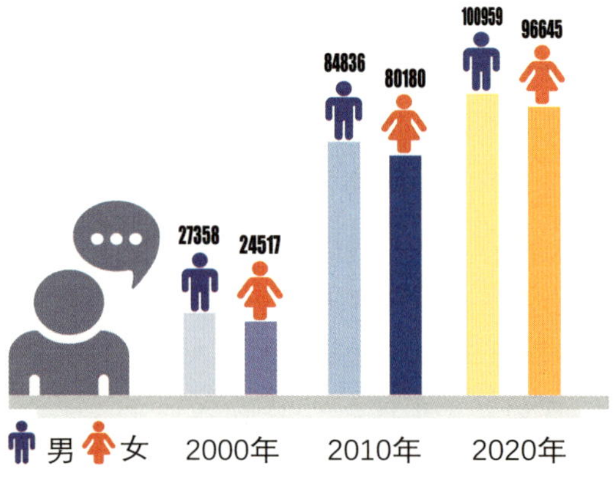

二、各乡镇及工业园区人口性别构成

各乡镇（街道）中，常住人口性别比在103[2]以下的乡镇（街道）有2个，在103至107之间的乡镇（街道）有3个，在107以上的乡镇（街道）有1个；工业园区的性别比高于107。

表3-2 各乡镇及工业园区常住人口性别构成

单位：%

地区	占常住人口比重		性别比
	男	女	
红寺堡区	51.09	48.91	104.46
新民街道	49.13	50.87	96.59
红寺堡镇	50.60	49.40	102.45
太阳山镇	59.01	40.99	143.97
大河乡	51.39	48.61	105.74
新庄集乡	50.90	49.10	103.65
柳泉乡	51.15	48.85	104.71
工业园区	71.59	28.41	252.00

注释：

[1] 本公报数据均为初步汇总数据。

[2]（103-107）是国际公认的人口性别比正常水平。

红寺堡区第七次全国人口普查公报[1]（第四号）

—— 人口年龄构成情况

红寺堡区统计局

红寺堡区第七次全国人口普查领导小组办公室

2021 年 6 月 10 日

根据第七次全国人口普查结果，现将 2020 年 11 月 1 日零时，红寺堡区人口年龄构成情况公布如下：

一、全区人口年龄构成

全区常住人口中，0~14 岁[2]人口为 55621 人，占 28.15%；15~59 岁人口为 123738 人，占 62.62%；60 岁及以上人口为 18245 人，占 9.23%，其中 65 岁及以上人口为 13131 人，占 6.65%。与 2010 年第六次全国人口普查相比，0~14 岁人口的比重下降 0.35 个百分点，15~59 岁人口的比重下降 2.91 个百分点，60 岁及以上人口的比重上升 3.25 个百分点，65 岁及以上人口的比重上升 2.78 个百分点。

表 4-1 红寺堡区常住人口年龄构成

年 龄	人口数（人）	比 重（%）
总 计	197604	100.00
0~14 岁	55621	28.15
15~59 岁	123738	62.62
60 岁及以上	18245	9.23
其中：65 岁及以上	13131	6.65

二、乡镇及工业园区人口年龄构成

各乡镇（街道）常住人口中，15~59 岁人口比重在 65% 以上的乡镇（街道）有 2 个，在 60%~65% 之间的乡镇（街道）有 4 个；工业园区 15~59 岁人口比重超过 65%。

表 4-2 各乡镇及工业园区常住人口年龄构成

地 区	占常住人口比重（%）			
	0~14 岁	15~59 岁	60 岁及以上	其中：65 岁及以上
红寺堡区	28.15	62.62	9.23	6.65
新民街道	29.55	65.09	5.36	3.70
红寺堡镇	29.72	60.23	10.05	7.20
太阳山镇	18.14	73.16	8.70	5.92
大河乡	30.38	60.23	9.39	6.86
新庄集乡	26.23	60.10	13.67	10.05
柳泉乡	28.65	61.85	9.51	7.05
工业园区	1.52	88.64	9.85	4.92

各乡镇（街道）65 岁及以上老年人口比重超过 7% 的有 3 个。

注释：

[1] 本公报数据均为初步汇总数据，部分数据因四舍五入存在总计与分项合计不相等的情况。

[2] 0~15 岁常住人口为 58808 人，16~59 岁常住人口为 120551 人。

红寺堡区第七次全国人口普查公报[1]（第五号）

—— 人口受教育情况

红寺堡区统计局

红寺堡区第七次全国人口普查领导小组办公室

2021 年 6 月 10 日

根据第七次全国人口普查结果，现将 2020 年 11 月 1 日零时，红寺堡区人口受教育基本情况公布如下：

一、受教育程度人口

全区常住人口中，拥有大学（指大专及以上）文化程度的人口为 14749 人；拥有高中（含中专）文化程度的人口为 15629 人；拥有初中文化程度的人口为 49328 人；拥有小学文化程度的人口为 75188 人（以上各种受教育程度的人包括各类学校的毕业生、肄业生和在校生）。与 2010 年第六次全国人口普查相比，每 10 万人中拥有大学文化程度的由 2871 增至 7464 人；拥有高中文化程度的由 5925 人增至 7909 人；拥有初中文化程度的由 26016 人减少为 24963 人；拥有小学文化程度的由 46159 人减少为 38050 人。

表 5-1　各乡镇及工业园区常住人口受教育情况

单位：人

地区	大学（大专及以上）	高中（含中专）	初中	小学
红寺堡区	14749	15629	49328	75188
新民街道	7586	8498	12577	13595
红寺堡镇	2023	2133	12803	21266
太阳山镇	2016	1446	4207	4565
大河乡	752	955	5490	11469
新庄集乡	1158	1482	7989	13302
柳泉乡	1110	1082	6204	10939
工业园区	104	33	58	52

二、平均受教育年限[2]

与 2010 年第六次全国人口普查相比，全区常住人口中，15 岁及以上人口的平均受教育年限由 2010 年的 7.04 年提高至 2020 年的 7.69 年。

各乡镇（街道）中，平均受教育年限在 7.69 年全区水平以上的乡镇（街道）有 2 个，工业园区的平均受教育年限超过全区平均水平。

三、文盲人口

全区常住人口中，文盲人口（15 岁及以上不识字的人）为 16732 人，与 2010 年第六次全国人口普查相比，文盲人口增加 1824 人，文盲率[3]由 9.03% 下降为 8.47%，下降 0.56 个百分点。

表 5-2　各乡镇及工业园区 15 岁及以上常住人口平均受教育年限

单位：年

地区	受教育年限
红寺堡区	7.69
新民街道	10.13
红寺堡镇	6.89
太阳山镇	8.84
大河乡	6.46
新庄集乡	6.07
柳泉乡	7.08
工业园区	11.08

注释：

[1] 本公报数据均为初步汇总数据。

[2] 平均受教育年限是将各种受教育程度折算成受教育年限计算平均数得出的，具体的折算标准是：小学 =6 年，初中 =9 年，高中 =12 年，大专及以上 =16 年。

[3] 文盲率是指常住人口中 15 岁及以上不识字人口所占常住人口比例。

红寺堡区第七次全国人口普查公报[1]（第六号）

——城乡人口和流动人口情况

红寺堡区统计局

红寺堡区第七次全国人口普查领导小组办公室

2021 年 6 月 10 日

根据第七次全国人口普查结果，现将 2020 年 11 月 1 日零时，红寺堡区人口城乡分布及流动情况公布如下：

一、城乡[2]人口

全区常住人口中，居住在城镇的人口为79198人，占40.08%；居住在乡村的人口为118406人，占59.92%。与2010年第六次全国人口普查相比，城镇人口增加37890人，乡村人口减少5302人，城镇人口比重上升15.05个百分点。

图6-1 第五次、第六次、第七次人口普查城乡常住人口构成（单位：人）

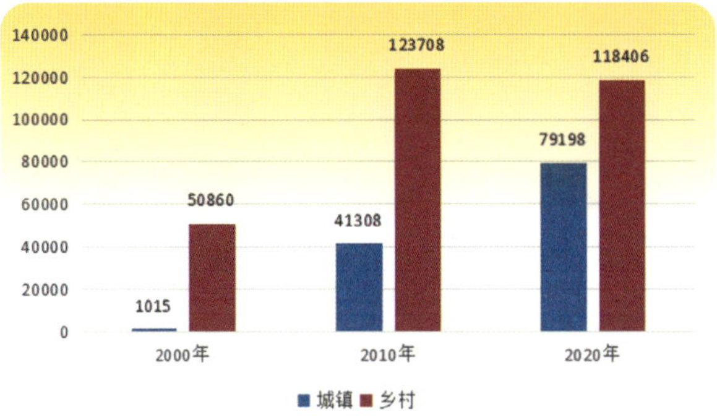

二、流动人口[3]

全区常住人口中，人户分离人口[4]为84536人，其中市辖区内人户分离[5]人口为22896人，流动人口为61640人。流动人口中，外省流入人口为8360人，区内流动人口为53280人。

与2010年第六次全国人口普查相比，人户分离人口增加47914人，增长130.83%，其中市辖区内人户分离人口增加22220人，增长3286.98%；流动人口增加25694人，增长71.48%。

注释：

[1] 本公报数据均为初步汇总数据。

[2] 城镇、乡村是按国家统计局《统计上划分城乡的规定》划分的。

[3] 流动人口是指人户分离人口中扣除市辖区内人户分离的人口。

[4] 人户分离人口是指居住地与户口登记地所在的乡镇街道不一致且离开户口登记地半年以上的人口。

[5] 市辖区内人户分离人口是指一个直辖市或地级市所辖的区内和区与区之间，居住地和户口登记地不在同一乡镇街道的人口。

2020年7月1日，红寺堡区召开第七次全国人口普查工作会议 （统计局提供）

红寺堡区 2020 年国民经济和社会发展统计公报

2020 年，红寺堡区以习近平新时代中国特色社会主义思想为指导，认真学习贯彻党的十九大精神，十九届二中、三中、四中、五中全会精神和习近平总书记视察宁夏重要讲话精神，坚持稳中求进的工作总基调，贯彻落实新发展理念，紧紧围绕与全国全区同步全面建成小康社会目标任务和高质量发展要求，统筹做好疫情防控工作，紧扣做好“六稳”工作、全面落实“六保”任务，决胜全面建成小康社会，全年经济运行总体平稳、好于预期。

综 合

经济总量 2020 年，实现地区生产总值（含太阳山开发区）71.20 亿元，按可比价计算，增长 10.3%。分产业看，第一产业实现增加值 8.92 亿元，增长 5.1%；第二产业实现增加值 34.49 亿元，增长 15.9%；第三产业实现增加值 27.79 亿元，增长 3.8%，三次产业构成比由去年的 8.9 ∶ 49.5 ∶ 41.6 调整为 12.5 ∶ 48.5 ∶ 39.0。

表 7-1

2020 年全区生产总值及增长速度

指　标	绝对值(亿元)	比上年增长（%）
全区生产总值	71.20	10.3
第一产业	8.92	5.1
第二产业	34.49	15.9
工　业	30.28	15.8
第三产业	27.79	3.8
交通运输、仓储和邮政业	0.76	9.0
批发和零售业	3.44	1.8
住宿和餐饮业	0.80	-3.6
金融业	1.81	3.6
房地产业	2.31	4.8
其　他	18.42	4.5

图 7-1

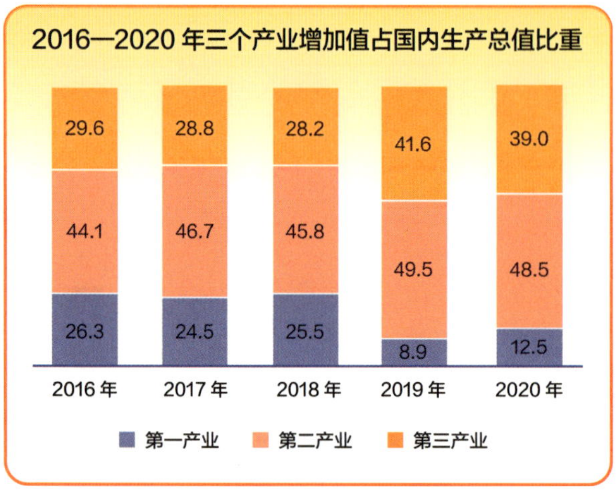

财政收入 2020 年，完成财政总收入 36.20 亿元，增长 3.7%；完成地方公共财政预算收入 1.69 亿元，下降 16.9%；政府性基金收入 2.17 亿元，增长 25.0%。

图 7-2

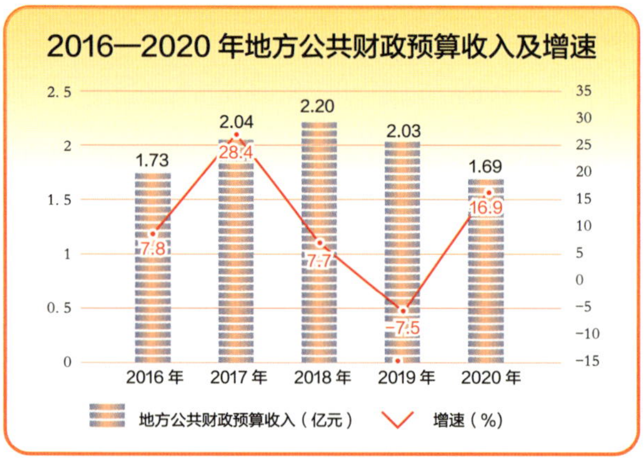

财政支出 2020 年，财政总支出 34.25 亿元，增长 2.3%。其中，地方财政公共预算支出 30.66 亿元，增长 8.2%；政府性基金支出 3.59 亿元，下降 29.4%。

物价水平 2020 年，居民消费总水平比上年上涨 1.4%，商品零售价格总指数上涨 0.7%，工业品出厂价格指数下降 3.1%。

图 7-3

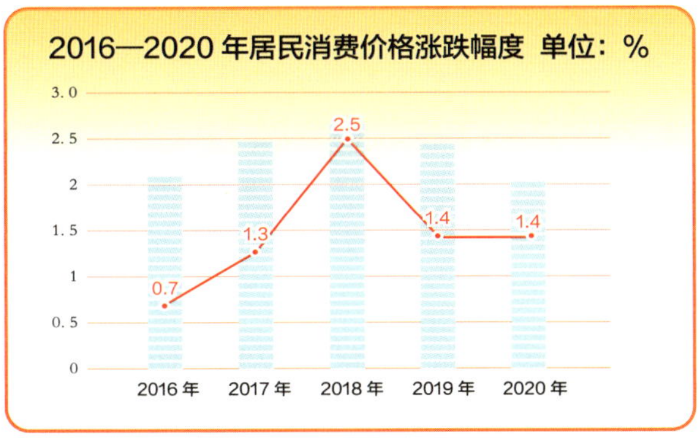

农 业

农业 2020 年，完成农林牧渔业总产值 18.22 亿元，增长 6.4%。其中，农业产值 12.47 亿元，增长 7.6%；林业产值 0.22 亿元，增长 53.2%；畜牧业产值 5.13 亿元，增长 4.9%；农林牧渔服务业产值 0.40 亿元，增长 1.7%。农林牧渔业增加值 9.17 亿元，增长 5.1%。农林牧渔服务业增加值 0.25 亿元，增长 1.3%。

2020 年，农作物总播种面积 37312 公顷，增长 5.7%。粮食播种面积为 20491 公顷，增长 1.8%。粮食总产量 15.40 万吨，增长 1.6%。其中，夏粮产量 0.32 万吨，秋粮产量 14.99 万吨。

图 7-4

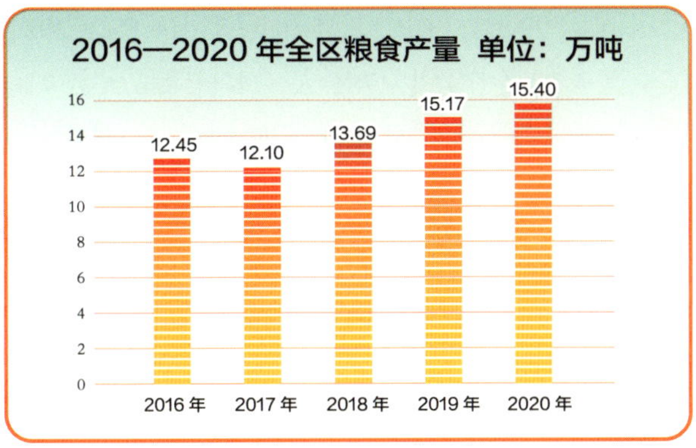

2020 年末，牛存栏 6.85 万头，增长 35.9%；生猪存栏 0.96 万头，增长 18.2%；羊存栏 35.86 万只，下降 2.5%；家禽存栏 2105 百只，增长 63.4%。全年牛出栏 4.10 万头，增长 3.0%；生猪出栏 0.73 万头，下降 40.5%；羊出栏 34.59 万只，增长 10.0%；家禽出栏 4006 百只，增长 64.6%。全年肉类总产量 1.39 万吨。

工业和建筑业

工业 2020 年，规模以上工业增加值增长 19.2%，分经济类型看，国有企业增长 178.5%，股份制企业增长 18.7%；从所有制看，公有制企业增长 6.4%，非公有制企业增长 22.1%；从轻重工业看，轻工业下降 0.6%，重工业增长 19.7%。

图 7-5

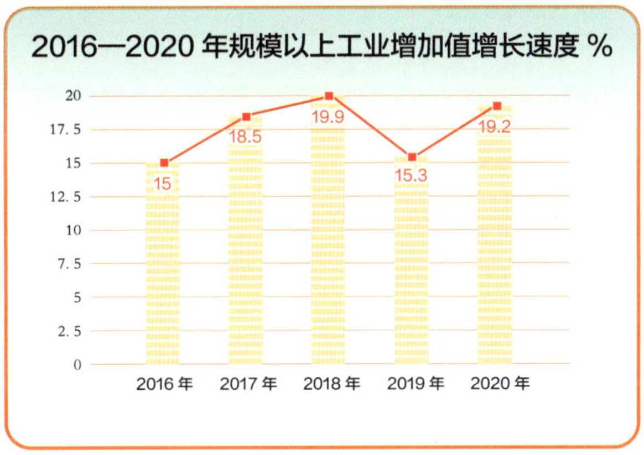

能耗 2020 年，万元单位 GDP 能耗为 1.38 吨标准煤，下降 17.5%。

建筑业 2020 年，建筑业实现增加值 4.21 亿元，增长 16.8%。全区有资质等级的建筑业企业 6 家，完成主营业务收入 2.08 亿元，增长 16.9%；建筑业企业房屋建筑施工面积 24 万平方米，增长 112.4%；房屋竣工面积 9.4 万平方米。

固定资产投资和房地产

固定资产投资 2020 年，全社会固定资产增长 19.4%。从投资主体看，国有及国有经济控股完成投资增长 28.3%，民间投资增长 12.0%；从投资结构看，第一产业投资下降 65.4%，第二产业投资增长 27.3%，第三产业投资增长 1.1%。

表 7-2

2020 年全区分行业全社会固定资产投资

指　标	比上年增长（%）
全社会固定资产投资	19.4
农林牧渔业	-67.7
采矿业	391.9
制造业	-15.7
电力、热力、燃气及水的生产和供应业	111.6
建筑业	—
批发和零售业	—
交通运输、仓储和邮政业	25.1
住宿和餐饮业	—
信息传输、软件和信息技术	—
金融业	—
房地产业	100
租赁和商务服务业	100
科学研究和技术服务业	—
水利、环境和公共设施管理业	-32.7
居民服务和其他服务业	—
教　育	269.9
卫生和社会工作	3239.6
文化、体育和娱乐业	100
公共管理和社会组织	228.9

房地产 2020 年，房地产开发投资增长 43.1%。全年实现商品房销售面积 12.29 万平方米，增长 13.2%，其中住宅房销售面积 10.59 万平方米，增长 37.5%。

商　贸

商贸 2020 年，社会消费品零售总额下降 7.0%。按经营单位所在地分，城镇消费品零售额下降 8.1%；乡村消费品零售额下降 0.5%。按行业分，批发业下降 35.1%；零售业增长 1.1%；住宿业下降 19.0%；餐饮业增长 3.1%。按限额分，限额以上零售下降 16.8%；限额以下零售下降 5.2%。

税收和金融

税收 2020 年，税收收入 1.14 亿元，同比增长 50.1%。

金融 2020 年，各银行存款余额 60.00 亿元，增长 10.7%；贷款余额 37.29 亿元，增长 16.1%；存贷比为 62%。

教育、文化、卫生、体育

教育 2020 年，红寺堡区共有各类学校 144 所，其中幼儿园 59 所，高级中学 2 所，职业技术学校 1 所，初级中学 4 所，九年一贯制学校 1 所，小学 77 所（含 11 个教学点）。专职教师总数 2309 人，其中幼儿园 55 人，普通小学 1178 人，初级中学 703 人，九年一贯制学校 36 人，高级中学 289 人，职业技术学校 48 人。在校学生 49115 人，其中，幼儿园 7638 人，小学 23268 人，初级中学 11926 人，高级中学 5202 人，职业技术学校 1081 人。小学学龄儿童净入学率达 100%，初中阶段毛入学率 132.1%；高中阶段毛入学率 94.0%，小学六年巩固率 99.8%，初中三年巩固率 100.8%。2020 年全区参加高考考生 1781 人，本科录取人数 718 人，录取率 40.3%；高考共录取 1215 人（其中本科 718 人，专科 497 人），录取率达 68.2%。

文化 2020 年末，有文化馆 1 个，图书馆 1 个，博物馆 1 个，体育馆 1 个，文化站 5 个，图书馆图书报刊总藏量 21.3 万册，报纸杂志 295 种，其他刊物 600 册。广播电视覆盖率 100%，广播电视网络宽带覆盖全区 64 个行政村，农村户户通用户 40672 户。

卫生 2020 年末，有各级各类医疗卫生机构 132 所，其中县级医疗卫生机构 2 家、乡（镇）卫生院 5 所、社区卫生服务站 3 所、民营医院 6 家、口腔门诊部 1 家，个体诊所 18 家、村卫生室 97 所。编制床位 875 张，实际开放床位 729 张；在编卫生技术人员 426 人，其中卫生技术人员高级职称 51 人，中级职称 119 人。执业（助理）医师 329 人，注册护士 572 人，全科医师 23 人。

体育 2020 年，红寺堡区举办各种比赛 62 次。运动员在自治区、吴忠市各项比赛中获得第一名 10 人次，一等奖 4 人次；第二名 6 人次，二等奖 1 人次；第三名 9 人次，三等奖 1 人次；第四名 7 人次，四等奖 1 人次；第五名 7 人次；第六名 5 人次；第七名 2 人次，第八名 8 人次。

人民生活和社会保障

2020 年，城镇实有登记失业人口 232 人，登记失业率 3.7%。

2020 年，城镇居民人均可支配收入 25468.0 元，增长 2.8%；其中工资性收入 19472.3 元、经营净收入 4663.6 元、财产净收入 608.6 元、转移净收入 723.6 元。城镇居民人均生活消费支出 18053.0 元，增长 5.6%。城镇居民恩格尔系数为 30.9%。

2020 年，农村居民人均可支配收入 10925.2 元，增长 11.2%；其中工资性收入 5618.8 元、经营净收入 3566.7 元、财产净收入 17.2 元、转移净收入 1722.6 元。农村居民人均生活消费支出 10705.2 元，增长 7.5%。农村居民恩格尔系数为 30.4%。

2020 年，参加城镇职工基本养老保险 4601 人，下降 2.9%；参加城乡居民基本医疗保险 172390 人，增长 4.7%；参加城镇职工基本医疗保险 8698 人，增长 23.1%；工伤保险参保 13608 人，增长 16%；城镇职工生育保险参保 8430 人，增长 26.5%。

2020 年末，各种社会福利机构 9 个，床位数 566 张。

2020 年末，居民最低生活保障人数 18155 人。其中城镇居民最低生活保障人数 1012 人，农村居民最低生活保障人数 17143 人。

2020 年末，全区 80 岁以上低收入老年人享受基本生活津贴人数 1342 人，其中城镇居民 80 岁以上低收入老年人享受基本生活津贴人数 35 人，农村居民 80 岁以上低收入老年人享受基本生活津贴人数 1307 人。

注：

1. 本公报所列部分数字为初步统计数据。部分数据因四舍五入存在总项与分项合计不等的情况。
2. 生产总值、各产业增加值绝对数按当年价格计算，增长速度按可比价格计算。
3. 居民消费价格指数为吴忠市价格指数。
4. 公报中居民收入数据来源于红寺堡区社会经济调查队，财政数据来源于财政局，就业数据来源于人力资源和社会保障局，金融数据来源于发展和改革局，教育数据来源于教育局，卫生数据来源于卫生健康局，税务数据来源于国税局，社会保障数据来源于民政局、医疗保障局、人力资源和社会保障局。
5. 人口相关数据见红寺堡区第七次全国人口普查公报。

索 引

说明： 1. 本索引以主题分析方法为主，按主题词首字汉语拼音字母顺序排列。

2. 主题词后的数字表示内容所在的页码，数字后面的 a、b 表示该页码自左至右的栏别。

A

B

C

D

F

G

H

J

K

L

M

N

P

Q

R

S

T

W

X

Y

Z